对外经济贸易大学国际贸易教材编写组

国际商务谈判

International Business Negotiation

主　编　刘　园

副主编　王佳奕奕

中国人民大学出版社

·北京·

内容简介

本书根据国际商务谈判各阶段的特点，对国际商务谈判中涉及的方方面面，从国际商务谈判前的准备、影响因素的考量、谈判队伍的组织，到国际商务谈判目标的设定、谈判进程的把控、谈判战略的推进、谈判策略的实施、谈判技巧的运用、谈判风险的化解、谈判礼仪的遵守，均进行了实战式解析和示范。全书架构新颖，内容前瞻，案例丰富，情景逼真，是针对国际商务谈判参与者的生动教材。

作者简介

刘园，对外经济贸易大学国际经济贸易学院教授、博士生导师，世界经济学会国际贸易与投资专业委员会副秘书长，国际贸易学会理事，跨国公司研究会常务理事。

总序

PREFACE

在全球经济一体化的大背景之下，尽快培养出我国国际贸易领域的专业化、国际化人才，已经成为当前市场经济发展迫在眉睫的任务。

本着加强国际贸易学科建设、努力培养能满足社会需求的贸易人才的理念，由对外经济贸易大学牵头，中国人民大学等校鼎力合作，并经过联合攻关，编写了这套适应新时期教学需要的国际贸易教材。

纵观本套教材，其特点主要有三：

第一，内容前瞻新颖。本套教材立足于市场经济发展的前沿，借鉴了国际上先进的贸易工作经验，采用新结构、新内容、新观点、新方法，并紧跟时代发展的步伐。

第二，知识丰富实用。本套教材对国际贸易工作从理论到实践的方方面面做了介绍，它以实务为中心，将应掌握的知识和技能贯穿于每一个案例中，可以帮助学生明确在工作中应做什么、怎样才能做好以及怎样不断提高工作效率。

第三，架构系统全面。本套教材是由多本教材组成的相互关联、衔接有序的动态系统，囊括了国际贸易的全部内容。

总之，我们集思广益，在教材的先进性、实用性、规范性等方面做了大量的工作。真诚地期待广大师生和其他读者提出宝贵的意见和建议。

对外经济贸易大学国际贸易教材编写组

第五版前言

PREFACE

2022年伊始，在2020年爆发的新冠肺炎疫情肆虐全球已三年的至暗时刻，一场突如其来的俄乌战争动摇了人们对全球经济一体化的信念。伴随着疫情的暴发、愈演愈烈的战争、自然灾害、金融动荡，我们每天都置身于媒体的宏大叙事和灾难信息的轮番轰炸中。生灵涂炭、难民飘零、企业倒闭、城市阻断、经济停摆，人类面临着一场旷日持久的巨大考验。

如何维护和平以保障百姓的基本福祉，如何恢复被疫情阻断的全球经济，挽救危在旦夕的企业，已成为摆在各国政府和企业家、民众面前的重大课题。而让经济生活回归正常的重要内容，便是企业往来的恢复、就业市场的活跃、国际商务谈判的重启。

本书以习近平新时代中国特色社会主义思想为指导，全面落实党的二十大精神，此次编写继续秉承帮助读者理解当今国际商务发展的前沿，增强国际商务谈判能力的宗旨，在第四版的基础上，更新了每一章的新闻导读、案例专栏阅读和延伸阅读的相关内容，并更新了全部经典案例。在此基础上，对每一章的相关内容进行了更加深入浅出的分析，对经济、管理类专业的本科生和研究生的学习具有十分重要的参考价值。

本书第五版仍由对外经济贸易大学国际经济贸易学院金融系博士生导师刘园教授担任主编，改由王佳奕奕担任副主编。此外，李月彤、施琪、梁基智也对本书的最后成稿做出了贡献，在此一并表示感谢。

刘　园

目录
CONTENTS

第一章 国际商务谈判概述

学习目标

学习完本章，你应掌握：

- 国际商务谈判的概念与特点；
- 国际商务谈判的种类；
- 我国国际商务谈判的基本原则；
- 国际商务谈判的基本程序。

新闻导读

"世纪联姻"成一厢情愿！伦交所四条理由拒绝港交所并购，港交所拟再提价，交易为何阻力重重？

2019年9月13日，伦敦证券交易所（简称伦交所）正式发布声明，经董事会一致同意，拒绝香港交易所（简称港交所）的"世纪联姻"并购建议，并称该并购建议存在根本缺陷，无须与港交所进一步接洽。显然，从伦交所对外声明的措辞不难看出，对于并购建议，伦交所认为无再谈判的必要，特意强调"无须与港交所进一步接洽"，态度鲜明。伦交所拒绝后，港交所随即做出回应称，对伦交所的拒绝感到失望，仍将继续与伦交所股东接洽，详细分析交易的裨益。截至当地时间13日收盘，伦交所报7 514英镑，涨幅为3.61%。

9月11日，港交所提议，将港交所和伦交所合并，港交所行政总裁李小加将此次并购建议称为“世纪联姻”。9 月 13 日，伦交所在官网发布声明称，董事会一致拒绝港交所的并购建议，也没有必要与港交所进一步接洽。此外，伦交所收购 Refinitive（金融数据提供商路孚特）的交易仍将在 2020 年下半年完成。伦交所还表示，其认识到中国存在巨大的机遇，非常重视双方关系，也重视与上海证券交易所的互利合作关系。

伦交所给出的四条理由是：

1. 港交所的建议并不符合伦交所的战略目标

伦交所在给港交所的拒信中，开门见山地说出了主要原因，即伦交所认为港交所的收购方案并不符合伦交所的战略目标（HKEX Proposal Does Not Meet Our Strategic Objectives）。“我们认识到中国存在巨大的机遇，非常重视与中国的关系。然而，我们不认为港交所为我们提供了在亚洲最好的长期定位，或在中国最好的上市/交易平台。我们重视与上海证券交易所的互利合作关系，这是我们首选的、直接的渠道，可以获得与中国的许多机会。”

2. 结婚手续复杂，婚后离婚风险高（Serious Deliverability Risk）

伦交所称，考虑到监管机构、股东和伦交所的其他要求，在存在不确定性的情况下，伦交所执行港交所建议的结果将是伦交所终止对 Refinitiv 的收购，从而完成向港交所的出售。

9 月 11 日港交所提出的并购建议是有前提条件的：

(1) 伦交所股东对收购 Refinitiv 的交易进行表决并否决收购 Refinitiv 的交易；或收购 Refinitiv 的交易终止、过期、被撤回或因其他原因不再进行；前述任何一项于 2019 年 12 月 31 日或之前（或港交所决定的其他较迟日期）发生；

(2) 鉴于该并购建议涉及的交易规模，需获得港交所股东的批准；

(3) 其他协议安排及收购要约中常见的条款及条件，包括监管机构及反垄断机构的批准。

单第一条就很难满足，即要执行港交所的并购建议，就必须终止对 Refinitiv 的收购，从而完成向港交所的出售。

那么伦交所为何如此执着于对 Refinitive 的收购呢？

2018 年 4 月，伦交所任命高盛前银行家施维默为首席执行官。施维默上台后，为了巩固伦交所作为一家独立公司的地位，宣布以 270 亿美元收购 Refinitive。伦交所近年来一直在开拓信息服务业务，将其作为比交易和清算业务更为稳定的现金流来源。与当今很多证券交易所一样，如今伦交所上市业务在其收入中所占的比例持续降低，而出售数据的收入逐渐增长，伦交所收购 Refinitive 看中的就是其拥有的海量金融数据，一旦并购成功，伦交所将转型为金融市场数据及分析行业巨头，成为彭博社最强大的竞争对手，而伦交所的规模也将远远超过想买它的港交所。“伦交所收购 Refinitive 是伦交所的业务转型之举。伦交所本身便是数据供应商，但伦交所掌门人有更大野心，希望在大数据时代引领潮流，规模越大越好。此外，对于对冲基金等数据用户来说，也很欢迎数据供应商的并购整合。毕竟数据供应商多，标准也多，会让数据用户无所适从。”有香港投行向时报君表示。

3. 港交所股票代价没有吸引力

伦交所在信中提出，港交所提议的四分之三的并购代价是港交所股票，伦交所认为，这对其股东来说是一个吸引力较小的投资建议。

此前港交所给出的要约价格及建议交易条款如下：

交易金额	伦交所股东的每股伦交所股份将收到：
	20.45英镑现金及2 495股新发行的港交所股份
	反映每股伦交所股份约8 361便士的价值，普通股本总价值约为296亿英镑
交易溢价	较伦交所股份于2019年9月10日的收市价溢价22.9%
	较伦交所股份的成交量加权平均收市价溢价22.4%
	较伦交所股份2019年7月26日的收市价溢价47.4%
交易结构	将以协议安排的方式落实，但仍保留以要约收购的选择
融资	以现有的现金资源和新信贷工具提供资金
企业管治	会考虑到英国的企业管治最佳惯例，同时也适用于全球领先的市场基础设施集团的管治方法
上市	在香港进行首次上市，并打算申请在伦敦进行二次上市
审批	交易须依照惯例获得监管机构及反垄断机构的审批

按照港交所对伦交所发起的要约收购，港交所将用现金十定增收购伦交所全部股本，伦交所股东持有的每股股份可获 20.45 英镑＋2.495 股新发行的港交所股份；并购完成后，港交所总股本将从 12.58 亿股扩大到 21.38 亿股，其中伦交所股东持股占比 41%。

伦交所指出，港交所股票代价的价值“本质上是不确定的，港交所的长期持续性不够强增大了这种不确定性”，伦交所还质疑港交所作为战略门户的长期可持续性，特别是考虑到其业务集中于香港。

4. 并购建议中对其的估值严重不足

基于上述四点考虑，伦交所董事长堂·罗伯特（Don Robert）在致港交所的函件中表示，没有必要与港交所进一步接洽，拒绝港交所的并购建议。

港交所拟提高收购报价至 320 亿英镑，不排除要约收购

对于伦交所的拒绝，港交所发布声明称，与伦交所合并是互利共赢的重大战略机遇，可以打造一个领先的全球性金融市场基础设施。

港交所董事会期望与伦交所董事会进行建设性的对话，但对伦交所拒绝正面洽谈感到失望。港交所希望证明所提出的合并建议远比伦交所收购 Refinitiv 的计划更可取。港交所已向伦交所表明，已就此次计划进行详尽的准备工作。此外，港交所亦曾与相关的监管机构及决策者进行初步的建设性讨论。港交所董事会仍然相信，此次建议对股东、客户及环球资本市场整体来说都有重大裨益。港交所认为伦交所的股东应有机会详细分析两项交易，并会继续与他们接洽。

伦交所认为港交所提出的收购报价并没有吸引力。据时报君从香港某投行处获悉，港交所正准备提高对伦交所的收购报价至320亿英镑，并考虑对更高的现金报价持开放态度。

其实在2012年，港交所斥资13.88亿元英镑收购伦敦金属交易所（LME），作价相当于LME在2011年盈利的120倍，当时这笔收购被称作天价收购。港交所在并购伦交所这件事上还是有经验可供参考。上述投行人士表示，从港交所声明中可以看出，“求婚”攻势不会停止，港交所不会放弃收购伦交所，协议收购不行，还有第二条路，那就是要约收购，即直接从二级市场买入。根据伦交所披露的信息，目前持有该公司5%股份以上的大股东只有4家，分别是卡塔尔主权基金（QIA）（10.3%）、黑石公司（6.9%）、资本集团公司（6.8%）、英国投资和私募股权公司 Lindsell Train Limited（5.0%）。

港交所行政总裁李小加在周三对媒体的电话会上强调，港交所的收购提议并非敌意交易，而是对英国投出的信任票。

香港资深金融机构投资银行家温天纳表示，交易所并购在任何国家或地区都是非常敏感的，因为涉及国家的金融安全，两国证券交易所通过并购转型属于跨国竞争，且反垄断机构是否批准这起并购还很难说，比如欧盟反垄断机构曾拒绝德国证券交易所与伦交所之间的并购交易，理由是两家交易所合并之后，固定收益工具清算业务会出现实际垄断，但真实原因却是欧盟担心，若英国无协议脱欧，德国证券交易所与伦交所联姻便会有麻烦，伦交所甚至可能是特洛伊木马。

就连英国政府发言人也表示，伦交所是“英国金融体系至关重要的一部分，政府和监管机构将密切关注收购动向”。

由于伦交所拥有位于米兰的意大利证券交易所，因此，在意大利，执政的五星运动党表示将密切关注港交所的举动，以确保任何发展都不会损害国家利益。

上述香港投行认为，即使这笔收购获得英国和欧盟监管机构认可，也可能还会面临来自美国的监管审查，因为伦交所通过其子公司富时罗素指数和伦敦清算所（LCH）拥有重要的美国业务。而LCH作为全球最大的清算所在全球范围内处理美元清算，业务涉及全球利率互换市场的一半，以及整体利率互换市场的90%以上。

伦交所：被众多仰慕者追求

自2001年公开上市后，伦交所在过去20年里被众多竞争对手作为收购目标。其在欧洲大陆的竞争对手德国证券交易所先后三次出手都未能如愿，同样败下阵来的还有发起敌意收购的美国纳斯达克、瑞典证券交易所和澳大利亚投资银行麦格理集团（Macquarie）等。

有意思的是，自2017年与德意志交易所“平等合并”的计划被欧盟委员会阻止以来，伦交所股价已翻了一倍多。在不断被出价并购的路上，伦交所自身也在不断扩张业务，如在2007年收购了意大利证券交易所，2011年通过收购培生集团所持股份完全控制了富时国际，足见其野心。

2015年3月，伦交所持续8年里的最大单一股东迪拜证券交易所宣布全数出手所持的17.4%的伦交所股份，涉及金额约15亿英镑，QIA随即成为伦交所最大单一股东，持有10.3%的股权。

资料来源："世纪联姻"成一厢情愿！伦交所四条理由拒绝港交所并购，港交所拟再提价，交易为何阻力重重?. 证券时报，2019-09-14.

我国加入WTO之后，国内企业参与世界分工、开展国际贸易的格局在深度和广度上都迅速扩展。不论是进行国际货物买卖、技术引进还是外资引进，都不可避免地需要经过一个中外双方就所拟开展的业务进行磋商，以求达成协议的过程，这就是我们所说的谈判过程。

实践证明，谈判是我们进行对外经济贸易活动的一个极其重要的环节。凡是涉及有关交易的价格和其他交易条件，都要通过谈判予以确定。也就是说，买卖双方在一笔交易中的权利及义务将通过谈判确定下来，双方在这方面所达成的决议具有法律约束力，不得轻易改变。所以，谈判的结果直接关系着国家的宏观利益和企业的微观利益。

第一节 国际商务谈判的概念与特点

国际商务谈判是指在对外经济贸易活动中，买卖双方为了达成某笔交易而就交易的各项条件进行协商的过程。谈判是对外经济贸易工作程序中不可缺少的一环。在整个对外经济贸易活动中，每一次进出口贸易活动能否通过谈判达到自己的目的，怎样谈判并提高谈判效率，作为一门学问已引起了买卖双方的普遍关注。

一、国际商务谈判的定义

（一）谈判

所谓谈判（negotiation）是指参与各方基于某种需要，彼此进行信息交流，磋商协议，旨在协调其相互关系，赢得或维护各自利益的行为过程。

美国谈判协会会长、著名律师杰勒德·I. 尼尔伦伯格（Gerard I. Nierenberg）在《谈判的艺术》（*The Art of Negotiating*）一书中所阐述的观点非常明确："谈判的定义最为简单，而涉及的范围却最为广泛，每一个要求满足的愿望和每一个要求满足的需要，至少都是诱发人们展开谈判过程的潜在原因。只要人们为了改变相互关系而交换观点，只要人们为了取得一致而磋商协议，他们就是在进行谈判。"

谈判是一个过程，在这个过程中，利益双方就共同关心或感兴趣的问题进行磋商，协调和调整各自的经济、政治或其他利益，谋求妥协，从而使双方都感到是在有利的条件下达成协议，促成均衡。谈判的目的是协调利害冲突，实现共同利益。

谈判作为协调各方关系的重要手段，被广泛应用于政治、经济、军事、外交、科技等各个领域。

（二）商务谈判

商务谈判（business negotiation）主要集中在经济领域，是指参与各方为了协调、改善彼此的经济关系，满足贸易的需求，围绕标的物的交易条件，彼此通过信息交流、磋商协议达到交易目的的行为过程。这是市场经济条件下流通领域最普遍的活动之一。

它具体涵盖商品买卖、投资、劳务输出输入、技术贸易、经济合作等领域。

(三) 国际商务谈判

国际商务谈判（international business negotiation）是指在国际商务活动中，处于不同国家或不同地区的商务活动当事人为了达成某笔交易，彼此通过信息交流，就交易的各项要件进行协商的行为过程。国际商务谈判是国际商务活动的重要组成部分，是国际商务理论的主要内容，是国内商务谈判的延伸和发展。可以说，国际商务谈判是一种在对外经贸活动中普遍存在的、解决不同国家的商业机构之间不可避免的利害冲突、实现共同利益的必不可少的手段。

由于谈判双方的立场不同，所追求的具体目标也各异，因此，谈判过程充满了复杂的利害冲突和矛盾。正是因为存在这种冲突，谈判才成为必要。而如何解决这些冲突和矛盾，正是谈判人员所承担的任务。

二、国际商务谈判的特点

国际商务谈判既具有一般贸易谈判的共性，又具有自身的特殊性。

(一) 国际商务谈判具有一般贸易谈判的共性

1. 以经济利益作为谈判的目的

人们之所以要进行各种谈判，原因就在于需要实现一定的目标和利益。国际商务谈判的目的集中而鲜明地指向经济利益，虽然参与商务谈判的双方要受政治、外交因素的制约，但他们考虑的却是如何在现有政治、外交关系的格局下取得更多的经济利益。

2. 以经济利益作为谈判的主要评价指标

商务谈判本身就是经济活动的组成部分，或其本身就是一项经济活动，而任何经济活动都要讲究经济利益。商务谈判不仅要核算从谈判中能获得多少经济利益，还要核算谈判的三项成本，即谈判桌上的成本、谈判过程的成本和谈判的机会成本。

3. 以价格作为谈判的核心内容

虽然商务谈判所涉及的项目和要素不仅仅是价格（价格只是谈判内容的一部分），谈判人员的需要和利益也并不仅仅表现在价格上，但在几乎所有商务谈判中价格都是谈判的核心内容。这不仅是因为价格的高低最直接、最集中地表明了谈判双方的利益分割，而且由于谈判双方在其他条件，诸如质量、数量、付款形式、付款时间等利益要素上的得与失，在很多情况下都可以折算为一定的价格，并通过价格的升降而得到体现或予以补偿。

(二) 国际商务谈判具有自身的特殊性

1. 既是一笔交易的洽商，又是一项涉外活动，具有较强的政策性

谈判双方之间的商务关系是一国同别国或地区之间的经济关系的一部分，并且常常

涉及一国同该国或地区之间的政治关系和外交关系。在国际商务谈判过程中，必须贯彻执行国家有关的方针政策和外交政策，还应注意国别政策，并遵守对外经济贸易的一系列法律和规章制度。

2. 应按国际惯例行事

国际商务谈判商讨的是两国或两个地区的企业之间的商务关系，因此在适用的法律方面就不能完全以任何一方所在国家或地区的经济法为依据，而必须以国际经济法为准则，按国际惯例行事。当需要仲裁时，仲裁地点与仲裁所适用的规则直接相关。一般来说，规定在哪一国仲裁，往往就要适用该国的有关仲裁规则和程序。

3. 涉及面很广

由于受供求关系的影响，加之国际市场价格变化多端，竞争十分激烈，因此必须特别重视调查研究工作。通过调查研究，了解国外的经济情况和市场情况。出口业务要了解市场的需求，进口业务要了解国外的供应。对不同国家和地区，还应根据国别政策区别对待。

4. 影响谈判的因素复杂多样

由于从事国际商务谈判的人员来自不同的国家和地区，有着不同的社会文化背景和政治经济体制，人们的价值观念、思维方式、行为方式、语言及风俗习惯各不相同，因此影响谈判的因素复杂多样，导致谈判复杂、艰难。

5. 内容广泛复杂

由于国际商务谈判结果会导致有形或无形资产的跨国转移，因而会涉及国际贸易、国际金融、会计、保险、运输等一系列复杂的问题。这就在专业知识方面对从事国际商务谈判的人员提出了更高的要求。

第二节 国际商务谈判的种类

根据不同的标准，可以将国际商务谈判划分为不同的种类。

一、按参加谈判的人数来划分

根据参加谈判的人数，我们可以将谈判分为谈判双方各只有一人参加的一对一的个体谈判，以及各方都有多人参加的集体谈判。一般来说，关系重大而又比较复杂的谈判大多是集体谈判。

谈判的人数不同，则谈判人员的选择、谈判的组织与管理都有很大的不同。例如，在谈判人员的选择上，如果是一对一的个体谈判，那么所选择的谈判人员必须是全能型的。也就是说，他必须具备本次谈判所涉及的各个方面的知识和能力，如国际金融、国际贸易、商品、技术和法律等方面的知识，因为在谈判中只有他一个人独立应付全局，难以得到他人的帮助。虽然在谈判前的准备工作中，他可以得到同事的支持和协助，在谈判过程中也可以得到领导的指示，但整个谈判过程始终是以他一个人为中心来进行的。他必须根据自己的经验和知识做出分析、判断和决策。个体谈判尽管有谈判人员不易得到他人帮助的不足，但也有有利之处，那就是谈判人员可以随时有效地把自己的谈判设想和意图贯彻到谈判中去，不存在集体谈判时内部意见协商的困难，以及某种程度上的内耗问题。

二、按参加谈判的利益主体的数量来划分

根据参加谈判的利益主体的数量的不同，我们可以将谈判分为双方谈判（两个利益主体）以及多方谈判（两个以上的利益主体）。

很显然，双方谈判的利益关系比较明确具体，也比较简单，因而容易达成一致意见。相比之下，多方谈判的利益关系则要复杂得多，难以协调一致。例如，在建立中外合资企业的谈判中，如果中方是一个企业，外方也是一个企业，两个企业之间的意见就比较容易协调。如果中方有几个企业，外方也有几个企业，谈判将困难得多。这是因为中方几个企业之间存在利益上的不一致，需要进行协商谈判；同样，外商几个企业之间也存在利益上的矛盾，需要进行谈判，然后才能在中外企业之间进行协商谈判。这样，矛盾的点和面就大大增加了，关系也更为复杂。

三、按谈判双方接触的方式来划分

根据谈判双方接触的方式，我们可以将谈判划分为面对面的口头谈判与间接的书面谈判两种。口头谈判是双方的谈判人员坐在一起，直接地进行口头协商。这种谈判形式的好处是便于双方谈判人员交流思想感情。随着日常接触的增多，双方谈判人员会由"生人"变为"熟人"，产生一种所谓的"互惠要求"。因此，在某些谈判中，在有些交易条件上的妥协完全是出于感情上的原因。在一般情况下，在面对面的口头谈判中，实力再强的谈判人员也难以保持整个交易立场的不可动摇性，或者拒绝做出任何让步。在面对面的口头谈判中，谈判人员还可以通过观察对方的面部表情、姿态、动作来判断对方的为人及交易的可靠性。书面谈判是谈判双方不直接见面，而是通过传真、电报、互联网、信函等方式进行商谈。这种谈判方式的好处在于：在阐述自己的主观立场时，用书面形式比口头形式显得更为坚定有力；在向对方表示拒绝时，书面谈判要比面对面的口头谈判方式方便得多，特别是在双方人员已经建立起个人交往关系的情况下；比较节省费用。缺点是：它不便于谈判双方的相互了解，信函、电报、传真、电子邮件等通信媒介所能传递的信息量有限。因此，书面谈判方式只适用于交易条件比较规范、明确，内容比较简单，谈判双方彼此比较了解的情况，不适用于一些内容比较复杂多变而双方又缺少必要的了解的谈判。随着现代通信技术的发展，通过电话进行谈判的形式也逐渐发展起来。不过，在涉外商务谈判中，国际电话因费用太高而很少被采用，一般只在特殊情况下使用。

四、按谈判进行的地点来划分

根据谈判进行的地点的不同，我们可以将谈判分为主场谈判、客场谈判、中立地谈判三种。

如果谈判是在谈判的某一方所在地进行的，即他是东道主，那对他来讲这就是**主场谈判**；相应地，对谈判的另一方来讲就是**客场谈判**，他是以宾客的身份前往谈判的。所谓**中立地谈判**，是指在谈判双方所在地以外的其他地点进行的谈判。在中立地进行谈判，对谈判双方来讲就无宾主之分了。

谈判地点不同，谈判双方的身份（主人身份和客人身份，或者无宾主之分）就不同。谈判双方在谈判过程中都可以借助自己的身份和条件，选择运用某些谈判策略和战术来影响谈判，争取主动。

五、按谈判中双方所采取的方法来划分

根据谈判中双方所采取的方法，我们可以将谈判划分为**让步型谈判**（或称软式谈判）、**立场型谈判**（或称硬式谈判）、**原则型谈判**（或称价值型谈判）。

（一）让步型谈判

让步型谈判人员希望避免冲突，随时准备为达成协议而做出让步，希望通过谈判签订一个皆大欢喜的协议。采取这种谈判方法的人，不是把对方当作敌人，而是把对方当作朋友。他们的目的是达成协议而不是获取胜利。因此，在一场让步型谈判中，一般的做法是：提议、让步、信任对方、保持友善，以及为了避免冲突对抗而屈服于对方。

如果谈判双方都能以宽容及让步的心态进行谈判，那么达成协议的可能性、达成协议的速度以及谈判的成本与效率都会比较令人满意，并且双方的关系也会进一步加强。然而，由于利益的驱动，加上价值观及个性方面的不同，并非人人在谈判中都会采用这种谈判方法，而且这种方法并不一定是明智的、合适的，在遇到强硬的谈判人员时，让步型谈判人员极易受到伤害。因而在实际的商务谈判中，采取让步型谈判方法的人是极少的，一般只限于双方的合作关系非常友好并建立了长期的业务往来关系的情况。

（二）立场型谈判

立场型谈判人员把任何情况都看作一场意志力的竞争和搏斗，认为在这样的竞争中，立场越强硬者最后的收获也越多。

在立场型谈判中，双方都把注意力投入在维护自己的立场、否定对方的立场上，而忽视双方在谈判中真正需要的是什么、能否找到一种兼顾双方需要的解决方法。

立场型谈判人员往往在谈判开始时提出一个极端的立场，进而固执地坚持。只有在谈判难以为继、迫不得已的情况下，他们才会做出极小的让步。双方都采取这种态度和方针，必然导致双方的关系紧张，增加谈判的时间和成本，降低谈判的效率。即使某一方屈服于对方的意志，被迫做出让步，签订协议，其内心的不满也是显然的。因为在这

场谈判中，他的需要没能得到应有的满足。这会导致他在以后的协议履行过程中的消极行为，甚至想方设法阻碍和破坏协议的执行。从这个角度来讲，立场型谈判中没有真正的胜利者。

总之，由于立场型谈判容易使双方陷入对立场的争执的泥潭而难以自拔，不注意尊重对方的需要和寻求双方利益的共同点，所以很难达成协议。

（三）原则型谈判

原则型谈判法要求谈判双方首先将对方作为与自己并肩合作的同事对待，而不是作为敌人对待。也就是说，首先要注意与对方的人际关系。但是，原则型谈判法并不是像让步型谈判法那样只强调双方的关系而忽视利益的获取，它要求谈判双方尊重对方的基本需要，寻求双方利益的共同点，设想各种使双方各有所获的方案。当双方的利益发生冲突时，原则型谈判人员坚持根据公平的标准来做决定，而不是通过双方意志力的比赛一决胜负。

与立场型谈判法相比，原则型谈判法注意调和双方的利益而不是双方的立场。这样做的谈判人员常常可以找到既符合自己的利益，又符合对方利益的替代性立场。

原则型谈判法认为，在谈判双方对立立场的背后，存在某种共同性利益和冲突性利益。我们常常因为对方的立场与我们的立场相对立而认为对方的全部利益与己方的利益都是冲突的。但是，事实上在许多谈判中，深入地分析双方对立立场背后隐含的或代表的利益，就会发现双方的共同性利益要多于冲突性利益。如果双方能认识到并看重共同性利益，调解冲突性利益也就比较容易了。

原则型谈判法强调通过谈判取得价值。这个价值既包括经济上的价值，也包括人际关系的价值，因而是一种既理性又富有人情味的谈判方法，为世界各国的谈判研究人员和实际谈判人员所推崇。

上述三种方法都是比较理论化的谈判方法，现实中的谈判往往与上述三种方法有所差别，或者是三种方法的综合。影响和制约上述方法运用的因素有四个：

1. 今后与对方继续保持业务关系的可能性

如果一方想与另一方保持长期的业务关系，并且具有这样的可能性，那么就不能采取立场型谈判法，而要采取比较注意建立和维护双方关系的原则型谈判法与让步型谈判法；反之，如果是一次性的、偶然的业务关系，则可以适当地考虑采用立场型谈判法。

2. 对方的谈判实力与己方的谈判实力的对比

如果双方实力接近，可以采用原则型谈判法；如果己方的谈判实力要比对方强得多，则可以考虑适当采用立场型谈判法。

3. 该笔交易的重要性

如果交易很重要，那么可以考虑采用原则型谈判法或立场型谈判法。

4. 谈判在人力、物力、财力和时间方面的限制

如果谈判的花费很大，在人力、物力、财力上支出较多，谈判时间过长，那么谈判双方必然难以负担，此时应考虑采用让步型谈判法或原则型谈判法。

六、按谈判的内容来划分

企业经济活动的内容是多种多样的，因此商务谈判的内容也是复杂多样的。我国企业涉外经济活动中经常碰到的涉外商务谈判主要有以下几种。

（一）投资谈判

投资，简单地说就是把一定的资本（包括货币形态的资本、物质形态的资本、所有权形态的资本和智能形态的资本等）投入和运用于某一项以营利为目的的事业。**投资谈判**是指谈判双方就双方共同参与或涉及的某项投资活动，就该投资活动所涉及的有关投资的周期、投资的方向、投资的方式、投资的内容与条件、投资项目的经营及管理，以及投资者在投资活动中的权利、责任和义务关系所进行的谈判。

（二）租赁及“三来一补”谈判

租赁谈判是指我国企业为从国外租赁机器和设备而进行的谈判。它涉及机器设备的选定、交货、维修保养、到期后的处理、租金的计算及支付，以及在租赁期内租赁企业与承租企业双方的权利、责任和义务关系等问题。

“三来一补”谈判中的“三来”是指国外来料加工、来样加工和来件装配业务，这方面的谈判内容主要包括来料、来件的时间与质量认定，加工标准，成品的交货时间及质量认定，原材料损耗率的确定，加工费的计算及支付等。“一补”是指补偿贸易。补偿贸易的谈判主要涉及技术设备的作价、质量保证、补偿产品的选定及作价、补偿时间、支付方式等方面的问题。

国际租赁和“三来一补”业务在我国许多企业，特别是中小企业开展得较多。它们在内容上与投资和贸易活动相近，但又有所区别。

（三）货物买卖谈判

货物买卖谈判即一般商品的买卖谈判，它主要是指买卖双方就买卖货物本身的有关内容如质量、数量、货物的转移方式和时间、买卖的价格条件与支付方式，以及交易过程中双方的权利、责任和义务等问题所进行的谈判。

货物买卖谈判是商务谈判中数量最多的一种谈判，在企业涉外商务谈判中占有十分重要的地位。

（四）服务贸易谈判

服务贸易谈判是贸易双方就服务贸易提供的形式、内容、时间、价格、计算方法及费用的支付方式等有关买卖双方的权利、责任和义务关系等问题所进行的谈判。由于服务贸易本身不是物质商品，而是通过人的特殊劳动，改变某种物质或物体的性质或形状，来满足人们一定的需要的劳动过程，因此，服务贸易谈判与一般商品买卖谈判有所不同。其中，服务包括商业服务、通信服务、建筑及有关工程服务、销售服务、教育服务、环境服务、金融服务、健康与社会服务。

(五) 技术贸易谈判

技术贸易谈判是指技术的接受方与技术的转让方就技术转让的形式、内容、质量规定、使用范围、价格条件、支付方式，以及双方在技术转让中的权利、责任和义务关系等问题所进行的谈判。由于技术本身的特点，技术贸易谈判与一般商品货物买卖谈判有着较大的差别。

(六) 损害及违约赔偿谈判

这里所说的损害是指在商务活动中，由于一方当事人的过失给另一方当事人造成的名誉损害、人身伤害和财产损失。违约是指在商务活动中，由于非不可抗力引起的合同一方的当事人不履约或违反合同的行为。在上述两种情况下，负有责任的一方要向另一方赔偿经济损失。

与前面几种商务谈判相比，**损害及违约赔偿谈判**是一种较为特殊的谈判。其特殊性表现在：在这种谈判中，首先必须根据事实和合同规定分清责任的归属，这是就其他事项进行谈判的前提。在分清责任归属和大小的基础上，再根据损害的程度，协商谈判赔偿的范围和金额以及某些善后工作的处理。

第三节 我国国际商务谈判的基本原则

根据我国对外经济贸易的一贯政策，在谈判中应遵循平等互利、灵活机动、友好协商、依法办事、原则和策略相结合等基本原则。

一、平等互利原则

平等互利原则的基本含义是：在商务活动中，双方的实力不分强弱，在相互关系中应处于平等的地位；在商品交换中，自愿让渡商品，等价交换；谈判双方应根据需要与可行性，有来有往，互通有无，做到双方互利。

平等互利原则作为我国对外经贸关系中的一项基本原则，必须贯彻于国际商务谈判的各个方面：

(1) 在我国与各国的贸易交往中，必须根据双方的需要与可行性，在自愿的基础上进行交易，决不能强人所难，强塞给对方不需要的商品或强要对方无力供应的商品。

(2) 在我国与各国的贸易交往中，反对以任何借口，附带任何政治条件去谋求政治上和经济上的特权。同时，我国也决不接受任何不平等的条件和不合理的要求。

(3) 在我国与各国的贸易交往中，应当坚持按照国际市场价格水平确定商品进出口价格，决不能违反价值规律，脱离实际情况，不顾对方利益而凭主观决定。

(4) 在我国与各国的贸易交往中，必须“重合同，守信用”。合同是贸易双方共同协商后达成的一种契约，它体现了双方的权利与义务，代表双方的利益。任何一方违反合同，都会给另一方带来损失。因此，在签订合同以前必须慎重对待，合同一经签订，必须严格履行，反对各种形式的违约行为。

二、灵活机动原则

在国际商务谈判中要灵活运用多种谈判技巧以使谈判获得成功。谈判过程是一个不断思考的过程，需要灵活掌握各种谈判技巧，猜测对方内心的想法与计策，使自己在谈判中始终占据比较有利的位置。总之，在谈判过程中，在不放弃重大原则的前提下，要有实现整个目标的灵活性，特别是要根据不同的谈判对象、不同的市场竞争情况、不同的销售意图采用灵活的谈判技巧，促使谈判成功。

三、友好协商原则

在国际商务谈判中，双方必然会就协议或合同条款发生这样或那样的争议。不管争议的内容和程度如何，双方都应以友好协商的态度来谋求解决，切忌使用要挟、欺骗或其他强硬手段。如遇到几经协商仍无望获得一致意见的重大分歧，则宁可终止谈判，另择对象，也不能违反友好协商原则。终止谈判的决定一定要慎重做出，要全面分析谈判对手的实际情况，看其是否缺乏诚意，或是否确实不可能满足己方的最低要求，因而不得不放弃谈判。只要尚存一线希望，就要本着友好协商的精神，尽最大努力达成协议。谈判不可轻易进行，也切忌草率终止。

四、依法办事原则

对外谈判最终签署的各种文件都具有法律效力，因此，谈判当事人的发言，特别是书面文字，一定要符合法律的规定和要求。一切语言、文字都应具有双方一致承认的明确的合法内涵。必要时应对用语做出具体明确的解释，写入协议文件，以免因解释条款的分歧导致协议签订后在执行过程中发生争议。按照这一原则，主谈人的重要发言，特别是协议文件，必须经由熟悉国际经济法、国际惯例和涉外经济法规的律师进行细致的审定。

五、原则和策略相结合原则

谈判过程是一个调整双方利益以求得妥协的过程。由于谈判双方的立场不同、利益不同，引起冲突和斗争在所难免，讨价还价在谈判过程中是很自然的，而且是大量存在的。问题是应持什么态度、根据什么原则、采用什么办法来妥善解决，争取通过谈判达到最佳效果。在国际商务谈判中，我们既要坚持原则，又要留有余地。凡涉及我国对外经贸活动的政策法令及国家或企业根本利益的原则性问题，我们必须寸步不让，据理力争，但又要避免简单粗暴，一定要以不卑不亢的态度，从实际出发，耐心地反复说明立场，争取让对方接受。对某些非原则性问题，必要时则可以在不损害根本利益的前提下做出某些让步。在合同条款的谈判中，有时也可以在某些条款上做出一些让步，以换取对方在其他条款上接受己方的意见。但不论是对原则性问题还是对非原则性问题的讨论，我们都应该自始至终坚持贯彻“有理、有利、有节”的方针，以理服人。

第四节 国际商务谈判的基本程序

一、谈判程序

在长期国际商务谈判实践的基础上，谈判人员将谈判的程序逐步确定下来，并以此作为工作的规范和要求。国际商务谈判的基本程序一般包括准备、开局、正式谈判和签约四个阶段。

（一）准备阶段

简而言之，商务谈判前的准备工作就是要做到知己知彼，心中有数。一场谈判要达到预期的目的，获得圆满的结果，不仅有赖于谈判中有关策略、战术和技巧的灵活运用以及充分发挥，还有赖于谈判前充分细致的准备工作。后者是前者的基础，尤其是在缺乏谈判经验的情况下，准备工作就显得更为重要。在与经验丰富的对手谈判时，谈判人员就要更重视谈判前的准备工作，以充分、细致、周到的准备来弥补经验和技巧上的不足。

谈判准备工作的内容主要包括以下五个部分：

1. 分析谈判环境因素

谈判往往涉及政治、经济、社会文化、法律等各个方面的因素，这些因素对谈判的成败有很大影响，谈判人员必须对这些因素进行认真分析，才能制订出相应的谈判计划。

2. 收集信息

在商务谈判中，谈判人员收集、分析和利用谈判信息的能力，对整个谈判活动有着极大的影响。在谈判信息方面占据优势的一方往往会把握谈判的主动权。因此，经验丰富的谈判大师们都极其重视对各种谈判信息的运用，他们都具有敏锐地洞察细微事物的能力，并且十分注意捕捉对方思想变化过程和行为方式中所呈现的各种信息。

3. 选择目标和对象

由于整个谈判活动都是与谈判对象围绕谈判的主题和目标来进行的，因此，任何谈判方案的制订都必须首先确定谈判的对象和目标，既要明确与谁谈判，又要明确通过这次谈判想获得什么。

4. 制订谈判方案

在我们了解了谈判环境、谈判对手和自身的情况之后，在正式进行激烈的谈判交锋以前，我们还需要制订出一个周全而又明确的谈判计划，即制订一个谈判方案。谈判方案是指在谈判开始以前对谈判目标、谈判议程、谈判策略预先所做的安排，它是指导谈判人员行动的纲领，在整个谈判过程中起着非常重要的作用。

5. 模拟谈判

模拟谈判能使谈判人员获得实际经验，随时修正谈判中可能出现的错误，提高谈判能力。

谈判前的准备是否充分是决定商务谈判成败的关键。准备工作做得充分，谈判人员在谈判中就能处于主动地位，谈判就能顺利开展，效果也好；否则，仓促上阵，往往会使自己陷入被动境地，难以取得好的谈判效果。我们将在后文对谈判前的准备工作进行详细阐述。

（二）开局阶段

开局阶段，主要指谈判双方见面后，在就具体交易内容进行商谈之前，相互介绍、寒暄以及就谈判内容以外的话题进行交谈的时间和过程。开局阶段所占用的时间较短，谈论的内容也与整个谈判主题关系不大或根本无关，但这个阶段却很重要，因为它为整个谈判过程确定了基调。

谈判的内容、形式、地点不同，其谈判气氛也各不相同。有的谈判气氛十分热烈、积极、友好，双方都抱着互谅互让的态度参加谈判，通过共同努力去签订一个双方都满意的协议，使双方的需要都能得到满足；有的谈判气氛却很冷淡、对立、紧张，双方均抱着寸土不让、寸利必争的态度参加谈判，针锋相对，毫不相让，使谈判变成了没有硝烟的战争；有的谈判简洁明快，节奏紧凑，速战速决；有的谈判咬文嚼字，慢条斯理，旷日持久。不过，更多的谈判气氛则介于两个极端之间：热中有冷，快中有慢，对立当中存在友好，严肃当中不无轻快。一般来说，通过谈判气氛，我们可以初步感受到对方谈判人员谈判的气质、个性和对本次谈判的态度以及准备采取的方法。

在开局阶段，究竟以营造何种谈判气氛为宜，要根据准备采取的谈判方法和谈判策略来决定，也要视谈判对手是陌生人还是熟识的老友加以区别。也就是说，谈判气氛的选择和营造应该因人而异，服务于谈判的目标、方法和策略。

（三）正式谈判阶段

正式谈判阶段，又称实质性谈判阶段，是指从开局阶段结束以后，到最终签订协议或谈判失败为止，双方就交易的内容和条件进行谈判的时间和过程。它是整个谈判过程的主体。正式谈判阶段一般要经历询盘、发盘、还盘、接受四个环节。从法律的角度来看，每一个环节之间都有着本质的区别。询盘和还盘不是必经的程序，买卖双方完全可以依据实际情况，不经过询盘而直接发盘，或不经过还盘而直接接受，但发盘和接受则是谈判获得成功和签订合同必不可少的两道程序。国际商务谈判人员只有熟练掌握每道程序的中心问题和重点问题及其相互衔接关系，精通有关法律规定或惯例，才能在谈判时发挥自如，运用得当，控制整个谈判进程，直到获得成功。

1. 询盘

询盘是指在外贸交易洽谈中，由买卖双方中的一方向另一方就某项商品的交易内容和条件发出询问（一般多由买方向卖方发出询问），以便为下一步彼此间进行详细而周密的洽谈奠定基础。询盘既可以采用口头形式，也可以采用书面形式；既可以询问价格，也可以询问其他一项或几项交易条件。由于询盘纯属试探性接触，询盘的一方对能否达成协议不负有任何责任，因而它既没有约束力，也没有固定格式。

2. 发盘

继询盘之后，通常要由被询盘的一方进行发盘。**发盘**又称发价，它是由交易的一方向另一方以书面或口头形式提出交易条件，并表示愿意按照有关条件进行磋商，达成协议，签订合同。在多数情况下，发盘是由卖方向买方发出。有时也可以由买方主动发出，这种由买方主动发出的发盘，在国际上被称为买方发盘或递盘。

发盘是交易洽谈中至关重要的一环。若发盘人发出实盘后，受盘人无条件地表示接受，交易即告达成，协议亦即成为一项对买卖双方均具有法律约束力的契约。

3. 还盘

还盘是指受盘人不同意发盘的交易条件而提出的修改或增加条件的表示。

4. 接受

接受是买方或卖方无条件同意对方在发盘中提出的交易条件，并愿意按这些条件与对方达成交易、订立合同的一种肯定表示。一方的发盘经另一方接受，交易即告达成，合同即告成立，双方就应分别履行其所承担的合同义务。一般以“接受”“同意”“确认”等术语表示接受。一项有效的接受应具备相应的条件。

（四）签约阶段

谈判双方经多次反复洽谈，就合同的各项重要条款达成协议以后，为了明确各方的权利和义务，通常要以文字形式签订书面合同。书面合同是确定双方权利和义务的重要依据，因此，合同内容必须与双方谈妥的事项及其要求完全一致，特别是对主要的交易条件都要予以明确和肯定。拟定合同时所涉及的概念不应有歧义，前后的叙述不能自相矛盾或出现疏漏和差错。

在国际贸易中，对销售合同的书面形式没有特定的限制，从事进出口贸易的买卖双方，可采用正式的合同、确认书、协议书，也可采用备忘录等形式。在我国进出口业务中，主要采用合同和确认书两种形式，这两种形式在法律上具有同等效力。

二、PRAM 谈判模式

PRAM 谈判模式（plan-relationship-agreement-maintenance negotiation pattern）提供了一条可供借鉴的成功谈判之路。下面将介绍这种模式的实施方法。

（一）PRAM 谈判模式的构成

1. 制订谈判计划

在制订谈判计划时，首先要明确己方的谈判目标；其次要设法理解和弄清对方的谈判目标。在确定了两者的目标之后，应该把两者加以比较，找出在本次谈判中双方利益一致的地方。对于双方的共同利益，应该在随后的正式谈判中首先提出，并由双方加以确认。这种做法能够保持双方对谈判的兴趣，增强双方对争取谈判成功的信心，同时也能够为后面解决利益不一致的问题打下良好的基础。对于双方利益不一致的问题，则要通过双方发挥思维创造力和开发能力，根据“成功的谈判应该使双方的利益需要都得到满足”的原则，积极寻找使双方都满意的办法来加以解决。

2. 建立关系

在正式谈判之前，要建立起与谈判对手的良好关系。这种关系不是那种一面之交的关系，而应该是一种有意识地形成的、使谈判双方的当事人在协商过程中都能够感受到的舒畅、开放、融洽的关系。换言之，就是要建立一种彼此都希望对方处于良好协商环境之中的关系。

要建立这样一种关系的原因在于：在一般情况下，人们是不愿意与自己不了解、不信任的人签订合同的。在与一个素未谋面也没有听说过的人做交易时，人们从不敢麻痹大意，往往在行动之前就会层层设防，在谈话中也尽量做到不轻易许诺；反之，如果双方都已相互了解，建立了一定程度的信任关系，谈判的难度就会大大降低。因此，可以说谈判双方之间的相互信赖是谈判成功的基础。

如何建立谈判双方的信任关系，增强彼此的信赖感呢？经验证明，做到以下三点至关重要：

（1）要通过行动使对方信任自己。对事业与个人的关心、周到的礼仪、工作上的勤勉等都能使对方信任自己。

（2）要表明自己的诚意。在与不熟悉的人进行谈判时，向对方表明自己的诚意是非常重要的。为了表明自己的诚意，可向对方介绍一些在过去的交易中自己与他人真诚相待的例子。

（3）要信守诺言。必须时刻牢记，不论自己与对方之间的信任感有多强，只要有一次失约，彼此之间的信任感就会崩溃，而其一旦崩溃就将难以修复。因此，要始终做到有约必行、信守诺言。

3. 达成使双方都能接受的协议

在谈判双方建立了充分信任的关系之后，即可进行实质性的事务谈判。在这里，首先应核实对方的谈判目标，其次对彼此意见一致的问题应加以确认，而对彼此意见不一致的问题则应通过充分交换意见，寻求一个符合双方的利益需要且双方都能接受的方案来解决。

谈判人员应该清楚地认识到，协商谈判的终极目标并不是达成令人满意的协议，而是使协议的内容能得到圆满执行，因为写下来的协议无论对己方多么有利，如果对方感到自己在协议中处于不利地位，他履行协议条款的动机就会很弱甚至为零。如果对方不遵守协议，那么协议也将变得一文不值。虽然我们可以依法向对方提起诉讼，但是解决问题可能需要花费相当长的时间，并且要为此投入大量的精力。此外，在提起诉讼的期间，希望对方办到的事情也不会有着落，因此，虽然已方最后可能胜诉并得到赔偿，但是同样要付出沉重的代价。

4. 协议的履行与关系的维持

在谈判当中，人们最容易犯的错误是：一旦达成了令自己满意的协议就认为万事大吉，鼓掌欢呼谈判的结束，以为对方会立刻毫不动摇地履行其义务和责任。这实在是一种错觉，因为履行职责的不是协议而是人，不管对协议规定得多么严格，都不能确保它得到实施。因此，签订协议是重要的，但确保其得到实施更加重要。

为了促使对方履行协议，必须认真做好以下两项工作：

（1）对对方遵守协议约定的行为做出适当的、良好的情感反应。经验告诉我们，对一个人的成绩做出良好的反应是最能鼓舞其干劲的。因此，在对方努力信守协议时，若能及时向其表示赞扬和感谢，则其信守协议的精神就会保持下去。

情感反应的形式是多种多样的，既可以亲自拜访致以问候和表示感谢，也可以通过写信、打电话来表示。

（2）当要求别人信守协议时，自己首先要信守协议。通过努力确保协议得到认真履行，对某项具体交易来讲，基本可以画上一个圆满的句号了，但对于一个具有长远战略眼光的谈判人员来讲，则还有一项重要的工作要做，那就是维持与对方的关系。从为以后继续进行交易做铺垫的目的考虑，对于在本次交易协商中与对方建立的关系，应想方设法予以维持，避免以后与对方进行交易时，再花费力气与对方建立的关系。

维持与对方的关系的基本做法是：保持与对方的接触和联络，主要是个人之间的接触和联络。

（二）PRAM谈判模式的运转

PRAM谈判模式的四个部分，实际上就是进行谈判的四个步骤，依次经过这四个步骤，也就完成了某一具体交易的谈判过程，如图1-1所示。

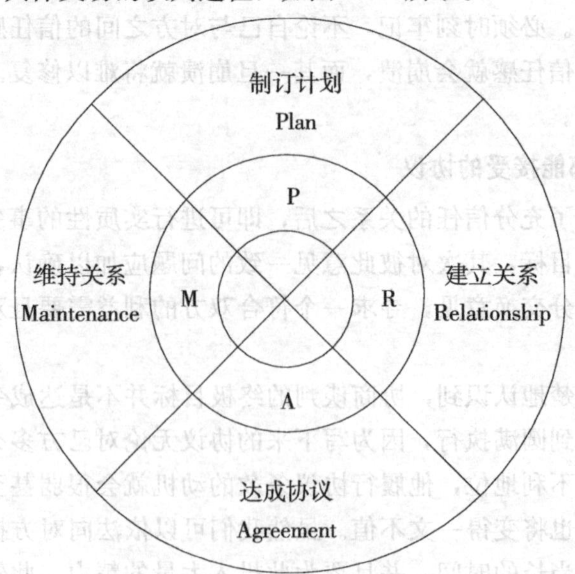

图1-1　交易的谈判过程

一般情况下，谈判人员习惯把谈判看作一个独立的、互不联系的、个别的过程，把与对方的初次会面作为开始，而把达成协议后的握手作为结束。而 PRAM 谈判模式则不同，它把谈判看作一个连续不断的过程，因而本次交易的成功将会导致今后交易的不断成功。

案例专栏阅读

华测检测并购德国易马

历时 7 个月，华测检测终于完成了对德国易马的收购。

近日，华测检测发布公告，其全资孙公司华测德国管理有限合伙企业（以下简称“CTI 华测检测”）收购德国易马 90%股权正式完成交割。

华测检测表示，此次收购旨在提升汽车检测全球化服务能力，进而打造 CTI 华测检测全球化战略新支点。

《长江商报》记者注意到，2010 年以来，华测检测开启外延并购，至今完成了近 30 起资产并购，成为国内第三方检测领域的龙头企业。今年上半年，其海外营收达 7 806.81 万元，同比增长 36.6%。

收购德国易马，加强海外布局

回顾此次并购，2021 年 5 月 21 日，华测检测公告称，公司或公司全资子公司拟以现金方式收购德国易马 90%股权，交易价格超 1 901 万欧元（约 1.5 亿元人民币）。

10 月 13 日，CTI 华测检测作为收购主体与易马集团签署了股权购买协议。交易双方于 12 月 6 日签署交割备忘录。至此，CTI 华测检测已持有德国易马 90%股权，并顺利完成本次股权收购交易。

据悉，德国易马是全球机动车检测行业的优质服务提供商，享有 30 多年盛誉，总部位于德国门兴格拉德巴赫，分别在中国、美国、墨西哥和南非设有分支机构，主要为客户提供功能测试服务，包括汽车内部与外部零配件的耐久性测试（风化）、气候变化测试等。

德国易马与德系知名品牌客户有长期良好的合作基础，在机动车测试领域有深厚的技术积累和沉淀，可以与华测检测国内汽车检测业务形成协同效应。华测检测表示，此次收购后续将根据具体经营管理需要进行业务整合，实现资源的有效配置。

近年来，华测检测不断深化海外布局，推进国际化发展。2013 年，华测检测并购了英国 CEM，推进无线通信检测海外布局；随后在 2014 年、2020 年又并购了两家新加坡公司，布局船舶无损探伤检测、船用油品检测领域。

2021 年上半年，华测检测海外营收 7 806.81 万元，同比增长 36.6%，占总营收的比例为 4.32%。

资料来源：华测检测并购德国易马. 长江商报，2021 - 12 - 01.

问题：

成功并购德国易马对于华测检测深化海外布局、推进国际化发展有何重要作用？

本章小结

本章首先介绍了谈判的基本概念和特点，然后在此基础上重点讨论了国际商务谈判的基本概念和特点，总结了国际商务谈判的主要种类，强调了我国谈判工作者在谈判实践中必须遵循的基本原则，并进一步讨论了国际商务谈判的基本程序。

本章关键词

国际商务谈判	主场谈判	客场谈判	中立地谈判
让步型谈判	立场型谈判	原则型谈判	投资谈判
损害及违约赔偿谈判	询盘	发盘	还盘
PRAM 谈判模式			

讨论与思考

1. 国际商务谈判不同于一般贸易谈判的主要特点有哪些？
2. 按谈判中双方所采取的态度与方针来划分，国际商务谈判可以分为哪些类型？
3. 国际商务谈判的基本程序是怎样的？
4. 国际商务谈判的 PRAM 模式是怎样运转的？与一般的谈判过程相比，它强调了哪些因素？

延伸阅读

美韩防卫费分担谈判：不对称同盟内的以小博大

防卫费分担金是指驻韩美军驻扎费用中由韩国承担的负担金。1966 年，美韩签署的《驻韩美军地位协定》规定，韩方向美方免费提供土地及附属设施等不动产，美方承担部队在韩驻扎所需经费。从 1991 年开始，韩美两国根据《驻韩美军地位协定》，定期就韩国对驻韩美军的出资问题进行协商，且通常以多年为单位进行协商。由于两国意见分歧很大、立场尖锐对立，历次的美韩防卫费分担谈判总是需要经过多轮才能取得一致。迄今为止，双方共签署了 11 份《防卫费分担特别协定》。

为了降低霸权护持成本，特朗普政府将自己的盟友视为“商业对象”，对韩国“狮子大开口”，索要“保护费”。奉行“美国优先”的特朗普政府毫不顾及盟友的“自尊”，认为 2.85 万名驻韩美军是防止朝鲜侵犯韩国的关键威慑力量，韩国在安全上“免费搭便车”。这一度引发了韩国的强烈不满和美韩同盟的不信任，成为谈判达成协议的绊脚石。面对美国的漫天要价，韩国无法忍痛“割肉”。美韩防卫费分担谈判陷入僵局，沦为同盟关系中的代表性绊脚石。在美国政权交替后，该谈判柳暗花明，为韩美同盟关系重生创造了契机。拜登政府上台后迅速重启陷入僵局的谈判，以恢复美韩同盟的互惠包容，从而为拜登时代的韩美关系创造了一个良好的开局。

早在 2020 年 3 月，当时尚是美国民主党总统候选人的拜登就在《外交事务》杂志上发表了题为《为何美国必须再次领导世界：拯救特朗普后的美国外交》的文章。拜登在文章中指出，联盟不仅仅是金钱；美国的承诺是神圣的，不是交易性的。随后，拜登在韩联社发表题为《走向更加美好未来的希望》的署名文章。他表示："作为总统，我将与韩国站在一起，加强美韩同盟以维护东亚及其他地区的和平，而不是用不计后果的撤兵威胁来敲诈韩国。"可见，与美国前总统特朗普主张的"金钱交易关系"不同，美国现任总统拜登把"修复受损的同盟关系以恢复美国的全球领导地位"看作首要任务，向韩国释放出"不会压榨盟友"的信息。拜登这一发言让韩国吃下了一颗定心丸。拜登政府上台 46 天后就打破了两国谈判的僵持局面，使谈判迅速取得进展，达成了第 11 份《防卫费分担特别协定》，迈出了韩美同盟正常化的第一步。

2021 年 3 月，韩美防卫费分担谈判韩国首席代表郑恩甫和美国拜登政府的首席代表唐娜·韦尔顿在华盛顿举行会谈，美韩两国就第 11 份《防卫费分担特别协定》达成原则性协议，在 18 日举行外长防长"2＋2"会谈后草签。新协定有效期为 2020—2025 年，为期 6 年。韩美防卫费协定的达成，兑现了拜登竞选团队加强同盟的承诺，取代了"不顾后果地威胁韩国撤走美国驻军"。此次协商是在新冠肺炎疫情下时隔 1 年举行的面对面协商。

2020 年韩方的防卫费分担金额为 1.038 9 万亿韩元（约 59.26 亿元人民币），与 2019 年持平。韩方将支付除去提前向美方支付的劳务费用、驻韩美军韩籍雇员生活补助 3 144 亿韩元之外的 7 245 亿韩元。韩国外交部高层官员表示："特朗普总统当时达成协议的方案是在 2020 年提高 13.6%，此后再适用国防费增加率。但因防卫费谈判困难，此次冻结了 2020 年的防卫费，反而在 2022 年之前节约了大约 3 100 亿韩元（约 17.7 亿元人民币）。"换言之，本应从 2020 年起开始分担防卫费，延宕至 2021 年适用新协定。韩国认为这是韩国取得的进展与成就。

然而，此份《防卫费分担特别协定》是第一次在多年的防卫费谈判中适用国防预算增加率，把韩国国防经费的增额比率当作每年上调分担金额的标准。未来将按照前一年度韩国国防经费的增额比率不断上调。防卫费与国防费联动这一规定无疑有利于美国。

从特朗普时期的互不相让、争吵不休到拜登时期的各退一步、达成协议，彰显出美国从高喊"美国优先"、要求比较露骨的商人逻辑转变为高喊"盟友协调一致"、实乃笑里藏刀的政客逻辑。但不变的是，美国国家利益至上原则贯穿始终。

尽管美韩两国官方肯定新协定，但韩国民间却对此有不少非议，市民团体抗议活动接连不断，反美主义持续发酵，成为美韩同盟未来发展的掣肘因素。在过去 10 年里，韩国支付的费用已经增加了大约 40%。随着未来 5 年韩国的分担金额不断上调，韩国承担的驻军费用比例也将大幅上升，超过美国和美国的其他盟国。许多批评人士认为，这将给国家和国民造成巨大的财政负担，而把这笔钱投资于加强国家武装力量则会更有益。

韩国需要驻韩美军的安全保护，这种安全保护是稀缺且无价的，韩美同盟是韩国安全的支柱，这决定了韩国在与美国进行防卫费分担谈判时必然处于弱势地位。同时，韩国是美国重要的东北亚盟国，在防卫费用上要价过高可能会使美国因小失大。驻韩美军的成本、韩国对驻韩美军的需求强度和对驻韩美军价值的认识程度、美国对韩施压的强度，左右着未来美韩防卫费分担谈判的进程与结果。

资料来源：李家成．美韩防卫费分担谈判：不对称同盟内的以小博大．延边大学学报：社会科学版，2022，55（1）：12－19.

深度阅读推荐

[1] 比尔·斯科特．贸易洽谈技巧．北京：中国对外经济贸易出版社，1986.

[2] 戴维·A. 拉克斯，詹姆斯·K. 西本斯．谈判．北京：机械工业出版社，2004.

[3] H. 雷法．谈判的艺术与科学．北京：北京航空航天大学出版社，1998.

[4] 杰弗雷·埃德芒德·卡里．国际商务谈判．上海：上海外语教育出版社，2000.

第二章 影响国际商务谈判的客观因素

学习目标

学习完本章，你应掌握：

- 国际商务谈判中的环境因素；
- 国际商务谈判中的法律因素。

新闻导读

RCEP 协定生效面临的问题与风险防范

2020 年 11 月 15 日，区域全面经济伙伴关系（Regional Comprehensive Economic Partnership）协定（以下简称 RCEP 协定）第四次领导人会议顺利举行，中国、日本、韩国、澳大利亚、新西兰及东盟十国的贸易部长共同签署了这一协定。至此，涵盖 15 个国家、23 亿人口、25 万亿美元 GDP 和 30%世界贸易总量的全球最大自由贸易区正式诞生。RCEP 是中国加入的最大自由贸易区，RCEP 协定的成功签署无疑是对“中国封闭论”的有力回击，更是在当前民粹主义暗流汹涌背景下为推进经济全球化进程注入的一剂强心针。

2020 年 11 月，习近平主席在亚太经合组织（Asia-Pacific Economic Cooperation, APEC）峰会第二十七次领导人非正式会议上表示，中方将积极考虑加入全面与进步跨太平洋伙伴关系协定（Comprehensive and Progressive Agreement for Trans-Pacific Partnership，简称 CPTPP）。这一方面表明中国将在目前 RCEP 的基础上继续推动制度改革与对外开放，达到更高的贸易投资自由化水平；另一方面也意味着现有的RCEP与CPTPP两条轨道并非完全独立，可能会在未来条件成熟时融为一体，为亚太经济共同体的建成做出贡献。不过，考虑到缔约方多为发达国家，CPTPP在诸如知识产权保护、数字贸易、国企治理、劳工和环境等方面设立了远高于RCEP的标准，以中国目前的实际情况不容易满足。但是，正因为当前世界经济的表现形式已发生重大改变，旧有的全球贸易体制变得不适应新情况，国际经贸规则开始由多边主义向区域化、碎片化发展，中国才应该把握机会，倒逼国有企业改革，强化市场在资源配置中的基础性作用，提高中国市场的承压能力，营造良好的法治化营商环境，争取参与到更高水平、更高标准的区域自贸协定中。

相比CPTPP而言，仍在谈判进程中的中日韩自由贸易协定（Free Trade Agreement，以下简称FTA）应该是中国近期最为关注的区域自贸协定。尽管RCEP协定的签署已经间接打通了三国之间的贸易壁垒，但中日韩FTA势必会在目前RCEP的基础上，根据三国的实际能力与需求提出更高的标准，形成推动东北亚区域经济一体化的“RCEP＋”。中日韩FTA最重要的意义在于中国完全参与了规则的制定过程，掌握着相当的话语权。与直接加入已经生效的CPTPP不同，中日韩FTA若能成型，中国将在此过程中积累丰富的谈判经验，探索适合中国发展的制度框架和实施途径，为贸易自由化和经济全球化做出更多贡献。

特朗普上台后发布总统令退出跨太平洋伙伴关系协定（Trans-Pacific Partnership Agreement，以下简称TPP），严重挫伤了这一区域性贸易协定的重要性和影响力。考虑到美国方面可能产生的一系列不确定性和风险因素，关注拜登政府的对华政策以及印太战略的实时动向显得至关重要。

日前，拜登政府已表态：“俄罗斯是美国最大威胁，中国是最大竞争对手。”这意味着尽管中美双方不处于敌对状态，但在具体竞争领域摩擦和冲突不可避免，并且涉及的议题将从之前的以经贸问题为绝对核心转向多议题并重，比如拜登强调在5G、人工智能等产业和技术领域建立美国主导的规则体系，加大对华规制力度。不过，拜登认为特朗普推行的单边主义和贸易保护政策造成了全球贸易的扭曲，疏远甚至恶化了美国与盟友之间的关系。因此，拜登在任时期中美间的合作空间或将有所扩张，但仍要注意在敏感问题上两国存在的尖锐矛盾。

除对华政策的改变外，拜登上台后的一大重要转变即恢复与盟友间的密切关系，重返多边主义框架，增加共同利益。对于特朗普的政治遗产“印太战略”，拜登政府并没有表态批评，而是更有可能延续和深化这一战略的细节内容。拜登及其顾问认为，奥巴马时期制定的“重返亚太”战略是应对中国挑战的必要之举，更宣称在其治下的美国将会加强与日本、韩国和澳大利亚等传统盟国的关系，并继续深化与印度和印度尼西亚等国的“战略伙伴”关系。由此可见，拜登政府对于亚太地区的一体化进程十分关切，不可能接受美国被排除在亚太地区“游戏规则”的制定者范围之外，所以美国接下来的动作值得高度关注。此外，拜登政府仍可能重返TPP，拉拢日本、韩国、印度尼西亚、泰国等其他亚太经济体，组建一个“由志同道合的国家组成的强大集团”，削弱RCEP的地区影响力，为中国参与制定国际经贸规则和进一步融入世界经济体系制造障碍。在这种情况下，我们应主动作为，加大开放力度，充分利用地缘上的邻近性和经济上的相互依赖性，强化与周边贸易伙伴之间的经贸合作关系，以 RCEP 为基础推动构建亚太自贸区，依托"一带一路"倡议拓展欧亚大陆发展潜力，提升国家形象，传递中国理念。

资料来源：沈洁．RCEP 协定生效面临的问题与风险防范．区域经济评论，2021（3）：122－129.

在商战中，影响国际商务谈判结局走向的客观因素有许多，其中环境因素和法律因素尤为显著。如何把握客观因素的影响，扬其长，避其短，使客观因素为我所用，是本章所要探究的主要内容。

通过本章的学习，读者应当掌握影响国际商务谈判的客观因素。主观因素将在下一章讨论。

第一节 国际商务谈判中的环境因素

谈判不是在真空中进行的，而是在一定的法律制度和某一特定的政治、经济、社会、文化环境中进行的，社会环境会对谈判产生直接或间接的影响。

国际商务谈判中的**环境因素**包括谈判双方所在国家的所有客观因素，如政治、法律、社会、文化、经济、自然资源、基础设施、气候条件与地理位置等。谈判人员只有对上述环境因素进行全面系统的调研与分析评估，才能制定出相应的谈判方针和策略。

英国谈判专家马什在其所著的《合同谈判手册》中对谈判的环境因素做了系统的归类和分析，这些归类与分析对从事国际商务工作的人员具有借鉴意义。马什把与谈判有关的环境因素大体分为以下几类：政治状况、宗教信仰、法律制度、商业习惯、社会习俗、财政金融状况、基础设施与后勤供应状况、气候状况等。

一、政治状况

一个国家或地区与谈判有关的政治状况因素主要包括以下几个方面：

（一）国家对企业的管理程度

这主要涉及**企业自主权**的大小问题。如果国家对企业的管理程度较高，则在谈判过程中政府就会干预谈判的内容及进程，并就关键问题做出决策，因此，谈判的成败不取决于企业本身，而主要取决于政府的有关部门。相反，如果国家对企业的管理程度较低，企业有较为充分的自主权，则谈判的成败完全取决于企业自身。

（二）经济的运行机制

在计划经济体制下，企业间的交易往来主要看有没有列入国家计划，列入国家计划的企业会被认为已争取到了计划指标，与它们的谈判才是可行的。在市场经济条件下，企业有充分的自主权，可以决定谈判对象、谈判内容以及交易本身。

（三）政治背景

谈判对手对该谈判项目是否有政治兴趣，如果有兴趣，程序如何，哪些领导人对此感兴趣，这些领导人各自的权力如何等，都是谈判项目涉及的政治背景因素。在一般情况下，业务往来谈判是基于经济目的，但有时候如果有政府或政党的政治目的掺杂其中，那么影响因素就复杂得多。发达国家对发展中国家的贸易往来常出现这种情况。在多数情况下，如果谈判中掺杂有政府或政党的政治目的，那么这场谈判的最终结果则主要取决于政治因素的影响，而不是经济或技术方面的因素。在一些较为落后的发展中国家，集权程度较高，在与这些国家进行业务洽谈时，其谈判项目的决定及洽谈结果，往往取决于领导人的政治地位和权力。

（四）政局稳定性

谈判对手政府的稳定程度如何、在谈判项目履行期间政局是否稳定、总统大选的日子是否定在谈判协议履行期间、总统大选是否与所谈项目有关、谈判对手与邻国的关系如何、有无战争爆发的可能性等政治因素都将影响谈判。其中，战争风险的危害性最大，下面的案例充分说明了这一点。

专栏阅读 2-1

卢布结算最后期限临近：俄罗斯声称已做好准备
欧盟真要忍痛“断气”？

俄罗斯周二（3月29日）再度重申，将在本周四之前制定出切实可行的安排，让外国公司用卢布结算俄罗斯的天然气。而目前西方国家纷纷表态拒绝了俄罗斯有关“只收卢布”的要求，随着时间的流逝，俄罗斯中断天然气供应的可能性也越来越大。

俄罗斯总统普京上周下令，对“不友好”的国家将只接受以卢布付款，这一命令推动了卢布汇率的反弹。周二美元兑俄罗斯卢布日内跌幅一度扩大至7.35%，涨至一个多月以来的新高，已经接近俄乌冲突爆发前的水平。

克里姆林宫发言人佩斯科夫周二对记者表示：“没有人会免费供应天然气，这根本是不可能的，你只能用卢布支付。”他还强调，俄罗斯正在拟定简单、明确和实用的天然气付款方式，所有选项将在3月31日之前敲定。

当然，此举也招致了欧洲国家的强烈批评。这些国家声称，欧洲与俄罗斯现有的供气协议主要用欧元结算，改用卢布结算“构成违约”。七国集团（G7）拒绝以卢布结算俄罗斯天然气，周二欧盟委员会也表态拒绝。

由于担心供应中断的风险，欧洲天然气批发价格本周进一步上涨。不过到目前为止，俄罗斯依然履行了向欧洲供应天然气的义务。周二上午，俄罗斯通过三条主要管道向欧洲输送的天然气总体上保持稳定。

俄罗斯已做好断气准备

塔斯社周二援引俄罗斯国会上议院议长马特维延科（Valentina Matviyenko）的话说，对于欧洲可能停止购买俄罗斯能源的可能性，俄罗斯已经做好准备。

塔斯社报道说，马特维延科还表示，如果欧洲拒绝购买俄罗斯能源，那么莫斯科可以转向亚洲等其他市场。

不可承受之痛

俄罗斯天然气“断供”之后，对欧洲国家的影响有多大？以德国为例，2021 年，德国天然气总进口量中约有 55%来自俄罗斯。尽管这一数字在 2022 年第一季度下降到 40%，但德国经济事务部部长哈贝克（Robert Habeck）表示，德国要到 2024 年中期才能完全摆脱对俄罗斯天然气的依赖。

根据德国联邦统计局周二公布的最新数据，与去年同期相比，德国 2 月份的进口商品价格上涨了 26.3%，尽管不及上月的 26.9%，但依旧超过了 1974 年 10 月发生第一次油价危机时的涨幅。而如果排除能源产品，2 月份的进口价格仅比去年同期高出 14.7%。

德国联邦统计局指出，虽然是在乌克兰危机发生之前，但能源市场的不确定性和天然气供应紧张依旧造成了今年 2 月所有经济领域的能源价格同比大幅上涨。数据显示，进口能源价格比 2021 年 2 月高出了 129.5%，国内生产的能源成本同比增长了 68.0%，消费者当月在家庭能源和燃料上的支出比上一年多 22.5%。具体来看，天然气价格同比上涨 256.5%是造成 2 月进口能源价格高企的主要原因。

上述数据并未受到俄乌冲突的影响，而一旦俄罗斯断供天然气，经济数据无疑将急剧恶化。而如果遭遇供给短缺，占天然气需求的四分之一的德国工业将首先受到冲击。德国意昂集团（E. ON）行政总裁比恩鲍姆（Leonhard Birnbaum）表示：“如果没有俄罗斯的天然气供应，德国经济将遭受巨大损失，工业将停产，供应链会受到冲击，并造成相当严重的损失。”

他表示，德国天然气网络监管机构将优先考虑住宅供暖，而不是工业生产，这将导致钢铁制造商等能源需求旺盛的制造商在天然气供应减少时首当其冲。

德国最大的公用事业公司 RWE 首席执行官马库斯·克雷伯（Markus Krebber）表示，如果完全停止进口俄罗斯天然气，则只能支撑很短的一段时间，外国公司将需要购买卢布，用它们来支付俄罗斯的天然气费用。

德国最大的工业工会 IGBCE 周二表示，如果德国决定停止从俄罗斯进口能源，德国钢铁、化工和造纸等行业将在几周内关闭。“能源价格暴涨，但最重要的是可能实施的天然气禁运，将严重打击能源密集型行业。这不仅会减少工作时间，还会导致欧洲工业生产链的迅速崩溃，并带来全球性的后果。”

资料来源：卢布结算最后期限临近：俄罗斯声称已做好准备 欧盟真要忍痛“断气”?. 财联社，2022-03-29.

（五）政府间的关系

如果 A 国与 B 国有政治矛盾，而 B 国与 C 国是很好的贸易伙伴，那么 A 国就有可能不愿与 C 国做生意。如中东的一些阿拉伯国家有时就拒绝同那些与以色列有政治、经济关系的国家及其企业进行商务往来。

此外，是否将一些军事手段运用到商业竞争中也非常值得关注。在国际、国内商务竞争较为激烈的今天，有些国家往往利用一些军事手段，例如在客人房间安装窃听器、偷听客人电话、暗录谈话内容等，以达到自己的商业目的。

二、宗教信仰

众所周知，宗教对人们的思想行为是有直接影响的。信仰宗教的人与不信仰宗教的人的思想行为不同，而信仰不同宗教的人的思想行为也会有差异。因此，宗教信仰对人们思想行为的影响是客观存在的，是环境因素分析中的重要环节。在国际商务谈判中，应提前了解对方所在国家占主导地位的宗教信仰。

一个国家或地区与商务谈判有关的**宗教信仰因素**主要包括以下几个方面：

（一）宗教信仰对政治事务的影响

例如，宗教信仰对该国的大政方针、国内政治形势等会产生影响。

（二）宗教信仰对法律的影响

例如，在某些受宗教影响很大的国家，其法律的制定就必须依据宗教教义。在一般情况下，人们的行为只要符合法律原则与规定，就能得到认可，但在受宗教影响较大的国家，对人们行为的认可还要看是否符合该国宗教的精神。

（三）宗教信仰对国别政策的影响

由于宗教信仰不同，某些国家依据本国的外交政策，在经济贸易制度上制定带有歧视性或差别性的**国别政策**，以便对某些国家及企业给予方便与优惠，而对另外一些国家及企业则做出种种限制。

（四）宗教信仰对社会交往与个人行为的影响

存在宗教信仰的国家与那些没有宗教信仰的国家之间，在社会交往与个人行为方面存在差别。

（五）宗教信仰对节假日与工作时间的影响

宗教活动往往有固定的日期，而且不同的国家其工作时间也有差别，因此在制订具体谈判计划及确定日程安排时必须加以考虑。

三、法律制度

一个国家或地区与商务谈判有关的法律制度因素主要包括以下几个方面：

（一）该国法律基本情况

一国法律基本情况包括如下方面：该国的法律制度是什么？它是根据何种法律体系

制定的，是属于英美法系（判例法体系）还是属于大陆法系（成文法体系）？它包括哪些内容？

（二）法律执行情况

在实际生活中，有的国家因为本身法律制度不健全而可能出现无法可依的情况；有的国家法律制度较为健全，而且执行情况良好；有的国家在执行过程中，不完全是依法办事，而是取决于当权者，即与当权者的关系如何将直接影响法律制度的执行。

（三）司法部门的影响

这主要是指该国法院与司法部门是否独立，司法部门对业务洽谈的影响程度如何。

（四）法院受理案件时间的长短

法院受理案件时间的长短将直接影响业务洽谈双方的经济利益。谈判双方在交易过程中及以后的合同执行过程中难免会发生争议，一旦诉诸法律，就要由法院来审理。如果法院受理案件的时间很短，那么对交易双方的经营影响不大；如果受理案件的时间很长，则对双方来讲都是难以承受的。

（五）执行其他国家法律的裁决时所需要的程序

对于跨国商务活动而言，一旦发生纠纷并诉诸法律，就自然会涉及不同国家之间的法律适用问题。因此，必须弄清在某一国家的裁决拿到对方国家是否具有同等法律效力。如果不具有同等法律效力，或者根本无效，那么必须弄清楚需要经过什么程序才能生效并得到有效执行。

影响国际商务谈判的其他法律因素，我们将在本章第二节中做详细说明。

四、商业习惯

一个国家或地区与商务谈判有关的商业习惯因素主要包括以下几个方面：

（一）企业的决策程序

比如，美国企业的决策只需高级主管拍板即可，而日本企业的决策必须同上、下、左、右沟通，达成一致意见后再由高级主管拍板。因此，必须弄清楚谈判对手所在国家企业的决策程序，决策程序的差异将导致决策时间与谈判风格的不同。

（二）文本的重要性

在不同的国家，文本的重要性如何，是不是做任何事情都必须见诸文字，合同具有什么重要意义，书面合同的约束力如何等都存在差异。有些国家习惯上以个人的信誉与承诺为准，而有些国家则只以合同文字为准，其他形式的承诺一概无效。这是在国际商务谈判中必须了解的商业习惯之一。

（三）律师的作用

美国人在参与业务洽谈时，一般要有律师出场。当洽谈进入签订合同阶段时，要由出场律师来全面审核整个合同的合法性，并在审核完毕后由律师签字。这是美国的习惯做法。

（四）谈判成员的谈话次序

在正式的谈判场合，对方领导及陪同人员的谈话次序也是需要了解的。如果陪同人员只有在问及具体问题时才能讲话，则说明对方的高级领导人已经介入谈判之中；反之，如果陪同人员的职权很大，说明这个正式场合并非专为双方领导所安排。

（五）商业间谍问题

要了解该国企业在进行业务洽谈时有没有商业间谍活动。如果有，则应该研究如何保护机密文件，并采取其他防范措施。

（六）是否存在贿赂现象

在某些国家，交易中的贿赂和受贿属于违法行为，法律会严格追究这种行为。但在有的国家，交易中的行贿和受贿是正常现象，不行贿就难以达成交易，因此，有人称行贿是交易的润滑剂，是必不可少的。我们不赞成靠行贿来做生意，但是，我们一定要搞清楚谈判对手有关这方面的商业做法，以便我们采取相应的对策。

（七）竞争对手的情况

要了解一国是否允许就一个项目同时选择几家公司作为对手进行谈判，以便从中选择最优惠的条件达成协议。如果可以，要了解保证交易成功的关键因素是什么，是否仅仅是价格问题。在几家公司同时竞争一笔生意时，谈判是最复杂、最艰难的，因而必须紧紧抓住影响交易成功的关键因素，只有围绕关键因素来展开洽谈工作，才有可能取得成功。

（八）翻译与语言问题

要了解一国业务洽谈的常用语种是什么。如果作为客场谈判而使用当地语言，要了解有没有办法找到安全可靠的翻译。要了解合同文件能否用两国文字表述，如果可以，那么两种文字是否具有同等的法律效力。谈判离不开语言的交流，这对谈判双方来讲都是很重要的，因此，必须选择好合适的交流语言。如果在签订合同时使用双方文字，那么两种文字应该具有同等法律效力。如果为了防止可能产生的争议而使用第三国文字来签订协议，那么对谈判双方来讲都是公平的。如果不是这样，一般都规定双方的文字具有同等效力。

五、社会习俗

不同国家有着不同的习俗，这些习俗都可能在一定程度上影响业务谈判活动。对此，我们应该很好地加以了解和把握。例如：在某个国家，称呼及衣着方面合乎规范的标准是什么？对业务洽谈的时间有没有固定的要求？业余时间谈业务时对方会不会反感？社交场合对于妻子的相伴有何看法？娱乐活动通常在哪里举办？对赠送礼品及赠送方式有什么讲究？等等。比如，与阿拉伯商人接触时，千万别送酒类礼品，因为他们禁酒最为严格；不能单独给女主人送礼，也别给已婚女子送礼，忌送妇女图片及妇女形象的雕塑品。在意大利，不能送人手帕，因为手帕象征亲人离别，是不祥之物；红玫瑰表示对女性的一片温情，一般不送。在西方国家，送礼忌讳“13”这个数字，因为它们的国民认为它代表厄运。

此外，在公共场合人们对当面批评是否能够接受、人们如何对待荣誉及名声、女性在业务活动中的地位如何等社会习俗都会影响双方交流意见的方式及所采取的对策，都是谈判前必须了解的环境因素。

六、财政金融状况

国际商务谈判的结果是使得谈判双方的资产形成跨国流动，这种流动是与谈判双方的财政金融状况密切相关的。从一个国家来看，与业务谈判有关的财政金融状况因素主要包括以下几个方面：

(一) 外债情况

如果该国的外债过高，虽然双方有可能很快达成协议，但在协议履行过程中，对方有可能会因为外债偿还问题而无能力支付本次交易的款项。

(二) 外汇储备情况

如果外汇储备较多，则表明该国有较强的对外支付能力；相反，如果外汇储备较少，则说明该国的对外支付存在困难。另外，还要看该国出口产品的结构如何，因为一个国家的外汇储备与该国出口产品的结构有着密切的关系。在一般情况下，如果出口产品以初级产品为主，附加价值低，则换汇能力就比较差。通过分析，可以很好地把握与该国所谈项目的大小，防止由于对方支付能力的局限而造成大项目不能顺利完成的经济损失。

(三) 货币的自由兑换

如果该国货币不能自由兑换，则要了解有何限制条件、汇率变动情况及其趋势如何，这些问题都是交易双方的敏感话题。很明显，如果交易双方国家之间的货币不能自由兑换，那么就涉及如何完成兑换的问题，同时还涉及选择什么样的货币来实现支付等问题。汇率变化对交易双方都存在一定风险，如何将汇率风险降到最低，需要由双方协商决定。

（四）支付信誉

必须弄清楚以下问题：在国际市场上，该国在支付方面的信誉如何？是否有延期的情况？原因是什么？此外，要想取得该国的外汇付款，需要经过哪些手续和环节？

（五）税法方面的情况

有关税法问题需要了解的方面有：该国适用的税法是什么？征税的种类和方式如何？有没有签订过避免双重征税的协议？如果签订过，是与哪些国家签订的？所有这些问题均会直接影响双方最终获利的大小。此外，对于该国对外汇汇出是否有限制以及其他问题也应了解清楚。

七、基础设施与后勤供应状况

一个国家的基础设施与后勤供应状况也会影响商务谈判。例如，该国的人力、物力、财务状况如何？有无所需的熟练工人和有经验的专业技术人员？有无建筑材料、建筑设备及维修设备？有无雄厚的资金？等等。另外，还要考虑当地的邮电、运输条件如何，具体包括邮电及通信能力、港口的装卸设备状况、公路及铁路的运载能力、航空运输能力等。

八、气候状况

一个国家的气候状况也会间接对商务谈判产生影响。因此，对该国的雨季长短及雨量大小、全年平均气温、冬夏季的温差、空气平均湿度、地震等情况均应了解清楚。

以上八个方面的环境因素，是在制订谈判方案之前必须予以充分调查和分析的。

第二节　国际商务谈判中的法律因素

一般来说，国际商务谈判中的法律因素涉及两个方面：一是影响国际商务谈判的宏观法律环境；二是国际商务谈判中常见的法律问题。影响国际商务谈判的宏观法律环境又可以分为国际商法和国内商法两个方面：前者主要指与国际商务相关的国际法律环境，后者主要指与国际商务相关的国内法律环境。国际商务谈判中常见的法律问题主要有谈判对手的资格问题、合同的效力问题、争端解决方式问题。

一、影响国际商务谈判的宏观法律环境

国际商务谈判要在一定的宏观法律环境（包括国际商务法律环境和国内商务法律环境）下进行，了解国际商务的宏观法律环境是进行国际商务谈判的重要前提之一。

(一) 国际商法与国内商法概述

国际商法作为调整国际商事和商事组织各种关系的国际法律规范的总和，为国际商务交往提供了宏观的国际法律环境。国际商法的调整范围不仅包括有形商品的国际货物贸易，而且包括技术、资金和服务在国际流动中所产生的各种关系。国际商法的主要表现形式是条约（包括多边条约和双边条约），国际经贸条约对于促进国际经济发展正起着越来越重要的作用。在国际商务谈判中，谈判人员需要了解对谈判双方都有效的国际经贸条约的基本内容及其营造的与国际商务有关的国际法律环境。

仅仅了解规范国际经贸交往的国际经贸条约还远远不够，国内商务法律框架对国际商务交往同样起着重要的指导和规范作用，特别是一国涉外经济法律。谈判人员既要了解本国国内商务法律的基本内容，又要了解对方国内相关法律规定。

一般而言，不同国家的国内商务法律的结构及基本内容是千差万别的，即使是有着相同历史传统的国家，其商务法律也不尽相同；即使属于同一法系的国家，其法律也各有特色。但属于同一法系的国家在法律制度上往往存在许多相同点。就历史传统而言，当今世界上主要有两大法系：大陆法系和英美法系。

大陆法系形成于西欧，除法国和德国以外，还有许多欧洲国家，如瑞士、意大利、奥地利、比利时、卢森堡、荷兰、西班牙、葡萄牙等国也都属于大陆法系。而随着殖民主义的扩张，各国又把自己的法律体系带到了各个殖民地，在殖民地建立了相应的法律秩序，因此，大陆法系也随之向世界各地扩展。现在，除西欧外，整个拉丁美洲、非洲的大部分、近东的某些国家都属于大陆法系。此外，日本和土耳其等国也引入了大陆法系。在属于英美法系的国家中，某些国家的个别地区，如美国的路易斯安那州和加拿大的魁北克，也属于大陆法系的范围。

大陆法系的一个特点是强调成文法的作用。它在结构上强调系统化、条理化、法典化和逻辑性。它所采用的方法是运用几个大的法律范畴把各种法律分门别类地归纳在一起。这种结构上的特点，在法学和立法中都有所反映。

首先，大陆法系各国都把全部法律分为**公法**和**私法**两大部分。这种分类法最早由罗马法学家提出。按照乌尔比安的说法："公法是与罗马国家状况有关的法律，私法是与个人利益有关的法律。"当时，公法包括调整宗教活动和国家机关活动的法规，私法包括调整所有权、债权、家庭与继承等方面的法规。大陆法继承了罗马法的这种分类方法，并根据现代法律发展的状况，进一步把公法细分为宪法、行政法、刑法、诉讼法和国际公法，而把私法分为民法、商法等。大陆法系国家之间尽管语言不同，但它们的法律词汇可以准确互译。只要掌握了一个大陆法系国家的法律，就很容易了解其他大陆法系国家的法律。

其次，大陆法系各国都主张编撰法典。法国资产阶级革命胜利后，曾先后颁布了五部法典：《民法典》《民事诉讼法典》《商法典》《刑法典》《刑事诉讼法典》。其他大陆法系国家也制定了类似的法典，但各国在法典编撰的体例上不完全相同。

英美法系形成于英国，之后扩展到美国及其他过去曾受英国殖民统治的国家和地区，主要包括加拿大、澳大利亚、新西兰、爱尔兰、印度、巴基斯坦、马来西亚、新加坡等国家以及中国香港等地区。南非原属大陆法系，后因被英国侵占，受到英美法系的影响，其法律体系是大陆法系与普通法系的混合体。斯里兰卡情况也相似。菲律宾原是西班牙殖民地，属大陆法系国家，后来随着美国势力的渗入，引进了英美法系的因素，所以菲律宾的法律体系也是一个混合体。但是，英国的苏格兰、美国的路易斯安那州和加拿大魁北克却不属于英美法系，而属于大陆法系。

英美法系各国不区分公法和私法，也不强调成文法的作用。英美法系强调判例的作用，判例是英美法系的主要渊源，成文法居于次要地位。但是，自 19 世纪末 20 世纪初以来，英美法系国家为了适应社会关系和国家活动日益复杂化的要求，国家机关立法活动大大加强，颁布了大量法律，成文法在社会生活中的作用日益重要。但是，成文法必须通过判例的解释才能产生效力。

因此，在进行国际商务谈判时必须考虑不同国家商务法律的特点，了解一国商务法律的基本框架。这样既可以在合法的前提下进行谈判，又可以为将来维护自己的合法权益打下基础。

（二）国际商务法律环境的可预测性

一个成功的谈判人员必须对自己商务目标的法律后果的可预测性做出判断，即对自己在多大程度上可以依靠法律、自己行为的法律后果是什么，以及利用法律手段解决纠纷的成本有多高等做出判断。例如，向第三世界国家投资，就要考虑其法律制度的不健全而可能导致的一系列问题。法律手段价值的大小主要取决于法律制度健全与否、一国法律制度的公开性与透明度，以及该国执法状况等。

二、国际商务谈判中常见的法律问题

（一）谈判对手的资格问题

所谓资格问题是指法律意义上的资格问题，即对方公司的签约能力和履约能力。法人是指拥有独立的财产、能够以自己的名义享受民事权利和承担民事义务，并且按照法定程序成立的法律实体。法人是由自然人组织起来的，它必须通过自然人才能进行活动。在当代，最常见的法人是公司，国际社会的经济活动主要也是通过各种公司来进行的，因此，探讨谈判对手公司的签约能力是非常有必要的。

根据各国公司法的规定，公司必须通过它授权的代理人才能订立合同，而且其活动范围不得超出公司章程的规定。例如，英国公司法在公司的行为能力问题上，强调公司的行为不得越权，公司的签约能力必须受公司章程的支配，不得超出公司章程规定的范围。如果公司订立的合同超出了公司章程规定的范围，即属于越权行为，这种合同在法律上是无效的。又如，在某些国家，外贸经营权是特许的，没有外贸经营权的公司就无权签订国际货物买卖合同。

在考察了对方的签约能力之后，考察谈判对手的履约能力也是一项非常重要的工作。就法律意义而言，此即考察对手的负债与实际资产状况。如果对手资不抵债或负债率过高，就将是一个危险的信号，因为如果一家公司资不抵债，该公司就将进入破产程序。

(二) 合同的效力问题

商务谈判成功的最终结果就是双方签订合同。依法订立的合同是受法律保护的，无效合同与可撤销合同则会导致谈判双方的合法权益得不到法律保护，并可能导致谈判的失败。了解合同的基本概念和各国法律是合同有效成立的要件，对于谈判人员来说非常有必要。

世界各国对合同的定义并不完全相同。《中华人民共和国民法典》第464条规定："合同是民事主体之间设立、变更、终止民事法律关系的协议。"第465条规定："依法成立的合同，受法律保护。"由此可见，合同具有以下三个特征：

1. 合同是双方的民事法律行为，不是单方的民事法律行为

合同的签订至少要有双方当事人参加，而且双方当事人的意思表示必须一致，合同才能成立。如果双方当事人意思表示不一致，就不能达成协议，合同就不能成立。这是合同的基本法律特征。

2. 订立合同的目的是产生某种民事法律上的效果

合同的订立包括设立、变更或者终止当事人之间的民事法律关系。例如，买卖双方通过订立买卖合同，便在双方当事人之间产生了买卖关系；如果在买卖合同订立之后，双方当事人同意对原合同进行修改或通过协议终止原来的买卖合同，就变更或终止了他们之间的民事法律关系。

3. 合同是合法行为，不是违法行为

依法订立的合同，受法律保护，而违法订立的合同在法律上是无效的。

世界各国对合同所下的定义也各有特点。在大陆法系国家中，《德国民法典》运用法律行为这个抽象概念，把合同纳入法律行为的范畴，作为法律行为的一种。《德国民法典》规定："依法律行为设立债务关系或变更法律关系的内容者，除法律另有规定外，应依当事人之间的合同。"按照大陆法系学者的解释，所谓法律行为是指当事人之间为了产生私法上的效果而进行的一种合法行为。

英美法系国家对合同所下的定义与大陆法系国家有所不同。英美法系强调合同的实质在于当事人所做的许诺，而不仅是达成协议的事实。例如，美国的《合同法重述》对合同做了如下定义："合同是一个许诺或一系列许诺，对于违反这种许诺，法律给予救济，或者法律以某种方式承认履行这种许诺可以成为合同，而且只有法律上认为有约束力的、在法律上能够强制执行的许诺，才能成为合同。"英美法系认为，法律强制执行的是当事人所做的许诺，而大陆法系则认为，法律强制执行的是当事人之间的协议或合议。

尽管各国对合同的有效成立都要求具备一定的要件，即所谓合同的有效成立要件，但各国的要求也不完全相同。综合起来看，各国对合同有效成立的要求主要有以下几项：

(1) 当事人之间必须达成协议，这种协议是通过要约与承诺达成的；

(2) 当事人必须具有订立合同的能力；

(3) 合同必须有对价或合法约因；

（4）合同的标的和内容必须合法；

（5）合同必须符合法律规定的形式要求；

（6）当事人的意思表示必须真实。

（三）争端解决方式问题

在国际经济贸易活动中，发生争端是难免的，采用何种争端解决方式则需要国际商务谈判双方事先进行仔细探讨。争端解决方式有多种，仲裁与诉讼是当今世界上各国当事人普遍选择的解决争端的基本方式。

1. 仲裁与诉讼的概念

仲裁是指发生争议的各方当事人自愿达成协议，将他们之间发生的争议提交仲裁机构裁决、解决的一种办法，裁决结果对各方当事人均具有约束力。

诉讼是经济纠纷的一方当事人到法院起诉，控告另一方当事人有违约行为，要求法院给予救济或惩处另一方当事人的法律制度。法院的判决具有国家强制力。

2. 仲裁与诉讼的区别

仲裁与诉讼都是解决双方当事人经济纠纷的手段，都有着保护当事人合法权益和促进国际经济贸易发展的作用，并且已生效的仲裁裁决和法院判决都具有法律效力，当事人必须全面履行。但仲裁与诉讼又各具特色，存在明显的区别：

（1）受理案件的依据不同。法院诉讼是**强制管辖**，而仲裁则是**协议管辖**。法院诉讼无须一方当事人事先得到另一方当事人的同意或双方达成诉讼协议，只要一方当事人向有管辖权的法院起诉，法院就可依法受理所争议的案件，另一方则必须应诉；仲裁机构必须依据当事人之间达成的仲裁协议和双方的申请受理案件，仲裁机构的管辖来自双方当事人的自愿和授权。这是仲裁与诉讼的根本区别。

（2）审理案件的组织人员不同。向法院提起诉讼的当事人不能选定审判员，应由法院依职权指定法官或组成合议庭审理案件；仲裁的双方当事人有权各自指定一名仲裁员，再共同指定或由仲裁委员会主席指定一名首席仲裁员组成仲裁庭审理案件。

（3）审理案件的方式不同。法院审理案件一般是公开进行的；仲裁庭审理案件一般是不公开进行的，案情不公开，裁决也不公开，开庭时没有旁听，审理中仲裁庭或仲裁机构的秘书处不接受任何人采访。

（4）处理结果不同。我国法院是两审终审制，一方当事人对法院判决不服的可以上诉；仲裁裁决是终局性的，不能上诉，也不允许再向任何机构提出变更裁决的要求，败诉方如不自动执行裁决，胜诉方可以向法院申请强制执行。

（5）受理案件机构的性质不同。受理诉讼案件的机构是法院；受理仲裁案件的机构一般是民间性质的社会团体。

（6）处理结果境外执行的规定不同。法院受理诉讼做出的判决要到境外执行时，需根据做出判决的国家与申请执行的国家之间签订的司法协助条约或者互惠原则处理。仲裁机构所做出的仲裁裁决要到境外执行时，如果做出裁决的国家与申请执行的国家均为联合国 1958 年《承认及执行外国仲裁裁决公约》的成员，那么当事人可以向执行国主管法院提出承认及执行申请；如果做出裁决的国家与申请执行的国家中至少有一个不是该公约的成员，则需根据司法协助条约或者互惠原则处理。

3. 仲裁协议的概念

仲裁协议是指合同当事人在合同中订立的仲裁条款，或者以其他方式达成的将争议提交仲裁的书面协议。仲裁协议有三种类型：第一种是当事人在争议发生之前订立的、表示愿意将他们之间今后可能发生的争议提交仲裁解决的协议。这种协议是合同的一个不可分割的部分，通常在合同中写明，称为仲裁条款。第二种是当事人在争议发生之后达成的、表示愿意将争议提交仲裁裁决的协议，这是狭义的仲裁协议。第三种是当事人往来函电及其他有关文件中关于将争议提交仲裁的特别约定。

4. 涉外仲裁协议的内容

涉外仲裁协议一般包括以下内容：

(1) 仲裁意愿。它是当事人一致同意将争议交付仲裁的意思表示。

(2) 仲裁事项。它是指提交仲裁的争议范围，一般应写明：凡因执行本合同而引起的或与本合同有关的一切争议，均应提交某仲裁机构解决。仲裁庭对仲裁事项中写明的争议有权进行审理，对超出范围的争议无权审理。如果对超出部分进行审理，其裁决无法律效力。

(3) 仲裁地点。它是仲裁协议中的主要内容，与仲裁所适用的程序法和实体法有密切关系，应写明在哪个国家、哪个城市进行仲裁。一般来说，当事人对自己所在国家的法律和仲裁程序比较了解，而对外国的做法缺乏了解和信任，因此，当事各方均力争在本国进行仲裁。如果争取不到在本国仲裁，也可以选择在被告国或第三国仲裁。

(4) 仲裁机构。它是指受理案件并做出裁决的机构。国际上有常设仲裁机构和**临时仲裁庭**两种。如果约定在常设仲裁机构仲裁，应写明该机构的名称。常设仲裁机构除了有详细、具体的仲裁规则便于仲裁时照章行事之外，还可提供仲裁的行政管理、组织工作和各方面的服务，优于临时仲裁庭。临时仲裁庭只是在仲裁地点无常设仲裁机构或合同中未订立临时仲裁条款或所签订的是临时仲裁协议的情况下，为进行仲裁而临时组成的仲裁庭。如果约定由临时仲裁庭仲裁，则应写明组成仲裁庭的人数和如何指定仲裁员及采用的仲裁规则等。一般来说，在仲裁中选用常设的仲裁机构比选择临时仲裁庭更为方便。

(5) 仲裁程序规则。它是进行仲裁的准则。仲裁申请、指定仲裁员、组成仲裁庭、审理、裁决和收取仲裁费都是在仲裁程序规则中做出具体的规定，供当事人和仲裁员参照执行。各国常设仲裁机构都制定了自己的仲裁程序规则，订立仲裁协议时就应写明按协议约定在哪个常设仲裁机构仲裁，应按其仲裁程序规则进行仲裁。但是，有些国家也允许双方当事人自由选用他们认为合适的仲裁规则。例如，在瑞典进行仲裁时，双方当事人可以不采用瑞典的仲裁程序规则，而选用其他国家的仲裁规则。

(6) 仲裁裁决的效力。它主要是指裁决是否具有终局性，是否对双方都具有约束力。我国法律规定，经我国涉外仲裁机构做出的裁决，当事人不得向法院提起上诉。

案例专栏阅读

国家电网收购智利 CGE 公司 96.04%股权

《华夏时报》记者从国家电网有限公司（下称“国家电网”）获悉，11 月 13 日，国家电网与西班牙能源集团（Naturgy）通过线上视频形式签署了股权购买协议，收购其持有的智利 CGE 公司 96.04%股权。这是国家电网近一年来的首笔海外交易。

“智利政治经济稳定、法律制度健全、主权信用评级高，是国家电网重要的海外投资市场。”国家电网副总经理刘泽洪如此表示。

25.7 亿欧元收购

据彭博社消息，国家电网收购智利 CGE 公司 96.04%股权将支付 25.7 亿欧元（约 30 亿美元）。

“作为电力行业长期投资者，国家电网未来将充分发挥在技术、管理、建设、资本等方面的综合优势，努力促进 CGE 公司发展，提升其电网运行服务水平，为智利居民生活、经济发展提供稳定供电保障。”刘泽洪还表示。

据《华夏时报》记者了解，CGE 公司是智利第一大配电公司和第二大输电公司，拥有输电线路 3 500 千米，配电线路 64 738 千米，配电用户 300 万户。中智互为全面战略伙伴，两国关系始终保持稳定发展，本次收购是国家电网服务国家“一带一路”建设取得的又一硕果，对于优化国家电网境外资产组合，发挥智利资产间协同效应，增强国家电网在南美地区影响力具有积极的促进作用。

智利 CGE 公司投资项目将在履行境内外相关审批流程后完成交割。

中国能源网首席信息官韩晓平在接受《华夏时报》记者采访时表示，智力电网有一个很大的难题：智利作为世界上国土最狭长的国家，所跨纬度长，气候复杂，海岸线长，电网容易出现腐蚀等状况，这些都对电网的运行及安全提出了特别大的挑战。但国家电网在长距离输配电方面经验丰富，电网管理水平高，能够帮助智利提高电网的效率。

资料来源：国家电网收购智利 CGE 公司 96.04%股权. 华夏时报，2020－11－15.

问题：

结合以上案例分析，商务谈判中的法律、环境等客观因素是如何影响此次收购的？

本章小结

在商战中，影响国际商务谈判结局走向的客观因素有许多，其中环境因素和法律因素尤为显著。如何把握客观因素的影响，扬其长，避其短，使客观因素为我所用，是本章所要探究的主要内容。

本章关键词

环境因素　　企业自主权　　宗教信仰因素　　国别政策

企业的决策程序	公法	私法	资格问题
仲裁	诉讼	强制管辖	协议管辖
仲裁协议	临时仲裁庭		

讨论与思考

1. 国际商务谈判环境主要应当考虑哪些因素？
2. 解决争端方式的不同可以从哪些方面影响谈判的最终结果？
3. 应当采取哪些措施来充分发挥谈判的群体效能？

延伸阅读

WTO渔业补贴谈判

为遏制全球渔业资源继续恶化，联合国大会 2015 年 9 月通过的《2030 年可持续发展议程》第 14 项目标要求“到 2020 年，禁止某些助长过剩产能和过度捕捞的渔业补贴，取消助长非法、未报告和无管制捕鱼（IUU）的渔业补贴，并避免出台新的渔业补贴”。2017 年 WTO 部长级会议承诺，将在 2019 年就禁止产能过剩和过度捕捞的渔业补贴达成一份全面有效的协议，并消除助长 IUU 的渔业补贴。鉴于新冠肺炎疫情大流行造成的冲击，自 2020 年 3 月中旬起，WTO 渔业补贴谈判暂停日内瓦 WTO 总部的面对面会谈，而对有关提案进行书面交流，并一直在讨论如何推进谈判。目前 WTO 渔业补贴纪律仍处于谈判阶段。

要将渔业补贴纪律纳入现行国际渔业管理制度，需要确保纪律与现行体系兼容，不仅应避免与当前渔业管理文件的冲突，而且应维护现行制度建立的利益平衡，而目前的谈判进程却令人忧虑。

首先，规则谈判组严格遵守“成员驱动”的要求，谈判过程保持封闭，排除其他国际组织和利益攸关方的参与，不利于实现 WTO 与现行渔业管理制度之间的互动，导致信息沟通不畅，机制运转不灵。其次，WTO 个别成员对国际渔业管理组织的措施和文件不信任，不仅体现了现行国际渔业管理制度的重叠性和协调的复杂性，而且加大了谈判中渔业补贴纪律与现行制度兼容的难度。即便现行制度下有多份文件强调渔业补贴对鱼类种群的危害性，《2030 年可持续发展议程》实施后，新的渔业补贴纪律也需要维护现行体系中各方利益的平衡。

《联合国海洋法公约》反映了在生物资源利用和保护方面沿海国与海洋使用国之间权利与义务的平衡，体现为部分条款表述模糊。模糊表述虽可能导致法律解释的不确定性，但也为各方预留了政策实施空间。渔业补贴纪律是对现行制度的细化和补充，若打破了制度原有的平衡，使利益倾向特定方，则将影响其他利益方的实施意愿，降低制度的实施效果。在谈判中，各成员提案的首要动机是保障自身利益，各方是否有足够的意愿与能力对纪律予以有效调整，仍旧存疑。

渔业管理制度内部互动的合法性问题，是纪律实施时面临的主要挑战。制度互动的法律基础并非唯一，理据并存而不兼容，将在实践中产生不同的问题，这也给制度互动的有效性带来了挑战。

WTO 渔业补贴谈判在 2020 年继续推进，其中由法律制度重叠引发的问题，需要审慎思考。WTO 法与海洋法的重叠与冲突，体现在立法、实施和司法三个层面。法律的适用与解释是长期存在的难题，“并入说”与“自足说”为各自的解决方案提供了理据。若以“自足说”进行法律的适用和解释，则基本上不会面临海洋法和 WTO 法重叠的难题，因为 WTO 争端解决机构只能适用和解释 WTO 法，海洋法并不会成为考察因素。“自足说”的优势是能够最大限度地保护 WTO 协定起草者的原始意图，并确保 WTO 争端解决机构作为“守护者”的职责，严守“国家同意”与“国家主权”等法理，但在某种程度上无法避免国际法的碎片化。“并入说”通过开放的体系与统一的法律解释和适用方法，试图建立和维护协调一致的国际法体系。然而，正如“欧共体生物技术案”与“欧共体民用航空器案”所示，鉴于争端解决机构裁决的前后不一，加上非 WTO 法的繁杂，如何在渔业补贴纪律中正确适用和解释法律，减少各成员采纳“并入说”的忧虑，避免造成“引虎拒狼”的后果，还需要实践的检验。

资料来源：余敏友，严兴 . WTO 渔业补贴谈判和海洋法的重叠性与兼容性问题研究. 国际贸易，2020 (7)：63－71.

深度阅读推荐

［1］杰勒德·尼尔伦伯格. 谈判的艺术. 上海：上海翻译出版公司，1996.

［2］刘向丽. 国际商务谈判. 北京：机械工业出版社，2005.

［3］刘园. 谈判学概论. 北京：首都经济贸易大学出版社，2006.

［4］许晓明. 经济谈判. 上海：复旦大学出版社，1998.

第三章 影响国际商务谈判的主观因素

学习目标

学习完本章，你应掌握：

- 谈判心理的概念、特点、研究意义及作用；
- 影响谈判的心理因素；
- 谈判中心理挫折的防范与应对。

新闻导读

美墨加协定争议不断，北美自贸区面临挑战，墨加携手对美国霸王条款说“不”

美墨加协定全称为“美国-墨西哥-加拿大协定”，于2020年7月1日正式生效，取代《北美自由贸易协定》。该协定由美国主导签订，墨西哥和加拿大在谈判中做了不同程度的让步。近两年，美墨加协定在实际落实中屡生争议。分析指出，此番墨、加联合挑战美国对协定内容的解释，又一次暴露出三方在贸易领域存在的固有矛盾。在新冠肺炎疫情延宕反复、全球经济下行风险持续的大背景下，美墨加协定风波不断，给北美地区推进贸易自由化的进程蒙上阴影。

“苦美久矣”

“加拿大和墨西哥对美国在发展电动汽车方面的保护主义政策感到恼火，称这会损害两国的产业。”法新社近日报道称。

事实上，围绕汽车产品原产地问题，三国自谈判时就存在不小的分歧。最终达成的美墨加协定规定：北美地区所产汽车75%及以上的组成部件产自本地区方可享受零关税优惠，较此前规定的62.5%的比例大幅提高。

据外媒报道，在计算汽车核心部件（发动机、传动系统和转向系统）的三国原产地占比方面，美国出台了更严苛的解释，令整车更难达到免税门槛，引发了加拿大和墨西哥的不满。今年1月6日，墨西哥要求就这一问题设立争端解决小组。加拿大国际贸易、出口促进、小企业及经济发展部长伍凤仪日前发表声明表示，加拿大加入墨西哥提出的诉求，认为美方的相关解释不符合美墨加协定及各方和业界相关者在整个谈判过程中建立的共识。

这并非三国围绕美墨加协定首次出现纷争。在协定生效后不到两年的时间里，加、墨可谓“苦美久矣”。

据美国《华尔街日报》报道，2021年5月，美国对加拿大乳业“开刀”，首次启动美墨加协定正式争端解决机制。美国认为，加拿大采用一整套复杂的关税配额体系，为加拿大奶制品加工商专门留出一部分市场，违反相关协议条款。加拿大针锋相对地表示，“政策完全符合贸易协议规定”，对美国的举动“感到失望”，将“坚决捍卫己方立场”。当年11月，美国商务部表示，向加拿大软木出口商征收反倾销和反补贴关税税额平均提升至17.9%，比最初设定的8.99%的税率翻了一倍。加拿大呼吁美国停止征收“无理关税”，表示将在美墨加协定、《北美自由贸易协定》和世贸组织等框架内发起诉讼。

矛盾堆积

美墨加协定生效时，美国政府曾标榜其为“21世纪最高标准的贸易协定”。事实究竟如何？专家指出，该协定在发挥作用的同时，也在堆积矛盾。

“从地缘经济格局角度来看，美墨加协定一定程度上稳固了北美区域作为世界经济重要组成部分的地位，为北美商品贸易规模及美加、美墨双边贸易增长提供了动力。”中国社科院美国研究所经济室主任罗振兴在接受本报记者采访时指出，但从协定的具体执行情况来看，还存在不少问题。在汽车原产地规则、劳工待遇、市场开放度等关键议题上，三国谈判时就分歧巨大。受新冠肺炎疫情影响，相关核查、监督工作开展困难、执行力度欠缺，原有的一些矛盾被进一步放大了。“北美地区还面临提升贸易基础设施水平、畅通产业链和供应链等紧迫任务。这是影响美墨加协定实施的关键问题之一。”

作为美墨加协定签署方中唯一的发展中国家，墨西哥承受着更大的压力。根据协定，获得汽车关税豁免还要保证每辆车40%的零部件由时薪不低于16美元的工人生产，这对具备廉价劳动力优势的墨西哥来说并非利好。同时，农产品出口争端问题并未按照墨政府意愿写入协定，美国仍将对墨农产品进口做出季节性限制，以保障本国农业生产者的利益。墨西哥媒体不无担忧地说：“美国很容易就能找到实施保护主义措施的借口。”

“美国优先”

据美媒报道，2月15日，美墨加协定争端解决专家组确定，美国针对加拿大太阳能产品征收的不合理关税违反了两国之间的贸易协定。加拿大发表声明称，将“努力争取完全消除不合理的关税”，确保“太阳能产业以及所有加拿大产业和工人充分受益于美墨加协定”。

处处体现"美国优先"的美墨加协定，将给北美地区贸易自由化带来什么？

据外媒报道，一段时间以来，美国政府签署"购买美国货"的行政命令、撤销连接美加两国输油管道的扩建许可、吝于向加拿大和墨西哥两国提供疫苗等做法，"招致了邻国的广泛批评"。墨西哥经济部部长塔蒂亚娜称，"从未预料到美国在经济上变得如此封闭"。

从协定本身来看，美墨加协定在部分条款和运行机制上具有一定的超前性，但从原产地规则等条款来看，它又是一项保护主义色彩极强的区域贸易协定，甚至包含"以邻为壑"的贸易保护措施。在当前全球生产依赖日益增强的背景下，人为切断产业链关联不仅影响全球经济复苏，也会对自身发展产生负面影响。此外，美墨加协定对三方而言并非一个完全平等的协定。美国秉持本国利益优先的思维方式，损害墨、加利益。"协定的可持续性目前仍是一个问号。随着各方矛盾不断凸显，美墨加协定应不断加以改革、完善。"

资料来源：美墨加协定争议不断，北美自贸区面临挑战，墨加携手对美国霸王条款说"不". 人民日报海外版，2022-02-04.

第一节　谈判心理概述

一、谈判心理的概念

心理是指生物对客观物质世界的主观反映。人们在活动的时候，通过各种感官认识外部世界的事物，通过头脑的活动思考事物的因果关系，并伴随着喜、怒、哀、惧等情感体验。这一折射着一系列心理现象的整个过程就是心理过程。人是具有心理活动的，人的心理活动都有一个发生、发展、消失的过程，一般包括知觉、记忆、想象、思维、情感、个性、态度等。人的心理是复杂多样的，在不同的专业活动中，会产生与之联系的特定心理。

谈判心理是指在谈判活动中谈判人员的各种心理活动。它是谈判人员在谈判活动中对各种情况、条件等客观现实的主观能动的反映。例如，谈判一方第一次与对手会晤时，若对手彬彬有礼、态度诚恳、善于沟通，就会对对其留下好印象，对谈判取得成功抱有希望和信心。反之，如果谈判对手态度狂妄、盛气凌人、难以友好相处，谈判一方就会对其留下坏印象，从而对谈判的顺利开展存有忧虑，进而影响谈判预期的调整和行动计划。

二、谈判心理的特点

与其他心理活动一样，谈判心理也有其特点和规律。我们可以将其总结为内隐性、相对稳定性、个体差异性。

（一）谈判心理的内隐性

谈判心理的内隐性是指谈判心理是藏之于脑、存之于心的，别人无法直接观察到。

尽管如此，但由于行为与心理有密切的联系，人的心理会影响人的行为，因此人的心理可以反过来根据其外显行为加以推测。例如在谈判中，如果对方作为购买方对所购买的商品在价格、质量、售后服务等方面的谈判协议条件都感到满意，那么在双方接触中，谈判对手会表现出温和、友好、礼貌、赞赏的态度、反应和行为举止；如果很不满意，则会表现出冷漠、粗暴、不友好、怀疑甚至挑衅的态度、反应和行为举止。掌握这其中的规律，我们就能较为充分地了解对方的心理状态。

（二）谈判心理的相对稳定性

谈判心理的相对稳定性是指人的某种谈判心理在产生后往往具有一定的稳定性。例如，谈判人员的谈判能力会随着谈判经历的增多而有所提高，但在一段时间内是相对稳定的。

正是由于谈判心理具有相对稳定性，我们才可以通过观察和分析去认识它，而且可以运用一定的心理方法和手段去改变它，使其有利于谈判的开展。

（三）谈判心理的个体差异性

谈判心理的个体差异，就是指因谈判人员个体的主客观情况不同，谈判人员个体之间的心理状态存在一定的差异。谈判心理的个体差异性要求人们在研究谈判心理时，既要注重探讨谈判心理的共同特点和规律，又要注重把握不同个体心理的独特之处，从而有效地为谈判服务。

三、谈判心理的研究意义

谈判，既是对问题的洽谈，又是心理的较量。它不仅受实际商务条件的左右，而且受到谈判心理的影响。

在谈判中，运用谈判心理知识对谈判进行研究，分析“对手的言谈举止反映了什么”“其有何期望”“如何恰当地诱导谈判对手”等问题对成功地促进谈判很有必要。掌握谈判心理的特点，认识谈判心理发生、发展、变化的规律，对于谈判人员在谈判活动中养成优良的心理素质、保持良好的心态、正确判断谈判对手的心理状态及行为动机、预测和引导谈判对手的谈判行为，有着十分重要的意义。

此外，谈判中虚实交替、真假掺杂的心理策略对谈判的结果影响很大。熟悉谈判心理有助于谈判人员提高谈判的艺术性，从而灵活有效地处理好各种复杂的谈判问题。

四、谈判心理的作用

研究和掌握谈判心理，对于谈判有以下几个方面的作用：

（一）有助于培养谈判人员自身良好的心理素质

谈判人员良好的心理素质是谈判取得成功的重要基础条件。谈判人员的自信心、在谈判中的耐心、对谈判的诚意等都是保证谈判成功不可或缺的心理素质。良好的心理素质，是谈判人员抗御谈判心理挫折的条件和铺设谈判成功之路的基石。谈判人员加强自身心理素质的培养，可以减少焦虑、恐惧或急躁，摒弃不良的心理行为习惯，更好、更快地从心理上适应谈判，从而最终把自己塑造成谈判方面的专业人才。

谈判人员应具备的基本心理素质包括：

1. 自信心

所谓自信心，就是相信自己的实力和能力。它是谈判人员充分施展自身潜能的前提条件。缺乏自信心往往是谈判失败的原因。没有自信心，谈判人员就难以勇敢地面对压力和挫折。面对艰辛曲折的谈判，只有具备必胜的自信心，谈判人员才能在艰难的条件下通过坚持不懈的努力走向胜利的彼岸。

自信心不是盲目的自大和唯我独尊，而是在充分准备、充分占有信息和对谈判双方的实力进行科学分析的基础上对自己有信心，相信自己要求的合理性、所持立场的正确性及说服对手的可能性。只有具备自信心的人才有惊人的胆魄，才能做到大方、潇洒、不畏艰难、百折不挠。

2. 耐心

谈判面临的状况各种各样，有时是非常艰难曲折的，谈判人员必须有抗御挫折和打持久战的心理准备。因此，耐心是必不可少的心理素质。耐心是谈判人员抗御压力的必备品质和在谈判中争取机遇的前提。在一场旷日持久的谈判较量中，谁缺乏耐心，谁就将失去在谈判中取胜的主动权。有了耐心，谈判人员就可以调控自身的情绪，不被对手的情绪牵制和影响，使自己能始终理智地把握正确的谈判方向。

有了耐心，谈判人员就会注意倾听对方的诉求，观察和了解对方的行为举止及各种表现，从而获取更多的信息。有了耐心，谈判人员就可以提高自身参加艰辛谈判的韧性和毅力。耐心也是对付意气用事的谈判对手的战略武器，它能达到以柔克刚的良好效果。

此外，在僵局面前，也一定要有充分的耐心，以等待转机。谁有耐心，谁沉得住气，谁就可能在打破僵局后获取更多的利益。

3. 诚意

一般来讲，谈判是建设性的，需要双方都具有诚意。具有诚意，不但是谈判应有的出发点，也是谈判人员应具备的心理素质。诚意，是一种负责的精神，是一种合作的意向，是一种诚恳的态度，也是一种影响、打动对手的战略武器。有了诚意，双方的谈判才有坚实的基础；有了诚意，一方才能真心实意地理解和谅解对方，并取得对方的信赖；有了诚意，双方才能求大同存小异，取得和解与让步，促成上佳的合作。要做到有诚意，就要做到以下几点：在具体的活动中，对于对方提出的问题，要及时答复；若对方的做法有问题，要适时恰当地指出；若自己的做法不妥，要勇于承认和纠正；不轻易许诺，许诺后要认真践诺。诚意能使谈判双方实现良好的心理沟通，能保证谈判气氛的融洽稳定，能排除一些细枝末节的干扰，使双方谈判人员的心理活动保持在较佳状态，从而建立良好的互信关系，提高谈判效率，使谈判向好的方向顺利发展。

（二）有助于揣摩谈判对手的心理，实施心理诱导

谈判人员对谈判心理有所了解后，经过实践锻炼，可以通过观察、分析谈判对手的言谈举止，揣摩、弄清谈判对手的心理活动状态，如其个性、心理追求、心理动机、情绪状态等。谈判人员在谈判过程中要仔细倾听对方的发言，观察其神态表情，留心其举止（包括细微的动作），以了解谈判对手的心理，了解其深藏于背后的实际意图、想法，识别其计谋或攻心术，防止掉入对手设置的谈判陷阱并做出正确的谈判决策。

人的心理与行为是相互联系的，心理引导行为。而心理是可以被诱导的，通过对人的心理诱导，可引导人的行为。

英国哲学家弗朗西斯·培根在他撰写的《谈判论》中指出："与人谋事，则须知其习性，以引导之；明其目的，以劝诱之；谙其弱点，以威吓之；察其优势，以钳制之。"培根此言对于从事谈判至今仍有裨益。

了解谈判对手的心理，可以针对对手不同的心理状态采用不同的策略。了解谈判对手的谈判思维特点、对谈判问题的态度等，可以开展有针对性的谈判准备和采取相应的对策，把握谈判的主动权，使谈判向有利于己方的方向转化。比如，需要是人的兴趣产生和发展的基础，谈判人员可以通过观察对方在谈判中的兴趣表现分析并了解其需要所在；相反，也可以根据对手的需要进行心理诱导，激发其对某一事物的兴趣，促使谈判获得成功。

（三）有助于恰当地表达和掩饰己方心理

在谈判过程中，必须进行沟通。了解谈判心理，有助于表达己方心理，可以有效地促进沟通。如果对方不清楚己方的心理需求或态度，必要时己方可以通过各种合适的途径和方式向对方表达，以有效地促使对方了解并重视己方的心理需求或态度。

作为谈判的另一方，谈判对手也会分析和研究己方的心理状态。己方的心理状态往往蕴含着商务活动的重要信息，而这些信息有的是不能轻易暴露给对方的。掩饰己方心理，就是要掩饰己方有必要掩饰的情绪、需要、动机、期望目标、行为倾向等。在很多时候，这些是己方在谈判中的核心机密，失去了这些机密也就失去了主动权。这些机密如果为对方所知，就可能会被对方利用，从而使己方陷于不利。对谈判的研究表明，不管是红白脸的运用、撤出谈判的胁迫、最后期限的通牒，还是拖延战术的采用等，都以一方了解另一方的某种重要信息为前提，与一方对另一方的心理态度有充分把握有关，因而对此不能掉以轻心。

为了不让谈判对手了解己方某些真实的心理状态、意图和想法，谈判人员可以根据自己对谈判心理的认识，在言谈举止、信息传播、谈判策略等方面加以调控，对自己的心理动机（或意图）、情绪状态等进行适当的掩饰。如果在谈判过程中被迫做出让步，不得不在某个已经决定的问题上撤回，为了掩饰在这个问题上做出让步的真实原因和心理意图，可以用类似"既然你在交货期方面有所宽限，那么我们可以在价格方面做出适当的调整"等言词加以掩饰；如果己方面临着时间压力，为了掩饰己方重视交货时间这一心理状态，可借助多个成员提出不同的要求，以扰乱对方的视线，或在议程安排上有意

加以掩饰。

(四) 有助于营造良好的谈判氛围

掌握有关谈判心理的知识还有助于谈判人员处理和对方的交际与谈判，形成一种良好的交际和谈判氛围。

为了使谈判能顺利地达到预期的目的，需要适当的谈判氛围的配合。适当的谈判氛围可以有效地影响谈判人员的情绪、态度，使谈判顺利推进。一个谈判高手往往也是营造谈判氛围的高手，会对不利的谈判氛围加以控制。对谈判氛围的调控往往根据双方谈判态度和采取的策略、方法而变。一般来说，谈判人员都应尽可能地营造出友好和谐的谈判氛围以促进双方的谈判获得成功。但适当的谈判氛围并不一味是温馨和谐的气氛。出于谈判利益和谈判情境的需要，必要时谈判人员也会有意地制造紧张甚至不和谐的气氛，以对抗对方的胁迫，给对方施加压力，迫使对方做出让步。

第二节　影响谈判的心理因素

谈判是特定的人（一国的国际贸易商人）与人（另一国的国际贸易商人）间的交流行为，是涉及谈判人员的心理活动的复杂过程。心理因素强烈地影响谈判行为，谈判人员对谈判方针、谈判作风、谈判策略、谈判技巧的选择和对谈判结果的认定都包含着心理因素的作用。

对国际谈判产生影响的心理因素主要有以下六个方面：

一、知觉

知觉是一系列组织并解释由外界客观事物产生的感觉信息的加工过程。换句话说，知觉是客观事物直接作用于感官而在头脑中产生的对客观事物整体的认识。对客观事物的个别属性的认识是感觉，对同一客观事物的各种感觉的结合，就形成了对这一物体整体的认识，也就是形成了对这一物体的知觉。

(一) 知觉的选择性

知觉作为感性认识，对客观事物的反映不是消极和被动的，而是积极和能动的。这种知觉的能动性的主要表现是知觉的选择性。知觉的选择性就是指个体根据自己的需要与兴趣，有目的地把某些刺激信息或刺激的某些方面作为知觉对象而把其他事物作为背景进行组织加工的过程。

1. 影响知觉的选择性的因素

人的知觉的选择性既受客观因素的影响，也受本人主观因素的影响。客观因素主要是指知觉对象的特点、背景的差别；主观因素主要是指本人的兴趣、需要、个性特征和经验。

2. 知觉的个别差异

知觉的选择性使得不同的人对同一事物往往会产生不同的知觉，表现出个别差异。不同神经类型的人，知觉的广度和深度也不同。多血质的人知觉速度快，但不稳定，不细致；黏液质的人知觉速度慢，但相对稳定和细致。

(二) 知觉习惯

人的知觉包括对别人的知觉、对人际的知觉和对自我的知觉。人的知觉习惯包括第一印象、晕轮效应和刻板效应等。这些知觉习惯有助于提高人们知觉的效率，但也会引发对人的各种偏见，因此在对别人的知觉上要注意防范人的知觉习惯产生的不良影响，以获得对别人的正确知觉。

1. 第一印象

在与陌生人交往的过程中，所得到的有关对方的最初印象被称为第一印象。第一印象并非总是正确的，但却总是最鲜明、最牢固的，并且决定着以后双方交往的过程。它有助于人们获得对别人的知觉，但又可能由于对别人的知觉不全面、停留在表面而不深入，形成一些影响对别人的正确知觉的偏见。第一印象往往取决于人的外表、着装、言谈和举止。在正常情况下，仪表端庄、言谈得体、举止大方的人较易给人留下良好的第一印象，获得人们的好感。

由于第一印象有较大的影响，所以谈判人员必须重视谈判双方的初次接触。一方面，要注重在初次接触中给对方留下良好的印象，赢得对方的好感和信任；另一方面，也要注意在今后的接触中对对方多做些了解。

2. 晕轮效应

晕轮效应是指当认知者对一个人的某种特征形成好或坏的印象后，倾向于据此推论该人其他方面的品质、特征。这一突出的品质、特征起到一种类似晕轮的作用，使得观察者看不清他的其他特征，从而仅根据这一点做出对这个人整个面貌的判断，其本质上是一种以偏概全的认知上的偏误。

晕轮效应在谈判中的作用既有正面的，也有负面的。若谈判一方在某方面给另一方留下了良好、深刻的印象，那么他提出的要求、建议往往比较容易引起对方积极的响应；如果能引起对方的尊敬或崇拜，就容易掌握谈判的主动权。反之，如果对方对他的看法或印象不好，那么他提出的建议即使对双方都有利，也容易被怀疑和否定。

3. 刻板效应

人的知觉有刻板的习惯。刻板效应是指人们将刻印在自己头脑中的关于某人、某一类人的固定印象，作为判断和评价人的依据的心理现象。刻板印象常常是一种偏见，人们往往把某个具体的人看作某类人的典型代表，把对某类人的评价视为对某个人的评价，因而影响正确的判断。但通过改变知觉者的兴趣、注意力，给知觉者增加更多的感知信息，就有可能改变这一刻板印象。

在谈判中，谈判对手不会轻易让你了解商业秘密或某些事件的真实情况，而且会故意制造出一些假象来迷惑你。因此，谈判人员就需要通过观察对方的言行举止中偶尔流露出来的真实自我和信息，运用敏锐的洞察力，透过现象看本质，弄清对方的真实状况和意图。

二、思维

思维是人用头脑进行逻辑推导的属性、能力和过程。思维以感知为基础，又超越感知的界限。它注重探索与发现事物内部的本质联系和规律，是认识过程的高级阶段。

国际谈判就是买卖双方思维的较量，思维活动贯穿国际谈判始终。要想取得国际谈判的成功，双方必须贯彻正确、理性的思维。

(一) 谈判思维要素

大量的实践证明，国际谈判中最为有效的思维方法是辩证逻辑思维方法。而其基本形式就是从概念出发，进行判断、推理、论证的过程。

(1) 概念是反映事物的本质和内部联系的思维形式。在国际谈判中，理清概念是谈判人员抓住论题本质及其内部联系的基础。谈判人员概念混淆，则会使谈判发生方向性的错误。

(2) 判断是对客观事物的矛盾本性有所断定的思维形式。辩证逻辑思维坚持“是中有否”“否中有是”的动态观点，表现在四个对立统一的方面：同一与差异、肯定与否定、个别与一般、现象与本质。在谈判中，这四个对立统一的思维判断无处不在。

(3) 推理是在分析客观事物矛盾运动的基础上，从已有的知识中推出新知识的思维方式。推理的形式有类比、归纳和演绎。

(4) 论证是指引用论据来证明论点的过程和方法，即用一个或一些真实的命题确定另一命题的真实性的思维形式，通过单一的推理或者一系列推理来完成。

(二) 谈判思维艺术

国际谈判思维有不同的类型：

(1) 散射思维是指从多个角度对谈判议题进行全方位的理性确认的思维方式。它的具体方法是对有关信息进行筛选、过滤、加工、整理和鉴别，筛除与谈判内容无关的信息，留下与谈判密切相关的可靠信息。

(2) 超常思维是指超越常规、打破思维定式，用不同于一般思维的方式进行思考的思维形式。在谈判实践中，人们常常有这样的感觉：困难不是来自对方实力的威胁，而是来自自己谈判思路的枯竭或是感觉到谈判对手咄咄逼人的思维攻势。在对手快捷的思维攻击下，谈判人员如果顺其应答，就会发现自己十分被动，处处受制于人。而此时，超常思维便是进攻和防卫的最有效的谈判武器。运用超常思维，谈判人员可以超出对手的想象力，有效地控制谈判局势，甚至能使对方立刻接受己方的方案。

(3) 跳跃思维是指在谈判中把事物发展过程的某些内容跳过去，而迅速抓住自己想要说明的问题的思维方式。这种思维方式由于能在复杂的事物或大量的信息面前迅速抓住问题的本质，因而被谈判人员普遍采用。跳跃思维的心理基础是找到要害，一举成功，无论在说明问题还是反击对方时，运用这种思维方式均能取得较好的效果。

（4）逆向思维是指从与对手立场及议题结果对立的角度思考、判断、推理的思维方式。逆向思维是一种违反常规的思维方式，是一种强迫性的思维方式，主要手段是反问、否定与反证，既可用于进攻，又可用于防守。在谈判中运用逆向思维方式容易发现一些在正常思维条件下不易发现的问题，这些问题可以被作为与对方讨价还价的条件或筹码。

（5）快速思维是指思维的速度快、结论快、反应快。谈判中的快速思维，主要指针对论题快速地应答或反击，其对象或为某一枝节，或为某一主体，其效力不在于说服对手，主要在于动摇谈判对手的意志。与散射思维不同的是，快速思维既有可能体现在全方位上，也有可能仅体现在某一点或某一线上。

三、需要

需要引发动机，动机驱动行为。谈判需要是谈判行为的心理基础，谈判人员必须抓住需要、动机与行为的联系，仔细分析谈判活动，从而准确把握谈判活动的实质。

（一）谈判需要的定义

需要是指人体组织系统中的一种缺乏、不平衡的状态。需要一般具有对象性、阶段性、社会制约性和独特性等特征。人类个体需要的产生，受到诸多因素的影响，主要有生理状态、情境和认知水平。

谈判需要是指谈判人员的个体主观需要和谈判客观需要在其头脑中的反映。谈判需要是一种特殊的需要，它对谈判有着决定性的影响，因此，必须加以重视。

（二）谈判需要的类型

美国心理学家亚伯拉罕·马斯洛提出将人类需要像阶梯一样从低到高分为五个层次：

（1）生理上的需要。这是人类维持自身生存的最基本需要，包括对以下事物的需要：呼吸、水、食物、睡眠、生理平衡等。

（2）安全上的需要。包括对以下事物的需要：人身安全、健康保障、资源所有性、财产所有性、道德保障、工作职位保障、家庭安全。

（3）情感和归属的需要。包括对以下事物的需要：友情、爱情、性亲密。人人都希望得到相互的关心和照顾。感情上的需要比生理上的需要更加细致，它和一个人的生理特性、经历、教育、宗教信仰都有关系。

（4）尊重的需要。包括对以下事物的需要：自我尊重、信心、成就、对他人尊重、被他人尊重。人人都希望自己有稳定的社会地位，个人的能力和成就得到社会的承认。

（5）自我实现的需要。包括对以下事物的需要：道德、创造力、自觉性、问题解决能力、公正度、接受现实的能力。

马斯洛认为以上这五个层次的需要是从低到高、逐级发展的，每个时期都有一种需要占主导地位。

谈判的物质性需要是指对资金、资产、物质资料等方面的需要；精神性需要是指对尊重、公正、成就感等方面的需要。与谈判对手进行谈判，应注意对方在物质方面的需要，同时也不能忽视对方在尊重、独立自主、平等方面的需要。

与马斯洛的需要层次论相对应，谈判需要也可以分为以下几个层次：

(1) 谈判人员有生理需要。

(2) 谈判人员有较强的安全需要。出于对信用风险的考虑，谈判人员更倾向于与老客户打交道，在与新客户交往的过程中往往比较谨慎，对其主体资格、财产、资金、能力、信誉等状况会比较关注。

(3) 谈判人员有较强的尊重需要。谈判人员作为公司的代表，需要得到对方足够的诚意与尊重，不然在心理防卫机制的作用下，很可能会做出敌意行为，甚至引发谈判僵局、谈判破裂等恶果。

(4) 谈判人员也有情感、自我实现等方面的需要。例如，结交新客户、掌握尽可能多的客户资源，可以使谈判人员在组织内部的地位在无形中得到提升，有利于谈判人员达成自我实现的远大目标。

(三) 谈判需要的分析与利用

人的需要引发人的动机，进而驱动人的行为。一般来说，当人产生某种需要而又未得到满足时，会产生一种紧张不安的心理状态。在遇到能够满足需要的目标时，紧张的心理状态就会转化为动机，推动人们去从事某种活动，向目标迈进。

谈判人员在谈判中要注重研究谈判对手的需要、动机，把握其行为的规律性，以掌握谈判的主动权。一个有经验的谈判人员在与谈判对手交锋之前，不仅应对己方的需要有深入的了解，还应对谈判对手的需要进行认真的分析和揣摩。

一般来说，谈判人员当前的主导需要、需要的急切程度（或未满足程度）、需要满足的可替代性等因素都影响着谈判行为。谈判人员在分析谈判需要特别是谈判对手的需要时要考虑到这些方面，根据具体情况采取相应的谈判对策。

1. 主导需要

任何人或组织在某一时期一般会有某一种或几种需要是占主导地位的需要，即主导需要。主导需要是一段时间内突出的需要。在谈判中，要注意分析对手在不同时期、不同条件下存在的主导需要，据此做出灵活的反应和对策。

了解了谈判对手的主导需要，就可以根据其主导需要采取相应的策略，刺激其欲望，激发其动机，诱导其谈判心理。例如，可据此设计报价或还价，使报价或还价在照顾己方利益的同时仍具有有效满足对方主导需要的吸引力、诱惑力，使对方始终保持谈判的热情和积极性。

了解谈判对手的主导需要，在必要的时候，可针对对手的需要采取适当的措施，让其需要得到一定程度的满足，以便有效地减少或排除谈判障碍，适时地推进谈判。

2. 需要的满足程度

了解对方的需要，要进一步了解其需要的急切程度。一方的需要越迫切，该方就会越想达成谈判协议。当某种需要对象对需要者来说非常有价值而需要者亟须得到它时，需要者往往会不惜代价得到它。

谈判人员的行为表现因其需要层次不同而往往有很大程度的不同。俗话说“饥不择食”，人或组织在谈判中的行为也存在着类似的情况。

3. 需要满足的可替代性

如果谈判一方要满足需要只能选择唯一的谈判对象，即需要满足的可替代性较弱，那么，与谈判对手达成谈判协议的可能性就较大。如果谈判一方需要满足的可替代性较强，就可以“货比三家”，选择能较好地满足需要的替代对象，与某一谈判对手达成谈判协议的确定性就较小。

在谈判时，谈判人员可以通过分析这一因素对谈判对手的谈判态度和成交欲望做出判断，选择合适的对策，但在处理具体问题时要谨慎、灵活。作为卖方，在对方未能货比三家时也不能因为对方别无选择而不顾具体情况一味要挟。要考虑到事情是会变化的，对方的别无选择也可能是暂时的、相对的。如果要挟过甚，对方可能会另寻他法来满足自身的需要。

四、动机

动机在心理学上一般被认为涉及行为的发端、方向、强度和持续性，是使人们朝着所期望的目标前进的一种内在驱动力。谈判动机是指促使谈判人员做出满足需要的谈判行为的驱动力。

（一）谈判动机的决定因素

谈判动机的产生决定于两个因素：内在因素和外在因素。

内在因素是指驱动个体满足需要的因素。其作用过程是：个体因缺乏某些东西而出现内部紧张状态和不舒服感，从而产生满足需要的欲望和驱动力，进而引发行为。

外在因素包括个体之外的各种刺激，即物质环境因素的刺激和社会环境因素的刺激，如商品的外观造型、优雅的环境、对话者的言语及神态表情等对人的刺激。

（二）谈判动机的类型

动机有生理性动机、社会性动机等类型。而谈判的具体动机有以下类型：

1. 经济型动机

出于此类动机的谈判人员对成交价格等经济因素很敏感，十分看重经济利益，其谈判行为主要受经济利益驱使。

2. 冲动型动机

出于此类动机的谈判人员在谈判决策上表现出冲动，其谈判行为主要受情感等刺激诱发。

3. 疑虑型动机

出于此类动机的谈判人员的谈判行为受疑心和忧虑的影响，往往表现得谨小慎微。

4. 冒险型动机

出于此类动机的谈判人员喜欢冒风险去追求较为完美的谈判成果。

五、个性

个性，也称为人格，即一个人在思想、性格、品质、意志、情感、态度等方面不同于其他人的特质。个性是由多层次、多侧面的心理特征综合构成的整体。这些特征包括气质特征、性格特征、能力特征等。

谈判人员个个不同，其个性对谈判的方式、风格、成效都有着较大的影响。对谈判对手个性心理的研究和掌握，可以提高谈判人员对谈判的适应性，有利于开创性地开展谈判和争取上佳的谈判成果。

(一) 气质

气质是人的个性心理特征之一，它是指在人的认识、情感、言语、行动中，心理活动发生时力量的强弱、变化的快慢和均衡程度等稳定的动力特征。

根据研究，心理学家认为人的气质可分为四种类型：胆汁质（兴奋型）、多血质（活泼型）、黏液质（安静型）、抑郁质（抑制型）。

(1) 胆汁质：直率、热情、精力旺盛、情绪易于冲动、心境变化剧烈。

(2) 多血质：活泼好动、反应迅速、喜欢与人交往、注意力容易转移、兴趣容易变换。

(3) 黏液质：安静、稳重、反应缓慢、沉默寡言、情绪不易外露、注意力稳定但又难以转移、善于忍耐。

(4) 抑郁质：孤僻、行动迟缓、体验深刻、善于觉察别人不易觉察到的细小事物。

纯粹属于这四种典型气质类型的人很少，大多数人属于混合型。

出于谈判的需要，公司等商业组织应该根据员工的气质特征、气质类型来选择己方谈判人员，并根据已知的对方谈判人员的气质特征、气质类型采取相应的谈判策略。

(二) 性格

性格是指人对现实的态度和人的相应行为方式中表现出的稳定倾向。它是具有核心意义的个性心理特征，也是一种与社会关系最密切的人格特征。

谈判人员往往各有各的性格特点。有的人精明、反应灵敏，有的人固执呆板；有的人沉稳冷静，有的人易于兴奋冲动；有的人喜欢直言，有的人善于旁敲侧击。此外，谈判人员按其性格类型可分为进取型、关系型和权力型等类型。对于不同的性格类型，要采用不同的策略与之周旋。

对于**进取型谈判对手**，可以针对他们对成功的期望高、急于获得谈判利益、对关系的期望低的特点，制订一个较详尽的谈判计划来积极应对。应注意策略性地控制谈判进程，以求谈判能取得成果。在谈判中，考虑到对手参与的热情高，应适当尊重其意见，让其适当实现谈判目标，使其有获胜的心理满足感，但不能轻易做出让步，同时要利用其追求成果的心理争取让其做出让步。

对于**关系型谈判对手**，可以考虑他们对关系的期望高而对权力的期望较低的特点，不过分苛求，而是积极主动地进攻，控制谈判的进程和局势。同时，对其热情的态度不能掉以轻心，以防止掉入人际关系的陷阱里。

对于**权力型谈判对手**，可以利用他们对成功和关系的期望一般、对权力的期望高、希望能够影响他人的特点，让其参加谈判程序的准备，让其先做陈述，使他觉得自己获得了某种特权，以满足其对权力的需求；不要企图控制他、支配他，不要提出过于苛刻的条件，但不能屈服于其压力，要运用机会和条件争取让他做出让步。

(三) 能力

能力是人在完成一项目标或者任务的过程中所体现出来的素质。能力是直接影响活动效率并使活动顺利完成的个性心理特征。为了顺利开展谈判活动，国际谈判人员必须具备一定的谈判能力。

1. 谈判能力的含义

谈判能力可以分为一般能力和特殊能力两大类。一般能力又称智力，是指多种活动所必需的能力，如记忆能力、观察能力、想象能力、思维能力等，通常用智力商数来测量。特殊能力是指在专业活动中所需要的能力，如数学能力、专业鉴赏能力、谈判沟通能力、组织管理能力等。

2. 国际谈判应具备的能力

(1) 观察能力。观察是人的有目的、有计划、系统、比较持久的知觉。观察能力是能够随时敏锐地注意到有关事物的各种极不显著但重要的细节或特征的能力。敏锐的观察能力有助于洞察事物的本来面貌，帮助谈判人员通过捕捉与事物本质相联系的某些蛛丝马迹，洞察对方的心理状态、意图。

在波诡云谲的谈判中，一个谈判人员只有具备良好的观察能力，才能在独立谈判或集体谈判中审时度势，避开险滩，探索行动的方向和路子，寻求突破。

(2) 决断能力。谈判是一项相当独立的现场工作。很多事务的决断需要在谈判现场做出，这就要求谈判人员具备良好的决断能力：可以通过对事物和现象的观察与分析，由此及彼，由表及里，去粗取精，去伪存真，排除各种假象的干扰，了解事物的本质，做出正确的判断；能及早地洞察存在的问题或关键所在，准确地预见事物发展的方向和结果；能综合运用各种方法、手段，对不同条件、不同形势下的问题能及时做出正确的行为反应和行动选择。良好的决断能力既有赖于对科学的判断和决策方法的了解、掌握，也离不开专业实践经验的积累，因此，谈判人员应注意在学习和实践这两个方面下功夫，以提高自身的决断能力。

(3) 语言表达能力。语言是谈判和交际的手段，谈判主要借助语言形式进行。谈判人员必须熟练地掌握语言，不断提高自身的语言表达能力。语言包括口头语言和文字语言，二者都应该学好、用好。

要提高语言表达能力，一要注意语言表达的规范性，增强语言表达的逻辑性；二要注意语言表达的准确性，必须语音纯正，措辞准确，言简意赅；三要讲究语言的艺术性，让语言表达具有灵活性、创造性和情境适用性。

语言是沟通的主要工具，要提高沟通的能力，就必须有效地克服语言沟通的障碍，提高语言表达技巧，要注重无声语言、暗示性语言、模糊语言、幽默语言、情感语言的运用。谈判人员不仅要熟练地运用本国语言（包括某些主要的方言），还应精通外语。除此以外，谈判人员还应善于运用和理解肢体语言，以增强谈判过程中的沟通能力和理解能力。

(4) 应变能力。商务活动的一个重要特点就是带有较大的不确定性。这种不确定性要求从事商务活动的人员有应付不确定性的准备和办法，有临场应变能力。所谓应变能力，就是指人适应和应对异常情况的能力。

在谈判中，经常会发生各种令人意想不到的异常情况。当这些异常情况出现时，如果谈判人员缺乏处理异常情况的临场应变能力，就有可能使谈判失败或产生不利的后果。处变不惊是一个优秀的谈判人员应具备的品质。面对复杂多变的情况，谈判人员要善于根据谈判情势的变化修订自己的目标和策略，冷静而沉着地处理各种可能出现的问题。

六、态度

态度是个体对特定对象（人、观念、情感或者事件等）所持有的稳定的心理倾向。这种心理倾向蕴含着个体的主观评价以及由此产生的行为倾向性。

在商业活动中，面对的谈判对象多种多样，我们不能以同样的态度来对待所有谈判对象，需要根据谈判对象与谈判结果的重要程度来决定谈判时所要采取的态度。

如果谈判对象对企业很重要，比如是长期合作的大客户，而此次谈判的内容与结果对公司并非很重要，那么就可以抱有让步的心态进行谈判，即在企业没有太大损失与影响的情况下满足对方，这样对于以后的合作会更加有利。

如果谈判对象对企业很重要，而谈判的结果对企业同样重要，那么就可以抱持一种友好合作的心态，尽可能达到双赢，将双方的矛盾转向第三方。比如，在市场区域的划分上出现矛盾时，可以建议双方一起或协助对方去开发新的市场，扩大区域面积，将谈判中的对立竞争转化为携手竞合。

如果谈判对象对企业不重要，谈判结果对企业也无足轻重，可有可无，那么就可以轻松上阵，不要把太多精力消耗在这样的谈判上，甚至可以取消这样的谈判。

如果谈判对象对企业不重要，但谈判结果对企业非常重要，那么就要以积极竞争的态度参与谈判，不用考虑谈判对手，完全以最佳谈判结果为导向。

第三节 谈判中心理挫折的防范与应对

一、谈判中的心理挫折

人的需要会引发动机。动机一旦产生，便会引导人们的行为。人们在有目的的活动中，遇到无法克服或自以为无法克服的阻碍，使其需要得不到满足的情况就是挫折。

（一）心理挫折的含义

心理挫折是指人们在某种动机的推动下所要达到的目标受到阻碍，因无法克服阻碍而产生的紧张状态或情绪反应。

（二）心理挫折的行为表现

1. 攻击

人在受挫时，生气、愤怒是最常见的心理状态。诸如，言语过火、激烈，情绪冲动，容易发脾气，并伴有挑衅、煽动的动作。攻击是人在遭受心理挫折时可能出现的行为，但攻击的程度却因人而异。

2. 倒退

倒退是指人在遭受挫折后可能发生的幼稚的、儿童化的行为，如像孩子一样哭闹、暴怒、任性等，目的是威胁对方或唤起别人的同情。

3. 畏缩

畏缩是指人受挫后表现出来的失去自信、消极悲观、孤僻离群、盲目顺从、易受暗示等行为表现。这时其敏感性、判断力都会相应降低。

4. 固执

固执是指人顽固地坚持某种不合理的意见或态度，盲目重复某种无效的动作，不能像正常情况下那样正确合理地做出判断。固执表现为心胸狭隘、意志薄弱、思想不开明，这些都会直接影响人们对具体事物的判断和分析，导致行动失误。

此外，不安、冷漠等也是心理挫折的表现。

二、心理挫折的防范与应对

谈判是一项艰辛而困难重重的工作。谈判所遇到的困难很多，困难多就易遭遇失败，有失败就有挫折。**心理挫折**会使谈判人员情绪沮丧，从而对谈判对手产生敌意，容易导致谈判的破裂。因此，谈判人员应对谈判中的客观挫折有心理准备，做好对心理挫折的防范，采取有效的办法及时加以化解，并对因谈判对手遭受心理挫折而影响谈判顺利进行的问题有较好的应对办法。

（一）心理挫折的防范

1. 消除引起客观挫折的原因

人的心理挫折是伴随着客观挫折的产生而产生的。如果能减少引起客观挫折的原因，人的心理挫折就可以减少。

2. 提高心理素质

一个人遭受客观挫折时是否体验到挫折，与他对客观挫折的容忍力有关，容忍力较弱者比容忍力较强者易受到挫折。人对挫折的容忍力又与人的心理素质、承受挫折的经历及个人对挫折的主观判断有关。有着强大心理素质的人能承受较大的挫折，有较多承受挫折经历的人对挫折有较高的承受力。

为了预防心理挫折的产生，从主观方面来说，要尽力提高谈判人员的心理素质，提高他们对挫折的容忍力。

（二）心理挫折的应对

在谈判中，不管是己方人员还是谈判对手产生心理挫折，都不利于谈判的顺利开展。为了使谈判顺利进行，应积极应对心理挫折。

1. 勇于面对挫折

常言道："人生不如意事十之八九"，对于谈判来说也是一样，谈判人员往往要经过曲折的谈判过程、付出艰苦的努力才能到达成功的彼岸。谈判人员对于谈判所遇到的困难甚至失败要有充分的心理准备，以提高对挫折的承受力，并能在遭受挫折时从容应对新的变化了的环境，做好下一步的工作。

2. 摆脱挫折情境

相对于勇敢地面对挫折，摆脱挫折情境是一种被动的应对挫折的办法。当谈判人员遭受挫折后无法面对时，通过摆脱挫折的环境情境、人际情境或转移注意力等方式，可让其情绪得到修补，以新的精神状态迎接新的挑战。美国著名成人教育学家、心理学家戴尔·卡耐基就曾建议人们在受到挫折时用忙碌来摆脱挫折情境，驱除焦虑的心理。

3. 情绪宣泄

情绪宣泄是一种利用合适的途径、手段将遭受挫折的消极情绪释放出去的办法。其目的是把因挫折引起的一系列生理变化产生的情绪宣泄出去，消除紧张状态。情绪宣泄有助于维持人的身心健康，帮助人积极适应挫折，并获得应对挫折的适当办法和力量。

情绪宣泄有直接宣泄和间接宣泄两种办法。直接宣泄有流泪、痛哭、怨气发泄等形式，间接宣泄有活动释放、诉说等形式。

有专家认为，面对谈判对手的愤怒、沮丧和反感，一个好的办法是给对方一个发泄情绪的机会，让对方把心中的郁闷情绪和不满发泄出来，让他把话说完，这样他心里就不会再留下任何破坏谈判的优患。让对方发泄情绪，可借此了解对方的心理等状况，可以有针对性地开展说服性的工作。

谈判活动经常要经历马拉松式的漫长过程，有时会出现错综复杂的局面，有时会陷入僵局，甚至面临令人绝望的困境，这些都会使谈判人员在心理上饱受煎熬。然而，有着良好心理素质的谈判人员，通常都具有顽强的毅力和坚强的意志，对于谈判活动，无论其多么艰辛和漫长，他们都能坚持到底，绝不轻言放弃。

案例专栏阅读

海信家电发布公告 完成收购日本三电手续

5月31日，海信家电（000921.SZ/00921.HK）发布公告称，已于5月31日完成收购日本三电控股株式会社（以下简称“日本三电”）的股权交割手续，以214.09亿日元（约13.02亿元人民币）认购三电控股定向增发的83 627 000股普通股股份，持有约75%表决权，正式成为三电控股的控股股东。

公开信息显示，三电控股是日本东京证券交易所一家上市公司，也是全球领先的汽车空调压缩机和汽车空调系统一级制造供应商，其车载空调压缩机2019年全球销量占有率排名世界第二。

5月11日，海信集团总裁贾少谦在上海参加“中国品牌日”活动时透露，海信第一批接收整合日本三电控股的团队，已于5月初抵达日本，正式完成交割之后即开始接收和整合工作。首批团队成员来自海信的管理、财务、法务、研发、生产、营销等各个岗位。近年来，海信通过成功收购并整合东芝电视和欧洲家电巨头Gorenje，积累了跨国跨文化收购与整合经验。

根据公告，5月7日，三电控股已经召开ADR债权人（ADR债权人指参与事业再生ADR程序的金融机构债权人；事业再生ADR程序指日本企业根据日本法律法规向日本事业再生专业协会申请的特定企业复兴计划程序）会议，全体ADR债权人一致同意通过了三电控股的事业再生计划，免除三电控股ADR债务630亿日元。

按照计划，未来日本三电控股将把发行股份所得的全部资金，按照事业再生计划用于对其业务和运营进行重组，将加大对新兴的新能源汽车相关产品的开发和生产设备投入，进一步整合和优化全球布局与生产供应体系，并通过与海信的协同效应，加快客户的响应速度，提升产品的差异化研发，通过集中采购降低成本，快速拓展中国业务。

资料来源：海信家电发布公告 完成收购日本三电手续. 经济观察网，2021-06-01.

问题：

海信家电收购日本三电对于跨国跨文化收购与整合有哪些经验启示？

本章小结

谈判的过程也是谈判双方心理沟通的过程。如果谈判双方在谈判过程中能够达到相互满意的心理状态，就会在双方之间建立起相互信任和理解的关系，从而使谈判更加顺利和有效。反之，敌对或者相互厌恶的心理必将导致谈判的失败。因此，如何把控谈判人员的心理，进而引导对方的心理走向，是获得谈判成功的关键所在。

本章关键词

谈判心理　心理因素　进取型谈判对手　关系型谈判对手

权力型谈判对手　心理挫折

讨论与思考

1. 谈判能力包括哪些内容？

2. 人的心理气质通常有几种类型？

3. 产生心理挫折的人一般会有哪些行为表现？

延伸阅读

中美贸易摩擦中的法律战——从不可靠实体清单制度到阻断办法

2018 年 8 月 1 日，美国商务部将 44 家中国机构列入实体清单（Entity List），包括大型国有企业及其子公司、半导体行业的高科技研究机构等。美国商务部产业和安全局(Bureau of Industry and Security，BIS）认为中国的上述机构非法采购商品和技术，未经授权用于中国的军事领域，危害美国国家安全和外交政策利益。2018 年 10 月，因涉嫌窃取商业秘密并构成国家安全威胁，美国商务部禁止福建晋华集成电路有限公司购买美国公司零部件、软件和技术产品。2019 年 5 月，BIS 宣称华为技术有限公司（以下简称“华为”）参与危害美国国家安全和外交政策利益的活动，随后将华为及其 68 家非美国子公司列入 2019 年 5 月 16 日生效的实体清单。根据美国《出口管理条例》(Export Administration Regulations，EAR）的要求，企业向华为及其 68 家子公司出口、再出口和转运物品必须获得出口许可证。2019 年 6 月 21 日，美国商务部又将中科曙光和江南计算技术研究所等 5 家中国实体列入实体清单，禁止其从美国供应商手中采购零部件。

在上述政策下，美国境外物品如果包含超过最低限度控制的美国原产地内容，或是美国原产技术的“直接产品”，那么也会受到限制。依据临时通用许可证出口、再出口和转运物品必须提交声明，解释其出口、再出口的许可证依据。许可证申请的审查是拒绝推定，未被列入实体清单的子公司不受管制。如果不遵守美国商务部的行政命令，企业将承担刑事或民事责任，失去出口的权利和采购美国货物的权利。

作为应对，2019 年 5 月 31 日，中国商务部宣布中国将建立不可靠实体清单制度，将严重损害中国企业正当权益的外国企业、组织或个人，列入不可靠实体清单；2020 年 9 月，中国商务部正式公布了《不可靠实体清单规定》。《不可靠实体清单规定》对不可靠实体清单制度的目的、列入标准和移出条件及程序，以及对被列入的外国实体可以采取的措施等做出了专门规定。

中美贸易摩擦有明暗两条主线。明线是两国政府就贸易摩擦所涉议题展开谈判，以期达成协议，解决贸易争端；暗线是中美之间就制裁和反制裁、遏制和反遏制展开的法律战。法律战是中美贸易摩擦所呈现的国家之间的法律和制度之争，是美国法律霸权主义背景下中国参与国际经济治理无法回避和必须回应的法律竞争和法律反遏制。法律战的工具具有多元性，这导致法律战呈现出复杂性。以长臂管辖和次级制裁为主要特征和核心的法律战对于中国完善国内法和参与国际法实践提出了更高的规则和制度要求。以不可靠实体清单制度和阻断办法为代表的法律战需要实体法、程序法、国内法、国际法多重要素的整体配合，才能达到政策目标。

我国既是贸易大国，也是主要的资本输入国和输出国，在国际经贸活动中难免经常受到政治性的干扰。尤其在中美贸易摩擦的背景下，美国在全球范围内建立了一种以经济（乃至军事和科技）霸权为物质基础的法律霸权和司法垄断，建构了一种独特的国内法-国际法二元合一的全球霸权主义法律秩序。特别是美国的国内法和规制体系的成熟度为其追求和落实国内法的（不当）域外效力提供了依据、经验和工具。

大国博弈不仅是被动跟进和临时应对他国制裁，而且应以主动和理性的法律手段与制度设计进行有效反制，把握国家在经济、政治等博弈中的大局和变局。中共十九届四中全会审议通过的《中共中央关于坚持和完善中国特色社会主义制度 推进国家治理体系和治理能力现代化若干重大问题的决定》特别将加快我国法域外适用的法律体系建设和健全不可靠实体清单等制度作为重点紧迫的任务提出。然而，法律战具有专业性、技术性和复杂性的特征，需要熟悉法律机制和机理，逐步建立体现中国实践和价值观的国际法法理。我国应当以不可靠实体清单制度的建立为契机，进一步完善国内法，以应对国际贸易、投资、金融和经济摩擦，以主动的姿态通过各种法律制度应对各种不利情况，防止和制约其他国家的贸易保护主义、单边主义行为，这不仅可以对贸易保护主义势力产生威慑作用，而且可以增强我国对外贸易、投资、金融和经济谈判的实力和效果，有效提升我国在国际经济治理体系中的参与度和话语权，引导国际经济秩序向有利于我国国家利益和价值诉求的方向发展。

资料来源：沈伟．中美贸易摩擦中的法律战——从不可靠实体清单制度到阻断办法．比较法研究，2021（1）：180－200．

第四章
国际商务谈判前的准备

学习目标

学习完本章，你应掌握：

- 国际商务谈判人员的组织与管理；
- 国际商务谈判前的信息准备；
- 谈判目标的确定；
- 谈判方案的制订；
- 模拟谈判；
- 谈判中各种交易条件下的最低可接受限度的确定。

新闻导读

关于全球抗疫医疗产品的贸易谈判

2020 年 1 月 30 日，世界卫生组织（以下简称世卫组织）宣布新冠肺炎疫情为“国际关注的突发公共卫生事件”(PHEIC)。随着疫情不断蔓延，世卫组织总干事谭德塞 3 月 10 日宣布，新冠肺炎疫情构成全球性大流行。截至 5 月 26 日，全球确诊人数已经超过 540 万，而且还有递增趋势。从各国抗击疫情的情况来看，抗击疫情成效实际上是医用物资后勤保障的竞争和较量。各国采取各种措施，组织医用防护服、口罩等疫情防控急需医疗物资的生产，甚至以保护国家安全的名义，要求汽车、航空、卫妆等行业迅速转产和复工，以多种方式扩大防护物资和医疗产品的产能和增加产量，推进医药研发和临床应用。同时，增加对重要防护物资和医疗产品的进出口贸易，扩大跨境政府采购和商业采购，力争保障国内医用物资供应。由于全球抗疫医疗产品供给远远少于需求，年初以来一些世贸组织成员采取了不同形式的进出口贸易限制措施。截至3月21日，54个国家（地区）采取了46项出口贸易限制措施，其中仅3月份出台的贸易限制措施就有33项。与此同时，仅有26个国家（地区）有能力生产和出口医用呼吸机，这意味着大多数发展中国家（地区）需要依靠进口贸易提供医疗产品来抗击疫情。

贸易谈判不仅需要谈判官员保持良好沟通，而且需要领导人的政治指导和实质性参与。3月26日，二十国集团（G20）领导人应对新冠肺炎特别峰会召开。峰会声明专门提及“应对疫情对国际贸易造成的干扰”，要求旨在保护健康的应急措施是有针对性、适当、透明和临时的，确保重要医疗用品和服务的正常跨境流动，协调应对措施，避免对国际交通和贸易造成不必要的干扰，解决全球供应链中断问题，实现自由、公平、非歧视、透明、可预期和稳定的贸易投资环境以及保持市场开放的目标。二十国集团贸易部长应对新冠肺炎特别视频会议于3月30日和5月14日分别召开。两次会议声明均要求保持市场开放、全球物流网络顺畅和持续运作，确保最需要的地方以可负担的价格尽快获得必需的医疗用品和药品，不采取不必要的贸易壁垒，并向世贸组织通报采取的相关贸易措施，增强透明度。对受疫情影响的发展中国家（地区）、最不发达国家（地区）及脆弱群体表示关心和支持，帮助中小微企业，并加强国际投资合作，监测和评估疫情对贸易的冲击，呼吁国际组织深入分析新冠肺炎对世界贸易、投资和全球价值链的影响，促进必需的商品和服务的投资和流动。实现抗疫医疗产品国际贸易正常化是二十国集团领导人和贸易部长关注的优先内容。通过开展全球抗疫医疗产品贸易谈判，进一步推动抗疫医疗产品跨境流动的自由化和便利化，有助于缓解疫情大流行对国际贸易的冲击。

2019年12月，世贸组织争端解决机制上诉机构陷入瘫痪，不少学者将此等同于世贸组织停摆，对如何改进世贸组织贸易争端解决功能进行了多角度探讨，却忽视了世贸组织同样重要的贸易谈判、审议监督和能力建设功能。无论是关贸总协定时代，还是世贸组织成立以来的各个阶段，货物和服务的市场准入谈判一直是多边贸易体制的重要支柱。新冠肺炎疫情引致世贸组织第12届部长会议延迟举办，原有的货物、服务等领域的谈判议题被暂时搁置，可能会影响世贸组织制定多边贸易规则和维护国际贸易秩序的声誉。

随着新冠肺炎疫情的全球蔓延，启动全球抗疫医疗产品市场准入磋商和谈判，不仅可以减缓医疗产品供求不平衡的压力，为发展中成员抗击疫情提供必要的物质基础，也能充实世贸组织改革的新领域，更好地发挥世贸组织作为全球贸易治理平台的作用。

任何一项多边或诸边贸易协定，在发起谈判前都有前期的学术研究和数据统计积淀，这是世贸组织秘书处经济研究统计司职员人数领先其他司局的原因之一。开展全球抗疫医疗产品贸易谈判具有一些技术困难和政治障碍，比如谈判产品范围、阶段性降税模式、原料药供应和仿制药生产、主要世贸组织成员能否发挥引领作用、协调医疗产品的产业利益和贸易利益等。同时，全球抗疫医疗产品供应链安全问题也引发了世贸组织成员的担忧，贸易保护主义和单边贸易措施对开展新的贸易谈判形成了干扰。因此，推动全球抗疫医疗产品贸易谈判（属于传统货物贸易议题谈判范畴）既具有可行性，也面临一定的挑战，特别是发达成员的谈判立场和谈判意愿，亟须对这些问题进行进一步的深化研究。

对于中国来说，抗疫医疗产品具有产业利益，引领该议题下的贸易谈判具有重要意义。如果世贸组织成员能在全球抗疫医疗产品贸易谈判中取得不同程度的谈判成果，那么该谈判成果的最终归途应是多边化，即纳入世贸组织规则框架，这应是中国作为世贸组织主要成员之一，积极参与世贸组织改革和维护多边贸易体制核心价值的基本主张。

资料来源：徐清军，高波．关于推动全球抗疫医疗产品贸易谈判的初步研究．国际贸易问题，2020（6）：26－38.

凡事预则立，不预则废，谈判也是如此。阅读本章后，读者应了解谈判准备工作的各个方面，如人员的组织和管理、谈判前的信息准备、谈判目标的确定和谈判方案的制订等，并应在谈判实践中予以充分的考虑。通过本章的学习，读者还应当掌握模拟谈判的重要性，并学会确定谈判中各交易备件的最低可接受限度。

第一节 国际商务谈判人员的组织与管理

国际商务谈判是有计划、有目标、有组织的经济活动，是市场营销策略的重要组成部分。一场成功的商务谈判，无论是在谈判前制订谈判方案、收集信息资料、做好各项准备工作，还是在谈判中坚持原则、精心选择策略、灵活运用谈判技巧，都离不开精明能干的谈判人员。商务谈判往往不是一个人所能完成的，而是需要由谈判小组来进行，因此，要以一定的组织形式来保证。这里首先介绍国际商务谈判人员的组织要求。

一、商务谈判人员的个体素质

谈判是一种对思维能力要求较高的活动，是对谈判人员的知识、智慧、勇气、耐力等的考验，是谈判人员间才能的较量。所谓素质，其范围较广，不仅包括谈判人员的文化素养、专业知识和业务能力，也包括谈判人员对国际与国内市场信息、法律、各国各民族的风土人情及风俗习惯等知识的掌握情况和谈判人员的道德情操及气质性格特征。总的来讲，商务谈判人员的个体素质主要是指谈判人员对与谈判有关的主客观情况的了解程度和解决在谈判中所遇到的问题的能力。

（一）谈判人员应具备的基本观念

1. 忠于职守

谈判人员是作为特定组织的代表出现在谈判桌前的。国际商务谈判人员不仅代表组织个体的经济利益，而且肩负着维护国家利益的义务和责任。因此，遵纪守法、廉洁奉公、忠于国家和组织，是谈判人员必须具备的首要条件。作为谈判人员，必须自觉维护国家和组织的利益，必须严守组织机密。

2. 平等互惠

在商务谈判中，双方地位平等，关系互惠。可是，有些谈判人员常常不能把自己和对方放在平等的地位上以求互利互惠，体现为存在以下两种倾向：

（1）妄自菲薄。遇到身份、级别较高和实力较强的对手时，有些谈判人员总觉得比对手要矮三分，尤其是和欧美的客商打交道、欲出口货物或进口仪器设备时，认为自己有求于对方，对方是对自己“施恩”，结果让谈判的控制权落入对方手中；或是强调“谦虚”“礼让”，总觉得对方的意见应当受到重视，无形中丧失了对自己有利的立场，以至于无法充分发挥自己的谈判能力。

（2）妄自尊大。对待身份低、实力较弱的对手，有的人总是觉得对方比自己矮三分，有求于己，自己是向对方“施恩”，从而盛气凌人，一心只想独占利益。

以上两种倾向都不利于国际商务谈判的顺利进行，只有本着“平等互惠”的原则，才能排除妄自菲薄和妄自尊大两种错误倾向的干扰，对谈判事件、交易条件保持清醒的头脑，充分发挥各自的谈判能力，力求收到最理想的效果和获得最大的利益。

3. 团队精神

商务谈判多为集体谈判，每一方都是由几个人组成的小组或团队，其中一人为总代表或主谈人，领导整个团队完成实际的谈判工作。参加谈判的人员，无论是作为团队总代表的主谈人还是其他团队成员，都必须具有集体主义精神和团队精神，除了负责好各自的分内工作以外，还要注意协调配合，以争取让己方在谈判交易中获得更多的利益。坚持这种集体主义和团队作战的精神，既可以减少暴露己方弱点的机会，又可以增强己方谈判的整体力量。

（二）谈判人员的基本知识

商务谈判人员必须是全能型专家。所谓“全能”，是指通晓技术、商务、法律和语言。所谓“专家”，是指能够专长于某一方面的人，因此应当具备T形知识结构，也就是说，专家不仅在横向方面有广博的知识面，而且在纵向方面有较深的专门学问，两者构成一个T形知识结构。

1. 横向方面的基本知识

从横向方面来说，国际商务谈判人员应当：

（1）了解我国有关对外经济贸易的方针政策以及我国政府颁布的有关涉外法律和法规；

（2）了解某种商品在国际、国内的生产状况和市场供求关系；

（3）掌握价格水平及其变化趋势的信息；

（4）掌握产品的技术要求和质量标准；

（5）了解有关国际贸易和国际惯例；

（6）了解国外有关法律，包括贸易法、技术转让法、外汇管理法以及税法；

（7）了解各国、各民族的风土人情和风俗习惯；

（8）拥有可能涉及的各种业务知识，包括金融尤其是汇率方面的知识和市场知识等。

2. 纵向方面的基本知识

从纵向方面来说，国际商务谈判人员应当：

(1) 拥有丰富的商品知识，即熟悉商品的性能、特点及用途；

(2) 了解某种（些）商品的生产潜力或发展的可能性；

(3) 拥有丰富的谈判经验并有能力应付谈判过程中出现的复杂情况；

(4) 最好能熟练地掌握外语，能直接用外语与对方进行谈判；

(5) 了解国外企业、公司的类型和不同情况；

(6) 懂得谈判心理学和行为科学；

(7) 熟悉不同国家谈判对手的风格和特点。

以上各种知识构成了一名成熟的商务谈判人员所必须具备的条件，也是一名称职的谈判人员应具备的最起码的知识方面的素质要求。

专栏阅读 4-1

法国盛产葡萄酒，外国的葡萄酒想要打入法国市场是非常困难的，然而，四川农学院留法博士李华经过几年的努力，终于使中国的葡萄酒奇迹般地打入了法国市场。但是，中国内地产的葡萄酒在经香港转口时却遇到了麻烦。港方说，按照土酒征80%关税、洋酒征300%关税的规定，内地产的葡萄酒要按洋酒征税。面对这一问题，李华在与港方的谈判中引用了一句唐诗："葡萄美酒夜光杯，欲饮琵琶马上催。"并解释说：这说明中国唐朝就能生产葡萄酒了。唐朝距今已有1 400年，英国和法国生产葡萄酒的历史，要比中国晚几个世纪，怎么能说中国葡萄酒是洋酒呢？一席话驳得港方人员哑口无言，只好对内地产的葡萄酒按土酒征税。

（三）谈判人员应有的能力和心理素质

谈判人员除了应当具备一定的知识之外，还要注重培养能力及心理素质。知识是与能力密切联系的，但两者又有区别。一个人在具备了某方面的知识后，还必须将其灵活有效地加以运用，只有这样知识才能转化为能力。一名高效、称职的国际商务谈判人员应具备一定的能力和良好的心理素质，主要包括四个方面：

1. 良好的逻辑推理能力和较强的自控能力

由于谈判双方利益的抗衡和相互依存，谈判人员在心理上承受的压力很大，需要随时就某个谈判事项的具体典型特征和实质进行分析与判断。在承受压力的情况下，谈判人员应凭借自身的知识和经验，根据已知的前提进行分析、判断与推理，在对种种可能与假设的分析过程中识破对方的计谋，并使自己的提议与要求得以实现。即使在谈判局势发生急剧变化时，甚至在激烈的辩论争执中，谈判人员也能克服自身的心理障碍，控制自身的行为，以恰当的语言和举止来说服和影响对方。

2. 信息表达与传递能力

谈判人员的信息表达与传递能力的强弱直接决定了其谈判能力的强弱与谈判水平的高低。表达与传递的方法包括有声语言和无声语言，无论是前者还是后者，都应当具备表现力、吸引力、感染力和说服力。综合语言的表达与传递，则要根据谈判情况的变化，灵活巧妙地加以设计和表现，其效果如何，取决于谈判人员的创造性思维与行为。

3. 顽强的毅力、百折不挠的精神及不达目的绝不罢休的决心

商务谈判是一项十分艰苦的工作，有时甚至要“知其不可为而为之”。但是，一旦接受了谈判任务，就要依照已方既定的目标与原则，以勇往直前的姿态全力以赴。在谈判桌上，双方的利益是你进我退，一方若有半点委曲求全的意思，对方定会得寸进尺。因此，在谈判中，不管有什么样的困难和压力，都要显示出奋战到底的决心和勇气。即使妥协求和，也要在据理力争后以强者的大度姿态做出。

4. 敏锐的洞察力、较强的预见和应变能力

在商务谈判中需要与各种各样的人打交道，而且谈判环境复杂多变，很多意想不到的事情都有可能发生。因此，谈判人员要善于察言观色，及时掌握对方动向，摸清对方“底牌”，随机应变。主持谈判的代表必须是能统帅全局的人，要有长远的眼光，能运筹帷幄，善于针对谈判内容的轻重、对象的层次，事先决定“兵力”部署和方案设计，并随时做出必要的改变，以适应谈判场上形势的变化。

(四) 谈判人员的年龄结构

谈判人员年龄在 30～55 岁较为合适。处于这个年龄段的从业人员社会阅历丰富，思想比较成熟，精力充沛，富有进取心。一些专家所做的研究认为，人在就业早期，具有竞争性较强的特点和理想主义的特征。处于这个时期的人关心的是个人的社会地位，希望尽快获得提升，而人在就业的晚期，变得比较宽容，对组织及社会有较高的责任感，但竞争性不足，所以处于 30～55 岁这个中间阶段的人最适合作为谈判人员。当然，这只是一般的情况，对此不能机械地看待，要根据谈判内容、谈判要求的不同，对具体情况进行具体分析。

二、商务谈判人员的队伍构成

国际商务谈判内容复杂，涉及面很广，往往不是一个人的知识、精力、时间所能承担、胜任的，一般采取集体谈判的形式。谈判人员的队伍构成涉及三个方面的内容，即谈判队伍的组建原则、谈判队伍的组织结构和谈判人员的分工配合。总的来说，谈判人员的队伍构成是由谈判的性质、对象、内容、目标等方面决定的。

(一) 谈判队伍的组建原则

谈判队伍由多方面的人员构成，可以满足谈判中对多学科、多专业的知识需求。若队伍规模过大，调配不当，将会产生内耗，增大开支，不利于谈判的进行；若人员过少，则又难以应对谈判中需要及时处理的问题，拖长谈判期限，导致丧失时机，失去市场。因此，确定适度的谈判队伍规模，是组建谈判队伍首先要考虑的问题。在组建谈判队伍、选择谈判人员、考虑谈判队伍规模时，一般要遵循以下几个原则：

1. 根据谈判对象确定谈判队伍规模

如何确定谈判队伍的具体人数，并没有统一的模式。一般商品的交易谈判只需三四个人。如果谈判涉及项目多、内容复杂，则可分为若干项目小组进行谈判，适当增加人员，但最多不应超过 8 人。国内外商务谈判的经验证明：一个谈判小组组长，最佳的领导效益为 3～4 人，因为在这种规模下，最容易取得一致意见，最容易控制，因而也最容易发挥小组人员的集体力量。法国管理学家格拉丘纳斯进行了大量有关组织内管理幅度与人际关系的研究，提出了**管理人际关系的数学模型**，即“当管理幅度按算术级数增加时，人员间的复杂关系按几何级数增加”。这可以用公式来表示：

$$R=n[2^{n-1}+(n-1)]$$

式中，n 表示组织内所领导或管辖的人数；R 表示由此产生的人际关系数。

由此可见，除了管理者的知识、能力、精力、职务性质对协调团队的人际关系有重要影响外，管理者所辖团队的人数也是影响他能否有效管理和协调团队的重要因素。

一些重要的国际贸易谈判会涉及更多、更广的专业知识，要求谈判人员不仅要懂得商品知识、金融知识、运输知识，还要懂得国际法律知识、国外的民族特点、风土人情等，有时还需要请来某些方面的国际问题专家。这种谈判组织不仅规格高，人数也比较多，甚至超过 10 人。但是，这并不意味着谈判需要吸收所有相关专业的专家同时参加。为了控制人员规模，有时采取人员轮换的方法。当某几个人完成某部分谈判任务而又要转换谈判内容时，可以有准备地调换一名或几名谈判人员，而使总人数没有太大变化。同时，也可发挥“外脑”的作用，聘请专家作为顾问或接受谈判班子的咨询，或为谈判人员献计献策。

2. 谈判人员被赋予法人或法人代表资格

经济谈判是一种手段，目的是要达成协议，签订符合双方利益要求的合同或协议。整个谈判和协议签订的过程都是依据一定的法律程序进行的，所以谈判人员都应有法人或法人代表的资格，拥有法人所具有的权利能力和行为能力，有权处理经济谈判活动中的一切事务。但作为法人或法人代表，只能行使其权限范围以内的权利，如有越权行为，应由本人负完全责任。

3. 谈判人员应层次分明、分工明确

谈判过程往往会涉及许多专业知识，仅靠一个小组负责人难以胜任。因此，在选择谈判人员时，既要囊括掌握全面情况的企业经营者，又要考虑谈判中涉及的各种专业知识，合理安排谈判人员的层次结构，而且一定要明确分工。

4. 组建谈判队伍时要贯彻节约原则

一支谈判队伍，从参加谈判直到协议达成的整个过程，必然要支出一定的费用，其中很多费用甚至需要以外汇支付。在组建谈判队伍时，要充分考虑到这一点，以节省谈判费用。国际商务谈判是企业经营活动的一个环节，谈判费用涉及企业经营成本，应尽量按经济规律的要求，将其纳入企业的整体经营活动加以考虑。

(二) 谈判队伍的组织结构

在一般的商务谈判中，所需的专业知识大体上可以概括为以下几个方面：一是有关工程技术方面的知识；二是有关价格、交货、支付条件、风险划分等商务方面的知识；三是有关合同权利、义务等法律方面的知识；四是有关语言翻译方面的知识。

根据上述专业知识的需要，一支谈判队伍应包括以下几类人员：

1. 技术人员

熟悉生产技术、产品性能和技术发展动态的技术员、工程师或总工程师，在谈判中可负责对有关产品性能、技术质量标准、产品验收、技术服务等问题的谈判，也可与商务人员紧密配合，为价格决策提供技术参考依据。

2. 商务人员

商务人员由熟悉贸易惯例和价格谈判条件、了解交易行情的有经验的业务员或厂长及经理担任。

3. 法律人员

法律人员包括律师或学习经济、法律专业的人员，通常由特聘律师、企业法律顾问或熟悉有关法律规定的人员担任。

4. 财务人员

财务人员由熟悉成本情况及支付方式、掌握金融知识、具有较强的财务核算能力的会计人员担任。

5. 翻译人员

翻译人员由熟悉外语和有关知识、善于与别人紧密配合、工作积极、纪律性强的人员担任。

6. 谈判领导人员

谈判领导人员由企业委派专门人员或者从上述人员中选择合适者担任。

7. 记录人员

记录人员一般由上述各类人员中的某人兼任，也可委派专人担任。

以上参加谈判人员，按谈判的复杂程度可多可少，少可一人身兼数职，多则可将十几人至几十人分成几个小组，如商务小组、技术小组、法律小组等，各自负责自己专业领域的谈判。还可以组织台上和台下两套班子，台上班子主要负责对外谈判及分析对方临时提供的技术和价格资料，台下班子负责收集整理有关资料，为台上班子提供技术和价格谈判的依据。

值得注意的是，作为谈判队伍中的一员，谈判人员应当对上述几方面的知识都有所了解，而又在某一方面具有专长，即谈判人员应是所谓的全能型专家。

在国际商务谈判中，语言翻译是双方沟通的桥梁。谈判人员本身若具有较高的外语水平，则有助于他们理解书面文件的意义、口头表达的分寸乃至判断对方对已方意见的反应等。但是，尽管如此，仍然要为谈判队伍配备一名得力的翻译人员。

从翻译的实践经验来看，谈判是一项十分紧张、耗费大量脑力的活动，在谈判的过程中翻译人员需要不断根据出现的新信息调整自己的思路。尽管翻译人员在谈判前做了比较充分的准备，但毕竟不可能准确地预见到谈判中可能出现的所有问题，并事先都充分考虑好恰当的应对方法。谈判人员可以利用翻译的时间，对谈判对手察言观色，缜密地思考下一步对策，在时间上减轻谈判人员的压力。

专栏阅读 4-2

一个日本公司驻美国分公司的经理能讲一口流利的英语，但他在商务谈判中始终用日语通过翻译人员与对方进行交流。而在商务谈判结束后的庆祝会上，他却用英语和对方谈笑风生，令对方大吃一惊而又迷惑不解。有人问道："为什么在刚才的交谈中，你不用英语直接和他们交谈？"这位日本经理回答说："在一项交易谈判中，存在许多微妙的问题，若在当时的气氛下考虑不周而说了出去，事后才发现讲错了话，要挽回将相当困难。通过翻译人员进行谈判，则可将原因推到翻译人员身上，比如翻译人员在用词上不恰当，或者对意思理解有误而翻译错了。这样，万一受到对方的攻击，自己很容易避开。此外，在翻译人员转述的时候，自己也可利用这段时间进行思考，同时还可以观察对方的反应。既然使用翻译人员有这么多好处，何乐而不为呢？"

（三）谈判人员的分工配合

在挑选出合适的人员组成谈判队伍以后，就必须根据谈判内容和每个人的专长做适当的分工，明确各自的职责。各成员在进入自己的角色、尽兴发挥的同时，还必须按照谈判的目标和具体的方案与他人彼此呼应，相互协调和配合，真正演好谈判这一台集体戏，这就是谈判人员的配合。分工与配合是同一个事物的两个方面，没有分工就没有良好的配合，没有良好的配合，分工也就失去了其目的性和存在的基础。

1. 谈判人员的分工

谈判队伍的人员包括以下三个层次：

（1）谈判队伍的领导人或首席代表。第一层次的人员是指谈判队伍的领导人或首席代表，即主谈人。主谈人应当富有谈判经验，兼备领导才能，能应付变幻莫测的谈判环境。依谈判的内容不同，谈判队伍中的主谈人也应有所不同。如购买产品原材料的谈判，可由原料采购员、厂长或生产助理作为主谈人，而对合同的争议，则由项目经理、销售部经理、合同执行经理或其他曾参加过谈判的有关部门经理担任主谈人。

主谈人的主要任务是领导谈判队伍的工作，其具体职责是：监督谈判程序；掌握谈判进程；听取专业人员的说明、建议；协调谈判队伍的意见；决定谈判过程中的重要事项；代表单位签约；汇报谈判工作。

（2）懂行的专家和专业人员。第二层次的谈判人员是懂行的专家和专业人员，他们凭借自己的专长负责某一方面的专门工作。谈判队伍中的专家和专业人员要能适应谈判工作的需要，有利于谈判的顺利进行。谈判队伍中既要有熟悉全部生产过程的设计、技术人员，也要有基层生产或管理人员，更要有了解市场信息、善于经营的销售及经营人员。其具体职责是：阐明参加谈判的意愿和条件；明确对方的意图、条件；找出双方的分歧或差距；与对方进行专业细节方面的磋商；修改草拟的谈判文件中的有关条款；向主谈人提出解决专业问题的建议；为最后决策提供专业方面的论证。

特别需要指出的是，在国际商务谈判中，翻译人员是实际的核心人员。一名好的翻译人员在谈判过程中能洞察对方的心理和发言的实质，既能改变谈判气氛，又能挽救谈判失误，在增进双方了解、合作和友谊方面，可起到相当大的作用。翻译人员的职责包括：1）在谈判过程中要全神贯注，工作要热情，态度要诚恳，翻译内容要准确、忠实。2）对谈判人员的意见或谈话内容如觉得不妥，可提请考虑，但必须以主谈人的意见为最后意见，不能向外商表达翻译人员个人的意见。3）外商如有不正确的言论，应据实全部报告主谈人考虑。如果外商单独向翻译人员提出，在辨明其无恶意的情况下，可做一些解释；如属恶意，应表明自己的态度。

除此之外，谈判队伍中还应有财经人员和法律人员。财经人员常由熟悉国际会计核算制度的会计师担任，其职责是：掌握谈判项目总的财务情况；了解谈判对手在项目利益方面的期望值；分析、计算、修改谈判方案所引起的收益变动；为主谈人提供财务方面的意见、建议；在正式签约前提出对合同或协议的财务分析表。法律人员是重大项目谈判的必要成员，其具体职责是：确认谈判对手经济组织的法人地位；监督并确保谈判程序在法律许可的范围内进行；检查法律文件的准确性和完备性。

（3）谈判必需的工作人员。第三层次的人员是指谈判必需的工作人员，如速记员或打字员。他们不作为谈判的正式代表，只是谈判组织的工作人员。他们的职责是准确、完整、及时地记录谈判内容，包括：双方讨论过程中的问题；提出的条件；达成的协议；谈判人员的表情、用语、习惯等。

谈判内容不同，谈判人员承担的任务就不同，并且所处的谈判位置也不同。

1）技术条款的分工。在进行技术条款谈判时，应以技术人员为主谈人，其他商务人员、法律人员等处于辅谈人的位置。技术主谈人必须对合同技术条款的完整性、准确性负责。技术主谈人在把主要的注意力和精力放在有关技术方面的问题上的同时，必须放眼全局，从全局的角度来考虑技术问题，并尽可能地为后面的商务条款和法律条款的谈判创造条件。为了支持技术主谈人，商务人员和法律人员应尽可能为技术主谈人提供有关技术以外的咨询意见，并在适当的时候回答对方有关商务和法律方面的问题，从不同角度支持技术主谈人的观点和立场。

2）合同法律条款的分工。在涉及合同中某些专业性法律条款的谈判时，应以法律人员作为主谈人，以其他人员作为辅谈人。一般而言，合同中的任何一项条款都应具有法律意义，但某些条款中法律的规定性往往更强，这就需要专门的法律人员与对方进行磋商，即以法律人员为主谈人。此外，法律人员对谈判全过程中法律方面的内容都应给予高度重视，以便为法律条款的谈判提供充分的依据。

3）商务条款的分工。在进行商务条款的谈判时，要以商务人员为主谈人，技术人员、法律人员及其他人员则处于辅谈人的地位。商务人员是整个价格谈判的组织者，但在进行合同商务条款谈判时，仍然需要技术人员的密切配合。技术人员应从技术的角度为商务人员提供有力的支持。需要强调的是，在就合同的商务条款进行谈判时，有关商务条款的提出和磋商，都应以商务人员为主做出，即商务主谈人与辅谈人的身份、地位一定不能乱，否则就会乱了阵脚。

2. 谈判人员的配合

所谓谈判人员的配合是指谈判中成员之间的语言及动作的互相协调与呼应。具体来讲，就是要确定不同情况下的主谈人与辅谈人，他们的位置与责任，以及他们之间的配合关系。主谈人可以说是谈判队伍与对方进行谈判的意志、力量和素质的代表者，是谈判工作能否达到预期目标的关键人物。英国贸易专家斯科特认为，谈判队伍的领导人在谈判开始时向对方介绍自己同事的方式，对谈判对手具有强烈的影响。

专栏阅读 4-3

一位谈判领导人这样介绍自己的同事："这位是我们的会计——诺尔曼·凯特勒。"而在另一种场合，他这样介绍："这位是诺尔曼·凯特勒。他具有 15 年的财务工作经验，有权审核 1 500 万英镑的贷款项目。"显然，同前一种场合相比，在后一种场合，诺尔曼·凯特勒就会给谈判对手留下深刻的印象。

为了使主谈人与辅谈人之间分工明确、配合默契，在主谈人发言时，自始至终都应得到所有辅谈人的支持。辅谈人可通过口头语言或身体语言（如动作、姿态）来表示赞同，具体的做法可因人而异。显然，如果主谈人发言时辅谈人做出赞同的姿势，会大大增强主谈人说话的力量和可信程度；相反，若辅谈人看着天花板，将脸扭向一旁，或私下干自己的事，无疑会影响主谈人的自信心，影响其说话的力量，损害己方整体形象。谈判队伍内部人员之间的良好配合，不是一朝一夕能够实现的，需要长期的磨合。而且这种配合绝不专指谈判过程中的配合，而是从双方初次见面时就已经开始了。总之，谈判队伍成员素质良好且相互配合，是谈判成功的基础。

三、对商务谈判人员的管理

对商务谈判人员的管理包括人事管理和组织管理。就人事管理而言，其主要环节包括选拔谈判人员、培训谈判人员，以及充分调动谈判人员的积极性。就组织管理而言，其内容包括健全谈判队伍建设，调整好领导与谈判人员的关系以及谈判人员之间的关系，从而协调工作。

（一）人事管理

1. 选拔谈判人员

商务谈判胜负的决定性因素在于商务谈判人员的素质，因此，选拔优秀的谈判人员是商务谈判的重要环节。谈判人员选拔标准的主要内容已在本章前面做过介绍，这里不再赘述。

2. 培训谈判人员

（1）社会的培养。社会的培养主要是基本素质的培养，包括基础文化知识、经济理论知识、谈判理论知识，还有比较重要的如人际交往能力、决断能力、毅力、健康心态的培养等内容。社会培养营造的环境很宽广，它给谈判人员奠定了最基本的素质基础。社会培养的目标是不确定的，严格地说，它只是提供了一个谈判人才的“毛坯”。

(2) 企业的培养。企业对谈判人员的培养是有意识、有系统的培养过程，一般包括四个阶段，即打好基础、亲身示范、先交小担、再加重担。

1) 打好基础。新的谈判人员加入谈判队伍后，谈判队伍的领导者应向他们讲授和交代本行业的基本知识和要求，并检查其是否掌握了这些基本知识和要求。采取的形式可以有两种：集中授课和单兵教练。前者指接受任务之前集中时间系统授课，经考试合格后再上阵，这种方式便于检查效果，并适合人员较多的情况；后者指以师傅带徒弟的方式口授心传，这种方式便于安排，常用于增加零星谈判新手的情况。

2) 亲身示范。谈判是一门实践的科学，书本中的理论有待放到实践中去检验。因此，新手在接受了谈判的基本知识以后，应当体验并逐步适应千变万化的谈判环境。亲身示范包括从谈判的组织准备、实质性谈判到签约的全过程。谈判桌上的形势千变万化，事先准备的方案、台词常常会由于形势变化而需要推倒重来。在台上处理好这些变化后，在台下应主动向新手解释改变原方案的原因，比较新旧方案的利弊，并预测下一步的局势变化以及应采取的相应对策。

3) 先交小担。经历过以上两个阶段后，便可让新手参加正式的谈判，亲自体验商务谈判的全过程。

一般来说，可以先交给新手一些金额不大、谈判内容不太复杂的小项目，让新手独立去挑担子。这对谈判人员的成长具有重要意义，有人称之为“起飞前的助跑”。小项目的内容相对简单，新手会有余力去揣摩对手和体验独立谈判的滋味，因此，小项目有利于新手增强获胜的自信心。在大项目的谈判中，也可以让新手以记录员或其他辅助角色参加谈判队伍，在谈判中耳濡目染，细心体会得失。

4) 再加重担。对在若干“小担”中取得成功实绩的谈判人员适当赋予重担，可以促进其成才，是实现其“起飞”的重要条件。这样的“重担”，通常是具有交易金额大、谈判目标高、交易复杂、己方的竞争对手多和政策性强等特点的谈判项目。

领导人员应在此阶段肩负起“指导—检查—再指导—再检查”的工作：随时或定期检查其进展情况和实际效果；针对谈判的实际进展及时予以指导，让谈判人员继续挑好重担；在谈判遇到重大挫折或难以继续前进时，领导应接过担子，打破僵局，然后把担子交还谈判人员，直至其最终完成谈判任务。

企业培养谈判人员应注意处理好谈判中的失误和成功。在谈判受挫时，不应不加分析就对新手丧失信心，而是要引导受挫者正确认识别人的反应和社会舆论，协助受挫者对自己做出正确的评价，帮助受挫者总结经验教训。在谈判成功时，领导者要防止新手产生骄傲心态，及时总结谈判成功的经验，分析成功中的不足，并提出更高、更严的要求。

(3) 自我培养。作为谈判人员，首要的品质便是应有所追求，以谈判事业为毕生追求的目标。同时，要执着地为国家、民族、企业的利益而努力，坚持不懈地提高自己的谈判能力和自身素质，只有这样才会有强大的思想动力。

谈判人员要提高善辩能力、业务能力、组织能力、交际能力等，可采用以下四种科学方法进行自我培训：

1）博览。广泛涉猎有关谈判的书籍，如技术、商业、金融、保险、运输、法律、逻辑，乃至政治、军事、文化及外语方面的书籍。

2）勤思。“学而不思则罔”。博览只是一个知识的吸收过程。要想在有限的时间内将有限的知识真正运用于谈判实践，必须有一个自我消化的过程。认真收集各种有益的素材，记录瞬间的感受和体会，这既是一种积累，也是一种收获，有助于提高谈判人员对问题的理解能力。

3）实践。“纸上得来终觉浅，绝知此事要躬行”。书上的知识要通过实践才能成为谈判的真本领，实践也需要理论的指导，不能仅凭主观盲目地去实践。

4）总结。谈判中要学习的东西很多，要从实践中获得更大收获，就必须学会总结。每一次学习、每一次谈判都是一次宝贵的机会。谈判人员应认真总结经验教训，以指导今后的学习和实践。

3. 充分调动谈判人员的积极性

谈判需要付出巨大的努力，谈判成果又与企业单位的经济利益有直接联系。因此，对谈判人员应给予适当奖励，以充分发挥他们的聪明才智，激励他们在谈判工作中创造优异成绩。

对谈判人员的奖励可分为物质奖励和精神奖励两类，或者称为外在奖励和内在奖励两个方面。

按照心理学理论，人的动机来自需要，而人的需要是多种多样的。较高的物质报酬满足的只是人第一层次的需要，它虽然能调动人们的积极性，却不一定能长久地维持，因为人的劳动并不仅仅是为了获得物质上的报酬，有时社会的承认、受到人们的尊重等精神因素更能激发人们的积极性。

物质奖励的满足程度是根据谈判人员自己定出的标准来衡量的。这个标准受其本人心中的社会平均标准的影响，同时，也受周围相关人员所获奖赏的影响。

精神奖励则来源于谈判本身。对谈判人员的精神奖励可以采取多种措施：

(1) 委以重任，把困难的谈判任务交给他们，使谈判人员因某种信任感而得到满足。

(2) 对谈判人员的工作成绩予以充分肯定，使他们得到一种事业成功的满足。

(3) 在适当条件下举办培训班，让谈判人员发挥特长，培养人才，使个人的才能有用武之地，使他们在事业上的抱负得以实现。

(4) 给谈判人员以较大的自主权，即授权谈判人员处理谈判过程中出现的新问题。

(5) 给谈判人员与其他同行交流的时间和机会，以探讨和总结谈判取得成功的经验和失败的教训等。

(二) 组织管理

1. 健全谈判队伍建设

健全谈判队伍建设是指挑选各类专业人员，配备好主谈人，并给予足够的授权。

2. 调整好领导干部与谈判人员的关系

调整好领导干部与谈判人员之间的关系，最重要的是明确各自的职责范围、各自的权力，树立共同的奋斗目标。在实际谈判中，单位领导更多的是在必要与充分的授权下，给谈判人员以高度的支持、理解、谅解与协调。

3. 调整好谈判人员之间的关系

调整好谈判人员之间的关系，主要是指谈判人员之间应强调相互默契、信任、尊重，达到有效合作的目的，以提高工作效率。可采取以下措施：

（1）明确共同的责任和职权；

（2）明确谈判人员的分工；

（3）整个谈判队伍共同制订谈判方案，集思广益；

（4）明确相互的利益；

（5）共同检查谈判进展情况和相互支持工作；

（6）谈判队伍的负责人要尊重队伍成员的意见，发扬民主作风，以身作则，廉洁奉公，处处关心队伍成员，使谈判队伍成为一个团结、友爱、共同奋斗的集体。

第二节　国际商务谈判前的信息准备

谈判信息是指那些与谈判活动有密切联系的条件、情况及对其属性的一种客观描述，是一种特殊的人工信息。随着科学技术的发展，我们已经进入了信息时代，了解信息、掌握信息已成为人们成功地进行各种活动的保证。商务谈判作为人们运用信息获取自己所需的一种经济活动，对信息的依赖更加强烈。因此，谈判人员的信息搜索就成为了解对方意图、制订谈判计划、确定谈判策略及战略的基本前提。不同的谈判信息对于谈判活动的影响是极其复杂的。有的信息直接决定谈判的成败，而有的信息只是间接地发挥作用。本节将从谈判信息的分类出发，着重介绍谈判信息收集的主要内容，包括市场信息、谈判对手信息、科技信息、政策法规信息、金融信息以及货单和样品信息这六个部分。最后，本节还将对谈判信息资料的处理做简单介绍。

专栏阅读 4-4

20 世纪 60 年代，当我国大庆油田刚刚开发成功，使我国初步甩掉了贫油国帽子的时候，日本情报机关从《中国画报》刊登的大庆油田照片上获得了有关大庆油田的炼油能力、规模等方面的情报，并且根据这些情报实现了向我国出售输油管的目的。在当时中国政府极力保密的情况下，日本是如何获取这些情报的呢？

原来，日本人刚刚得知中国发现新油田的消息就派出有关专家来中国打探消息，他们想要在最短时间内知道油田的具体地点，以判断中国是否需要输油管，一旦得知中国需要输油管就马上准备和中国做生意。

《中国画报》上的“铁人”王进喜身穿皮袄、头戴皮帽，背景是漫天大雪，日本人对这张照片进行分析之后便判断油田很可能在东北。据报纸报道，油田设备是工人们从车站拉到油田的，日本据此进一步推断，油田肯定离铁路线不远。报纸上还说，从车站到油田的道路十分泥泞……这些信息从表面上看没有什么具体用处，但是日本专家正是在对这些信息进行综合分析之后断定油田在北大荒。据此，他们认为中国一定需要架设输油管，随后通过各种途径探听中国是否愿意购买日本的输油管。当中方发现日本人已经得知大庆油田的重要信息时，除了感到不可思议之外，还为日本人的情报分析能力惊叹不已。

一、谈判信息的分类

在商业活动中，谈判信息多种多样，纷繁复杂。科学地区分谈判信息的类型是研究和分析谈判信息的基础，可以使我们更加深刻地认识谈判信息的规律性，也有助于我们进一步明确谈判信息工作的目的，从而提高谈判信息工作的效益。按照不同的标准，我们可以将谈判信息分为不同的类型。

（一）按谈判信息的内容来划分

按谈判信息的内容，我们可以将谈判信息分为自然环境信息、社会环境信息、市场细分信息、竞争对手信息、购买力及投向信息、产品信息、消费需求信息和消费心理信息等。自然环境信息是指能引起人们消费习惯改变、购买力转移以及市场变更的自然现象方面的信息，如地震、地形变化、气温变化等。社会环境信息是指对市场有影响的各种社会因素，如文化、人口、社会阶层、家庭、政治、法律、时尚、风俗、宗教、社会发展、城市建设等方面的信息。市场细分信息是指能引起市场细分的变量，如社会经济变量、地理变量、人口变量、收入和消费方式变量等。竞争对手信息是指有关生产或经营同类产品的其他企业状况的信息。购买力及投向信息是指消费收入、支出构成、趋向等方面的信息。产品信息是指与产品价格、开发、销售渠道、商标、包装、装潢等有关的信息。消费需求信息是指消费者有关商品品种、数量、规格、价格、式样、色彩、口味、方便程度、适用程度等方面的信息。消费心理信息是指有关消费者购买行为、购买动机、价值观、审美观等方面的信息。

（二）按谈判信息的载体来划分

按谈判信息的载体，我们可以将谈判信息分为语言信息、文字信息、声像信息和实物信息。语言信息是指通过座谈、交流所获得的信息以及在公共场所听到的信息。文字信息是指用文字记录下来的信息资料，包括各种文献、文件、报刊资料及复制品、产品目录、产品说明书等。声像信息是指通过图片、绘画、电影、电视、广播、录像、电话、幻灯片、录音等获得的信息。实物信息是指各种以样品作为载体的信息。

（三）按谈判信息的活动范围来划分

按谈判信息的活动范围，我们可以将谈判信息分为经济性信息、政治性信息、社会性信息和科技性信息。经济性信息是指与企业发展有关的各种信息，主要包括国民经济发展的信息，财政、金融、信贷方面的信息，经济资源信息等。政治性信息是指由于某一政治活动的发生、政治事件的出现而引起市场变化的信息，如战争爆发引起的物价上涨等。社会性信息是指与市场经营、销售有关的社会风俗、社会风气、社会心理、社会状况等方面的信息。科技性信息是指与企业产品研制、设计、生产、包装有关的信息。

二、谈判信息收集的主要内容

谈判信息收集的主要内容包括市场信息、谈判对手信息、科技信息、政策法规信息、金融信息，以及货单和样品信息。

（一）市场信息

1. 市场信息的概念

市场信息是反映市场经济活动特征及其发展变化的各种消息、资料、数据、情报的统称。它以语言作为传递工具，或者说，市场信息是由语言组成的。

市场信息所用的语言包括自然语言和人工语言。自然语言包括口头语言、书写文字等。人工语言是为了传递信息而由人们创造出来的，如数学上的专用语言、计算机语言等。人工语言的使用可以弥补自然语言结构容易产生的意思不够明确以及不够精练等缺陷。

市场信息的语言组织结构有两种形式：一种是文字式结构，主要是通过文字叙述来表达市场信息的内容；另一种是数据式结构，它是反映市场运行的数量关系的数字及必要的文字，按一定规范相互联结起来形成的结构，如统计报表等。

2. 市场信息的主要内容

市场信息的内容有很多，归纳起来主要包括以下几个方面：

（1）国内外市场分布方面的信息。国内外市场分布方面的信息主要包括市场的分布情况、地理位置、运输条件、政治经济条件、市场潜力和容量、某一市场与其他市场的经济联系等。

随着科学技术的进步和生产力的发展，国内、国际分工都将不断扩大和深化。同时，随着交通运输工具和通信手段的日趋现代化以及资本在国内和国际流动的加快，国内与国际贸易中交换的商品品种不断增多、数量不断扩大，这在一定程度上扩大了国内和国际市场。因此，应通过调查摸清本企业产品可以在什么市场（国内、国际）上销售，确定长期、中期及短期的销售发展计划，从而确立合适的谈判目标。

（2）消费需求方面的信息。消费需求方面的信息包括：消费者忠于某一特定品牌的期限；消费者忠于某品牌的原因、条件、因素；消费者开始使用某一特定品牌的条件和原因；使用者与购买者之间的关系；消费者购买的原因和动机；产品的多种用途；消费者购买的意向和计划；产品被使用的次数及消费量；消费者对产品的态度；消费者对企业市场活动的反应与态度；消费者喜欢在何处购买；新的使用者的情况及使用产品的原因；产品（资金或劳务）的需求量、潜在需求量、本企业产品的市场覆盖率和市场占有率及市场竞争形势对本企业销售量的影响；等等。

（3）产品销售方面的信息。如果是卖方，则要调查本企业产品及其他企业同类产品的销售情况。如果是买方，则要调查所购买产品的销售情况，包括：该类产品过去几年的销售量、销售总额及价格变动；该类产品的长远发展趋势；拥有该类产品的家庭所占比重；消费者对该类产品的需求状况；购买该类产品的决定者、购买频率；季节性因素；消费者对这一企业新老产品的评价及要求。对产品销售方面信息的调查，可以帮助谈判人员大体掌握市场容量、销售量信息，有助于谈判人员确定未来的谈判对手及产品销售（或购买）数量。

谈判人员不一定是直接消费者，因此，消费者调查具有重大意义。摸清消费需求和消费心理有利于谈判人员掌握消费者对本产品的消费意向，预测本企业产品的竞争力，也有利于同谈判对手讨价还价。

（4）产品竞争方面的信息。这类信息主要包括：生产或购进同类产品的竞争者的数目、规模以及该类产品的种类；生产该类产品的各主要厂家的市场占有率及未来变动趋势；各品牌商品所推出的形式与售价幅度；消费者偏爱的品牌与价格水平、竞争产品的性能与设计；各主要竞争者所能提供的售后服务的方式；顾客及中间商对此类服务的满意程度；当地经销该类产品的批发商和零售商的毛利率与各种行情；当地制造商与中间商的关系；各主要竞争者所采用的销售组织的形态；由生产者的机构负责推销还是由中间商负责推销；各主要竞争者所采用的销售组织的规模与力量；各主要竞争者所采用的广告类型与广告支出额；等等。

如果己方是卖方，那么对产品竞争情况的调查有利于谈判人员掌握己方同类产品竞争者的情况，寻找对手的弱点，争取扩大己方产品的销路；有利于谈判人员在谈判桌上击败竞争对手；也有利于谈判人员预测己方的竞争力，使自己保持清醒的头脑，在谈判桌上灵活掌握价格弹性。此外，摸清竞争者和谈判对手的销售形式还可以使己方在运输费用的谈判上掌握主动权。

（5）产品分销渠道方面的信息。这类信息包括：主要竞争对手采用何种经销路线；当地零售商或制造商是否聘用人员直接推销，如使用，其使用程度如何；各种类型的中间商有无仓储设备；各主要市场的批发商与零售商的数量；各种销售推广、售后服务及存储商品的功能，哪些应由制造商提供，哪些应由批发商和零售商负担；等等。

（二）谈判对手信息

在开展正式的商务谈判之前，对与谈判有关的环境因素进行分析是必不可少的，而收集谈判对手的资料并进行调研与分析就更为重要。如果与一个事先毫无了解的对手进行谈判，其困难程度和风险程度是可想而知的。当年肯尼迪总统为前往维也纳同赫鲁晓夫进行首次会谈做准备，曾研究了赫鲁晓夫的全部演讲和公开声明，还搜集了可以找到的有关赫鲁晓夫的全部资料，甚至包括其早餐嗜好和音乐欣赏趣味，为这场至关重要的谈判奠定了必要的基础。

这里先确定谈判对象，再从分析贸易公司（客商）的类型入手，着重阐述对谈判对手资信情况的审查，包括对公司的合法资格、公司的性质和资金状况、公司的营运状况和财务状况以及公司的商业信誉情况的审查，从而判定谈判双方的谈判实力。此外，为了在谈判中充分掌握主动权，我们还应摸清谈判对手的最后谈判期限以及对方对己方的信任度。

1. 谈判对象的确定

（1）拟定谈判对象。在商务谈判中，在确定了自己的主要需求和谈判目标、明确了谈判方向之后，就要结合市场信息调查选择谈判对象。要对所有可能的谈判对象，在资格、信誉、注册资金和法定地位等方面进行审核，并请对方提供公证书或取得旁证，避免盲目从事。在不了解客商情况、不掌握国际市场及商情变化和对众多问题尚未弄清楚的情况下，不举行任何正式谈判。同时要注意寻找己方目标与对方条件的最佳结合点，即通过比较，择定一个或两个最有利于实现己方目标的可能谈判对手作为正式洽谈的伙伴。己方公布谈判意向后，直接或间接要求参加谈判的伙伴可能很多，其谈判条件可能有很大差别。例如，有的产品质量高，价格也高，如果己方经济实力不强，就应放弃同这样的对手谈判；有的产品价格低廉，非常有吸引力，但如果质量太差，也不应急于谈判。总之，谈判对手的情况及谈判条件可能千差万别，应该认真进行研究。既不能谁先找上门就把谁作为正式谈判对象，也不能谁的产品价格优惠就同谁谈判，而应知己知彼，从经营的总体利益出发，以己方付出的代价较小而收益较大为标准，慎重选择正式谈判对象。

（2）了解谈判对手。为了掌握谈判主动权，在确定了谈判对象之后，还应该了解谈判对手的谈判风格，并制定相应的策略。谈判对手的风格因人而异，千差万别。按照谈判对手让步的程度，谈判风格可以划分为以下几种：

1）强硬型风格。这种风格的特点表现为谈判开始时立场强硬。作为买方时，无论购买多么昂贵的商品，最初出价都很低，而且采用秘密出价方式阻碍其他买方竞争，利用这个策略使卖方相信他们是唯一的买方。而作为卖方时，做法则相反，提出较高价格，敞开大门鼓动竞争，使许多买方彼此对立，怂恿买方竞相提价，以获取竞争之利。这种谈判风格的形成可能是由于谈判人员权力有限。在谈判前，最高权力中心仅赋予谈判人员有限的权力，使他们在一定的范围和目标内有限地发挥作用。超出这个范围，谈判人员不能做任何答复，必须反复向上级请示，从而使谈判旷日持久，陷入僵局，因而谈判人员情绪易激动，易倾向于滥施压力。强硬型风格的谈判对手经常在适当的时候利用冲动的情绪侵犯对手，从而引起对方愤怒，思维混乱，甚至顺从退让。谈判时咄咄逼人，经常使用过激的语言来达到目的。这样的谈判人员不受谈判期限的制约，利用对方的急迫心理，采取停滞或拖延战术，以获取所需要的东西。在这段时间，他们至多做些微小让步，使对手逐渐疲惫不堪。

2）软弱型风格。和强硬型风格正好相反，软弱型风格的特点是：谈判开始时立场谨慎，不提出过高要求，一般在常规范围内提出中等偏高的价格标准，绝不漫天要价。在对手的压力之下，不断做出或一次做出较大让步。在对手的强硬态度下，为避免谈判破裂，往往委曲求全，同意达成交易。

3）合作型风格。这种谈判风格又被称为双方胜利和“皆大欢喜”型谈判风格。其特点是：谈判开始时，双方立场均谨慎、现实，双方都尽量寻求适合各方谈判需要的不同谈判方式。双方在原则问题上首先达成协议，不排除细节问题上的争议。双方都把谈判过程看作使双方调和或一致的过程。通过谈判，双方建立了一定的信任关系，为今后的进一步合作创造了条件。

专栏阅读 4-5

鲲鹏公司是一家生产生物保健产品的公司。在一次新产品定价会上，因为产品价格与客商发生了冲突。鲲鹏公司的报价是每瓶70元，经过几轮讨价还价，鲲鹏公司退让到每瓶68元，而客商坚持按每瓶66元订货。如果按每瓶66元销售，该产品利润率只有6%，鲲鹏公司的利润将大为减少。但如果鲲鹏公司坚持按每瓶68元的价格出售，客商订单就会减少。面对这一局面，经过缜密权衡后，鲲鹏公司最终按每瓶66元的价格出售。时隔一年后，该产品畅销的行情证明鲲鹏公司采取合作型谈判风格是完全正确的，因为鲲鹏公司因此成功地建立、维持和发展了它的客户关系。

通过各种途径掌握了对方的谈判风格后，便可以制定相应的策略，促使谈判成功。对付强硬型谈判对手，可以采取“以强制强”或“以柔克刚”的策略。如果对方急需己方产品，己方产品又很畅销，己方有较充裕的谈判时间，对方有强大的竞争对手，或摸清了对方的底细，知道对方是虚张声势，那么就可采取“以强制强”的策略；如果急需对方产品且无其他货源可寻，谈判有较短的时间制约，需要将来与对方长期合作，或是适当让步可取得较好的经济效益，则可运用“以柔克刚”的策略。针对软弱型谈判对手，可以适当采取“以强制弱”的谈判原则。针对合作型谈判对手，一般应当采用合作原则。在实际谈判中，要针对每次谈判的具体内容和目标，提出具体的策略和原则。

2. 客商的类型

为了更好地研究和分析谈判对手，首先应对客商的情况有所了解。目前，贸易界的客商基本上可以归纳为以下几种类型：

(1) 在世界上享有声望和信誉的跨国公司。这类公司资本比较雄厚，往往有财团作为自己的支柱力量。像美国著名的通用汽车公司、德国的西门子电气公司、日本的松下电气公司等都是世界上知名的公司。这类公司的机构十分健全，通常有自己的技术咨询机构，并聘请法律顾问，专门从事国际市场行情和金融商情的研究和预测以及技术咨询论证工作。这类客商做事讲信誉，办事讲原则，工作效率高，对商情掌握得比较准确；在要求己方提供技术数据时，往往要求准确、翔实和完整。

(2) 享有一定知名度的客商。这类客商资本也比较雄厚，产品在国内外有一定的销量，大多是靠引进技术和改进创新发展起来的，其产品在国际市场上具有一定的竞争能力。这类客商比较讲信誉；占领己方市场的心情较为迫切；技术服务及培训工作做得比较好；对于己方在技术方面的要求比较易于接受；要求较为优惠的技术转让和合作生产条件。

(3) 没有任何知名度但能够提供公证书、董事会成员的副本及本人名片等以证明其注册资本、法定营业场所的客商。通过上述材料可以确认该客商的基本情况，以及前来参与业务洽谈的谈判人员的身份。日本的这类客商往往通过此种方式来证明自己，其中有些也是可供选择的合作对象。

(4) 皮包商。这类客商即专门从事交易中介的中间商，它们没有法人资格，因而无权签订合同，只是为交易双方牵线搭桥并收取佣金。例如，没有注册资本的贸易行、商行和洋行等，它们仅有营业证明，不能提供法人资格、注册资本及法人地址等公证书，而只能提供标有公司名称、职务及通信地址的个人名片。这类客商在东南亚和中国香港地区较为多见，美国、日本等地也有一些。

(5)“借树乘凉”的客商。这类客商实属知名母公司的下属子公司，其母公司往往具有较高的知名度，而且资本雄厚，但其子公司可能刚刚起步，资本比较薄弱。这类客商常常打着其母公司的招牌做大生意，对这类客商应当持谨慎的态度，应主动要求与其母公司进行业务洽谈，也可要求对方出示母公司准予其洽谈业务并且母公司会承担一切风险的授权书。若母公司与子公司完全是两个自负盈亏的经济实体，子公司具有法人资格，可以独立对外承担民事责任，子公司和母公司两者之间根本无任何连带责任关系，则一旦出现问题，这类客商就只会“借树乘凉”。

(6) 利用本人身份从事非法贸易业务的客商。这类客商往往在某公司任职，却以个人身份进行活动，关键时刻打出其所在公司的招牌，实则在为自己牟取暴利或巨额佣金。对这类专干“私活”的客商，应严加提防。

(7) 骗子客商。这类客商往往私刻公章，利用假证明、假名片、假地址从事欺骗活动。他们可以身兼数职，甚至今天的名片是李先生，明天又换成王先生。这类客商往往无固定职业，专门利用关系，采取拉亲戚、交友、行贿、请客送礼等手段，先给受骗者以好感，然后从他们身上获取利益。对于这类客商，应保持冷静的头脑，识破其本来面目，谨防上当。

综上所述，在举行国内外技术、商务洽谈之前，必须对客商的资格、信誉、注册资本、法定营业地点和谈判人员本人等情况进行审核，并请客商出示公证书来加以证明。客商的资本、信誉、法定营业地址、谈判人员的身份，以及经营活动范围等信息都是双方进行谈判的基础，因此，应予以审查或取得旁证。

3. 对谈判对手资信情况的审查

对谈判对手资信情况的审查是谈判前准备工作的重要环节，是谈判的前提条件。对谈判对手资信情况的审查主要包括对谈判对手公司的合法资格、公司的性质和资金状况、公司的营运状况和财务状况、公司的商业信誉情况的审查。

(1) 对谈判对手公司的合法资格的审查。对谈判对手公司的合法资格的审查应从两个方面进行：一是对谈判对手公司的法人资格进行审查；二是对谈判对手公司的资本信用和履约能力进行审查。

1) 对谈判对手公司的法人资格进行审查。在民法中，法人作为权利与义务的主体，在许多方面享有与自然人相同或类似的权利。例如，法人有自己的名称、自己的营业场所，有拥有财产的权利，有参与各种经济活动的权利，有起诉他人的权利，也可被他人起诉。总之，法人是法律上创造出来的“人”，法律上把法人作为“人”来看待，因而准许法人以自己的名义从事各种经济活动，参与社会的经济生活，并独立承担法律责任。

从法律上讲，法人的必备要件有：一是法人必须有自己的组织机构、名称和固定的营业场所，组织机构是决定和执行法人各项事务的主体。二是法人必须有自己的财产，这是法人参加经济活动的物质基础与保证。三是法人必须具有权利能力和行为能力。所谓权利能力是指法人可享受权利和承担义务，而行为能力则是指法人可以通过自己的行为享有权利和承担义务。四是法人必须经过注册登记，在哪个国家进行注册，即成为该国的法人。

对谈判对手公司的法人资格进行审查时，可以要求对方提供有关文件，如法人成立地注册登记证明、法人所属资格证明等。在取得这些证明文件后，首先应通过一定的手段和途径验证其真实性，在确认其真实性之后，再查清以下几个方面的问题：一是弄清谈判对手公司法人的组织性质。例如，是股份有限公司、有限责任公司，还是合伙企业等，其组织性质不同，所承担的责任亦大不一样。二是弄清谈判对手公司的法定名称、管理中心地址及其主要的营业场所。有些公司的注册地点与实际营业场所完全不同，发生纠纷后无法找到对方的行踪。三是要确认谈判对手公司法人的国籍，即其应受哪个国家法律管辖，发生纠纷时应适用哪个国家的法律来解决。这对双方来说非常重要，因为不同国家的法律在解决问题的方法和结果方面往往会有很大的差别。

2）对谈判对手公司的资本信用和履约能力进行审查。一般来说，前来洽谈的谈判人员可能是公司的董事长、总经理，但更多情况下是公司内部某一部门的负责人。如果来者是该公司内部某一部门的负责人，那么就存在代表资格或签约资格的问题。事实上，并非一个公司中的任何人都可以代表该公司对外进行谈判和签约。从法律的角度来讲，只有董事长和总经理才能代表公司对外签约，而公司对其工作人员超越授权范围或根本没有授权而对外所承担的义务是不负任何责任的，这就需要严格把关，以防患于未然。

（2）对谈判对手公司的性质和资金状况的审查。这种情况上面已略有涉及。从法律上来看，企业的组织形式主要有独资企业、合伙制企业、公司制企业等多种。由于企业的类型不同，其法律性质、经营管理方式和经济上的利弊也各不相同。具体地讲，独资企业和合伙制企业一般不是法人，不具备法律上独立的人格，出资者以个人的全部财产对企业的债务承担无限责任。这类企业在西方国家中数量众多，但大多规模小，且资金有限。公司制企业主要包括有限责任公司和股份有限公司两大类。有限责任公司和股份有限公司在法律上具有独立人格，是独立法人，享有民法中规定的权利和义务，可以公司的名义在法院起诉和应诉。每个股东对公司的债务承担仅以其出资额为限。这两类公司之间的差别在于前者发行的股票不能在股票市场上进行交易，不能公开向社会募集资本，股东的人数以及股份的转让也受到一定的限制。相比而言，股份有限公司比有限责任公司更适合社会化大生产的需要。因此，在西方各国的社会经济生活中，股份有限公司起着十分重要的作用，是各国企业组织形式中最重要的一种。

我国同国外企业的合作，大多数也是与国外的股份有限公司进行的。各股份有限公司的资本总额多寡不一，因为只要认购股票金额达到了法定最低金额，并按一定的程序注册，就可以成立公司。关于股份有限公司的法定最低金额，各国规定不一。英国规定为 5 万英镑；美国有些州规定为 1 000 美元，有些州甚至规定 1 美元即可；日本规定为 10 万日元。因此，在谈判前不但要了解对方公司的性质，还要了解对方公司的资本状况。

（3）对谈判对手公司的营运状况和财务状况的审查。如果谈判对手是买方，那么卖方必须迅速地了解对方的经营状况与财务状况，判断对方的购买力、可能的付款期限、付款方式等。

公司的经营状况与财务状况不完全一致，有的甚至有较大差异。其中，财务状况是对企业自有资金是否充裕、是否有足够的支付能力、盈利率的高低、固定资产的现状及折旧程度等有关资金与盈利的总体评价；经营状况是对产品的生产、销售状况等有关经营方面的评价。即使一家注册资本很高的股份有限公司，也会由于经营不善、负债累累而濒临破产或实际已破产。根据大多数国家的公司法和破产法的规定，公司一旦破产，股东对公司的债务承担仅以其持有股票所代表的金额为限。如果股票总额和公司其他财产不足，那么在偿还债务时，债权人只能按清算比例收回债权。因此，如果在谈判前不了解对方公司的营运情况，那么一旦对方公司破产，就很可能收不回全部债权。一般来说，经济状况好的公司其财务状况也好，但两者之间往往存在差距，在调查中要注意尽可能详细地收集情报，分析比较。首先，要比较销售额和利润。有些公司产品成本过高，虽然经营状况良好，但由于利润率并不高，财务状况不佳。其次，要比较利润和负债额。如果利润率高，但负债额大，每年必须偿还巨额银行贷款利息，那么公司财务状况可能仍然较差。最后，要比较固定资产折旧状况和盈利水平。有的公司盈利水平虽然高，但固定资产磨损状况严重，更新改造资金被大量挪用，表面上看来盈利水平、工资、福利水平都很高，实际上潜伏着危机。判断企业经营状况与财务状况，目的是要分析公司总购买力中有多少具有现实支付能力，能否建立长期贸易关系，买卖的规模有多大。这些经济情报都是谈判的必备资料，有助于确定谈判目标、谈判方式及让步程度。

在谈判之前还要摸清公司习惯于采取何种付款方式和付款条件。国内公司之间一般采取托收承付结算方式，只要己方产品质量、品种、规格符合对方的要求，对方有支付能力，国内银行即可监督付款，直接划拨，没有特殊的附加付款条件，付款方式和付款条件对谈判的影响不大。但在国际商务谈判中，付款条件和付款方式比较复杂，对方有可能利用付款方式和付款条件拖延付款时间甚至拒付，造成贸易诉讼。为避免这种损失，必须在谈判前了解对方惯用的付款方式和付款条件，并在谈判中提出双方都能接受的条件。

(4) 对谈判对手公司的商业信誉情况的审查。商业信誉是指在同一行业中，由于公司经营管理处于较为优越的地位，具有获得高于一般利润水平的能力而形成的一种价值。形成商业信誉的主要原因有优良的商品质量、良好的信誉、周到的服务、有力的广告宣传、著名的商标及品牌、巩固的垄断权力等。要了解对方的商业信誉，主要应调查以下几个方面的情况：

1) 产品质量。产品质量是指产品内在质量和外观质量与竞争产品相比较更符合目标市场的要求，更能满足用户的需要，它和一定的价格相适应。

2) 技术标准。技术标准要符合规定，与相应级制（如国际标准、国家标准、行业标准、企业标准）相适应，符合用户的要求，并在式样和颜色、包装和装潢上适合不同消费者的爱好。

3) 产品的技术服务。它包括：指导用户正确安装、使用和维护，代为修理、提供零件；代用户培训技术人员；设立技术咨询站为用户提供咨询；送货上门，质量不合格的产品在保修期内包退包换；等等。

4）商标及品牌。商标具有表明商品出处、代表企业信誉、维持企业正当权益、标示商品的质量和特点、便于生产者推销商品、便于消费者认牌选购等作用。

5）广告的宣传作用。广告宣传是有目的的经济活动。广告宣传的目的主要是树立企业信誉，扩大企业影响，为商品创牌子，以提高其知名度，使商品在消费者心目中留下深刻印象，赢得市场。此外，还要考虑广告主要着眼于近期还是远期效果。

在了解上述各方面的资料后，还应当了解对方谈判队伍成员的有关资料，诸如对方谈判队伍的人数、职务、年龄及其分工；各个成员的性格、专长、爱好乃至社会和家庭关系，特别是要弄清对方成员中的实力派人物的情况，以便己方选择与对方情况相适应的谈判人员，运用合适的谈判技巧，以促进谈判的顺利进行。

4. 对谈判双方谈判实力的判定

谈判实力是指影响双方在谈判过程中的相互关系、地位和谈判的最终结果的各种因素的总和，以及这些因素对谈判各方的有利程度。它与公司实力不同，公司实力是指从总体上看一家公司的规模、技术水平、人员素质、市场占有率等方面均处于何种水平。公司实力是形成谈判实力的潜在基础，但并不一定直接构成谈判实力。例如，如果谈判的内容正好是实力很强的某一公司的薄弱之处，那么这家公司的谈判实力是弱的而不是强的。就一般情况而言，公司实力强有利于形成和强化其谈判实力，而谈判实力较强的公司却不一定实力很强。在通常情况下，谈判实力取决于以下几个因素：

(1) 交易内容对双方的重要程度。商务谈判的成功标志着谈判双方都得到了一定的好处，但这并不说明交易内容本身对各方的重要程度相同。实际上，交易内容本身对双方来讲其重要程度往往各不相同，这就决定了双方谈判实力上的差异。一般来说，交易对某一方越是重要，也就是说该方越希望成交，那么该方在谈判中的实力就越弱，反之越强。例如，在国际货物买卖业务洽谈过程中，若卖方的产品较为紧俏，而且买方急于购买此产品，这时，对卖方来讲其谈判实力就较强，买方的谈判实力则较弱。

(2) 各方对交易内容与交易条件的满足程度。商务谈判双方对交易内容与交易条件的满足程度是存在差异的。某一方对交易内容与交易条件的满足程度越高，该方的谈判实力就越强。在国际货物买卖中，卖方的货物在质量、数量、交货时间上越能够满足买方的要求，卖方的谈判实力就越强，因为买方在这种情况下无法提出使对方让步的借口。

(3) 双方竞争形势。在业务往来中，很少出现一个买方对应一个卖方的一对一现象，经常是存在多个买方对应多个卖方的情况。很显然，如果多个卖方对应较少的买方，即形成了买方市场，这时无疑会使买方谈判实力增强，而使卖方谈判实力减弱；反之，如果多个买方对应较少的卖方，即形成了卖方市场，在这种情况下，显然卖方的谈判实力会增强，而买方的谈判实力会减弱。

(4) 双方对商业行情的了解程度。谈判的一方对交易本身的行情了解得越多、越详细，那么该方在谈判中就越处于有利地位，也就相应地提高了自身的谈判实力。反之，如果对商业行情了解甚少，其谈判实力就较弱。商业行情是极为宝贵的资源，它可以转化为财富，这在业务洽谈中体现得非常明显。因此，只有在掌握了充分的市场行情的前提下，谈判人员才有可能制定出有针对性的谈判战略和战术。

(5) 双方所在企业的信誉和影响力。企业的商业信誉越高，社会影响力越大，该企业的谈判实力就越强；反之，谈判实力就越弱。

（6）双方对谈判时间因素的反应。在谈判过程中，一方如果特别希望早日结束谈判，达成协议，那么时间因素的限制就大大削弱了该方的谈判实力。由于时间限制，该方不得不做出某些对自己不利的让步，从而导致了对自己不利的结果。例如，对于季节性较强的商品，卖方为了在一定的时间内出售，往往会不惜降价进行推销。这种时间因素的限制就削弱了季节性商品卖方的谈判实力。

（7）双方对谈判艺术与技巧的运用。在谈判实践中，经常会出现这样一种现象，即一方原来在该项目谈判中并不占优势，反而出乎意料地取得了很好的谈判效果，这是该方对谈判艺术与技巧运用得当的结果。事实上，谈判人员如能充分地调动有利于己方的因素，尽可能地避免不利的因素，那么就会增强己方的谈判实力。谈判艺术和技巧越是高超，谈判实力就越强。

5. 摸清谈判对手的最后期限

任何谈判都有一定的期限，重要的结论和最终成果往往在谈判结束前取得，因而有必要摸清谈判对手的最后期限。

在日常生活中，我们可以看到许多交易行为都有时间限制。例如，棉衣的交易要在天冷前完成；火车票必须在火车开出前购买；廉价展销品必须在展销结束前购买；等等。几乎每一个交易行为都包括时间因素，受到交易期限的制约，人们对交易期限也都有着自觉或不自觉的反应。交易期限在谈判中有着巨大作用，最后期限往往能使买方决定购买。卖方可利用期限的作用，例如："厂里要求我本周六前完成订货"；"我星期一要回去开会，你再不答应我的要求，这笔生意就做不成了"。总之，最后期限的压力常常迫使人们采取快速行动，立即做出决定。当掌握了谈判对手的最后期限后，就可以促使其接受有利于己方的条件。

谈判前，双方都在调查对方的谈判期限，对此要注意几个问题：

（1）对方可能会千方百计地保守谈判期限的秘密。了解情况要尽量提前，动手越早，取得资料就越容易，但要不露痕迹地去探求。

（2）在谈判时，要通过察言观色，抓住对方流露出来的情绪以摸清期限。

（3）在国际商务谈判中，要谨防对方有意提供假情报。对方口头上有意无意地提供的期限，要通过各种资料综合判断其真伪。要判断卖方期限的真伪，可通过调查卖方存货的数量、质量、卖方的生产计划及现金需求情况等。要判断买方期限的真伪，可通过全面分析买方谈判期间的动态、有无同时和其他卖方谈判购买等。只有掌握大量有关买方和卖方的情况，才能做出准确判断。

（4）己方谈判期限要有弹性，可以由此避开对方利用谈判期限对自己的进攻。无论己方是购买商品还是出售商品，都要有计划、有节奏地进行，不能过于急迫。

（5）在对方的期限压力面前提出对策。任何谈判都要考虑到对方可能会公开指定期限，己方必须在对方的期限压力面前提出对策，以排除期限压力。

6. 摸清对方对己方的信任度

信任度包括对方对己方的经营、财务状况、付款能力、信誉、谈判能力等多种因素的评价和信任。对方若对己方有较高的信任度，可以促使谈判朝着对己方有利的方向发展，在商品价格、付款方式、运输方式、签订合同等方面易于达成协议。

为了全面、充分地了解谈判对手，为正式谈判工作的开展做好准备，必须通过多方面的调查研究来收集关于谈判对手的信息资料。获得有关谈判对手信息资料的方式主要包括：

（1）从国内的有关单位或部门收集资料。可能提供信息资料的单位有：

1）商务部、中国对外经济贸易促进委员会及其各地分支机构。

2）中国银行的咨询机构及有关的其他咨询机构。

3）与该谈判对手有过业务往来的国内企业和单位。

4）国内有关的报纸、杂志、新闻广播等。

（2）从国内在国外的机构及与本单位有联系的当地单位收集资料。可能提供信息资料的单位有：

1）我国驻当地的使馆、领事馆、商务代表处。

2）中国银行及国内其他金融机构在当地的分支机构。

3）本公司所属集团或本公司在当地开设的营业分支机构。

4）当地的报纸、杂志。国外的许多大银行，比如巴克莱银行、劳埃德银行、摩根大通银行等，都发行自己的期刊，这些期刊往往有较详细的报道，可以从中获得许多信息。

5）本公司所属集团或本公司在当地的代理人。

6）当地的商会组织等。

（3）从公共机构提供的已出版和未出版的资料中获取信息。这些公共机构既可能是官方的，也可能是私营的。它们提供资料，有的是作为政府的一项工作，有的则是为了获利，也有的是为了自身的长远利益需要。因此，我们应该熟悉这些公共机构，甚至要熟悉这些机构的工作人员，同时还要熟悉它们提供的资料的种类及发行途径。可能提供信息的资料有：

1）国家统计机关公布的统计资料，例如工业普查资料、统计资料汇编、商业地图等。

2）行业协会发布的行业资料。它们是同行公司资料的宝贵来源。

3）图书馆保存的大量商情资料，例如贸易统计数据、有关市场的基本经济资料、各种产品交易情况统计资料以及各类买卖机构的翔实资料等。

4）出版社提供的书籍、文献、报刊等，例如出版社出版的工商企业名录、商业评论、统计丛书、产业研究等。目前，许多报刊为了吸引读者，也经常刊登一些有关市场行情及其分析的报道。

5）专业组织提供的调查报告。随着经济的发展，出现了许多专业组织，例如质量监督机构、股票交易所等专业组织。它们也会发布相关的统计资料和分析报告。

6）研究机构提供的调查报告。许多研究所和从事市场调研的组织，除了为单独委托人完成研究工作以外，为了提高自身的知名度，还经常发布市场报告和行业研究论文等。这些都是收集信息的良好途径。

（4）本公司直接派人员到对方国家进行考察，收集资料。如果派人员出国进行考察，那么在出国之前应尽量收集对方的有关资料，将已有的资料分为真实的资料、不真实的资料、可能还有新增内容的资料、尚需进一步考察的资料等几类，以便带着明确的目的和问题去考察。在日程安排上，应多留些时间供自己支配，切不可让对方牵着鼻子走，并且要善于捕捉和利用各种机会，扩大调查的广度，提升调查的深度，以便获取更多的第一手资料。

(三) 科技信息

在技术方面，主要应收集以下各方面的资料：

(1) 要全面收集有关该产品与其他产品在性能、质量、标准、规格等方面的优缺点比较的资料，以及有关该产品的生命周期、竞争能力等的资料；

(2) 收集同类产品在专利转让或应用方面的资料；

(3) 收集该产品生产单位的技术力量和工人素质及设备状态等方面的资料；

(4) 收集该产品的配套设备和零部件的生产与供给状况以及售后服务方面的资料；

(5) 收集该产品开发前景和开发费用方面的资料；

(6) 尽可能多地收集有助于对该产品的品质或性能进行鉴定的重要数据或指标以及各种有关鉴定方法和鉴定机构的资料，同时也要详尽地收集有可能导致该产品发生技术问题的各种潜在因素方面的资料。

科技信息对于国际商务谈判，特别是引进设备的谈判非常重要，它是选择技术和准确进行谈判的先决条件。取得这些技术资料大体上可以通过这样几种方法：阅读国内外有关专业杂志；参观国内外博览会和各种专业展览会；收集和熟悉国内外产品样本和产品目录；旁听有关商务谈判；查阅专利，了解技术发展现状及趋势；向国内外有关咨询机构求助；与发达国家有关的情报中心取得联系；与联合国等国际性情报机构联系；等等。例如，我国某公司拟引进彩色胶卷相纸的生产技术，该公司自己花了很长时间来收集有关该项技术及价格的资料，但始终不得要领，无法获得准确情报，后来委托一家咨询公司对彩色胶卷相纸生产技术的转让和选购有关设备提出意见。该咨询公司在较短时间内就提交了咨询报告，对世界上几个有名的经营彩色胶卷相纸的生产厂家，如柯达、富士等公司的垄断技术市场情况做了分析，还估计了各公司对技术转让的可能态度，以及引进项目所需的投资。这些咨询意见为引进该项目技术提供了重要的决策依据。

(四) 政策法规信息

在谈判开始前，应当详细了解有关的政策法规，以免在谈判时因不熟悉政策法规而导致失误。

1. 有关国家或地区的政治状况

政治对经济有着重要的影响，在国际商务谈判中，需要了解对方国家或地区有关经济政策、经济合作的法令及实行的企业管理制度。

2. 谈判双方有关谈判内容的法律法规

无论是从事国内贸易还是从事进出口贸易，都需要了解有关的法律法规。法律所规定的当事人作为与不作为的界限，是企业经营合法或不合法的依据。除了要熟记我国现有的法律如《中华人民共和国民法典》《中华人民共和国专利法》《中华人民共和国商标法》《中华人民共和国企业所得税法》等以外，还应了解国外的法律制度和国际惯例。

3. 有关国家或地区的各种关税政策

在谈判前，谈判人员需要了解有关国家或地区的各种关税（诸如进口税、出口税、差价税、进口附加税、过境税等）的税率以及关税的税则和征税方法方面的资料。如果我国与交易国订有贸易协定或互惠关税协定，还必须了解其详细情况。

4. 有关国家或地区的外汇管制政策

有些国家或地区为了保证收汇和防止逃税、套汇、黑市买卖外汇，通过颁发进出口许可证等办法来加强对外汇的管制。例如，我国对于各种外汇票据的发行和流通以及外汇、贵金属和外汇票证等的进出境，都有较详细的规定，对此类业务必须事先加以了解。

5. 有关国家或地区进出口配额与进口许可制度方面的情况

配额制度是指一个国家在一定时期内，对某些商品的进口数量或金额事先规定一个限额，从而起到限制某些商品的进口数量的作用。在这种制度下，凡进口的商品在规定的数量或金额范围内的，可以进口，超过限额则不准进口或在征收高额关税甚至罚款以后方可进口。进口配额往往与进口许可证联系在一起，一国政府采用了进口配额，就必须发放进口许可证。其做法是：政府规定某些商品的进口配额后，根据进口商的申请，对每一批进口商品在其配额限度内发给进口商一定数量的进口许可证，直到配额用完为止。当然，有些没有配额限定的商品也需要许可证，因此，许可证比配额的使用范围更为广泛。目前，世界上绝大多数国家都不同程度地采用了进口配额制，对此必须加以详细了解。

6. 国内各项政策

我国国内商务谈判要按照国家的法律、法规和政策进行。商务谈判人员不但要掌握现行税制，还要熟知现行的经济法规，使各项经济交往做到有法可依。

（五）金融信息

主要包括以下四个方面的内容：

（1）收集国际金融市场上的信息，随时了解各种主要货币的汇兑率及其浮动现状和发展趋势。

（2）收集进出口地主要银行的营运状况资料，以免因银行倒闭而影响收汇。

（3）收集进出口地主要银行对开证、议付、承兑赎单或托收等方面的有关规定，特别是有关承办手续、费用和银行所承担的义务等方面的资料。

（4）收集商品进出口地政府对进出口外汇管制的措施或法令等方面的资料。

（六）货单和样品信息

做好货单和样品信息等的收集，也是谈判前一项必不可少的工作。尤其是在国内外商品博览会上或是在海外市场推销、谈判中，货单必须具体、正确无误。如果是在交易会上谈判，那么口岸之间、公司之间交叉经营的商品价格更应该仔细核对，确保无误，不能相互矛盾。谈判样品必须准备齐全，特别要注意事先准备好的谈判样品一定要与以后的交货相符，即使包装也应保持一致，以免以后被动。在准备谈判样品的同时，还可以准备一些商品目录和说明书，以供顾客索取之用。

三、谈判信息资料的处理

对已收集的谈判信息资料，要进行整理和分析，其主要目的有二：一是鉴别资料的真实性与可靠性；二是结合谈判项目的具体内容，分析各种因素与谈判项目的关系，并根据它们对谈判的重要性和影响程度进行排序，通过分析制订出具体的谈判方案。

对谈判信息资料的处理主要有两个环节：一是对信息资料的整理与分类；二是信息资料的交流与传递。

(一) 信息资料的整理与分类

信息资料的整理与分类一般分为四个阶段：

1. 对资料的评价

对资料的评价是资料整理的第一步。现实中，收集到的各种资料的重要程度各不相同，有些可以马上使用，有些到后来才派上用场，而有些可能自始至终都不会采用。如果把收集到的资料不加区别地积存起来，便会给资料的使用增加麻烦，因此，必须首先对收集到的资料进行评价，对认为没有价值的，应毫不犹豫地舍弃；对认为有价值的、需要保存的资料，也要根据其重要性不同，将其分为可立即派上用场的资料、将来肯定可派上用场的资料和将来有可能派上用场的资料。只有这样，才能为资料的筛选打好基础。

2. 对资料的筛选

对于好不容易收集到的资料，人们往往不愿意将其舍弃，这是可以理解的。但是，如果把不需要的或用处微小的资料全部保留，则既不便于查找有用的信息资料，又因其占用空间而耗费大量的费用。因此，应对收集到的资料不断地进行清理。资料的筛选大体上可以采用以下几种方法：

(1) 查重法。这是筛选信息资料的最简便的方法，目的是剔除重复资料，筛选出有用的信息资料。当然，只要不是完全相同的重要资料，就都可以保存下来。

(2) 时序法。即逐一分析按时间顺序排列的信息资料，在同一时期内，较新的保留，较旧的舍弃，这样可能使信息资料更有时效，价值更大。

(3) 类比法。即将信息资料按市场营销业务或按空间、地区、产品层次分类对比，接近实质的保留，其余的舍弃。

(4) 评估法。这种方法需要信息资料收集人员有比较扎实的市场学专业知识，即对自己所熟悉的业务范围，仅凭市场信息资料的题目就可以决定取舍。

3. 对资料的分类

在资料整理阶段，对筛选后的资料认真地进行分类，这是最耗费时间的一项工作，但也是极其重要的工作。可以说，不做好分类，就不可能充分利用资料。分类的方法大致有两种：

(1) 项目分类法。按照这种分类法，既可以和工作相联系，按不同的使用目的来对资料进行分类，如可以将资料分为商务开发资料、销售计划资料、市场预测资料等，或分为市场信息资料、技术信息资料、金融信息资料、交易对象的情况资料、有关政策法规资料等，又可以根据资料的内容，按不同性质来对资料进行分类，如可以将资料分为粮油产品资料、五金产品资料、纺织产品资料、机械设备资料等。

(2) 从大到小分类法。即从设定大的分类项目（最好不要超过10个）开始，经过一段时间的使用后，若觉得有必要再细分，再把大项目进行细分，但不要分得太细，以免出现重复。

以上两种分类法可以根据工作的需要结合起来使用，一般是以前者作为基本分类法，将后者作为补充。

4. 对资料的保存

把分好类的资料妥善地保存起来，即使是经常使用的资料也不要随意放置，要与分类相适应，放到专门的资料架或卡片箱中，以便随时查找该类资料或加放同类资料。

(二) 信息资料的交流与传递

为了获得有利的谈判地位，谈判人员必须十分注意信息的传递方式，恰当地选择传递的时机，把握好传递场合。通过谈判信息的传递，实现信息交流和沟通，保持谈判人员与己方的有效联系，最大限度地实现己方的谈判目标。

1. 谈判信息传递方式

谈判信息传递方式的选择不是任意的，它往往受到其自身特点的制约。因此，传递方式的选择既要考虑谈判的目的，又要随时注意自身条件、环境的影响和对方的变化。谈判人员为了减少特定的谈判信息传递方式对自己的不利影响，必须注意观察、识别对方做出的反应，根据反应敏锐地做出推断，及时修正、调整、变换谈判信息传递方式。谈判信息传递的一般形态就是谈判人员或信息机构之间借助口语、手势、文字、形象等进行信息传递。有的谈判学研究者认为，谈判信息的传递方式有以下几种：

(1) 明示方式。所谓明示就是指谈判人员在有关的、恰当的场合，明确地提出谈判的条件和要求，阐明谈判的立场、观点，表明自己的态度、打算。明示可以通过下列任何一种渠道进行，如双方相见的谈判场合、宴会及礼宾场合、群众性集会场合、官方或团体会议场合、单独会见场合、业务洽谈场合等。

(2) 暗示方式。所谓暗示就是指谈判人员在有关的、恰当的场合，用含蓄的、间接的方法向对方表明自己的意图、要求、条件和立场等。暗示既可以通过语言的形式进行，也可以通过其他方式进行。

暗示在谈判中具有重要意义。在谈判各方态度明确的情况下，暗示是一种极好的信息传递方式。它可以避免不必要的直接对抗，传递出在明示条件下无法传递的谈判信息。对谈判人员来说，采用暗示方式比采用明示方式更具灵活性。在谈判过程中，谈判人员必须善于运用暗示，这就要求对影响暗示效果的主客观因素有一定的了解，以便最大限度地发挥暗示在谈判信息传递中的作用。从主观上看，缺乏主见、随波逐流的人极容易接受暗示；独立性很强、善于独立思考的人往往很难接受暗示。从客观上看，暗示者本人的条件，如地位、权力、声望、知识、信心、相貌、身材、性别、年龄，以及谈判双方的相互关系、谈判信息与谈判环境条件等，都会对暗示的效果产生不同的影响。

（3）意会方式。意会是既不同于明示又不同于暗示的一种特殊的谈判信息传递方式。它是谈判信息的发出者与谈判信息的接收者早已有了信息交流的准备，早已对信息交流的背景有所了解，早已就信息传递的渠道达成了某种默契，为了避免直接明示或暗示给各自带来的不利影响，同时也为了避免信息泄露而采取的一种较为谨慎的谈判信息传递方式。

意会在传递谈判信息方面有着特殊的作用，意会不像明示那样直截了当，因此，当谈判各方发出或接收的信息彼此矛盾或尖锐对立时，不会在“面子上”引起相互关系的紧张；意会也不像暗示那样含蓄，采用意会方式传递给对方的信息都是明白无误的，它不会引起像暗示那样因为含蓄而产生的理解障碍甚至误解。但需要注意的是，意会也极有可能成为无效的信息传递方式。这主要取决于人们对信息传递效果的理解、体会、推断及社会生活经验，以及人们对意会的积极或消极态度。例如，谈判信息交流的双方即使能够意会出彼此传递的信息的全部含义，但若双方或某一方根据自身的社会生活经验预感到后果将对自己不利，也可能采取消极的态度，不予意会。

2. 选择谈判信息的传递时机与传递场合时应考虑的因素

谈判信息的传递时机是指谈判人员在充分考虑到各方的相互关系、谈判的环境条件、谈判信息传递方式的情况下，确定并把握能积极调动各相关因素的传递谈判信息的最佳时间。

对谈判信息的传递时机的把握是否恰当，在很大程度上影响着传递效果。谈判信息的传递不是仅仅以特定的方式将信息传递出去即可，还需要对谈判的有关因素进行判断，尤其需要对谈判信息在特定条件下传递的后果和对方的反应做出预测。只有在对传递的后果和反应有一定准备的情况下传递信息，才能确保信息被准确送达接收者。

谈判信息的传递场合主要是指传递谈判信息的现场。选择恰当的场合传递谈判信息有利于增强传递效果，避免不利因素的影响。因此，谈判人员在选择谈判信息的传递场合时应考虑以下问题：

（1）是自己亲自出面还是请第三方代为传递信息？这里涉及信息传递的可靠程度问题，一般来说，自己亲自出面传递信息的可靠程度较高。

（2）是私下传递信息还是在公开场合传递信息？如果对方与己方私交较深，较为灵活，可选择私下传递信息的方式。如果己方对相互关系、环境条件、各种意外因素都考虑得比较周全，而与对方无私交，可选择公开传递信息的方式。

在具体的谈判过程中，如能根据谈判活动的条件和需要，正确选择谈判信息的传递方式、传递时机和传递场合，将会使谈判信息的传递产生较好的效果，从而掌握谈判的主动权。

第三节　谈判目标的确定

一、谈判主题的确定

谈判的主题就是参加谈判的目的，谈判的主题因谈判的期望值和期望水平、内容和类型不同而不同。但在实践中，一次谈判一般只为一个主题服务，因此在制订谈判方案时也多以此主题为中心。为保证全体谈判人员牢记谈判的主题，在表述主题时不可赘述，而应言简意赅，尽量用一句话来进行概括和表述，比如“以最优惠的条件达成某项交易”或“达成一笔交易”等。至于什么是最优惠条件和如何达成这笔交易就不属于谈判主题了。另外，谈判方案中的主题，应是己方可以公开的观点，不必过于保密。

二、谈判目标的确定

在谈判的主题确定以后，接下来的工作就是制定谈判目标。谈判目标就是谈判主题的具体化。

谈判的具体目标，体现了参加谈判的基本目的。整个谈判活动都必须紧紧围绕这个具体目标来进行，都要为实现这个目标服务。

达到商务谈判目标是商务谈判的最终结果之一，商务谈判目标因谈判类别、谈判各方的需求不同而不同。如果谈判是为了获得资金，那么就以可能获得的资金数额作为谈判的目标；如果谈判是为了销售产品，那么就以某种或某几种产品可能的销售数量、质量和交货日期作为谈判目标；如果谈判是为了获取原材料，就以能满足本企业（地区和行业）对原材料的需求数量、质量和规格等作为谈判目标。还有一些谈判以实际价格水平、经济效益水平等作为谈判目标。总之，商务谈判的目标因谈判的具体内容不同而不同。

谈判目标是一种主观的预测性和决策性目标，只有参加谈判的各方根据自身利益的需要、他人利益的需要和各种客观因素的可能来制定谈判的目标系统和设计目标层次，并在谈判中不厌其烦地讨价还价才能达到。

谈判的具体目标可分为四个层次：

(一) 最优期望目标

最优期望目标也称最高目标。它是己方在商务谈判中所要追求的最高目标，也往往是对方所能忍受的最大限度。如果超过这个目标，往往要冒谈判破裂的危险。在实践中，最优期望目标一般是可望而不可即的理想目标，因为商务谈判是双方利益重新分配的过程，没有哪个谈判人员心甘情愿地把自己的利益全部让给他人。同样，任何一个谈判人员都不可能在每次谈判中都独占鳌头。尽管如此，但这也并不意味着最优期望目标在商务谈判中没有价值。美国著名的谈判专家卡洛斯向 2 000 多名谈判人员进行的实际调查表明，一个好的谈判人员必须坚持“喊价要狠”的准则。这个“狠”的尺度往往接近喊价者的最优期望目标。下面的专栏说明了这一点。

专栏阅读 4-6

1972 年 12 月，英国首相撒切尔夫人在欧共体的一次首脑会议上表示，英国在欧共体中负担的费用过多。她说，英国在过去几年中投入了大笔的资金，却没有获得相应的利益，因此她强烈要求将英国负担的费用每年减少 10 亿英镑。这是一个高得惊人的要求，欧共体其他成员国首脑认为撒切尔夫人的真正目标是减少 3 亿英镑（其实这也是撒切尔夫人的底牌）。于是他们认为只能削减 2.5 亿英镑。一方的提案是每年削减 10 亿英镑，而另一方则只同意削减 2.5 亿英镑，差距太大，双方一时难以协调。

然而，这种情况早在撒切尔夫人的预料之中。她的真实目标并不是 10 亿英镑，但她的策略是用提出的高价来改变各国首脑的预期目标。在她的底牌没有被发觉或没有被确证之前，她决心以此好好玩一把。撒切尔夫人告诉下议院，原则上必须按照她提出的方案执行，暗示对手并无选择的余地，同时也含蓄地警告各国，并对在欧共体中同样有较强硬态度的法国施加压力。针对英国的强硬态度，法国采取了一些报复手段。它在报纸上大肆批评英国，说英国在欧共体合作事务中采取低姿态，企图以此来解决问题。

面对法国的攻击，撒切尔夫人明白，要想让对方接受她提出的目标是非常困难的，所以必须让对方知道，无论采取什么手段，英国都不会改变自己的立场，决不向对手妥协。由于撒切尔夫人的顽强抵制，最终各国首脑被迫做出了很大的让步，欧共体会议决议同意英国每两年削减开支 8 亿英镑。撒切尔夫人的高起点策略取得了很好的效果。

最优期望目标是谈判开始时的话题。如果一个诚实的谈判人员一开始就提出他实际想达到的目标，由于谈判心理作用和对手的实际利益，他最终可能达不到这个目标。如在资金供求谈判中，需方可能实际只想得到 50 万元，但谈判一开始时需方可能报价 80 万元，这 80 万元就是需方的最优期望目标，这个数字比其实际需要的 50 万元多 30 万元。用一个简式表达就是：

$$Y+\Delta Y=E$$

式中，Y 为需方的实际需求资金数额；ΔY 为多报的价，即增量；E 为需方的最优期望目标。

但是，供方绝不会做提供 80 万元资金的慷慨之事。根据供方了解的信息（如偿还能力、经济效益高低和利率等情况），他明知对方实际只需要 50 万元，为了使谈判深入下去，使主动权掌握在自己手中，就会故意压低对方的报价，只同意提供 30 万元。如此这般，几经交锋，双方列举各种理由予以论证，谈判结果既不是 80 万元也不是 30 万元，可能是略低于或者略高于 50 万元。

如果一开始时需方不提出 80 万元，或供方不提出 30 万元，谈判就无法进行。为什么在谈判中会形成这种习惯？其原因极为复杂，涉及心理、信誉、利益乃至历史成见等诸多因素。需要说明的是，最优期望目标不是绝对达不到的。对于一家信誉极高的公司和一家资金雄厚、信誉良好的银行之间的谈判，达到最优期望目标的机会是完全可能存在的。

(二) 实际需求目标

实际需求目标是谈判各方根据主客观因素，考虑到各方面情况，经过科学论证、预测和核算后，纳入谈判计划的谈判目标。这是谈判人员调动各种积极性，使用各种谈判手段，努力要达到的谈判目标。如在上例中，50 万元资金就是实际需求目标。这个层次的目标具有如下特点：

(1) 它是秘而不宣的内部机密，一般只有在谈判过程中的某几个微妙阶段才提出。

(2) 它是谈判人员“坚守的最后防线”。如果达不到这一目标，谈判就可能陷入僵局或暂停，以便与谈判人员的单位或谈判队伍内部讨论对策。

(3) 这一目标一般由谈判对手挑明，而己方则“见好就收”或“给台阶就下”。

(4) 该目标关系到谈判一方的主要或全部经济利益。例如，企业若得不到 50 万元资金，将无法更新主体设备，从而导致企业在近期内停产或不能扩大再生产等。正因为如此，这一目标对谈判人员有着强烈的驱动力。

(三) 可接受目标

可接受目标是指在谈判中可努力争取或做出让步的范围。它能满足谈判一方的部分需求，实现部分经济利益。在上述例子中，资金供方由于各种原因（如资金筹措能力、对方偿还能力等）只能提供部分资金（如 35 万元或 40 万元等），没有满足需方的全部实际需求，这种情况是经常发生的。因此，谈判人员在谈判前制订谈判方案时应充分估计到这种情况的出现，并制定相应的谈判措施和目标。对于谈判一方来说，对可接受目标应抱有两种态度：一是面对现实，即树立“只要能得到部分资金就是谈判成功”的观念，绝不能硬充好汉，抱着“谈不成出口气”的态度，这样可能连可接受目标也无法达到。二是争取资金来源多样化。应多结交谈判伙伴，这样就有可能达到实际需求目标。

(四) 最低目标

最低目标是商务谈判必须实现的目标，是谈判的最低要求，若不能实现，宁愿谈判破裂也没有讨价还价、妥协让步的可能。它与最优期望目标之间有着必然的内在联系。在商务谈判中，表面上一开始时要价很高，往往提出最优期望目标，实际上这是一种策略，保护的是最低目标，乃至可接受目标和实际需求目标。这样做的实际效果往往是超出谈判人员的最低目标或至少可以保住这一目标。然后通过对最优期望目标的反复压价，最终可能达到一个超过最低目标的目标。我们将在本章第六节讨论谈判中各种交易条件下的最低可接受限度的确定。

之所以确定一个最低目标，是因为如果没有最低目标作为心理安慰，一味追求高标准的目标，往往会导致僵化的谈判策略，从而带来以下两个方面的结果：

1. 不利于谈判的进程

谈判当事人的期望值过高，容易产生盲目乐观的情绪，从而对谈判过程中出现的变化缺乏足够的思想准备，对于突如其来的事情不知所措。最低目标的确定不仅可以创造良好的应变心理环境，还为谈判双方提供了可供选择的契机。

2. 不利于所属团体经济行为的稳定

如某生产企业对某项产品销售的谈判期望值过高（即销售量和销售价格的期望值过高），并用这种过高的期望值去影响和诱发所属团体积极的经济行为，那么尽管这样做能起到一定的正面作用，但一旦在商务谈判中没有实现该期望值或在某一方面没有达到目标，势必影响所属团体经济行为的稳定性。然而，如果这家生产企业把制定切合实际的销售谈判目标或以达到最低目标作为合作的起点，那么对于该企业来讲，继续谈判既能达到最低要求，也能产生较强的团体凝聚力。

可以确定，最低目标是低于可接受目标的。可接受目标在实际需求目标与最低目标之间选择，是一个随机值。而最低目标是谈判一方依据多种因素，特别是其拟达到的最低利益而明确制定的。如在上述获得资金的例子中，最低目标如定在 10 万元，那么可接受目标为 10 万～50 万元。

以上四种目标之间的关系是：

最优期望目标（最高目标）＞实际需求目标≥可接受目标≥最低目标

实际需求目标是一个定值，它是谈判一方依据其实际经济条件做出的“预算”。而最优期望目标是一个随机数值，只要高于实际需求目标即可，这是谈判的起点，是讨价还价的“筹码”。

在确定商务谈判目标系统和目标层次时，要注意坚持三项原则，即实用性、合理性和合法性的原则。所谓实用性，是要求制定的谈判目标能够谈和可以谈。也就是说，谈判双方要根据自己的经济能力和条件进行谈判。如果离开了这一点，那么任何谈判的结果都不能付诸实施。例如，一家企业通过谈判获得了一项先进的技术装备，但由于该单位在职工素质、领导和管理水平及其他技术环节上存在问题，该项技术装备的效能无法发挥，这种引进谈判的目标就不具备实用性。所谓合理性，包括谈判目标的时间和空间的合理性。在市场经济条件下，市场变化万千，在一定时间和一定空间范围内是合理的东西，在另一时间、另一空间范围内可能就是不合理的。同时，商务谈判的目标对于不同的谈判对象也有不同的适用程度。除此之外，作为商务谈判主体的谈判人员也应对己方的目标在时间和空间上做全方位的分析，只有这样才能获得成功。所谓合法性，是指商务谈判目标必须符合一定的法律规则。在商务谈判中，为达到自身的目标，有的谈判人员采取向当事人行贿等方式使对方顺从，有的谈判人员通过损害集体利益使自己得到好处，有的谈判人员以经济压力强迫经济能力不强者做出妥协，还有的谈判人员提供伪劣产品、过时技术和虚假信息等，这些均属不合法行为。

假设公司某次谈判以出售价格为谈判目标，则以上四种目标可以表述为：

最优期望目标是每台售价 1 400 元；

实际需求目标是每台售价 1 200 元；

最低目标是每台售价 800 元；

可接受目标是每台售价 800～1 200 元。

值得注意的是，在谈判中只有价格目标的情况是很少见的。一般的情况是存在多个谈判目标，这时就需要考虑谈判目标的优先顺序。

当谈判中存在多重目标时，应根据其重要性加以排序，确定是否要达到所有的目标，哪些目标可舍弃，哪些目标可以争取达到，而哪些目标又是万万不能降低要求的。与此同时，还应考虑到长期目标和短期目标的问题。

例如，某商家欲采购某种商品进行销售，可以做如下考虑：

（1）只考虑价格，牺牲质量以低价进货；

（2）只考虑质量，以高价购入高质量商品，期望能以高价销售保证利润；

（3）将质量与价格结合起来考虑；

（4）只考虑能否获得免费的广告宣传；

（5）将价格、质量和免费的广告宣传三个因素结合起来考虑。

在上述五种可能的目标中，不难看出，价格和质量问题是基本目标，若这两个问题不解决，谈判就不可能取得成功。而免费广告是最高目标或最优期望目标，它只是在对价格和质量问题不做任何让步的情况下才追求的目标，价格和质量是不可能因免费广告而放弃的目标。

在确定谈判目标时，必须以客观条件为基础，即综合企业或组织外部环境和内部条件。一般来说，具体谈判目标要考虑以下因素：

（1）谈判的性质及领域；

（2）谈判的对象及环境；

（3）谈判项目所涉及的业务指标的要求；

（4）各种条件变化的可能性、变化方向及其对谈判的影响；

（5）与谈判密切相关的事项和问题等。

三、谈判目标的优化及其方法

谈判目标的确定过程，是一个不断优化的过程。对于多重目标，必须进行综合平衡，通过对比、筛选、剔除、合并等手段减少目标数量，确定各目标的主次和连带关系，使各目标之间在内容上保持协调性、一致性，避免互相抵触。

评价一个目标的优劣，主要是看目标本身的含义是否明确、单一，是否便于衡量以及在可行的前提下利益实现的程度如何等。从具体目标来说，表达要简单明了，最好用数字或简短的语言体现出来，如“在报价的有效期内，如无意外风险因素，拟以12%的预期利润率成交”。

需要指出的是，谈判的具体目标并非一成不变，它可以根据交易过程中的各种支付价值和风险因素做适当的调整和修改。

值得注意的是，这种谈判方案的调整只反映了卖方的单方面愿望，而在谈判的磋商阶段，买方不会被卖方牵着鼻子走。为了达到谈判的目标，卖方有时应当做出某些让步，之所以做出这种让步是因为对方提出了这种要求。如果对方未提出此种要求，卖方也可以通过在某些方面做出让步来换取其他方面的主动。但是谈判人员必须牢记的一个原则是：任何让步都应建立在赢得一定利益的基础之上。

第四节　谈判方案的制订

如前所述，在正式谈判前，谈判人员需了解谈判环境、谈判对手和自身的情况，初步了解双方的谈判实力。在正式进行激烈的谈判交锋以前，谈判人员还需制订出一个周全而明确的谈判计划，即制订一个谈判方案。

一、制订谈判方案的基本要求

谈判方案是谈判人员在谈判前预先对谈判目标等具体内容和步骤所做的安排，是谈判人员行动的指针和方向。谈判方案应对各个阶段的谈判人员、议程和进度做出较周密的设想，对谈判工作进行有效的组织和控制，使其既有方向，又能灵活地左右错综复杂的谈判局势，使谈判沿着预定的方向前进。

从形式上看，谈判方案应该是书面的。文字可长可短，可以是长达几十页的正式文件，也可以是短至一页的备忘录。一般来说，一个成功的谈判方案应该满足以下三点基本要求：

（一）简明扼要

所谓简明扼要，就是要尽量使谈判人员能容易地记住其主要内容与基本原则，在谈判中能随时根据方案的要求与对方周旋。谈判方案越简单明了，谈判人员照此执行的可能性就越大。

谈判是一项十分复杂的业务工作，在谈判桌旁参加谈判的人员必须清晰地记住谈判的主题和方案的主要内容，这样在与对手交锋时才能按照既定目标，自如地应对错综复杂而多变的谈判局面，驾驭谈判局势的发展。因此，制订谈判方案时要用简单明了、高度概括的文字加以表述，以便在每一个谈判人员的头脑中都留下深刻印象。

（二）具体

简明扼要不是目的，谈判方案还要与谈判的具体内容相结合，以谈判的具体内容为基础。谈判方案的内容虽有具体要求，但不等于把有关谈判的细节都包括在内。如果事无巨细、面面俱到，执行起来必然十分困难。

（三）灵活

由于谈判过程千变万化，谈判方案只是谈判前某一方的主观设想或各方简单磋商的产物，不可能把影响谈判过程的各种随机因素都估计在内，所以，谈判方案还必须具有灵活性，要考虑到一些意外事件的影响，使谈判人员能在谈判过程中根据具体情况灵活应对。例如，对可控因素和常规事宜应安排得细些，对无规律可循的事项可安排得粗些。

二、谈判方案的主要内容

（一）确定谈判目标

谈判目标是通过谈判要解决的问题。如前所述，商务谈判目标可以划分为最优期望目标、实际需求目标、可接受目标和最低目标四个层次。对此，谈判人员事先要有所准备，做到心中有数。对于谈判目标底数要严格保密，绝不能透露给其他人。谈判目标如有重大修改，要经过商定。没有授权的谈判人员要向有关领导请示，即使是有决定权的谈判人员，也应当与参加谈判的有关人员协商，取得一致意见后再加以改动。

（二）规定谈判期限

在谈判开始以前，应当对谈判期限有所计划和安排。由于谈判的效率问题是评价现代谈判成功与否的一个重要标准，而谈判期限直接涉及谈判的效率，因此，制订谈判方案时应将有关谈判期限的规定包括进去。

谈判期限是指从谈判的准备阶段到谈判的终局阶段的时长。在国际贸易中，谈判期限通常指从谈判人员着手准备谈判到报价的有效期结束这段时间。买卖双方都规定了一定的期限，超过这个期限后即使履行了协议，也可能带来一定的损失。如圣诞礼品在圣诞节后市价将会大跌，因此必须赶在圣诞节之前销售。除去时间限制的影响，谈判的时间拖得越久，谈判双方耗费的人力、物力和财力也越多。因此，谈判人员应在谈判之前对谈判的时间做出精确计算和适当安排，最后规定一个谈判期限。

谈判期限的规定可长可短，但要具体、明确，同时又要有伸缩性，能够适应谈判过程中的情况变化。如某公司对谈判期限做了如下安排：此报价的有效期为 1 个月；延长有效期的费用，第一个月增加 1%，以后每个月增加 1.5%；如果超过了 3 个月，就应重新报价。因为交货等许多交易条件都有可能发生变化，此谈判最好在 2 个月内达成交易。这是一个较为简明、灵活又能保证卖方总体目标不受影响的时间方案。

（三）拟定谈判议程

在确定谈判方案的目标、谈判对象和谈判期限之后，即可制定谈判议程。谈判议程一般要说明谈判时间的安排和谈判议题的确定。谈判议程可由一方准备，也可由双方协商确定。议程包括通则议程和细则议程，前者由谈判双方共用，后者给己方使用。

1. 己方安排谈判议程的优势分析

由己方安排谈判议程有许多优势，因为己方可根据自己的需要适当安排。例如，可根据自己的习惯来安排谈判时间，按自己确定好的谈判方式安排讨论问题的先后顺序。如果己方认为应先就一般原则进行讨论，细节放在后面，就可以把主要领导人的会谈放在前面先行讨论；如果己方认为小问题容易达成协议，而在大的原则问题上会存在争议，则可把细节问题放在前面先行讨论。

但是，谈判议程由己方安排也有不足之处。例如，己方安排的议程往往会透露己方的某些意图，对方可能会从中揣摩出一些很有价值的信息，这就对己方不利。另外，对方可以在谈判前有意不对己方的议程提出异议，在实际谈判中才突然提出修改某些议程的要求，这很容易使己方陷入被动，甚至使谈判破裂。

2. 谈判议程的内容

在拟定谈判议程时，要注意两点：一是互助性，即不仅要符合己方的需要，而且要兼顾对方的实际利益和习惯做法；二是简洁性，即一次谈判中不要安排过多的谈判事项，过多的谈判事项往往会增加人们的思想负担。

典型的谈判议程至少要包括以下四项内容：

（1）时间安排，即确定谈判在何时举行，历时多久。倘若是分阶段的谈判，还需确定分为几个阶段，每个阶段所用的时间大约是多少等。

1）对于双方意见分歧不大的议题，应尽量在较短的时间内解决，以避免无谓的争辩。

2）对于主要的议题或争执较大的焦点问题，可将其安排在整个谈判进行到总时间的3/5之时加以讨论。若把焦点问题放在谈判进行到总时间的3/5的前两个小时之内提出来，则更有利于问题的解决。

3）文娱活动的安排要恰到好处。在枯燥的谈判过程中适当安排一些文娱活动，既可活跃气氛，增进双方友谊，又可松弛神经，消除疲劳，这是非常有必要的。但是，文娱活动的安排也不能过多。如果谈判进行一周，安排一两次文娱活动就可以了，且最好安排在谈判的第二天以及商谈焦点问题的当天。此外，安排的活动内容不要重复，要尽量丰富一些，要注意不能使文娱活动成为谈判对手借以使己方疲劳、实现其谈判目标或达到其他目的的手段。

4）在进行时间安排时要考虑到意外情况的发生，适当安排机动时间。当然，机动时间的安排也不可太多，否则会使谈判的进程过于松散，节奏过于缓慢。

在确定谈判的时间时，要考虑以下几个因素：谈判准备的充分程度；谈判人员的身体和情绪状况；谈判的紧张程度；谈判议题的需要；谈判对手的情况。

（2）谈判议题的确定。谈判议题是双方讨论的对象，凡是与谈判有关且需要双方展开讨论的问题，都是谈判议题。

在确定谈判议题时，首先，要将与本次谈判有关的问题罗列出来；其次，要将罗列出来的各种问题进行分类，确定问题重要与否，与己方的利弊关系；最后，要将对己方有利的问题列为重点问题加以讨论，要尽量回避对己方不利的问题，这将有助于己方在谈判中处于主动地位。但回避并不等于问题不存在，因此还要考虑到当对方提出这类问题时己方应采取的对策。

（3）谈判议题的顺序安排。谈判议题的顺序有先易后难、先难后易和混合型等几种安排方式，可根据具体情况加以选择。

所谓先易后难，即先讨论容易解决的问题，以创造良好的谈判气氛，为讨论困难的问题打好基础；所谓先难后易，是指先集中精力和时间讨论重要的问题，待重要的问题得以解决之后，再以主带次，推动其他问题的解决；所谓混合型，即不分主次先后，把所有要解决的问题都提出来进行讨论，经过一段时间以后，再把所有要讨论的问题归纳起来，先对统一的意见予以明确，再对尚未解决的问题进行讨论，以求取得一致的意见。

有经验的谈判人员在谈判前便能估计到：哪些问题双方不会产生分歧，较容易达成协议；哪些问题可能会有争议。有争议的问题最好不要放在开头讨论，这样会影响谈判进程，也可能会影响双方的情绪。有争议的问题也不要放到最后讨论，放在最后可能时间不充分，而且在谈判结束前可能会给双方都留下不好的印象。有争议的问题最好放在谈成几个问题之后、在谈最后一两个问题之前讨论，也就是放在谈判的中间阶段讨论。谈判结束之前最好谈一两个双方都满意的问题，以便在谈判结束时创造良好的气氛，给双方留下良好印象。

(4) 通则议程与细则议程的内容。通则议程是谈判双方共同遵照使用的日程安排。在通则议程中，通常应解决以下问题：双方谈判讨论的中心问题，尤其是第一阶段谈判的安排；列入谈判范围的有哪些事项，哪些问题不用讨论，讨论问题的顺序是什么；讨论中心问题及细节问题的人员安排；总体及各阶段谈判的时间安排。通则议程可由一方提出，或可由双方同时提出，经双方审议通过后方能正式生效。

细则议程具有保密性，它是对己方审议通过后的具体策略的具体安排，供己方使用。其内容一般有：对外口径的统一，包括文件、资料、证据和观点等；对谈判过程中各种可能性的估计及对策安排；谈判的顺序，何时提出问题，提什么问题，向何人提出这些问题，由谁提出，谁来补充，何时打岔，谁来打岔，在什么时候要求暂停讨论等；谈判人员更换的预先安排。

(四) 安排谈判人员

谈判是谈判主体间的一系列行为互动过程，谈判人员的素质和能力直接影响到谈判的成败得失。因此，欲使谈判获得成功，实现预期的经济效益和社会效益，除了靠产品的质量、企业的信誉外，在谈判方案中还应明确谈判队伍的组建原则并对谈判人员的分工做出恰当的安排。

1. 谈判队伍的组建原则

在国际商务谈判中，由于每笔交易的性质不同，标的、时间、地点和贸易形式等各异，投入的谈判人员、组成的谈判队伍也会有所不同，但是，组成谈判队伍的基本原则是一致的，包括实力原则和进度原则两个方面。

(1) 组成谈判队伍的实力原则。谈判队伍必须能胜任所承担的谈判任务，具有与对方抗衡的能力。谈判队伍的实力雄厚与否体现在业务实力、社会地位和工作效率三个方面。

1) 业务实力。参加谈判队伍的人员应拥有谈判标的所要求的一切必备的知识和能力，在业务沟通方面应无阻碍。业务实力是一个成熟的谈判人员所必需的基本素养。例如，在谈判中有的成员善于发现对方存在的问题，抓住对方的弱点，从而使己方在谈判中处于有利地位。

2) 社会地位。社会地位反映了决策实力。一般而言，社会地位应遵循对等原则，即己方谈判队伍成员的社会地位应至少与对方谈判人员的级别相等，做到至少不低于对方谈判人员的级别，以平抑对方在谈判中的锐气，巩固己方实力。当然，从谈判策略的角度来看，己方亦可充分发挥“主帅的地位效应”，使己方主帅的级别高于对方。在这种情况下，随从人员的级别可适当调低，增加实务操作人员，加快工作进度，提高工作效率。

3）工作效率。工作效率即时间效率，是指谈判队伍的人力适应谈判进度要求的程度，适应程度高，则工作效率高。要根据谈判的工作量投入相应的人力，使投入的人力能跟上谈判的进度，即使“疲劳作战”“车轮作战”也能应付自如。一支人才齐备、能够连续有效作战的谈判队伍才是一支实力强的谈判队伍。

（2）组成谈判队伍的进度原则。任何谈判都有时限，不管这个时限是由己方、对方或第三方制定，还是由交易本身的性质决定，谈判队伍都必须在这个时限内完成工作任务，这就要求在组建谈判队伍时从人力组织和决策能力两方面满足时限要求。

1）人力组织。组织多少人参加谈判，取决于工作量的大小和时限。量大、时间短，投入的人力就多。此外，工作时间也应根据所投入的人力多少加以调节。

2）决策能力。对各种出现的问题，谈判人员应在短时间内解决。没有决策能力的谈判人员不可能迅速判定所面临的各种危机的真相，更难以保证在既定时限内完成任务，只有决策能力强的谈判队伍才有可能在时限范围内高质量地完成谈判任务。

2. 谈判班子内部成员的分工与配合

在选拔出合适的人员组成谈判队伍以后，就要在队伍内部进行合理分工。具体地说，就是要在谈判队伍中确定不同情况下的主谈人与辅谈人及他们的位置、责任与配合关系。

比如，谈判双方就交货问题久谈不下，这时卖方的主谈人说：“我们的货物很畅销，两个月内交货很困难。”接着他的一个辅谈人说：“可不是，我手上就堆积了好多订单，三个月以内能交货就不错了。”这个补充无疑加重了主谈人观点的分量。相反，若辅谈人接口道：“让工人加加班，我看两个月交货没有问题。”这就削弱了己方主谈人的讲话分量，使己方在谈判中处于被动地位。

又如，在价格问题上，己方主谈人说：“如果你们实在要坚持这个价格，我们只好不买了。”这时，辅谈人为了配合主谈人，就应说：“另有一家公司条件更优惠，很想与我公司合作。”而不能强调己方急需这批货物。

谈判人员的组织和管理已在本章第一节做了详细说明和解释，这里不再赘述。

（五）选择谈判地点

谈判地点对谈判效果也有一定的影响，谈判人员应当好好加以利用。通常，对于日常谈判活动，最好能争取在自己的办公室和会议室等己方熟悉的地方举行。在己方所在单位与对方谈判，具有许多好处和优势，如向上级请示、查找资料和数据等比较方便，在生活方面能保持正常等。当然，在对方地点谈判也有一定好处，如便于观察和研究某些情况，有利于与对方上司及其他人士接触，较容易寻找借口等。

专栏阅读 4-7

日本的钢铁工业非常发达，但是国内缺乏铁矿石，需要从澳大利亚进口。事前日本方面做了周密的安排，他们了解到澳大利亚人的生活习惯与日本人不大相同，澳大利亚人一向生活安逸、舒适，不耐艰苦，因此，日本方面邀请澳大利亚生产和出口铁矿石的公司到日本来谈判，并且决定采用疲劳战术。一开始时，日本人并不急于解决问题，而是热情地陪伴客人吃、喝、玩、乐，他们把各种有趣的活动与故意复杂化的谈判有机地结合起来，把澳大利亚人的活动时间排得满满的。几天过去了，客人玩得筋疲力尽，热情的日本人在谈判桌上却老是提出这样那样的问题，纠缠不休，谈判进展不大。身心疲惫的澳大利亚人已经表现出急躁情绪，越到后来，越是想早点回去。结果后来以满足日方要求的条件达成协议。

一般来说，对于重要的问题和难以解决的问题最好争取在本单位进行谈判，一般性问题和容易解决的问题，或者需要到对方单位了解情况时，也可以在对方地点举行谈判，但必须做好充分的准备。如果对方不同意到对方单位谈判，或另有原因，也可以找一个中间地点，这样双方所处的条件就等同了。

（六）布置与安排谈判现场

谈判房间的布置也很重要。最好选择一个安静、没有外人和电话干扰的地方。房间的大小要适中，桌椅的摆设要紧凑但不拥挤，房间温度要适宜，卫生条件要好，灯光要明亮。

还要注意选择谈判桌的形状，恰当地安排谈判人员的座位。通常有以下几种谈判桌可供选择：

1. 方形谈判桌

采用方形谈判桌时，双方谈判人员面对面而坐，这种形式看起来正规些，但过于严肃，缺少轻松活泼的气氛，有时甚至会使双方谈判人员有对立的感觉，交谈起来并不方便。

2. 圆形谈判桌

采用圆形谈判桌时，双方谈判人员坐成一个圆圈。这种形式通常会使双方谈判人员体验到一种和谐一致的气氛，而且交谈起来比较方便。

3. 不设置谈判桌

在双方谈判人员不多的情况下，也可以不设谈判桌，大家随便坐在一起，轻轻松松地谈判。有时，没有谈判桌的效果也很好，能增强友好的谈判气氛，但比较正式的谈判除外。

谈判人员的位置安排也应考虑。在座位安排上，可以双方人员各自坐在一起，也可以双方人员交叉而坐。通常，双方各自坐在一起比较合适，特别是当谈判出现争议时，这样便于查阅一些不便于让对方知道的资料，并能从心理上产生一种安全感。

不仅谈判桌的形状和谈判人员座位的安排很重要，甚至双方谈判人员座位之间的距离远近也值得研究。距离太近，会让人感到拘束；距离太远，交谈时不方便，还有一种疏远的感觉。适当拉近距离，会产生一种亲密的交谈气氛。

谈判人员的食宿安排，也是谈判准备工作中不可缺少的一个方面。在食宿方面为对方提供满意的服务，能表示己方的诚意、热情和文明礼貌，同时要注意对方人员的生活习惯、文化传统等。当然，在通信、交通等方面，也要尽可能为对方创造方便的条件。

第五节 模拟谈判

一、模拟谈判的必要性

模拟谈判是在谈判正式开始前提出各种设想和臆测，进行谈判的想象练习和实际演习。模拟谈判的必要性体现在以下两个方面：

（1）模拟谈判能使谈判人员获得实际经验，提高谈判能力。正如舞蹈演员演出前在脑海里练习舞步，教师在上课前温习课程内容一样，模拟谈判对谈判人员的经验和能力的获得能起到重要的作用。根据心理学原理，正确的想象练习不仅能提高“彩排者”的能力，有时甚至比实际行动更有效。人的深层心理或神经系统根本无法区分从实际行动中所获得的经验和从想象中所获得的经验有何差异，因此，只要正确地进行思想练习和实际演习，就能获得功效，提高谈判能力。

（2）模拟谈判可以帮助谈判人员随时修正谈判中的错误，促使整个模拟谈判过程顺利进行，从而帮助谈判人员获得较完善的经验。而现实的谈判则只能在谈判结束后总结经验，修正错误。

二、拟定假设

进行正确的想象练习，首先要拟定正确的假设或臆测。**拟定假设**是根据某些既定的事实或常识将某些事物承认（即臆测）为事实。例如，根据有钱总可以买到东西的常识，可以假设去商店买东西，只要出钱，对方就总会出售商品；根据汽车在绿灯时可以自由前进的常识，可以假定在十字路口，当交通信号灯变绿时，汽车就会往前开动。

根据假设的内容，可以把假设划分为以下三类：一是对外界客观存在的事物的假设；二是对对方的假设；三是对己方的假设。

对外界客观存在的事物的假设包括对环境、时间、空间的假设。拟定假设的目的是找出外在世界真实的东西。在商务谈判过程中，要通过对外界事物的假设进一步摸清事实，知己知彼，采取相应的对策。比如，在一次贸易谈判中，若对方拿着许多材料进入谈判场所，我们就需要准确地判断对方的材料与今天的谈判是否有直接关系。在谈判过程中要采取一定的方式摸清对方的底细，同时要假设如果对方通过调查已摸清了己方的底细，我们应如何应对；如果对方没有摸清己方的底细，我们又应如何行动。

对对方的准确假设常常是商务谈判的制胜法宝。对方在谈判中愿意冒险的程度，对商品价格、运输方式、商品质量等方面的要求，都需要我们根据事实加以假设，准确的假设能使己方在谈判中占据主动地位。

对己方的假设包括谈判人员对自身心理素质、谈判能力的自测与自我评估，以及对己方经济实力、谈判实力、谈判策略、谈判准备等方面的评价。

无论哪一种假设，通常都有可能是错误的，不能把假设等同于事实，要对假设产生的意外结果有充分的心理准备。对于假设的事物要小心求证，不能轻易以假设为根据采取武断的做法，否则会使己方误入谈判歧途，给自己带来重大损失。例如，当我们假设只要出钱就可以买到东西时，如果对方无货或者对方展示的是样品，或者对方产品的质量、规格不对路，那么上面的假设就不正确。当我们假设只要十字路口的交通信号灯变绿，汽车就可以往前开动时，如果道路前方发生车祸不能通行，那么上述假设也会落空。因此，拟定假设的关键在于提高假设的精确度，使之尽可能地接近事实。

提高假设的精确度必须明确区分哪些是事实本身，哪些是自己的主观臆测。从语义学的角度看，事实有以下四种：

(1) 能够验证的东西，如物品重量、光泽等。

(2) 能够共同感受到的东西，如商品要经过生产才能制造出来等。

(3) 人们共同信仰的理论、真理，如某些自然科学和社会科学方面的理论知识。

(4) 根据真理能够加以推理并验证的东西。

人们经过长期的生活实践总结出了许多经验，经过反复验证证明了这些经验是事实，因此，人们往往就在大脑中形成了固定的看法，把这些经验和事实等同起来，犯了经验主义的错误。事实上，这些经验仍然是假设，不是事实。例如，虽然经过多次验证证明了铅笔是用木头制作的、机器是用钢铁制造的、面包是用面粉制作的等，但面对未加验证的铅笔、机器以及面包等时，上述结论仍是假设。在商务谈判中，心理学家利用人们的这种错误，诱使对方失利的事不乏其例。因此，必须谨慎地调查了解，验证假设，不要轻易相信任何一个未经验证的事物或结论。

提高假设的精确度，还要以事实为基准来拟定假设。所依据的事实越多，假设的精确度就越高。

专栏阅读 4-8

某个工厂的收益连续三年下降（事实A）；这三年内该工厂始终维持着原有的管理体制（事实B）；同时，该工厂一直没有开发新产品，也没有开拓新市场（事实C）。立足于这三个事实，我们可假设如下：

(1) 假如事实B和事实C不变，该工厂明年的收益仍可能下降；

(2) 为扭转这种局面，该工厂可能迫切需要技术、人才、资金及开发新产品、新技术，需要转产或开拓新市场；

(3) 如果己方正和这个工厂进行上述方面的谈判，己方提高要价，采取强硬立场，可能会取得成功。

如果某种假设的基石是假设，那么这种假设就十分靠不住。例如，在上例中，那个经营不善的工厂明年收益可能会继续下降，立足于这个假设，还可以继续拟定下列假设：

(1) 明年经营恶化，可能会付不清债务；

(2) 因为付不清债务，可能会不履行契约；

(3) 工厂可能会破产，使债权人蒙受重大损失；

(4) 根据上述假设，己方不能和这个工厂做交易，应取消谈判。

显然，上述根据假设拟定出来的假设是靠不住的，这种假设会使己方失去许多贸易机会。

三、想象谈判全过程

进行正确的想象练习，还要在拟定假设的基础上想象整个谈判过程。有效的想象练习不只是想象事情的结果，还要想象事情的全过程，想象自己可能采取的一切行动，否则想象练习就是不完全的。

谈判前的想象练习应该按照从开始至结束的谈判顺序想象下去，演习己方和对方面对面谈判的一切情形，包括谈判时的现场气氛、对方的面部表情、谈判中可能涉及的问题、对方会提出的各种反对意见、己方的各种答复以及各种谈判方案的选择、各种谈判技巧的运用等，想象谈判中涉及的各种要素。

四、集体模拟

进行正确的想象练习，不仅离不开个人的冥思苦想，而且离不开整个谈判队伍的集体模拟。集体模拟可采用沙龙式模拟或戏剧式模拟两种主要形式。

沙龙式模拟是把谈判人员聚集在一起，充分讨论，自由发表意见，共同想象谈判全过程。这种模拟的优点是利用人们的竞争心理，使谈判人员充分发表意见，互相启发，共同提高谈判水平。谈判人员有了表现才干的机会，他们就会开动脑筋，积极进行创造性思维。于是，在集体思考的强制性刺激及压力下，就能产生高水平的策略、方法及谈判技巧。

戏剧式模拟是指在谈判前进行模拟谈判。它和想象谈判不同，想象谈判主要是谈判人员个人或集体的思维活动。戏剧式模拟谈判是真实地进行演出，每个谈判人员都在模拟谈判中扮演特定的角色。随着剧情的发展，谈判全过程会一一展现在每个谈判人员面前。戏剧式模拟根据拟定的不同假设，安排各种谈判场面，从而增强每个谈判人员的实际谈判经验。它能够帮助谈判人员为谈判做更充分的准备，以找到自己在谈判中的最佳位置，为分析己方谈判动机、思考问题的方法等提供一次机会，最终促进商务谈判的成功。

第六节　谈判中各种交易条件下的最低可接受限度的确定

在商务谈判中难免要进行讨价还价，谈判中的妥协让步是理所当然的，然而绝对不是无限度的让步。这个限度就是谈判双方的最低目标，如果谈判的效果低于这个限度，那么谈判的一方宁可终止谈判也不会达成交易。本节主要介绍在谈判中影响价格水平、支付方式、交货期以及保证期等重要交易条件的最低可接受限度的因素。

一、影响价格水平的因素

价格水平的高低是谈判双方最敏感的一个问题，是双方磋商的焦点，它直接关系到获利的多少或谈判的成败。影响价格的因素有主观因素与客观因素之分。影响价格的主观因素包括营销策略、谈判技巧等可以由谈判双方决定或受谈判双方影响的因素，而影响价格的客观因素主要有以下几种：

（一）成本因素

成本是构成商品价格的基本因素。国际贸易中的成本是指包括生产成本在内的市场成本，即包括产品从生产到交货的一切费用。具体来说，它包括生产该产品所需的原材料、劳动和管理费用以及为购销该产品所耗费的调研费、运输费、广告费、关税、保险费、中间商的佣金等费用。此外，在国际贸易中，谈判双方采用的贸易术语不同，成本也会随之不同。如 FOB 价格条款表明购货成本中未包括运输和保险费用，CFR 价格条款表明保险费未包括在内，而 CIF 条款表明价格中既包括了运费又包括了保险费。

（二）需求因素

需求因素对价格水平的影响主要通过需求弹性加以体现。所谓需求弹性是指从相对数的角度来看，价格每变动一个百分点，需求变动的幅度（需求变化了几个百分点）。从理论上讲，需求弹性可分为完全具有弹性、相对具有弹性和完全无弹性三种。

完全具有弹性是指价格变动对市场需求影响极大，价格稍有变动，市场需求就会发生较大变动。

相对具有弹性又可分为相对无弹性和相对有弹性。比如某种机床零部件即使加价 30%，对销量的影响也不会很大；相反，即使减价 30%，其销量也不会有大的增加。这种情况便是相对无弹性。如彩电，目前各种品牌的彩电在市场上都有充足的供应，如果名牌彩电加价过多，人们便会倾向于购买非名牌彩电，使加价过多的名牌彩电销量相应减少。这种情况就是相对有弹性。

完全无弹性是指无论价格发生何种变化，市场需求都不受其影响。

在现实生活中，一般很少出现需求完全无弹性或是需求完全具有弹性的情况，绝大多数需求处于相对具有弹性的情况。这就要求我们在定价时要充分考虑到产品的性质、市场的供需状况、同类产品的市场价格等因素，合理辨明产品的需求弹性，从而合理确定价格策略。

（三）竞争因素

竞争因素反映了市场对价格的影响。竞争因素可分为完全竞争、完全垄断、垄断竞争、寡头垄断四种情况。企业的产品处于不同的竞争地位时，其价格水平各不相同。

在完全竞争的市场上，如在大米、石油、橡胶、棉花等初级产品市场上，由于参与竞争的企业或国家（地区）很多，交易条件基本一样，买卖双方均无法控制价格，故这类产品的价格多是以泰国、沙特阿拉伯、新加坡和美国这些大宗交易集散地的价格为准。

完全垄断的情况在现实生活中很少见。由于在这种市场情况下只有一个厂商拥有这种产品，买方不可能从其他渠道获得该产品，因而卖方可以完全操纵该产品的价格。

同样，在垄断竞争的情况下，由于产品被几个厂商垄断，卖方同样具有对价格的操纵权。尽管在美国有《反托拉斯法》，在德国和法国有《保护竞争者法》，以禁止垄断厂商对产品价格的控制，但在国际贸易中以垄断价格成交的案例仍然时有发生，致使垄断对价格产生的影响有时不亚于成本因素对价格产生的影响。

寡头垄断（oligopoly），又称寡头、寡占，是一种由少数卖方（寡头）主导的市场。英语中这个词来源于希腊语中“很少的卖者”。寡头垄断是同时包含垄断因素和竞争因素而更接近于完全垄断的一种市场结构。它的显著特点是少数几个厂商垄断了某一行业的市场，这些厂商的产量占全行业总产量很高的比例，从而控制着该行业的产品供给。市场上一个行业中只有两家企业相互竞争的情况是寡头垄断中的一种特殊情况，称为双占垄断或双头垄断。

（四）产品因素

产品因素主要是指产品的声誉及产品本身的特点对价格的影响。例如，日用品的单位利润较低，而耐用消费品的单位利润较高，原因就在于日用消费品购买频率高、生产周期短，所以即使单位产品利润较低，总利润还是很可观的，而耐用消费品由于购买频率低、生产周期长，所以必须维持较高的单位利润。同样，对于声誉好、售后服务周到、客户对其有强烈购买欲望的产品，价格就可以定得高一点；反之，对于名气不足、售后服务又较差的产品，一旦其价格定得过高就无人问津。

此外，产品本身的生命周期和季节性产品的时间差别对价格的影响也较大。

（五）环境因素

环境因素涉及的面更广，诸如生产国国民经济或政策的变化、世界经济形势的变化、进出口国的经济和政治状况、国际金融市场状况、银行利率的变化等都会对价格有较大的影响，所以在定价时不但要考虑产品本身的成本、市场的需求因素，而且要考虑其环境因素。

在讨论了影响价格水平的五个因素之后，进出口公司便可制定其最低可接受的价格水平。例如，A 公司在综合考虑了以上因素之后，确定在价格水平方面的最低可接受限度为：只要在报价的有效期内成交，在谈判幅度内做出让步，利润最大减让幅度为 5%。

二、影响支付方式的因素

在进出口贸易中卖方常常会遇到不利的支付条件，不同的支付方式会通过价格对谈判的预期利润造成较大影响。在国际贸易中，采用跟单托收、付款交单还是承兑交单的支付方式对出口方的影响大不相同，除了收汇风险不同之外，还间接影响交易商品的单位价格。例如，同一售价为 100 万美元的商品，若采用付款交单的支付方式，售价为 100 万美元；若采用承兑交单的支付方式，售价为 102 万美元。但即便如此，对卖方来说前者也是更为有利的货款支付方式，因为虽然从表面上看来，前者比后者少收入 2 万美元，但由于后者付款时间靠后，卖方会承受利息损失，并且在买方承兑交单后卖方就要交单，卖方承受的风险更大，因此，实际上承兑交单这种支付方式对卖方是不利的。

又如，采用不可撤销的信用证支付方式时，虽然即期信用证和远期信用证均没有收汇风险，但由于收汇时间不同，在这两种信用证支付方式下卖方承担的利息损失和汇率风险是不相同的。可见，支付方式也是影响成交价格的重要因素。例如，A 公司在综合分析了各因素之后，可能确定在支付方式方面的最低可接受限度为：如果不增加卖方商业费用，可以接受两个月期的延迟付款。

三、影响交货期的因素

在货物买卖中，交货期对双方利益都有影响。在商务合同中，交货期作为根本条款或重要条款有明确的规定，一方若未按时交货就要赔偿对方的经济损失。一般情况下，卖方总是希望迟交货，而买方总是希望卖方能早交货。按照国际惯例，卖方报价中的交货期一般为签约后两个月。在上述 A 公司的例子中，假设买方提出要在签约后一个月交货，否则卖方就需交纳罚金。例如，A 公司根据买方提出的要求，对各方面因素进行综合考虑后，提出了本公司在交货条件方面的最低可接受限度为：如果不增加额外罚金，可以同意对方提出的提前交货要求。

四、影响保证期的因素

保证期是卖方将货物卖出后的担保期限。担保的范围主要包括货物的品质和适用性等。关于保证期的长短，从来都是商务谈判中双方据理力争的焦点问题之一。卖方一般会尽力缩短保证期，因为保证期越长，卖方承担的风险越大，可能花费的成本也越大；买方总是希望保证期越长越好，因为保证期越长，买方获得的保障程度越高。但是由于保证期的长短事关卖方信誉及竞争能力，事关交易能否做成和怎样做成的问题，因此卖方在通常情况下会仔细考虑保证期问题。例如，A 公司根据可能出现的情况，确定了在保证期方面的最低可接受限度为：如果能保证在保证期内风险不大，可以答应对方延长保证期的要求。

案例专栏阅读

环旭电子宣布完成收购法国 Asteelflash

全球电子设计、制造服务和模块化领域的领导厂商环旭电子股份有限公司（以下简称“环旭电子”）今天宣布，通过收购 Asteelflash 母公司 Financière AFG S. A. S.，成功地完成对 Asteelflash 百分之百的股权收购（以下简称“本次收购”）。通过本次收购，环旭电子将成为在全球 10 个国家拥有 27 个生产基地、员工人数超过 24 000 人、营收规模超过 70 亿美元的公司。

收购完成后，Asteelflash 现有管理团队将留任。Asteelflash 和环旭电子将整合双方全球的生产据点和技术能力，共同聚焦新的终端市场和客户，创造更多价值。本次收购有助于环旭电子在全球供应链重构的大趋势下，迅速完善服务欧美市场需求的海外生产据点和运营体系，在全球变局中占据有利的竞争地位。从业务层面看，本次收购也有利于优化环旭电子当前的客户基础，平衡客户结构和营业收入构成，实现未来全球营收规模扩张。Asteelflash 也将借助环旭电子的技术能力来赢得更多业务机会，增加来自主要客户的订单，加速其业务增长，成为新兴的区域龙头企业。

环旭电子董事长陈昌益表示："收购 Asteelflash 是环旭电子实施模组化、多元化、全球化战略的关键一步。在签署收购协议后，Asteelflash 在新冠肺炎疫情的冲击下，积极调整运营，有效控制成本，总体表现优秀。相信交割完成后，双方管理团队将迅速在销售、供应链管理和技术等方面共享经验，落实协同发展计划，共同努力将环旭电子发展成为服务全球化、运营在地化以及人才国际化的世界级企业，努力提升核心竞争力，进而实现其持续成长之目标。"

Asteelflash 首席执行官吉勒斯·本哈姆（Gilles Benhamou）表示："这是 Asteelflash 的新里程碑，我们很高兴加入环旭电子这个大家庭。我们各自的专业知识将帮助我们共同成长，在竞争日益激烈的市场中发挥更大的影响力。我们将共同努力，扩充我们的能力、资源和专业知识，创造新的机会，用最好的质量满足客户的严格需求。"

关于环旭电子

环旭电子（上海证券交易所股票代码：601231，沪深 300 指数成份股）为全球电子设计制造领导厂商，在 SiP（System in Package）模块领域居行业领先地位，同时向国内外知名品牌厂商提供 D（MS）2 产品服务：设计（Design）、生产制造（Manufacturing）、微小化（Miniaturization）、行业软硬件解决方案（Solutions），以及物料采购、物流与维修服务（Services）。公司有 27 个销售生产服务据点，这些据点遍布美洲、欧洲、亚洲、非洲四大洲，与旗下子公司 Asteelflash 共同在全球为客户提供通信类、计算机及存储类、消费类、工业类电子产品与医疗及车用电子产品等。环旭电子为全球领先的半导体封装与测试制造服务公司日月光投控的成员之一。

关于 Asteelflash

Asteelflash 是一家全球性的电子制造服务公司，业务涉及汽车、能源管理、物联网（IoT）、工业、消费、国防、航空航天和数据处理行业。Asteelflash 在 2018 年的营业收入为 10 亿美元，是欧洲第二大电子制造服务公司。Asteelflash 在法国、德国、英国、捷克、中国、突尼斯、美国和墨西哥 8 个国家拥有 17 个生产基地，在全球拥有约 5 200 名员工，在欧洲和北非拥有独特的地区经验和快速生产能力；在全球有 250 多个客户，其大部分营收来自工业产品、汽车、能源管理、云计算、消费类和智慧技术设备。

资料来源：环旭电子宣布完成收购法国 Asteelflash. 美通社，2020-12-03.

问题：

结合以上案例分析：影响环旭电子成功收购法国 Asteelflash 的因素有哪些？

本章小结

国际商务谈判是一项复杂、耗时、难度较大的有组织、有目标的经济活动。要想取得谈判的成功，就必须做好与谈判有关的各项准备工作。无论是谈判信息的收集、谈判目标的确定、谈判方案的制订、谈判风格的选择，还是谈判队伍的组建，都需要谈判人员全力以赴、高度重视。

本章关键词

管理人际关系的数学模型	谈判信息	谈判信息的传递时机
谈判信息的传递场合	最优期望目标	实际需求目标
可接受目标	最低目标	谈判期限
模拟谈判	拟定假设	沙龙式模拟
戏剧式模拟		

讨论与思考

1. 简述谈判队伍的组建原则以及谈判队伍的人员结构。

2. 谈判信息的收集包括哪几个方面的内容?

3. 谈判的具体目标可分为哪几个层次?在确定具体目标的过程中要考虑哪些方面的因素?

4. 在举行正式谈判之前进行模拟谈判的好处有哪些?

延伸阅读

两起案件相继折戟,半导体跨国并购再难实现?

并购逐渐成为各大半导体企业获取创新技术与人才、增强市场地位的手段之一。不过并非所有并购都能顺利通过。新年伊始,环球晶圆收购德国硅晶圆制造商世创、英伟达收购 Arm 相继折戟,这是否释放了半导体跨国并购越来越难的信号?

从半导体行业并购的轨迹来看,大多数并购案都发生在行业稳步发展之时。咨询机构 IC Insights 的报告显示,2020 年下半年,在疫情得到一定控制后,半导体行业的经营状况趋于稳定,使得 2020 年全年的并购价值跃升至 1 179 亿美元的历史最高年度纪录,仅在 9—12 月期间,半导体并购交易总额就达到了 945 亿美元。

并购完成后达不到预期的目标已是后话,实际上顺利完成并购也并非一桩易事。开年以来,环球晶圆收购世创、英伟达收购 Arm 相继折戟便是例子。

2 月 2 日,环球晶圆收购世创股权案,因未能在截止期限前获得德国政府核准而告终。对于未核准原因,德国经济部发言人表示:"这起投资案的审查还牵涉到中国审视反垄断配套措施,中方直到上周才完成作业,因此德方不可能赶在时限内完成审查所需的一切程序。"

业内人士则指出:"德国未能批准的主要原因在于技术民族主义的驱使,因为德国政府不想把整个半导体生态系统关键部分的控制权交给亚洲。"

国内某企业 IPR(知识产权管理人员)金文(化名)也持相同看法,他认为,各国对半导体的重视程度与日俱增,更加需要强化本土供应链,德国政府自然不愿"放走"世创。

与环球晶圆收购世创卡在最后一道关卡相比,英伟达收购 Arm 失败似乎在意料之中，这起并购从一开始便有众多的反对声音，在各国的反垄断审查方面也毫无进展。

业界反对的原因在于 Arm 架构被广泛应用于芯片行业，苹果、三星、高通和博通等全球芯片制造商都和 Arm 有深度合作关系，这些依靠 Arm 技术的公司担心英伟达成功收购 Arm 会极大地削弱 Arm 的中立地位。尽管英伟达 CEO 黄仁勋一再保证“将维持 Arm 原有的开放专利许可模式”，但未能让业界信服，业界甚至游说欧盟和英国相关反垄断官员以阻止这笔交易的发生。

英国、欧盟等反垄断机构认为，这起收购案可能扰乱芯片行业竞争格局，并存在推高全球芯片价格的风险。与此同时，美国联邦贸易委员会提起诉讼，要求阻止收购案。在重重阻碍下，英伟达收购 Arm 无疾而终。

其实此类事件并不在少数，2021 年 3 月，意大利政府利用“黄金权力”法规否决了深圳创疆投资控股有限公司对米兰半导体设备公司 LPE 的收购案；12 月，智路资本收购韩国 OLED 显示驱动芯片生产商 Magnachip 因未能获得美国外国投资委员会（CFIUS）批准而宣告失败。

而中国也否决过美欧之间的此类交易。例如：由于未能获得中国监管机构的批准，高通计划以 440 亿美元收购恩智浦的交易在 2018 年画上句号；2019 年，应用材料计划从私募股权投资机构科尔伯格·克拉维斯·罗伯茨公司（KKR）手中收购日本国际电气株式会社（Kokusai Electric Corporation）的交易也因未获得中国监管机构的批准而结束。

这是否意味着半导体跨国并购会越来越难？上述业内人士和金文都给出了肯定的答案。业内人士表示：“各国的贸易产品和半导体自给自足的情绪将使任何跨境并购在短期内变得困难。”金文则指出，国家安全、反垄断、利益相关方的反对等各种因素都将影响半导体并购的成功率。

始于 2019 年年末的缺芯潮至今未解，这也让各国政府意识到半导体的重要性并将其提升至战略层面。此前欧盟委员会主席乌尔苏拉·冯德莱恩在世界经济论坛上表示：“目前大部分尖端工艺芯片的供应来自欧洲以外的少数生产商。我们根本无法承受供应链对外部的依赖和不确定性，到 2030 年，全球 20%的微芯片生产应该在欧洲。”

今年 2 月，美国和欧盟相继公布芯片方案，重点也都放在了“提高半导体制造能力的同时支持先进芯片的研发”上，并分别提供 520 亿美元/430 亿欧元（相当于 490 亿美元）的拨款，由此可见半导体的战略地位。在这样的背景下，可以预见：各国政府为强化本土供应链，在半导体行业并购的审批方面将愈加严格。

可以预见，并购虽说是半导体企业扩大规模的一大“利器”，但随着各国愈发强调打造本土产业链，并购的不确定性或将大幅增加。

资料来源：两起案件相继折戟，半导体跨国并购再难实现?. 网易新闻，2022-02-17.

深度阅读推荐

[1] 樊建廷. 商务谈判. 大连：东北财经大学出版社，2006.

[2] 赫布科恩. 谈判天下：如何通过谈判获得你想要的一切. 深圳：海天出版社，2006.

[3] 刘必荣. 谈判圣经：终极谈判策略. 北京：中国社会科学出版社，1999.
[4] 刘向丽. 国际商务谈判. 北京：机械工业出版社，2005.
[5] 刘园. 国际商务谈判：理论、实务、案例. 北京：中国商务出版社，2005.

第五章
国际商务谈判各阶段的策略

学习目标

学习完本章，你应掌握：

- 国际商务谈判策略概述；
- 开局阶段的策略；
- 报价阶段的策略；
- 磋商阶段的策略；
- 成交阶段的策略；
- 处理僵局的策略。

新闻导读

西门子医疗164亿美元收购瓦里安，成为年内最大医疗收购案

德国医疗技术公司西门子医疗将收购美国癌症医疗技术提供商瓦里安医疗系统公司（以下简称“瓦里安医疗”）的所有股份。8月2日，西门子医疗和瓦里安医疗共同宣布，双方已签订协议，西门子医疗将以每股177.50美元现金的价格收购瓦里安医疗的所有股份，折合收购总价约164亿美元，成为2020年医疗行业最大的收购案。

国外权威的第三方网站QMED根据2019年全球医疗器械公司营收状况发布的《2019年医疗器械公司百强榜单》显示，西门子医疗位居第七，瓦里安医疗位居第二十三。预计收购瓦里安医疗后的西门子医疗将有望在营收排名上进入全球医疗器械公司前三名。根据上述榜单，全球排名前五的医疗器械企业分别是美敦力、强生、雅培、GE医疗、芬森尤斯医疗。

西门子医疗方面表示，对瓦里安医疗的收购预计将在2021年上半年完成，最终须经瓦里安医疗股东及监管部门批准，并满足其他约定俗成的收购条件。

瓦里安医疗方面透露，瓦里安医疗已经建立了强大的品牌认知度，预期在交易完成后，将继续以瓦里安品牌在西门子医疗内部作为一家独立公司运营。

瓦里安医疗方面还表示，此次双方联合将创造一个多学科、拥有大多数最全面的癌症治疗产品组合的全球医疗领导者。合并后的公司将提供一个覆盖端到端的肿瘤解决方案的全集成平台，以确保癌症护理的连续性：从筛查、诊断、治疗、护理，到治疗后生存。通过将两家公司在诊断工具、影像、放射治疗和人工智能方面高度互补的能力结合在一起，瓦里安医疗和西门子医疗将引领肿瘤治疗的数字化转型，实现更高效的诊断、更高质量的治疗、更广泛的和更个性化的精确癌症治疗，提升全球数百万患者的治疗效果。

西门子医疗是电子电器类公司西门子旗下子公司，成立于1896年，旗下拥有CT计算机断层扫描仪、血管造影等影像设备和系统，也提供心脏病等疾病的解决方案。1992年，西门子医疗成立上海西门子医疗器械有限公司（SSME），正式进入中国市场。

在医学影像领域，西门子医疗与飞利浦、GE医疗被公认为是三大巨头，合称“GPS”。2019财年（截至2019年9月30日），西门子医疗的总营业收入为145亿欧元，调整后利润额为25亿欧元。

瓦里安医疗创立于1948年，1983年进入中国，是第一家入驻美国加州硅谷的高科技公司，专注于癌症治疗技术和解决方案，最初靠肿瘤放疗业务起家，通过并购拥有质子治疗业务和肿瘤介入业务。根据瓦里安医疗2019年11月发布的财报，2019财年归属于母公司普通股股东的净利润为2.92亿美元，营业收入为32.25亿美元。

瓦里安医疗全球副总裁、大中华区总裁张晓在7月18日的质子放射外科线上学术研讨会上曾介绍，全球有28个领先的质子中心选择了瓦里安医疗的ProBeam质子治疗系统，12个中心已开始临床使用，治疗的患者数量达到了13 000多名。在过去的三年里，瓦里安医疗共签订了13份合同，包含25间治疗室，新增市场占有率达到50%。与此同时，在三年内，瓦里安医疗向客户交付了25间治疗室，在中国的几个质子建设项目也在有条不紊地推进。

西门子医疗全球首席执行官孟天齐（Bernd Montag）博士说：“两家业界领先公司的强强联合，使我们一步实现了两次飞跃：一是公司抗癌业务的飞跃；二是公司在医疗健康行业的整体影响力的飞跃。在这样特殊的历史节点上做出这个决定，意味着我们对公司的发展满怀信心，致力于成为更强大的合作伙伴，同时为社会提供更有价值和更高效的医疗健康服务。我们将比以往更加勇往直前，与瓦里安医疗杰出而充满激情的员工一起，创造医疗行业的未来。”

瓦里安医疗全球总裁兼首席执行官魏思韬（Dow Wilson）说：“今天的宣布标志着我们公司历史上的一个重要进展，瓦里安医疗董事会坚信这是瓦里安医疗正确的前进道路；我们与西门子医疗的合并除了为我们的股东带来直接的回报之外，还将帮助我们加速实现创造一个无惧于癌症的世界这一目标。西门子医疗在检测和诊断方面的创新领导力将使我们有机会参与到抗癌的第一战线，为临床医生和患者提供服务。我们将全力以赴，服务全世界更多的患者。"

资料来源：西门子医疗164亿美元收购瓦里安，成为年内最大医疗收购案．澎湃新闻，2020-08-05.

国际商务谈判的过程复杂多变，为了在复杂多变的谈判中取得满意的效果，实现利益目标，必须在谈判中实施有效的策略。通过学习在谈判开局阶段、报价阶段、磋商阶段、成交阶段的不同策略，读者应了解不同谈判阶段的不同特点，并能够针对四个阶段分别提出有效的谈判策略。

第一节　国际商务谈判策略概述

一、国际商务谈判策略的概念

国际商务谈判策略，从企业经营的角度来说，是为了在市场竞争中求得生存和发展从而实现企业的经营目标的一系列对策的统称；从谈判人员的角度来说，是为了达到预期的目的，在谈判过程中所采取的各种行动、方法和手段的总和。总之，国际商务谈判策略可以理解为根据谈判战略目标的要求和谈判情况的变化所采取的措施的总和。简而言之，国际商务谈判策略是在可以预见和可能发生的情况下应采取的相应行动和手段。

二、制定国际商务谈判策略的步骤

制定国际商务谈判策略的步骤是指制定策略所应遵循的逻辑顺序，主要包括以下几个方面：

（一）了解影响谈判的因素

制定谈判策略的起点是对影响谈判的各因素的了解。这些因素包括谈判中的问题，双方的分歧、态度，趋势变化等，它们共同构成一个组合。谈判人员首先应将这个组合分解成不同的部分，并找出每一部分的意义，然后进行重新安排，在观察和分析之后，找出最有利于自己的组合方式。

为了判断在谈判过程中采取进攻或撤退行动的最佳时机，寻找最合适的手段或方式，达成最有利于自己的协议，谈判人员需要制定恰当的谈判策略。谈判是一个动态的发展过程，这要求谈判人员能针对谈判中的发展趋势做出适当的反应，随时调整谈判策略。

（二）寻找关键问题

在对相关现象进行科学分析和判断之后，谈判人员要对问题，特别是关键问题做出明确的陈述与界定，厘清问题的性质，以及该问题对整个谈判的成功会产生什么作用等。

（三）确定具体目标

在这一阶段，谈判人员要根据现象进行分析，找出关键问题，找出谈判进展中应该调整的事先已确定的目标。然后，视当时的环境变化，调整和修订原来的目标，或是对各种可能的目标进行分析，确定一个新目标。谈判目标的确定关系到整个谈判策略的制定以及将来整个谈判的方向、价值和行动。这个过程实际上是一个根据自身条件和谈判环境的要求寻找各种可能目标并进行动态分析及判断的过程。

（四）形成假设性方法

在这一阶段，谈判人员要根据谈判中不同问题的不同特点，逐步形成解决问题的途径和具体方法。这要求谈判人员对不同的问题进行深刻分析，突破常规限制，尽力探索出能满足自己期望的目标，同时找出解决问题的方法。

（五）深度分析和比较假设性方法

在形成假设性方法后，谈判人员要对少数比较可行的方法进行深入分析。依据有效、可行的要求，对这些方法进行分析、比较，权衡利弊，从中选择若干种比较满意的方法。这要求谈判人员在决策理论的指导下，运用一系列定性与定量的分析方法，对假设性方法进行深度分析，分析的标准是有效、可行。所谓有效，是指方法的针对性强，既能切实解决问题，又能实现利益目标；所谓可行，是指方法本身简便易行，而且处于谈判对手认可、接受的范围之内。

（六）形成具体的谈判策略

在进行深度分析并得出结果的基础上，谈判人员要对拟定的谈判策略进行评价，得出最后结论；同时，还需要根据谈判的进展情况，考虑提出具体的谈判策略的方式、方法，特别是已准确把握了对方的企图以后，就要考虑在什么时候提出己方的策略，并考虑以什么方式提出。然后综合考虑这些策略及其提出的时间、方式，确定这些具体的谈判策略中哪些是最好的，哪些是一般的，哪些是迫不得已的，即形成所谓的上策、中策、下策。

（七）制订行动计划草案

有了具体的谈判策略，谈判人员紧接着便要考虑谈判策略的实施，制订行动计划草案。要按从一般到具体的顺序，提出每个谈判人员必须做到的事项，把它们在时间、空间上安排好，并进行反馈控制和追踪决策。

以上只是根据商业谈判的一般情况来说明如何制定谈判策略。在具体的实施过程中，上述步骤并非机械地排列，各步骤间也不是截然分开的，这些步骤和程序仅仅是制定谈判策略时所应遵循的逻辑思维。

第二节 开局阶段的策略

在实际谈判中，从谈判双方见面商议开始，到最后签约或成交为止，整个过程往往呈现出一定的阶段性特点。

开局阶段主要是指谈判双方见面后，在讨论具体的、实质性的交易内容之前，相互介绍、寒暄以及就谈判内容以外的话题进行交谈的那段时间。开局是整个商务谈判的起点，开局的效果如何在很大程度上决定着整场谈判的走向。因此，一个良好的开局将为谈判成功奠定坚实的基础，谈判人员对此应予以高度重视。

在开局阶段，谈判人员的主要任务是创造良好的谈判气氛、交换意见和做开场陈述。

一、创造良好的谈判气氛

根据互惠谈判模式的要求，谈判双方应当共同努力，寻求互惠互利的谈判结果。经验证明，在非实质性谈判阶段所创造的气氛会对谈判的全过程产生重要影响。因此，谈判人员要在谈判开始前建立一种合作的气氛，为双方融洽地谈判奠定良好的基础。

每一次谈判都因谈判内容、形式、地点的不同而有其独特的气氛。有的谈判气氛是冷淡的、对立的；有的是松弛的、缓慢的、旷日持久的；有的是积极的、友好的；也有的是平静的、严肃的、拘谨的。不同的谈判气氛对谈判会有不同的影响。在热烈、积极、友好的气氛下，双方抱着互利互让、通过共同努力签订一个皆大欢喜的协议、使双方的需要都能得到满足的态度来参加谈判，谈判便会成为一件轻松愉快的事情；在冷淡、对立、紧张的气氛中，双方抱着寸土不让、寸利必争、尽可能签订一个使自己利益最大化的协议的态度来参加谈判，就很有可能会将谈判变成一场没有硝烟的战争。

一种谈判气氛可以在不知不觉中使谈判朝某个方向推进。比如热烈的、积极的、合作的气氛会使谈判朝着达成一致协议的方向推进，而冷淡的、对立的、紧张的气氛会把谈判推向更为严峻的境地。气氛会影响谈判人员的心理、情绪和感觉，如果不加以调整和改变，就会强化不良气氛。因此，在谈判一开始时就建立起一种合作的、诚挚的、轻松的、认真的和解决问题的气氛，对谈判可起到十分积极的作用。

谈判双方刚见面时的寒暄等客套并不能决定谈判的气氛，这仅仅是表面现象而已。谈判人员的大脑运动才是决定谈判气氛的实质内容，正是谈判人员的大脑运动所决定的谈判人员的谈吐、目光、姿态、各种动作等造成了各不相同的谈判气氛。实际上，当双方走到一起准备谈判时，谈判的气氛就已经形成，是热情还是冷漠、是友好还是猜忌、是轻松活泼还是严肃紧张都已基本确定。当然，谈判气氛不仅受开局瞬间的影响，双方见面之前的预先接触、谈判中的交流都会对谈判气氛产生影响。但谈判开局瞬间的影响最为强烈，它奠定了谈判的基础。此后，谈判的气氛波动比较有限。因此，为了创造一种良好的、合作的气氛，谈判人员应当注意以下几点：

（1）谈判前，谈判人员应安静下来再一次设想谈判对手的情况，设想谈判对手是什么样的人。若是从未见过面的人，则可根据己方掌握的情况来设想一下他的工作和个人生活有什么特点，他需要什么，他在企业中处于什么地位，他属于哪种类型的人等。

(2) 谈判人员应该径直步入会场，以开诚布公、友好的态度出现在对方面前。肩膀要放松，目光的接触要表现出可信、可亲和自信。心理学家认为，谈判人员心理的微妙变化都会通过目光表现出来。

(3) 谈判人员在服饰仪表上要塑造符合自己身份的形象。谈判人员不能蓬头垢面，服饰要美观、大方、整洁，颜色不要太鲜艳，式样不能太奇异，尺码不能太大或太小。由于各国的经济发展程度不同和风俗习惯的差异，对服饰方面的要求当然不能一概而论，但干净、整洁的服饰在任何场合都是必要的。

专栏阅读 5-1

瑞士某财团副总裁率代表团去另一个国家考察合资办药厂的环境并商洽有关事宜，该国某药厂出面接待。在第一天的洽谈会上，瑞方人员全部西装革履，穿着正装出席，而该国的接待人员中有穿牛仔裤、运动鞋的，还有干脆穿着毛衣外套的。结果，当天的会谈草草结束后，瑞方连考察的现场都没去，第二天就找了个理由匆匆地打道回府了。

(4) 在开场阶段，谈判人员最好站立说话，小组成员不必围成一个圆圈，而最好是自然地把谈判双方分成若干小组，每组都有各方的一两名成员。

(5) 行为和说话都要轻松自如，不要慌慌张张。可适当谈论些轻松的、非业务性的中间问题，如来访者旅途的经历、体育表演或文娱信息、天气情况、私人问候以及以往的共同经历和取得的成功等。此时应不带任何威胁的语调，不要涉及个人的隐私，尽量使双方找到共同语言，为心理沟通做好准备。

(6) 注意手势和触碰行为。双方见面时，谈判人员应毫不迟疑地伸出右手与对方相握。握手虽然是一个相当简单的动作，却可以反映出对方是强硬的、温和的还是理智的。在西方，一个人如果在以右手与对方相握的同时，又把左手搭在对方的肩上，说明此人精力过于充沛或权力欲很强，对方会认为“这个人太精明了，我得小心一点”。同时，最忌讳的莫过于拉下领带、解开衬衫纽扣、卷起衣袖等动作，因为这将使人产生你已精疲力竭、感到厌烦等印象。

总之，谈判气氛对谈判进程极为重要，谈判人员要善于运用灵活的技巧来影响谈判气氛的形成。只有建立起诚挚、轻松、合作的谈判气氛，谈判才能获得理想的结果。

二、交换意见

在建立起良好的谈判气氛之后，谈判人员相继落座，此时谈判开始。

在开局阶段，谈判人员切忌离题太远，应尽量将话题集中于谈判的目标、计划、进度和人员四个方面。

(一) 谈判目标

谈判目标的类型因各方出发点不同而异。例如，探测型目标意在了解对方的动机；

创造型目标旨在发掘互利互惠的合作机会；论证型目标旨在说明某些问题。此外，还有达成原则协定型目标、达成具体协定型目标、批准草签的协定型目标、回顾与展望型目标、处理纷争型目标等。目标既可以是上述类型中的一种，也可以是其中的几种。

（二）谈判计划

谈判计划是指议程安排，其内容包括议题和双方人员必须遵循的规矩。

（三）谈判进度

谈判进度是指会谈的速度或会谈前预计的洽谈速度。

（四）谈判人员

谈判人员是指谈判队伍的成员，涉及成员姓名、职务以及他们在谈判中的地位与作用等情况。

上述问题也许在谈判前双方就已经讨论过了，但在谈判开始前，仍有必要再就这些问题协商一次。最为理想的方式是以轻松、愉快的语气先谈双方容易达成一致意见的话题。例如："咱们先确定一下今天的议题，如何?""先商量一下今天的大致安排，怎么样?"这些话从表面上看好像无足轻重，分量不大，但这些要求往往最容易得到对方肯定的答复，因此比较容易创造一种一致的感觉。如果对方急于求成，一开局就喋喋不休地大谈实质性问题，那么己方应巧妙地避开对对方的肯定答复，把对方引到谈判目的、议程上来。如对方一开始就说："来，咱们雷厉风行，先谈价格条款。"己方可以接口应道："好，马上谈，不过咱们先把会谈的程序和进度商量一下，这样谈起来效率更高。"这也是防止谈判时因彼此追求的目标、对策相去甚远而在开局之初就陷入僵局的有效策略。

三、做开场陈述

在报价和磋商之前，为了摸清对方的原则和态度，可做开场陈述和倡议。所谓开场陈述，即双方分别阐明自己对有关问题的看法和原则。开场陈述的重点是己方的利益，但它不是具体的，而是原则性的。

陈述的内容通常包括：己方对问题的理解，即己方认为这次谈判应涉及的问题；己方的利益，即己方希望通过谈判取得的利益；哪些方面对己方来讲是至关重要的；己方可向对方做出的让步和商谈事项；己方可以采取何种方式为双方共同获得利益做出贡献；己方与对方的交往，包括双方以前合作的结果，己方在对方心目中享有的信誉，今后双方合作中可能出现的良好机会或障碍；等等。

陈述的时间双方应尽量均等，切忌出现独霸会场的局面。发言内容要简短而突出重点，恰如其分地把意图、感情倾向表达出来即可，例如，"希望有关技术方面问题的讨论结果，能使我们双方都满意。"在用词和态度上，应尽量轻松愉快，具有幽默感，以减少引起对方焦虑、不满和气愤的可能。

结束语需特别斟酌，其要求是应表明己方陈述只是为了使对方明白己方的意图，而不是向对方发起挑战或强迫对方接受。例如，“我是否说清楚了”“这是我们的初步意见”等都是比较好的结束语。陈述完毕后，要留出一定时间让对方发表一下意见。同时，要注意对方对自己的陈述有何反应，并找出对方的目的和动机与己方的差别。

对于对方的陈述，己方一是要倾听，听的时候要思想集中，不要把精力花在寻找对策上；二是要知晓对方陈述的内容，如果有疑问，可以向对方提问；三是要归纳，要善于思考、理解对方的关键问题。

双方分别陈述后，需要做出一种能把双方引向寻求共同利益的陈述，即倡议。在提出倡议时，双方要提出各种设想和解决问题的方案，然后在设想和符合商业标准的现实之间搭起一座通向成交之路的桥梁。

四、开局阶段应考虑的因素

不同内容和类型的谈判，需要有不同的开局策略与之对应。一般来说，确定恰当的开局策略需要考虑以下两个因素：

（一）考虑谈判双方之间的关系

谈判双方之间的关系主要有以下几种情况：双方过去有过业务往来，且关系很好；双方过去有过业务往来，但关系一般；双方过去有过一定的业务往来，但己方对对方的印象不佳；双方过去没有业务往来。

1. 双方过去有过业务往来，且关系很好

对于这种情况，在开局阶段应将这种友好的关系作为双方谈判的基础。在这种情况下，开局阶段的气氛应是热烈、真诚、友好和愉快的。开局时，己方谈判人员在语言上应该是热情洋溢的，其内容可以是畅谈双方过去的友好合作关系或双方之间的人员交往，亦可适当地称赞对方企业的进步与发展，态度应该比较自由、放松、亲切。在结束寒暄后，可以这样将话题切入实质性谈判：“过去我们双方一直合作得很愉快，我想，这次我们仍然会合作愉快。”

2. 双方过去有过业务往来，但关系一般

在这种情况下，开局的目标是要争取创造一种比较友好、和谐的气氛。但是，己方的谈判人员在语言的热情程度上要有所控制；其内容可以是简单回忆双方过去的业务往来及人员交往，亦可交流双方人员在日常生活中的兴趣和爱好。在寒暄结束后，可以这样把话题切入实质性谈判：“过去我们双方一直保持着业务往来关系，我们希望通过这一次的交易磋商，将我们双方的关系推进到一个新的高度。”

3. 双方过去有过一定的业务往来，但己方对对方的印象不佳

对于这种情况，开局阶段的谈判气氛应是严肃、凝重的。己方谈判人员在开局时，在语言上要注意礼貌，同时应该比较严谨，甚至可以带一点冷峻。其内容可以是就过去双方的关系表示不满和遗憾，以及希望通过磋商来改变这种状况的愿望。在态度上应该充满正气，与对方保持一定距离。在寒暄结束后，可以这样将话题引入实质性谈判：“过去我们双方有过一段合作关系，但遗憾的是并不那么令人愉快。千里之行，始于足下。让我们从这里开始吧。”

4. 双方过去没有业务往来

在这种情况下，应努力创造一种真诚、友好的气氛，以淡化和消除双方的陌生感以及由此引起的防备心理，为后面的实质性谈判奠定良好的基础。因此，己方谈判人员在语言上应该表现得礼貌友好但又不失身份。其内容多以天气情况、途中见闻、个人爱好等比较轻松的话题为主，也可以就个人在公司的任职时间、负责的范围、专业经历进行一般性询问和交谈。在态度上要不卑不亢，沉稳又不失热情，自信但不傲气。在寒暄结束后，可以这样开始实质性谈判：“这笔交易是我们双方的第一次业务交往，希望它能够成为我们双方发展长期友好合作关系的一个良好开端。我们都是带着希望来的，我想，只要我们共同努力，我们一定会满意而归。”

（二）考虑双方的实力

就双方的实力而言，有以下三种情况：

（1）双方谈判实力相当。为了防止一开始就强化对方的戒备心理或激起对方的对立情绪，以至于影响到实质性谈判，在开局阶段，仍然要力求创造一种友好、轻松、和谐的气氛。己方谈判人员在语言和姿态上要做到轻松又不失严谨、礼貌又不失自信、热情又不失沉稳。

（2）己方谈判实力强于对方。如果己方谈判实力明显强于对方，为了使对方能够清醒地意识到这一点，并且在谈判中不抱过高的期望值，从而产生威慑作用，同时又不至于将对方吓跑，在开局阶段，在语言和姿态上，既要表现得礼貌友好，又要充分显示出己方的自信和气势。

（3）己方谈判实力弱于对方。如果己方谈判实力弱于对方，为了不使对方在气势上占上风，从而影响后面的实质性谈判，在开局阶段的语言和姿态上，一方面要表示出友好和积极合作的意愿，另一方面要充满自信，使对方不会轻视己方。

第三节　报价阶段的策略

谈判双方在结束非实质性交谈之后，要将话题转向有关交易内容的正题，即开始报价。报价以及随之而来的磋商是整个谈判过程的核心。

这里所说的**报价**，不仅指产品在价格方面的要价，而且泛指谈判的一方对另一方提出的自己的所有要求，包括商品的数量、质量、包装、价格、装运、保险、支付、商检、索赔、仲裁等交易条件，其中价格条件是谈判的中心。外贸业务虽然多种多样，但一般情况下，谈判都是围绕报价进行的。

报价阶段的策略主要体现在四个方面，即报价的先后、如何报价、如何对待对方的报价以及进行报价解释时必须遵循的原则。

一、报价的先后

谈判双方谁先报价，这是个微妙的问题，报价的先后在某种程度上对谈判结果会产生实质性影响。就一般情况而言，先报价既有利也有弊。

谈判人员一般都希望谈判尽可能按己方意图进行，因此要通过实际的步骤来确立己方在谈判中的影响。己方如果首先报价，就为以后的讨价还价树立了一个界碑，实际上等于为谈判划定了一个框架或一条基准线，最终协议将在这个范围内达成。例如，卖方对某种材料报价每吨 FOB1 000 美元，那么双方磋商后的最终成交价一定不会超过每吨 FOB1 000 美元。

另外，先报出的价格如果出乎对方的预料和期望值，会使对方失去信心。例如，卖方对某种货物报价每吨 FOB1 000 美元，若买方能承受的价格只有 400 美元，与卖方报价相去甚远，那么即使经过磋商也很难达成协议，因此只好改变原来的部署，要么提价，要么放弃交易。总之，先报价在整个谈判中会持续发挥作用，因此先报价比后报价有优势。

但是，先报价的弊端也是很明显的。一方面，卖方了解己方的报价后，可以对他们原有的想法做出最后的调整。由于己方先报价，对方对己方的交易起点有所了解，他们可以修改预先准备的报价，获得本来得不到的好处。如在上例中，卖方对货物报价每吨 FOB1 000 美元的材料，若买方预先准备的报价是 1 100 美元，那么很显然，在卖方报价后，买方会马上修改其原来准备的报价条件，其报价肯定会低于每吨 FOB1 000 美元，那么对买方来讲，后报价至少可以使他获得每吨 100 美元的好处。另一方面，先报价后，对方还会试图在磋商过程中迫使己方按照他们的路子谈下去。其常用的做法是：采取一切手段，调动一切积极因素，集中力量，攻击己方报价，逼迫己方一步一步地降价，但并不透露他们自己究竟愿意出多高的价格。

既然先报价有利也有弊，那么己方究竟应先于对方报价，还是让对方先报价呢？也就是说，在什么时候、什么情况下己方先报价利大于弊呢？一般来说，可以通过分析并比较谈判双方的谈判实力，采取不同的策略。

(1) 如果预期谈判将会出现你争我斗、各不相让的气氛，那么“先下手为强”的策略就比较适用。通过先报价来规定谈判过程的起点，并由此影响此后的谈判过程，从一开始就占据主动是比较有利的。

(2) 如果己方的谈判实力强于对方，或者说与对方相比，己方在谈判中处于相对有利的地位，那么己方先报价是有利的。尤其是在对方对本次交易的市场行情不太熟悉的情况下，先报价的好处就更大，因为这样可以为谈判划定一条基准线。同时，由于己方了解行情，还可以适当掌握成交的条件，这对己方来说无疑利大于弊。

(3) 如果谈判对手是老客户，同己方有较多的业务往来，而且双方合作一向较愉快，在这种情况下，谁先报价对双方来说就无足轻重。

(4) 根据惯例，发起谈判的人应带头先报价。

(5) 如果谈判双方都是谈判行家，则谁先报价均可。如果谈判对手是谈判行家，自己不是谈判行家，则让对方先报价可能较为有利。

(6) 如果对方是外行，那么不论己方是不是外行，己方先报价都可能较为有利，因为这样做可以对对方起到一定的引导或支配作用。

(7) 按照惯例，由卖方先报价。卖方先报价的目的不是扩大影响，而只是投石问路，用报价的方法直接刺探对方的反应思路。卖方报价是一种义务，买方还价也是一种义务。

专栏阅读 5-2

爱迪生在做某公司的电气技师时，他的某项发明获得了发明专利。一天，公司经理突然派人把爱迪生请到经理室，表示愿意购买爱迪生的发明专利，并让爱迪生先报价。

爱迪生想了想，回答道："我的发明对公司有怎样的价值我是不知道的，请您先开个价吧。"

"那好吧，我出 40 万美元，怎么样？"经理爽快地先报了价。

谈判顺利结束了。

事后，爱迪生这样说："我原来只想把专利卖 5 000 美元，因为以后在实验上还要用很多钱，所以再便宜些我也是肯卖的。"

让对方先报价，使爱迪生多获得了 30 多万美元的收益，经理的开价与他所预料的价格简直有天壤之别。在这次谈判中，爱迪生事先没有做任何准备，对他的发明对公司的价值一无所知，如果自己先报价，肯定会遭受巨大的损失。在这种情况下，最佳的选择就是把报价的主动权让给对方，通过对方的报价传递的信息来探查对方的目的、动机，摸清对方的虚实，然后及时地调整自己的谈判计划，重新确定所报的价格。

二、如何报价

由于报价的高低对整个谈判进程会产生实质性影响，因此，要成功地进行报价，谈判人员就必须掌握一定的方法。

(一) 掌握行情是报价的基础

制定报价策略的基础是谈判人员根据对以往和现在所收集和掌握的、来自各种渠道的商业情报和市场信息的比较、分析所做的判断和预测。

众所周知，国际市场行情处于不断变化之中，这种错综复杂的变化通常会通过价格的波动表现出来；同时，价格的波动反过来又会影响市场的全面波动。因此，谈判人员要在收集并积累有关信息、情报和资料的基础上，注意分析和预测市场动向，主要是研究有关商品的国际市场供求关系及其价格动态。此外，如果该商品或其代用品在生产技术上有重大突破和革新征兆，也应予以密切关注。

(二) 报价的原则

卖方希望卖出商品的价格越高越好，而买方则希望买进商品的价格越低越好。但一方的报价只有在被对方接受的情况下才能产生预期的结果，使买卖成交。也就是说，价格水平的高低并不是由任何一方随心所欲决定的，它要受到供求和竞争以及谈判对手状况等多方面因素的制约。因而，谈判一方向另一方报价时，不仅要考虑报价所获的利益，还要考虑该报价能否被对方接受，即报价成败的概率。

因此，报价的基本原则是：通过反复比较和权衡，设法找出价格所带来的利益与被接受的概率之间的最佳结合点。

(三) 最低可接受水平

报价之前最好为自己设定一个“最低可接受水平”。**最低可接受水平**是指最差的但可以勉强接受的最终谈判结果。有了最低可接受水平，谈判人员既可避免拒绝有利条件或接受不利条件，也可防止一时的鲁莽行动。在“联合作战”的场合，可以避免各个谈判人员各行其是。例如，卖方将其欲出售的某种商品的最低可接受价格定为500元，意味着假如售价等于或高于500元，他将愿意成交，但若售价低于500元，则他宁愿持有商品，也不愿出售。

(四) 确定报价

一般来说，一方开盘报价之后，对方立即接受的例子极为少见，一方开价后，对方通常是要还价的。对卖方来说，报价策略是要报出最高价；而对买方来说，则是要报出最低价。

首先，报价有一定的虚头是正常情况，虚头的高低要视具体情况而定，不能认为越高越好，也没有固定的百分比。在国际行市看好时，卖方的虚头可以略大一些，行市越趋好，虚头就可以越大。虚头是为以后的谈判留余地，留得过大不好，过小也不行。

作为卖方，开盘价几乎为成交的价格确定了一个最高限。一般来说，除特殊情况外，开盘价一经报出，就不能再提高或更改了，否则对方是不会接受的。同样，作为买方，开盘价为购买价确定了一个最低限。一般来说，没有特殊情况，开盘价也是不能降低的。

其次，从人们的观念上看，“一分钱，一分货”是大多数人信奉的观点，尤其对于价格政策为“厚利少销”的商品（如工艺美术品），较高的虚头是有必要的。

最后，在谈判过程的各个阶段，特别是磋商阶段，谈判双方经常会出现僵持不下的局面。为了推动谈判的进程，使之不影响己方谈判的战略部署，己方应根据需要，适时做一点退让，适当满足对方的某些要求，以打破僵局或换取对己方有利的条款。所以，报出含有高虚头的价格是很有必要的。

但是，虚头并不是越高越好。脱离实际，漫天要价，并不会给己方带来任何利益，而且有可能把对方吓跑，从而浪费时间和精力。例如，在某场交易会上，某厂商将大豆的报价定为800元人民币/吨，比当时国际市场行情高了200元人民币/吨，结果大多数客户都惊呆了，他们弄不明白该厂商的意图，只好悻悻离去。一场交易会下来，除个别客户考虑到长远关系买了几百吨外，大多数客户均未能成交。

因此，报价的虚头必须合情合理，即能找出合适的理由为之辩护。若价格高到讲不出道理的地步，对方必然会认为你缺乏诚意，从而终止谈判，扬长而去；或者以其人之道还治其人之身，针锋相对地来个“漫天杀价”；或者提出质疑，使己方丧失信誉。

过分的虚头也会给谈判造成困难，因为对方认为你的价格还有水分，总不敢下最后决心。为了使对方明确态度，己方往往限定最后期限。这样做可能产生两种后果：一是对方看清局势，予以接受；二是被对方误认为是谈判手段而不予重视，这意味着谈判可能破裂。

（五）报价过程

卖方主动开盘报价，称**报盘**；买方主动开盘报价，称**递盘**。在正式谈判中，开盘都是不可撤销的，叫作**实盘**。开盘时，报价要坚定而果断地提出，毫无保留，毫不犹豫，这样才能让对方认为己方是认真而诚实的。欲言又止，吞吞吐吐，必然会导致对方的不信任。

开盘必须明确清楚，必要时还应向对方提供书面的开价单，或一边解释一边写出来，让对方看清楚，使对方准确地了解己方的期望，含糊不清易使对方产生误解。

开盘时不需要对所报价格做过多的解释、说明和辩解，没有必要为那些合乎情理的事情进行解释和说明，因为对方肯定会对有关问题提出质询。如果在对方提问之前，己方主动地加以说明，会使对方意识到己方最关心的问题是什么，而这种问题对方有可能尚未考虑过。有时过多地说明和辩解，会使对方从中找出破绽或突破口。

（六）两种典型的报价战术

在国际商务谈判中，有两种典型的报价战术，即西欧式报价战术和日本式报价战术。

西欧式报价战术与前面所说的报价原则是一致的。其一般的模式是：首先提出含有较大虚头的价格，然后根据买卖双方的实力对比和该笔交易的外部竞争状况，通过给予各种优惠，如数量折扣、价格折扣、佣金和支付条件上的优惠（如延长支付期限、提供优惠信贷等）来逐步软化和接近买方的市场和条件，最终达成交易。实践证明，这种报价方法只要能够稳住买方，往往会取得不错的结果。

日本式报价战术的一般做法是将最低价格列在价格表上，以求首先引起买方的兴趣。由于这种价格一般是以卖方最有利的结算条件为前提的，并且在这种低价格交易条件下，各个方面都很难全部满足买方的需要，如果买方要求改变有关条件，则卖方就会相应提高价格。因此，买卖双方最后的成交价格往往高于价格表中的价格。这样做可以排斥竞争对手而将买方吸引过来，在与其他卖方的竞争中取得优势地位。另外，当其他卖方败下阵来纷纷离开时，买方原有的市场优势就不复存在了，如果买方想要满足一定需要，只好任卖方一点一点地把价格抬高。

专栏阅读 5-3

20世纪60年代，在中日贸易备忘录贸易项下大豆的作价谈判中，日方递盘第一回合就亮出了底牌，大大出乎己方意料。当时的国际市场行情对对方不利，价格趋于下跌的趋势，也没有多少其他因素能够阻碍或干扰这种趋势。日本商人本来是最擅长谈判的，他们经常采用蘑菇战术，软磨硬抗，刺探对方心理变化。他们的成功往往是以自己的耐心、韧性去克制对方的刚性，使对方感到时间拉长造成的心理窒息，从而产生思想上的松动。日本商人不但研究对方主谈人的性格特点，还研究辅谈人及其他人员的性格特点，充分收集有关资料，甚至建立对方人员的档案。日本商人在谈判中轻易不说“不”字，总是绕很大一个圈子，表示出“不可能”的意思，在谈判的紧要或关键时刻往往摆出各种戏剧性态度给对方最后一击。但这一次为什么一下子就递出了理想价格呢？己方陷入了困惑之中。经过反复研究，己方不敢轻易接受，生怕上当吃亏。面对日方的反常表现，己方修改了自己的谈判方案，扩大了保底价的虚头，还出实盘之后，日方不但不予响应，反而在他们的反还盘中向后退缩。己方误认为日方要耍花招，将再还盘的虚头进一步加大，日方的反还盘又再退缩，结果，双方的距离越谈越大。经过两周的“长跑式”谈判，己方终因体力不支，败下阵来，最后不得不以低于日方第一回合递盘价 1 英镑的价格成交。这个历史教训充分说明了日本式报价战术中的圈套。

三、如何对待对方的报价

在对方报价的过程中，切忌干扰对方的报价，而应认真听取并尽力完整、准确、清楚地把握对方的报价内容。在对方报价结束后，对某些不清楚的地方可以要求对方予以解答。同时，应将己方对对方报价的理解进行归纳总结，并加以复述，以确认自己的理解是否准确无误。

在对方报价完毕之后，比较正确的做法是不急于还价，而是要求对方对其价格的构成、报价依据、计算的基础以及方式方法等做出详细的解释，即所谓的价格解释。通过对方的价格解释，可以了解对方报价的实质、态势、意图及诚意，以便从中寻找破绽，从而动摇对方报价的基础，为己方争取重要的便利。

在对方完成价格解释之后，针对对方的报价，有两种行动选择：一种是要求对方降低报价；另一种是提出自己的报价。一般来说，第一种选择比较有利。因为这是对报价一方的反应，如果成功，可以争取到对方的让步，而己方既没有暴露自己的报价内容，又没有做出任何让步。

专栏阅读 5-4

一位谈判专家代理他的邻居与保险公司交涉一项赔偿事宜，他运用沉默的策略获得了意想不到的效果。

保险公司的理赔员首先发表意见：“先生，我知道您是交涉专家，一向都是针对巨额款项谈判，恐怕我无法承受您的要价。我们公司若是只付 100 美元的赔偿金，您觉得如何?”谈判专家表情严肃，沉默不语，因为他的经验告诉他，当对方提出第一个条件之后，总暗示着可以提出第二个、第三个……

理赔员果然沉不住气，接着说：“抱歉，请勿介意我方才的提议，再加一些，200 美元如何?”

又是一阵长久的沉默，最后，谈判专家表态了：“抱歉，这个价钱令人无法接受。”

理赔员接着说："好吧，那么300美元如何？"

谈判专家沉思良久，理赔员显得有点慌乱。他说："好吧，400美元。"

又是踌躇了好一阵子，谈判专家才慢慢地说道："400美元？……喔，我不知道。"

"就赔500美元吧！"理赔员痛心疾首地说。

就这样，谈判专家只是重复着他良久的沉默，重复着他严肃的表情，重复着说不厌的那句老话。最后，谈判的结果是这件理赔案终于在950美元的条件下达成协议，而他的邻居原来只准备获得300美元的赔偿金。

四、进行报价解释时必须遵循的原则

通常一方报价完毕之后，另一方会要求报价方进行价格解释。在解释时，必须遵守一定的原则，即不问不答，有问必答，避虚就实，能言不书。

不问不答是指买方不主动问的问题卖方不要回答。其实，对于买方未问到的一切问题，都不要进行解释或答复，以免造成言多必失的结果。

有问必答是指对对方提出的所有有关问题，都要一一做出回答，并且要很流畅、很痛快地予以回答。经验告诉人们，既然要回答问题，就不能吞吞吐吐、欲言又止，这样极易引起对方的怀疑，甚至会提醒对方注意，从而穷追不舍。

避虚就实是指对己方报价中比较实质的部分应多讲一些，对于比较虚的部分或者说水分含量较大的部分，应该少讲一些，甚至不讲。

能言不书是指能用口头表达和解释的，就不要用笔写出来，因为当自己表达有误时，口述和笔写的东西对自己的影响是截然不同的。有些国家的商人只承认纸上的信息，而不重视口头信息，因此要格外慎重。

第四节　磋商阶段的策略

磋商阶段，又称讨价还价阶段，是谈判的关键阶段，也是最困难、最紧张的阶段。

在一般情况下，当谈判一方报价之后，另一方不会无条件地接受对方的报价，谈判双方需要进行一场实力、智力和技术的具体较量。这是谈判双方求同存异、合作、谅解、让步的阶段，也是谈判双方为了实现其目的而运用智慧和各种策略的阶段。

一、还价前的准备

己方在清楚了解了对方报价的全部内容后，就要透过其报盘的内容来判断对方的意图，在此基础上分析出怎样能使交易既对己方有利，又能满足对方的某些要求。谈判人员要对双方的意图和要求逐一进行比较，弄清双方分歧之所在，判断对方的谈判重点是什么。

谈判双方的分歧可分为实质性分歧和假性分歧两种。**实质性分歧**是原则性的、根本利益上的真正分歧；**假性分歧**是谈判中的一方或双方为了达到某种目的而人为设置的难题或障碍，是人为制造的分歧，目的是使自己在谈判中有较多的回旋余地。其实，要区分这两种分歧并不难，只要谈判人员细心观察和分析，是可以发现的。然而，当双方都采用同一种方法时，就都不言自明了。但是，这也只是一种过渡性的手段，不影响谈判的最后结局。

对待假性分歧，只要认真识别，看出其只是虚张声势，不被对方的气势吓倒，坚持说理，就一定会取得最后的成功。而对于实质性分歧，就需要更认真地对待。要反复研究做出某种让步的可能性，并做出是否让步的决定。同时，根据预期的目标决定让步的阶段和步骤。当然，谈判人员的这种分析会受到经验和水平的限制，不一定准确，但允许在谈判过程中不断修正。

通过分析应得出：若己方还盘，还价的幅度应如何掌握；在其他各项交易条件上所做的针对原报盘的变动、补充和删减中，估计哪些能为对方所接受，哪些又是对方急于讨论的问题。然后以此为基础，设想出双方最终可能签订的合同的大致面目，并据此把握谈判的总体方向和讨论范围。

二、让步策略

谈判中讨价还价的过程就是让步的过程。让步实际上是一种侦察手段，是一步步弄清对方的期望到底是什么的过程。让步的方式灵活多样，无论是以价格的增减换取原则条款的保留，以放弃某些次要条款或要求换取价格的效益，还是以次要条款或要求的取舍换取主要条款或要求的取舍，都要掌握好尺度和时机。如何把握尺度和时机，没有固定的公式和程序可循，只能凭借谈判人员的经验、直觉和智慧来处理。但这并不是说谈判中的让步是随心所欲地做出的，无法从科学的角度去认识、把握、计划和运筹。恰恰相反，有经验的行家无不在谈判之前就胸有成竹，只不过是在进入实际让步阶段后，再凭借自己的经验、直觉和智慧来灵活处理，改变和调整自己已有的让步方案罢了。

(一) 考虑对方的反应

在做出让步的决策时，事先要考虑到对方会有什么样的反应。总的来说，己方的让步可能给对方造成的影响和反应有以下三种情况：

(1) 对方很看重己方所做出的让步，并感到心满意足，甚至会在其他方面也做些松动和让步以作为回报，这是己方最希望看到的结果。

(2) 对方对己方所做的让步不太在乎，因而在态度上或在其他方面没有任何改变或松动的表示。

(3) 己方的让步使对方认为己方的报价有很大的水分，甚至认为只要他们再加以努力，己方还会做出新的让步。也就是说，己方的让步不但没能使对方心满意足，反而起到了鼓励对方向己方争取更多让步的作用。

显然，后两种反应及结果都是己方所不愿意看到的。

(二) 注意让步的原则

谈判中的让步不仅取决于让步的绝对值的大小，还取决于彼此的让步策略，即怎样做出让步，以及对方怎样争取到让步。在具体的讨价还价过程中，要注意以下几个方面的基本原则：

(1) 不要做无谓的让步，应体现对己方有利的宗旨。每次让步都是为了换取对方在其他方面的相应让步，或采取一种策略。

(2) 让步要让在关键环节上，要让得恰到好处，使己方较小的让步能给对方较大的满足。

(3) 在己方认为重要的问题上要力求让对方先做出让步，而在较为次要的问题上，己方可以根据情况的需要，考虑先做出让步。

(4) 不要承诺做出同等幅度的让步。例如，对方在某一项目上让步 60%，而己方在另一项目上让步 40%。假如对方说"你也应该让步 60%"，则己方可以以"己方无法负担 60%"来拒绝他。

(5) 做出让步时要三思而后行，不要掉以轻心。要知道每一次让步都实实在在地包含着己方的利益损失，甚至会增加成本。

(6) 如果做出让步后又觉得考虑欠周，想要收回，也是可以的，因为这不是决定性的，完全可以推倒重来。

(7) 即使己方已决定做出让步，也要使对方觉得己方所做的让步不是轻而易举的，要使对方珍惜所得到的让步。

(8) 一次让步的幅度不要过大，节奏不宜过快，应做到步步为营。因为一次让步太大，会使对方觉得己方的这一举动是处于软弱地位的表现，因而更加自信，甚至在后面的谈判中掌握主动权。

(三) 选择理想的让步方式

在商务谈判实践中，人们总结出了八种常见的、理想的让步方式，见表 5-1。由于每一种方式传递的信息不同，对不同的对象也就有不同的结果。采取哪种让步方式，取决于以下几个因素：谈判对手的经验；准备采取什么样的谈判方针和策略；做出让步后期望对方做出何种反应。

表 5-1 八种理想的让步方式 单位：元

让步方式	预定让步	第一期让步	第二期让步	第三期让步	第四期让步
1	60	0	0	0	60
2	60	15	15	15	15
3	60	13	8	17	22
4	60	22	17	13	8
5	60	26	20	2	12
6	60	46	10	0	4
7	60	50	10	−1	1
8	60	60	0	0	0

下面具体探讨这八种常见的理想让步方式的特点、优缺点及适用对象。

1. 方式1是在让步的最后阶段一次性让出全部可让利益

该方式使对方感觉一直没有妥协的希望，因而被称为坚定的让步方式。如果买方是一个意志比较弱的人，当卖方采用此方式时，买方可能早就放弃讨价还价了，因而得不到利益；如果买方是一个意志坚强、坚持不懈、不达目的不罢休的人，那么买方只要不断迫使对方做出让步，即可达到目的，获得利益。在运用这种方式时，买卖双方往往都要冒谈判陷入僵局的危险。

(1) 特点：让步方态度比较果断，往往被认为有大家风范。这种方式是在开始时寸步不让，态度十分强硬，但到最后时刻一次让步到位，促成和局。

(2) 优点：由于在起初阶段寸利不让，因此已向对方传递了己方的坚定信念，如果谈判对手缺乏毅力和耐性，就有可能被征服，使己方在谈判中获得较大的利益。

(3) 缺点：由于在谈判的开始阶段一再坚持寸步不让的策略，因而有可能失去贸易伙伴，有较大的风险性；同时，易给对方造成己方缺乏谈判诚意的印象，进而影响谈判的和局。

(4) 适用对象：适用于对谈判投入少，在谈判中占有优势的一方。实践证明，谁在谈判中投入少，谁就有承担谈判失败风险的魄力，或在某种意义上说，不怕谈判失败。

总之，此种让步方式既有利，也有弊。有时在卖方一再坚持“不”的情况下，还有可能迫使恐惧谈判的买方做出较大的让步。

专栏阅读5－5

2003年5月，中国南方某市工艺品公司作为供货方同某外商就工艺品买卖进行谈判。谈判开始后，工艺品公司谈判人员坚持每件800元的价格，态度十分强硬，而外商只给出每件500元的价格，且毫不示弱。谈判进行了两天，没有取得任何进展。外商提出休会再谈一次，若再不能取得共识，谈判只能作罢。己方坚决不退让，眼看谈判就要破裂了。

第三天谈判继续进行，双方商定最后阶段谈判只持续3个小时，因为没有办法破解僵局，再拖延下去也只是浪费时间。谈判进行了两个多小时仍然毫无进展。在谈判还剩下最后10分钟时，双方代表已做好退场准备，这时工艺品公司的首席代表突然响亮地宣布：“这样吧，先生们，我们初次合作，谁都不愿出现不欢而散的结局，为表达己方的诚意，我们愿把价格降至660元，但这绝对是最后的让步。”外商代表先是一惊，而后沉默了好几分钟，就在谈判结束的钟声即将敲响之时，他们伸出了手说：“成交!”

在这次谈判中，工艺品公司在做了最大限度的坚持后，做出了一步到位的让步，既维护了谈判的胜利结束，也博得了对方的信任，双方不失时机地握手言和了。

2. 方式2是一种等额地让出可让利益的让步方式

采取这种方式时，只要遇到耐心等待的买方，就会鼓励买方期待进一步的让步。

(1) 特点：在商务谈判让步的过程中，不断地讨价还价，像挤牙膏一样，挤一点让一点，让步的数量和速度都是均等、稳定的，国际上称这种让步方式为“色拉米”香肠式谈判让步方式。

(2) 优点：首先，此种让步平稳、持久，本着步步为营的原则，因此不会让对方轻易占到便宜；其次，对于双方充分讨价还价比较有利，容易在利益均享的情况下达成协议；最后，在遇到性情急躁或没有时间长谈的对方时，往往会占上风，削弱对方的还价能力。

(3) 缺点：首先，每次让利的数量相等、速度平稳，给人的感觉是平淡无奇，容易使人产生疲劳、厌倦之感；其次，该谈判方式效率极低，通常会浪费大量精力和时间，因此谈判成本较高；最后，对方每讨价还价一次，都有等额利润让出，这样会给对方传递一种信息，即只要耐心等待，总有希望获得更大的利益。

(4) 适用对象：等额让步方式目前使用极为普遍，在缺乏谈判知识或经验的情况下，以及在进行一些较为陌生的谈判时运用该方式，常常会取得明显效果。

3. 方式3是一种先高后低，然后又拔高的让步方式

(1) 特点：比较机智、灵活，富有变化，在商务谈判的让步过程中，能够正确处理竞争与合作的尺度，在较为恰当的起点上做出让步，然后缓速减量，给对方传递一种接近尾声的信息。这时，如果买方表示满意即可收尾；如果买方仍穷追不舍，卖方再大步让利，在一个较高的让步点上结束谈判。

(2) 优点：首先，起点恰当、适中，能够向对方传递合作、有利可图的信息；其次，能够使谈判富有变化，如果谈判不能在减缓让步中完成，则可采取大举让利的方法，使谈判易于成功；最后，在第二期让步中减缓一步，可以给对方造成一种接近尾声的感觉，易促使对方尽快拍板，最终能够保住己方的较大利益。

(3) 缺点：首先，这种让步方式是一种由少到多、不稳定的让步方式，容易鼓励对方继续讨价还价；其次，由于第二期让步就已向买方传递了接近尾声的信息，而后来又做了大幅让利，会使对方产生不诚实的感觉，因此，对于想与对方建立友好合作关系的谈判人员来说，这一做法对己方往往不利。

(4) 适用对象：这种方式适用于竞争性较强的谈判，在运用时对技术性要求较高，加之要时时刻刻观察谈判对手对己方让步的反应，以调整己方让步的速度和数量，故实施难度较大。

4. 方式4是一种小幅度递减的让步方式，即先让出较大的利益，然后再逐期减让，到最后一期让出较小的利益

(1) 特点：比较自然、坦率，符合商务谈判讨价还价的一般规律。先以较大的让步作为起点，然后依次下降，直到可让的全部利益让完为止。这种让步策略往往给人以和谐、均匀、顺理成章的感觉，是谈判中最普遍采用的一种让步方式。

(2) 优点：首先，易为人们所接受，给人以顺其自然之感；其次，让步采取先大后小的方式，往往有利于促成谈判的和局；再次，在让步的程度上越来越谨慎，一般不会出现失误；最后，达成协议是在等价交换、利益均衡的条件下完成的，不会影响谈判的和谐气氛。

(3) 缺点：首先，让步由大到小，对于买方来讲，越争取，利益越小，因而往往会使买方心情沮丧，故终局情绪不会太高；其次，这是谈判让步中惯用的方法，缺乏新鲜感。

（4）适用对象：此种让步方式一般适用于商务谈判的提议方，原因是谈判方对谈判的和局更为关切，理应做出较大的让步，以诱发对方从谈判中获利的期望。

5. 方式5是一种从高到低再到微高的让步方式

这种让步方式往往传达出卖方的立场越来越坚定，卖方在条件适当时愿意妥协，但不会轻易做出让步的信息，并告诉买方让步的余地越来越小。采用该让步方式时，谈判最后往往以一个适中的让步结束。

（1）特点：合作为主，竞争为辅，诚中见虚，柔中带刚。在初期以高姿态出现，并做出较大幅度的让步，向前迈进两大步，然后再让微利，以向对方传递无利再让的信息。这时，如果买方一再坚持，则以较为适中的让步结束谈判。

（2）优点：首先，由于让步的起点较高，因而具有诱惑力；其次，大幅度的让利之后，到第三期仅让微利，给对方传递了已基本无利可让的信息，因此比较容易使对方产生获胜感而达成协议；最后，如果第三期所做微小让步仍不能达成协议，再做出最后稍大一点的让步，往往会使对方满意而最终达成协议。

（3）缺点：首先，由于一开始时让步很大，容易造成己方软弱可欺的不良印象，会强化对方的进攻性；其次，头两步的大让利和后两步的小让利形成鲜明对比，容易给对方造成己方诚意不足的印象。

（4）适用对象：适用于以合作为主、以互惠互利为基础的谈判。在开始时做出较大幅度的让步，有利于创造良好的合作气氛和建立友好的伙伴关系。

6. 方式6是一种开始时大幅度递减，但又出现反弹的让步方式

这种方式在初期让出绝大部分可让的利益，目的是表示己方的诚意。

（1）特点：给人以软弱、憨厚、老实之感，因此成功率较高。这种方式在让步初期即让出绝大部分利益，到第二期让步即达己方可让利益的边际，到第三期拒绝让步，向对方传递了该让的利已基本上让完了的信息。如果对方仍一再坚持，再让出最后一步，以促成谈判的成功。

（2）优点：首先，以求和的精神让出多半利益，因此有可能换得对方较大的回报；其次，第三期让步时做出了无利可让的假象，这有可能打破对方进一步要求己方再一次让利的期望；再次，最后让出小利，既向对方显示了己方的诚意，又会使通情达理的谈判对手难以拒绝签约，因此往往收效不错；最后，尽管其中还有余地，但客观上仍表现出以和为贵的温和态度。

（3）缺点：首先，开始时表现软弱，大步让利，如果遇到贪婪的对手，会刺激对手变本加厉，得寸进尺；其次，如果第三期让步遭到拒绝，会导致谈判陷入僵局甚至失败。

（4）适用对象：这种方式适用于在谈判竞争中处于不利境地，但又急于获得成功的谈判一方，它使己方有三次较好的机会达成协议。

7. 方式7是一种在起始两期全部让完可让利益，第三期赔利相让，到第四期再讨回赔让部分的让步方式

这是一种在谈判中最具有特殊性的让步方式，也是最富有戏剧性的一种方式。

（1）特点：风格果断诡诈，又具有冒险性。在第一期的大部分让利和第二期的小部分让利后，便把可让利益全部让完，第三期并非消极拒绝，而是诱惑性地让出本来不该让的一小部分利益，然后从另外的角度进行讨价还价，在第四期收回该部分利益。可见，这是一种具有很高技巧的让步方式，只有非常有谈判经验的人才能灵活运用。

（2）优点：首先，前两期让出全部利益，具有很大的吸引力，往往会使陷入僵局的谈判起死回生；其次，若前两期的让利尚不能打动对方，再冒险让出不该让出的利益，就会产生一种诱惑力，使对方沿着己方思路往前走；最后，对方一旦与己方思路相同，并为谈判付出代价，再借口某原因，从另一角度找回己方所需的利益，这样就容易促成和局。

（3）缺点：首先，前两期的全部可让利益的让出会导致对方期望值增大，在心理上强化了对方的议价能力；其次，第三期额外的让步如果在第四期中不能讨回，就会损害己方的利益；最后，在第四期中讨回让利时，极易出现谈判破裂的局面。

（4）适用对象：这种让步方式一般适用于陷入僵局或危难的谈判，由于己方处于危险境地，又不愿使己方付出的代价付之东流，因此不惜在初期就大步相让，以牺牲自己的利益为代价来挽救谈判，以促成谈判和局。

8. 方式8是一种一次性让步的方式，即一开始就让出全部可让利益的方式

（1）特点：态度诚恳、务实、坚定、坦率。在谈判进入让步阶段后，一开始即亮出底牌，从而达到以诚取胜的目的。

（2）优点：首先，由于谈判人员一开始就向对方亮出底牌，让出自己的全部可让利益，比较容易打动对方，使对方做出回报，从而促成和局；其次，率先做出大幅度让步会产生巨大的诱惑力，在谈判桌上给对方留下深刻印象，有利于获取长远利益；最后，一步让利，坦诚相见，有利于速战速决，降低成本。

（3）缺点：首先，这种让步操之过急，会给对方传递一种可能尚有利可图的信息，导致对方继续讨价还价；其次，由于一次性大幅让利，因此这种让步方式可能会使己方损失本来能够力争的利益。

（4）适用对象：对于己方处于谈判劣势或谈判各方之间关系较为友好的谈判，可采用此策略。此策略以自己的最大让步感动对方，促使对方以同样的方式予以回报，并建立友好关系。

从实际谈判的情况看，以上八种让步方式中，采用较多的是第四种和第五种方式，这两种方式适应一般人的心理，易被对方接受。第三种、第六种和第七种让步方式的运用需要有较高的艺术技巧和冒险精神，有可能做出少量让步后即可迅速达成交易，也有可能因运用得不好而使谈判陷入僵局。第二种和第八种方式在实际谈判中采用得较少，第一种方式则基本上不会被采用。

（四）运用适当的让步策略

磋商中的每一次让步，不但要满足己方的利益，也要充分考虑到对方的利益。谈判双方在不同利益问题上相互做出让步，以达成谈判和局为最终目标。通常的让步策略有以下几种：以己方的让步换取对方在另一问题上的让步，这称为互利互惠的让步策略；

在时空上，以未来利益上的让步换取对方近期利益上的让步，这称为予远利谋近惠的让步策略；以不做任何让步为条件而获得对方的让步，这称为己方丝毫无损的让步策略。

1. 互利互惠的让步策略

谈判不仅仅是有利于某一方的洽谈，一方做出了让步后，必然期望对方对此有所补偿，以获得更大的让步。

一方在做出让步后，能否获得对方的让步，在很大程度上取决于该方商谈的方式：一种是所谓的横向铺开方法，即横向谈判，几个议题同时讨论、同时展开、同时向前推进；另一种是所谓的纵向深入方法，即先集中解决某一个议题，而在开始解决其他议题时，已对这个议题进行了全面深入的研讨。采用纵向深入方法，即纵向谈判的双方往往会在某一个议题上争执不下，而在经过一番努力之后，往往会出现单方让步的局面，而采用横向铺开方法的双方把各个议题联系在一起，双方可以在各议题上进行利益交换，达成互惠式让步。

要争取互惠式让步，谈判人员需要有开阔的思路和视野。除了要坚持某些己方必须得到的利益以外，不要太执着于某一个问题的让步，而应统观全局，分清利害关系，避重就轻，灵活地使一方的利益在其他方面得到补偿。

为了能顺利地争取对方互惠互利的让步，商务谈判人员可采取以下两种技巧：

（1）当己方谈判人员提出让步时，向对方表明做出这个让步是与公司政策或公司主管的指示相悖的。因此，己方只同意这样一个让步，对方也必须在某个问题上有所回报。

（2）把己方的让步与对方的让步直接联系起来，表明己方可以做出这次让步，只要在己方要求对方让步的问题上能达成一致，其他就不存在问题了。

相比较而言，前一种言之有理，言中有情，易获得成功；而后一种则直来直去，比较生硬。

2. 予远利谋近惠的让步策略

在商务谈判中，参加谈判的各方均有不同的愿望和需要，有的对未来很乐观，有的则很悲观；有的希望马上达成交易，有的却希望能够等上一段时间。因此，谈判人员对谈判结果的满足就自然分为两种，即对现实谈判交易的满足和对未来交易的满足，而对未来交易的满足程度完全取决于谈判人员自己的感觉。

对于有些谈判人员，可以通过给予其期待的满足或未来的满足而避免给予其现实的满足，即为了避免现实的让步而给予对方远利。例如，当对方在谈判中要求己方在某一问题上做出让步时，己方可以强调保持与己方的业务关系将能给对方带来长期的利益，而本次交易对能否成功地建立和发展双方之间的这种长期业务关系是至关重要的。向对方说明远利和近利之间的利害关系后，如果对方是精明的商人，就会取远利而弃近惠。

3. 己方丝毫无损的让步策略

己方丝毫无损的让步，即首先认真地倾听对方的诉说，并向对方表示，己方充分理解对方的要求，也认为对方的要求有一定的合理性，但就己方目前的条件而言，实在难以接受对方的要求，同时保证在这个问题上己方给其他客户的条件，绝对不比给对方的好，希望对方能够谅解的一种让步策略。在谈判过程中，当谈判的对方就某个交换条件要求己方做出让步，其要求确实有理，而对方又不愿意在这个问题上做出实质性的让步时，可以采用这样一种策略。

谈判是具有一定艺术性的。人们对自己争取某个事物的行为的评价，并不完全取决于最终的行为结果，还取决于人们在争取过程中的感受，有时感受比结果还重要。比如，己方认真倾听对方的意见要求，肯定其要求的合理性，满足了对方受人尊敬的需求；保证其条件待遇不低于其他客户，进一步强化了这种受人尊敬的需求的效果，迎合了人们普遍存在的攀比心理。

三、迫使对方做出让步的策略

谈判中的让步是必要的，没有适当的让步，谈判就无法进行。而一味地让步，是根本不现实的，也对己方的利益有害。所谓“最好的防守便是进攻”，在谈判磋商中，迫使对方做出让步也是达到最终谈判目的的手段之一。迫使对方做出让步的策略主要有以下几种。

（一）制造和保持竞争局面策略

制造和保持竞争局面策略是谈判中迫使对方做出让步的最有效的策略。当一方存在竞争对手时，其谈判的实力就大为减弱。因此，在谈判中，应注意制造和保持竞争局面。其具体做法是：在进行谈判前，多考察几个国外厂商，同时邀请它们前来谈判，并在谈判过程中适当透露一些有关竞争对手的情况。在与一个厂商达成协议前，不要过早结束与其他厂商的谈判，以保持竞争局面。即使对方实际上没有竞争对手，己方也可巧妙地制造假象来迷惑对方。

专栏阅读 5－6

我国山东省塑料编织袋厂厂长就曾经采用声东击西的策略在与日本某纺织株式会社的谈判中以最低的价格达成了交易。这位厂长首先与日方代表达成正式购买编织袋生产线的口头协议，接着就率厂谈判代表团在青岛开始与日方谈判。

在进行了一周的技术交流之后，谈判进入了实质性阶段。对方的主要代表是国际业务部的中国课课长，他起立发言：“我们经销的生产线，由日本最有信誉的3家公司生产，具有国际先进水平，全套设备的总价是240万美元。”课长报完价后漠然一笑，摆出一副不容置疑的神态。编织袋厂厂长微微一笑，他的内心十分清楚，对方是在狮子大开口，因为他们认为自己志在必得。

面对日方代表的嚣张态度，中方厂长起身回应：“据我们掌握的情报，你们的设备性能与贵国某某会社提供的产品完全一样，我省另外一个厂家购买的该设备，比贵方开价便宜一半。因此，我提请你重新报价。”日方代表当然不愿意轻易做出让步，于是双方的首次谈判宣告结束。

第二天，谈判继续进行，日本方面对各类设备开出了详细的价格清单，又提出了180万美元的报价。中方显然对这个价格仍旧不满意，经过激烈的争论，生产线总价一点一点地被压到了130万美元。此时，日方表示价格无法再压低，在后来连续9天的谈判中，双方一直在就价格问题进行谈判，但始终没有协商成功，而且由于双方互不妥协让步，谈判陷入了僵局。

中方厂长知道自己是需要这套生产线的，但是他又知道日方肯定没到价格底线，所以现在还没到签字的时候，但是如果不做出妥协，对方也不做出让步，那么这场谈判很可能就要在双方的僵持中破裂。这位厂长苦苦思索着，回顾谈判的整个历程，前一段基本上是日方漫天要价，己方就地还价，处于较被动的地位。如果对方以为中方是抱着“过了这个村就没有这个店”的想法与他们进行压价谈判，就难以再促使他们做出让步了。面对这种情况，这位厂长想到了声东击西的策略——他马上派人和另一个西方公司联系，以机敏著称的日商自然很快就发现了这件事，总价立即降至120万美元。120万美元的价格其实已经达到了当初厂里预定的目标，可是这位厂长通过其他途径了解到当时正有几个外商同时在青岛竞销自己的编织袋生产线。面对这么有利的形势，他觉得应该紧紧抓住这次机会，迫使对方再做出让步。既然有机会以更低的价格达成协议，为什么不试一试呢？这位厂长开始着手进行他的下一步行动了。

日方当然也知道120万美元的价格对于中方的意义，于是他们表示再也不会做出任何让步，而中方则利用有利形势，要求对方再继续让价。谈判桌上的气氛十分紧张，面对中方代表的步步紧逼，日方代表震怒了：“我们几次请示总公司，4次压价，从240万美元降到了120万美元，已比原价降了50%了，可以说做到了仁至义尽，而如今你们还不签字，实在太苛刻，实在太无诚意了！”说完后他还把公文包甩到了桌子上。面对日方代表表现出的愤怒情绪，中方厂长以低沉而不失威严的声音回应道：“先生，你们的价格，还有先生的态度，我们都是不能接受的！”说完，同样怒气十足地把公文包甩在桌子上，那个公文包有意没拉上拉链，经他这一甩，里面那个西方某公司的设备资料与照片撒了一地。日方代表很快改变了态度，并表示愿意和总公司商量并考虑中方提出的条件。最后经过双方的进一步协商，最终以110万美元的价格达成了协议。

(二) 软硬兼施策略

在谈判过程中，当对方在某一问题上应做出让步或可以做出让步但坚持不做出让步时，谈判便难以继续下去。在这种情况下，谈判人员可采用软硬兼施策略。其具体做法是：己方主谈人或负责人找一个借口暂时回避，让“强硬派”挂帅上阵，将对方的注意力引向自己，采取强硬立场，唇枪舌剑，寸步不让，从气势上压倒对方，给对方造成心理上的错觉，迫使对方做出让步，或者索性将对方主谈人激怒，诱其怒中失态。

一旦己方主谈人估计已获得预期效果，应即刻回到谈判桌边，但不要马上发表意见，而是让己方调和者以缓和的口气调和双方的矛盾，以便巩固己方已取得的优势。主谈人通过调和者的间接汇报和察言观色，判断对方确被激怒或确被己方的气势压倒而有做出让步的可能时，就应以诚恳的态度、亲切的言辞提出“合情合理”的条件，使对方接受。如有必要，也可训斥己方“强硬派”扮演者的“粗暴”行为，以顾全对方的面子。在这种情况下，对方很可能会接受己方主谈人所提出的条件或做出某些让步。当然，对方也可能不会马上做出让步，此时应给对方考虑的时间。

（三）最后通牒策略

在谈判双方争执不下、对方不愿做出让步来接受己方的交易条件时，为了迫使对方做出让步，己方可以向对方发出最后通牒，即如果对方在某个期限内不接受己方的交易条件并达成协议，己方就宣布谈判破裂并退出谈判。

专栏阅读 5-7

美国一家航空公司要在纽约兴建大型航空站，想要求爱迪生电力公司（以下简称“电力公司”）给予优惠电价。这场谈判的主动权掌握在电力公司一方，因为航空公司有求于电力公司。因此，电力公司推说如给航空公司提供优惠电价，公共服务委员会不会批准，不愿意降低电价，谈判相持不下。

这时，航空公司突然改变态度，声称若不提供优惠电价，它就撤出这一谈判，自己建厂发电。此言一出，电力公司慌了神，立即请求公共服务委员会给予这种类型的用户以优惠电价，公共服务委员会立刻批准了这一要求。但令电力公司惊讶的是，航空公司仍然坚持自己建厂发电，电力公司不得不再度请求公共服务委员会降低价格，直到这时，电力公司才和航空公司达成协议。

在谈判过程中，谈判人员往往寄希望于未来能获得更大利益而不肯放弃现实的讨价还价。若能打破对方的奢望，就能击败犹豫中的对方。最后通牒策略在这方面极为有效。

运用最后通牒策略时，必须注意以下几点：

（1）谈判人员知道自己处于一种强有力的地位，特别是该笔交易对于对方来说，要比对己方更为重要。这是运用这一策略的基础和必备条件。

（2）只有在谈判的最后阶段或最后关键时刻才能使用最后通牒策略。因为对方经过旷日持久的谈判，已耗费大量人力、物力、财力和时间，一旦拒绝己方的要求，这些成本将付之东流。这样，对方会因无法承受失去这笔交易所造成的损失而非达成协议不可。

（3）最后通牒的提出必须非常坚定、明确、毫不含糊，不让对方存有任何幻想。同时，己方也要做好对方绝不让步而退出谈判的思想准备，以免谈判失败时惊慌失措。

四、防守策略

在谈判中，除了需要采取一定的进攻策略以外，还需要采取能有效阻止对方进攻的策略，即防守策略。

（一）限制策略

在商务谈判中，经常运用的限制策略如下：

1. 权力限制

上司的授权、国家的法律和公司的政策以及交易的惯例都限制了谈判人员所拥有的权力。一个谈判人员的权力受到限制后，可以很坦然地对对方的要求说“不”。因为未经授权，对方无法强迫其超越权力做出决策。对方若选择终止谈判，寻找有此权力的上司重新开始谈判，就不得不遭受人力、物力、财力和时间上的损失。

因此，精于谈判之道的人都信奉这样一句名言：在谈判中，受到限制的权力才是真正的权力。

2. 资料限制

在商务谈判过程中，当对方要求己方就某一问题做进一步解释或让步时，己方可以用抱歉的口气告诉对方：实在对不起，有关这方面的详细资料己方手边暂时没有，或者没有备齐，或者这属于本公司的商业秘密，因此暂时还不能做出答复。这就是利用资料限制因素来阻止对方进攻的常用策略。

3. 其他方面的限制

其他方面的限制是指包括自然环境、人力资源、生产技术要求、时间等因素在内的限制。

值得注意的是，经验表明，该策略的使用频率与效率是成反比的。限制策略运用得过多，会使对方怀疑己方没有谈判诚意，或者要求己方具备一定条件后再谈判，这样会使己方处于被动的局面。

(二) 示弱以求怜悯策略

在一般情况下，人们总是同情弱者，不愿落井下石，将其置于死地。有些国家如日本的商人，大多利用人性的这一特点，把它作为谈判中阻止对方进攻的一种策略。

示弱者在对方就某一问题提请让步，而其又无法以适当理由拒绝时，就装出一副可怜巴巴的样子，进行乞求。例如，可以这样对对方说：若按对方的要求去办，公司必将破产倒闭，或是他本人就会被公司解雇，如此等等，要求对方高抬贵手，放弃要求。

与此类似，有的谈判人员“以坦白求得宽容”，当在谈判中被对方逼得招架不住时，干脆把己方对本次谈判的真实希望及要求和盘托出，以求得到对方的理解和宽容，从而阻止对方进攻。

这些策略都取决于对方谈判人员的个性以及对示弱者所谈内容的相信程度，因此具有较大的冒险性。

(三) 以攻对攻策略

只靠防守无法有效地阻止对方的进攻，有时需要采取以攻对攻的策略。当对方就某一问题逼己方做出让步时，己方可以将这个问题与其他问题联系在一起加以考虑，在其他问题上要求对方做出让步。例如，如果买方要求卖方降低价格，卖方就可以要求买方增加订购数量或延长交货期限等。要么双方都让步，要么双方都不让步，从而阻止对方的进攻。

专栏阅读 5-8

俄乌谈判总算有了一点“好消息” 唯有美国忙不迭地泼冷水

正当俄罗斯和乌克兰新一轮谈判所取得的进展让各方感到终于可以松一口气的时候，美西方又开始了新一轮“拱火”。

“俄乌会谈激起乐观情绪，但西方敦促谨慎”“分析人士称，和谈可能只不过是俄罗斯的策略”……美国媒体的这些标题留给人们一个印象：美国似乎并不乐见和谈取得进展。

全世界都在等待好消息

对于俄方将大幅减少在乌克兰城市基辅以及切尔尼戈夫附近的军事活动，以“为加强相互信任，并为进一步谈判创造必要条件”的表态，29 日乌克兰方面的谈判代表也向俄方提供了一份书面的和平提议，清晰且详细地给出了乌方的立场。

对此，俄罗斯方面也做出了积极的回应，表示将尽快认真研究并给予答复。俄方团队还表示，一旦双方就和平协议草案达成一致，便可以举行俄总统普京和乌总统泽连斯基的直接会谈。

尽管俄方谈判代表表示，减少在基辅和切尔尼戈夫的军事行动不意味着停火，且距离最终达成协议“还有很长的路要走”，但土耳其外长恰武什奥卢还是认为，这一轮的谈判是“自谈判开始以来最有意义的进展”。土耳其总统埃尔多安更是对两国的谈判代表团说：“全世界都在等待你们的好消息。”

当地时间 29 日，受谈判积极消息的影响，美国道琼斯指数跳涨 300 多点，国际基准布伦特原油价格也下跌 0.9%，至每桶 111.5 美元。

美国仍挥舞制裁大棒

不过，对于这些积极进展，美国却并不看好，甚至大泼冷水。

尽管市场的反应已经表明了外界对于俄乌谈判进展的欢迎，哪怕连此前一直跟着美国一道拱火的英国政府也表示，看到了俄军减少在基辅周围轰炸的迹象，但美国国务卿布林肯还是视若无睹，直截了当地否定了外界有关会谈有“向前推进”的迹象的判断，表示自己没有看到俄方有打算“认真看待谈判”的态度。五角大楼负责监督驻欧美军的高级军官托德·沃尔特斯更是在记者会上暗示俄罗斯“不是真正的撤军”，而是“重新定位”。五角大楼的新闻秘书柯比则公开“嫌弃”俄军撤出的军队规模太小，拒绝承认俄军是在“撤退”。

“我们会查清楚他们做了什么。”美国总统拜登在白宫发表讲话时，不仅质疑俄方的态度，甚至还摆出一副威胁的架势，“与此同时，我们将继续加强制裁。”拜登说，美方还将继续为乌克兰军队“提供自卫能力”。

美国媒体也在极力渲染俄方“以退为进”的气氛。

《纽约时报》称“撤退并不等于投降”，并援引匿名人士的话写道：“周二取得的进展并不意味着俄罗斯已准备好就结束战争进行认真的讨论。”《纽约时报》援引一批对俄罗斯持极度怀疑态度的专家的话，称俄乌之间的谈判并不是“认真严肃的”，“谈判是战争的延续，而非解决方案”，甚至宣称俄方的谈判是为了为重新集结和整饬军事装备争取时间。

《华盛顿邮报》则是拿美国政府来代表整个西方世界，称“西方敦促”那些对谈判进展表示乐观的人们“谨慎”。

拱火浇油是为了什么？

正如一名印度主持人所说的，天然气供应紧张，俄方供气受到限制之际，却是美国乘虚而入赚钱之时；而向乌克兰提供武器装备，也为美国国内的军工企业创造了“商机”。

如此见不得俄乌谈判有进展，美方的态度着实引起一些人的质疑。毕竟，渲染对俄质疑的气氛、拱火浇油，只会为政治解决俄乌冲突制造障碍。

“我非常不愿意做出这样的暗示。”伦敦米德尔塞克斯大学国际法教授威廉·沙巴斯说道，“但就乌克兰将战场带到平民所在社区的程度而言，（将大多数街区军事化）这种做法增加了平民的风险。”

说到底，冲突久拖不决，最终受苦受难的，只会是一些美国政客和媒体口口声声说“在乎”的乌克兰平民。

资料来源：俄乌谈判总算有了一点“好消息” 唯有美国忙不迭地泼冷水. 凤凰资讯，2022-03-30。

第五节 成交阶段的策略

当谈判双方的期望已相当接近时，双方都会产生结束谈判的愿望。**成交阶段**就是双方下决心按磋商达成的最终交易条件成交的阶段。这一阶段的主要目标有三个：一是力求尽快达成协议；二是尽量保证已取得的利益不丧失；三是争取最后的利益。为达到这些目标，可以采用以下谈判策略。

一、场外交易

当谈判进入成交阶段，双方已经在绝大多数议题上达成了一致意见，仅在一两个问题上存在分歧、相持不下而影响成交时，即可考虑采取场外交易方式，如酒宴或其他娱乐场所等。因为这时若仍把问题摆到谈判桌上继续商讨，则往往难以达成协议，其原因是：

（1）过长时间的谈判会影响谈判协商的结果；

（2）谈判桌上紧张、激烈、对立的气氛及情绪迫使谈判人员自然地去争取让对方做出让步，让步方会被对方视为投降方或战败方；

（3）即使某一方主谈人或领导人头脑仍能保持冷静，认为做出适当的让步以求尽快达成协议是符合己方利益的，也会因同伴态度坚决、情绪激昂而难以当场做出让步的决定。

场外轻松、友好、融洽的气氛和情绪则很容易缓和双方剑拔弩张的紧张局面，使双方能轻松自在地谈论自己感兴趣的话题，交流私人感情，有助于化解谈判桌上遗留的问题，双方往往会很大度地相互做出让步以达成协议。

需要指出的是，运用场外交易方式时，一定要注意谈判对手的不同习惯。有的国家的商人忌讳在酒席上谈生意，所以必须事先了解清楚，以防弄巧成拙。

二、最后的让步

针对磋商阶段遗留的最后一两个有分歧的问题，需要通过最后的让步才能求得一致。求得最后的让步要把握两方面的问题：一是让步的时间；二是让步的幅度。

让步的时间过早会被对方认为是前一阶段讨价还价的结果，而不是为达成协议做出的终局性的最后让步。让步的时间过晚会削弱对对方的影响和刺激作用，并增大下一阶段谈判的难度。

时间策略是将最后的让步分为两部分：主要部分在最后期限之前做出，以便对方有足够的时间来“品味”；次要部分安排在最后时刻，作为最后的“甜头”。让步的幅度太大，会让对方认为这不是最后的让步，仍步步紧逼；让步幅度太小，对方会认为微不足道，难以满足。

那么最后的让步幅度多大才合适呢？在决定最后的让步幅度时，要考虑的一个重要因素即对方接受让步的个人在对方组织中的地位或级别。在许多情况下，到谈判的最后关头，往往对方管理部门中的重要高级主管会出面参加或主持谈判。这时我们最后让步的幅度只能大到刚好满足该主管维持地位和尊严的需要，因为幅度如果过大，往往会使该主管指责他的部下没有做好工作，并坚持要求他们继续谈判。

在做出最后的让步后，谈判人员必须保持坚定，因为对方会想方设法验证己方立场的坚定性，判断该让步是否为真正的终局性让步或最后的让步。

三、不忘最后的获利

通常在双方大致确定交易的内容、条件并即将签约的时候，精明的谈判人员往往还要利用最后的时刻去争取最后一点获利。

在成交阶段争取最后获利的常规做法是：在签约之前，突然提出一个小小的请求，要求对方再做出一点让步。由于谈判已进展到签约阶段，谈判人员已付出很大的代价，不愿为这点小利而伤了友谊，更不愿为这点小利而重新回到磋商阶段，因此往往会很快答应这个请求，尽快签约。

四、注意为双方庆贺

在商务谈判即将签约的时候，可谓大功告成，此时，己方可能心中暗喜，以为自己在交易中比对方得到的更多，但这时己方一定要注意为双方庆贺，强调谈判的结果是双方共同努力的结晶，以使双方心理平衡。

五、慎重地对待协议

谈判的成果要靠严密的协议来确认和保证，协议是以法律形式对谈判成果的记录和确认，它们之间应该完全一致，不得有任何误差。但实际上，常常有人有意无意地在签订协议时故意更改谈判的结果，如故意在日期上、数字上以及关键概念上做文章。如果己方对此有所疏忽，在有问题的协议上签了字，那么协议就与以前的谈判无关了。因此，将谈判成果转变为协议形式的成果是需要花费一定力气的，不能有任何松懈，所以在签订协议之前，应与对方就全部的谈判内容、交易条件进行最终的确认。在协议上签字时，要将协议的内容与谈判结果一一对照，在确认无误后方可签字。

第六节 处理僵局的策略

在谈判进入实质的磋商阶段以后，各方往往由于某种原因相持不下，陷入进退两难的境地。我们把这种谈判搁浅的情况称为**"谈判僵局"**。谈判之所以会经常陷入僵局，就是因为来自国内不同企业以及不同国家或地区的谈判人员都有各自的利益。当谈判进展到一定时期时，各方对各自利益的期望或对某一问题的立场和观点确实很难达成共识，甚至相去甚远，而各方又不愿再做进一步的让步，因而谈判就陷入了僵局。

在谈判陷入僵局以后，必须迅速进行处理，否则就会对谈判的顺利进行产生影响。要妥善处理僵局，就必须对僵局的性质、产生的原因等问题进行透彻的了解和分析，这样才能正确地做出判断，从而进一步采取相应的策略和技巧，选择有效的方案，重新回到谈判桌上。

一、谈判中僵局的种类

按照人们对谈判本身的理解角度不同，可以将谈判中的僵局分为不同的类型。

(一) 从狭义的角度分类

大多数人认为，谈判就是交换意见、达成一致、签订协议的过程，这是对谈判的狭义理解。从这种狭义的角度来理解谈判的话，僵局的种类包括初期僵局、中期僵局和后期僵局三种。

1. 初期僵局

谈判初期主要是双方彼此熟悉、了解、建立融洽气氛的阶段，此时双方对谈判都充满了期待。但是，如果由于误解，或某一方谈判前准备得不够充分，使另一方在感情上受到了很大的伤害，就会使谈判陷入僵局，不得不匆匆收场。

2. 中期僵局

谈判的中期是谈判的实质性阶段，双方需要就有关技术、价格、合同条款等交易内容进行详尽的讨论、协商。在合作的背后，客观上存在各方利益的差异，这就可能使谈判暂时难以朝着双方统一的方向发展，谈判陷入中期僵局，而且，中期僵局常常具有此消彼长、反反复复的特点。有些中期僵局通过双方之间重新沟通，便可迎刃而解；有些则因为双方都不愿在关键问题上退让而使谈判长时间拖延，问题悬而未决。因此，中期是僵局最为纷繁多变的阶段，也是经常发生谈判破裂的阶段。

3. 后期僵局

谈判后期是双方达成协议的阶段。在已经解决了技术、价格等关键问题之后，还有诸如项目验收程序、付款条件等执行细节需要进一步商议，特别是合同条款的措辞、语气等经常容易引起争议。但谈判后期的所谓僵局不像中期那样难以解决，只要某一方表现得大度一点，稍做些让步便可顺利结束谈判。需要指出的是，后期僵局绝不容轻视，如果掉以轻心，有时仍会出现重大问题，甚至使谈判前功尽弃。到了后期，虽然合作双方的总体利益以及各自利益的划分已经通过谈判确认，但是只要正式的合同尚未签订，总会有未尽的权利、义务、责任、利益和其他一些细节尚需确认和划分，因此不可疏忽大意。

（二）从广义的角度分类

从广义上讲，僵局是伴随整个合作过程随时随地都有可能出现的。例如，项目合作过程分为合同协议期和合同执行期，因此，谈判僵局分为协议期僵局和执行期僵局两大类。协议期僵局是双方在磋商阶段因意见分歧而形成的僵持局面；执行期僵局是在执行合同的过程中因双方因对合同条款理解不同而产生分歧，或出现了双方始料未及的情况，导致一方把责任有意推向另一方，抑或一方未能严格履行协议，引起另一方的严重不满等所形成的僵持局面。这是从广义角度来理解的僵局。

（三）从谈判内容角度分类

谈判的内容不同，谈判僵局的种类也不同。也就是说，不同的谈判内容下会出现不同的谈判僵局。

一般来说，不同的技术要求、合同条款、项目合同价格、履约地点、验收标准、违约责任等都可能会导致不同的谈判僵局。需要指出的是，在所有可能导致谈判僵局的谈判内容中，价格是最为敏感的一个，也是产生僵局频率最高的一个。因此，不论国内还是国际商务谈判，从内容角度来讲，价格僵局都是经常出现的。

二、谈判中形成僵局的原因

谈判中的任何一种僵局，其形成都是有一定原因的。只要我们能够对这些原因准确地加以判断并适度地把握，处理僵局也就有的放矢了。那么，当我们认真而冷静地对僵局的成因进行分析时，就不难发现，其包括以下几个方面：

（一）立场、观点的争执

在谈判过程中，如果双方对某一问题各持己见，谁也不愿做出让步，往往容易产生分歧，争执不下。双方越是坚持自己的立场，分歧就会越大。这时，双方真正的利益被这种表面的立场对立掩盖，而双方为了维护各自的面子，非但不愿做出让步，反而会用顽强的意志来迫使对方改变立场。于是，谈判变成了一种意志力的较量，自然陷入僵局。

经验证明，谈判双方在立场上的关注越多，就越不注意调和双方利益，也就越不可能达成协议。如果谈判双方都不想做出让步，或以退出谈判相要挟，这就会增加达成协议的难度，拖延谈判时间，容易使谈判一方或双方丧失信心与兴趣，最终使谈判以破裂而告终。立场、观点的争执所导致的谈判僵局是比较常见的，因为人们最容易在谈判中犯立场、观点性争执的错误，这也是谈判陷入僵局的主要原因。

（二）一方过于强势

除了书面形式的谈判以外，交易双方还会面对面地通过语言来交流信息、磋商议题。谈判中的任何一方，不管出于何种欲望，如果过分地、滔滔不绝地论述自己的观点而忽略了对方的反应，未给予对方陈述的机会，形成一言堂，必然会使对方感到不满，从而造成潜在的僵局。更严重的情况是：谈判中的一方认为自己理由充分，唯恐对方不了解，或者认为只有从不同角度反复陈述自己的观点才能取得对方的理解与信任，希望以此获得成功。他们并没有给对方表达观点的机会，剥夺了对方的发言权，造成“曲终人散”的局面，从而使谈判陷入僵局。

一方的过于强势还可能表现在偏激的感情色彩上。偏激的感情色彩是指谈判人员对所商谈的议题过分地表现出强烈的个人感情色彩，提出一些不合乎逻辑的意见，形成强烈的个人偏见或成见，引起对方的不满，使谈判陷入僵局，甚至使谈判破裂。如谈判中买方认为供货方的要价过高，便喋喋不休地旁征博引，说某企业的货物如何好，条件又如何优惠等，容易引起供货方的厌烦，导致谈判陷入僵局。

（三）过分沉默与反应迟钝

谈判中的任何一方，无论出于什么目的，不能或不愿在谈判桌上与对方进行充分交流，过分地沉默寡言，看似认真、专注地倾听，实际上反应迟钝或不置可否，都会引起对方的种种猜疑和戒备，甚至引起对方的不满，从而给对方造成心理压力，导致谈判陷入僵局。

（四）人员素质低下

人的素质往往与事件的走向息息相关，谈判人员的素质不仅始终是谈判能否成功的重要因素，而且当双方合作的客观条件良好、共同利益较一致时，谈判人员素质的高低往往是起决定性作用的因素。

事实上，仅就导致谈判僵局的因素而言，在某种程度上都可归结为人员素质方面的原因。例如，有些僵局的产生很明显是由于谈判人员的素质欠佳，在使用一些策略时因时机掌握不好或运用不当，导致了谈判过程受阻和僵局的出现。因此，无论是谈判人员个人风格方面的原因，还是谈判人员知识经验、策略技巧方面的不足或失误，都可能导致谈判陷入僵局。

（五）信息沟通障碍

谈判本身是靠“讲”和“听”进行沟通的。事实上，即使一方完全听清了另一方的讲话内容并能正确地理解，也不意味着就能够完全把握对方所要表达的思想内涵。谈判双方信息沟通过程中的失真现象时有发生。在实践中，由于信息传递失真致使双方之间产生误解而出现争执，并因此使谈判陷入僵局的情况屡见不鲜。这种失真可能是口译方面的，也可能是合同文字方面的，都属于信息沟通障碍。

信息沟通不仅要真实、准确，还要及时、迅速，但谈判实践中却往往由于未能达到这一要求而使信息沟通产生障碍，从而导致谈判陷入僵局。这种信息沟通障碍就是指双方在交流彼此情况、观点，协商合作意向、交易条件等过程中遇到的理解障碍，主要表现为：由双方文化背景差异造成的沟通障碍；由职业或受教育程度不同造成的一方不能理解另一方的沟通障碍；由心理因素等原因造成的一方不愿接受另一方意见的沟通障碍；等等。

（六）软磨硬抗式拖延

软磨硬抗式拖延是商业谈判中常用的手法，是指谈判人员为了达到某种不公开的目的，采取无休止的拖延，在拖延中软磨硬抗，致使谈判陷入僵局和破裂。例如，谈判人员借口眼下有件急事要处理，而将谈判委托给某某代表负责，而接替者又不置可否，致使谈判没有任何实际意义，明显是在拖延时间。这样做不仅不尊重对方，而且隐藏着某种其他含义和动机，容易使对方产生反感，导致谈判陷入僵局。

（七）外部环境发生变化

在谈判中，如果因外部环境发生变化，谈判人员对己方所做出的承诺不好食言，但又无意签约，采取不了了之的拖延态度，那么也会使对方忍无可忍，导致谈判陷入僵局。例如，市场价格突然变化，如按双方洽谈的价格签约，必给一方造成损失。若违背承诺又恐对方不接受，于是双方都不挑明议题，导致谈判陷入僵局。由于谈判人员缺乏应有的坦诚态度，又都企图从对方那里满足需求，因此谈判陷入久拖不决的僵局。

以上是造成谈判僵局的几种因素。在谈判实践中，很多谈判人员害怕僵局的出现，担心由于僵局而导致谈判暂停甚至最终破裂。其实如此多虑大可不必，谈判经验告诉我们，这种暂停甚至破裂并不绝对是坏事，因为谈判暂停使双方都有机会重新审慎地检查各自谈判的出发点，既能维护各自的合理利益，又注意挖掘双方的共同利益。如果双方都逐渐认识到弥补现存的差距是值得的，并愿意采取相应的措施，包括做出必要的进一步妥协，那么这样的谈判结果也真实地符合谈判原本的目的。即使谈判破裂，也可以避免非理性的合作，即不能同时给双方都带来利益上的满足的合作。有些谈判似乎形成了一胜一负的结局，实际上，失败的一方往往会以各种方式来弥补自己的损失，甚至以各种隐蔽的方式来挖对方的墙脚，结果导致双方都得不偿失。所以，谈判破裂并不总是以不欢而散而告终。双方通过谈判，虽然没有成交，但彼此之间加深了了解、增进了信任，为日后的有效合作打下了基础。从这一意义来说，谈判陷入僵局并非坏事，在某种程度上甚至可以说是一件有意义的好事。

三、谈判中僵局的处理原则

在谈判陷入僵局的时候，要想妥善处理好僵局，不仅要分析原因，而且要弄清分歧所在的环节及其具体内容，例如，是价格条款问题还是法律合同问题，抑或是责任分担问题，等等。在弄清这些问题的基础上，进一步估计目前谈判所面临的形势，检查一下自己曾经做出的哪些许诺存在不当之处，进而认真分析对方为什么在这些问题上不愿意做出让步以及困难所在。特别是要想方设法找出造成僵局的关键问题和关键人物，然后认真分析他们谈判受哪些因素的制约，并积极主动地做好相关方面的疏通工作，寻求理解、帮助和支持，通过内部协调，对自己的方针、分寸做出大致的选择。最后，要认真研究突破僵局的具体策略和技巧，确定整体的行动方案，妥善地处理好谈判僵局。

(一) 尽力避免僵局的原则

妥善处理谈判僵局的最有效途径是将导致谈判陷入僵局的因素消灭在萌芽状态。为此，应遵循以下几项原则：

1. 坚持闻过则喜原则

谈判中出现意见分歧是常事，反对意见一方面是谈判顺利进行的障碍，另一方面是对议题感兴趣或想达成协议的表示。因此，听到对方的反对意见时要闻过则喜，诚恳地表示欢迎。问题的关键是谈判双方在指导思想上都应坚持正确的谈判态度。提出反对意见者，说话要有充分的依据，要尊重对方。被提意见者要谦虚，要欢迎对方畅所欲言。

2. 态度冷静、诚恳，语言适中原则

谈判人员在解释、回答反对意见时，决不能用针锋相对的愤懑的口吻来反驳，而是应该态度冷静、诚恳，解释时语言要适中，既不多讲，也不寡言。这样不仅可以减轻对方的压力，满足对方自尊心的需要，而且可以在倾听对方意见的基础上，探出对方的动机和真实目的，为制定对策做好准备。同时，也应将自己的看法和对方意见的不实之处反馈给对方，从而形成谈判的对等局面。

3. 决不因观点分歧而发生争吵原则

谈判既是智力的角逐，又是感情的交流。当谈判中的分歧较大时，双方都会不同程度地流露出各自的真实情感，即使在理智的控制下，也难免会出现言谈中冷嘲热讽的现象，甚至出现情绪上的对立。因此，谈判人员必须有较强的自控能力，防止把争论变为争吵，不因观点的分歧而出言不逊，注意语言的委婉性、艺术性，以充分的理由来增强说服力，同时注意对方的情绪变化，分析其心理状态，因势利导，寻求解决分歧的途径，使谈判得以顺利进行。

(二) 努力建立互惠式谈判原则

所谓**互惠式谈判**，是指谈判双方都要认清自身需要和对方的需要，然后双方共同探讨满足彼此需要的一切有效途径与办法，即视对方为解决问题者，而不是敌人。谈判人员对于谈判对手所提供的资料应采取审慎的态度，不要不信任对方；在谈判中态度要温和，眼睛要紧盯利益目标，而非立场；寻求共同利益而不是单纯考虑自身利益。

为了使互惠式谈判能够有效地进行，可以采用“多头并进”的谈判方法。多头并进，就是同时议论有待解决的各个项目，如价格、付款条件、交货条件及售后服务等。由于各个具体项目之间有较大的伸缩性，可以调整，当其中的一个项目遇到困难时，可以暂时搁置，转移到下一个项目，或是当某一个项目不得不做退让时，可以设法从其他项目得到补偿。这种谈判办法，就是我们前文中所说的横向谈判。尽管这种谈判进展缓慢，但可以减轻谈判人员的压力，有利于避免僵局。如果采用前文中所说的纵向谈判，每次只集中谈论一个项目，则虽然进度快，但是各个项目之间缺乏呼应，易使谈判双方承受较大的压力，导致谈判陷入僵局。

互惠式谈判的核心是谈判双方既要考虑自己的利益，又要兼顾对方的利益，是平等合作式的谈判。

四、妥善处理谈判僵局的方法

（一）潜在僵局的间接处理法

所谓间接处理法，就是谈判人员借助有关事项和理由委婉地否定对方的意见，其具体做法有以下几种：

1. 先肯定局部，后全盘否定

这种做法是指：谈判人员对于对方的意见和观点持不同的看法或发生分歧时，在发言中首先应对对方的观点和意见中的一部分略加肯定，然后用充分的根据和理由间接地、委婉地予以全盘否定。例如，需方说：“使用这种包装的商品，我们不能要!”供方经过通盘分析，了解到需方是借包装问题来为讨价还价找借口，于是供方回答道：“是啊！许多人都认为这种包装的商品不好卖，但是如果真正认识到这种包装的好处，自然会改变看法的。已经有很多顾客专门挑选这类包装的商品了。”又如，需方说：“我们不需要送货，只要价格优惠!”供方不直接答复，却说：“您的意见有道理，可您是否算过这样一笔账：价格优惠的总额与送货的好处相比，还是送货对您更有利。”供方先肯定对方的一部分意见，然后进行核算比较，最后间接否定了需方的意见。

2. 先重复对方的意见，然后削弱对方

这种做法是指谈判人员先用比较委婉的口气把对方的反对意见重复一遍，再做回答。在重复时原意不能改变，但语言顺序可以变动。这样做可以缓和谈判气氛，显得比较温和。

在采用这种办法时，要注意研究对方的心理活动、承受能力，要因时、因人、因事制宜，不能机械地套用。

3. 用对方的意见去说服对方

这种做法是指谈判人员直接或间接地利用对方的意见去说服对方，促使其改变观点。

例如，卖方对买方说：“你方要货数量虽大，但是要求的价格折扣幅度太大了，服务项目要求也过多，这样的生意实在是难做。”需方便可以这样说服对方：“您说的这些问题都很实际，正像您刚才所说的那样，我们要货数量大，这是其他企业根本无法与我们相比的。我们要求的价格折扣幅度大于其他企业也是可以理解的。再说，以后我们会成为您的主要长期合作伙伴，而且您还可以减少对许多小企业的优惠费用，从长远看，咱们还是互惠互利的。”

4. 以提问的方式促使对方自我否定

这种做法是指谈判人员不直接回答问题，而是提出问题，使对方在回答问题的过程中否定其原来的意见。例如，供方为争取一份销售合同，派一名业务员去一零售企业洽谈。

零售方：“我们目前还不需要你们的商品，某某企业的货倒是很适合我们的需要。”

业务员：“请问你们那么好的营业场所，柜台都摆满了吗？”

零售方：“摆满说不上，但够卖的了。”

业务员：“你们经营的商品，看重花色、利润，还是商品的质量？”

零售方：“首要的是商品的销路，同时要看利润如何。”

业务员：“我们的商品销路不错，这无须我多说了！但我们的价格及各种优惠条件是其他企业无法相比的。”

零售方：“你们的优惠条件相当不错，但我们还要看看质量。”

业务员：“你们的营业厅面积有多大？经营品种有多少？”

零售方：“营业厅面积足有 5 000 多平方米，经营品种倒不多。”

业务员：“看来，你们柜台商品陈列并不是很丰富，我们的这种商品是可以摆得下的吧！”

零售方：“摆是没有问题的。”

业务员：“怎么样，对我们的商品有什么想法？”

零售方：“让我们考虑一下。”

零售方经过分析，认为购进这种商品有利可图，于是双方达成了协议。在整个洽谈过程中，供方业务员通过提问的方式，促使零售方否定了自己原来的观点，进而达成了协议。

以上所述的对谈判中潜在僵局的各种间接处理法都有一定的适用范围和局限性，在实践中能否行得通，完全取决于谈判人员的灵活运用能力。

(二) 潜在僵局的直接处理法

1. 站在对方立场上说服对方

说服是以充分的理由和事实使对方认可。但是，在商务谈判中，仅有充分的理由和事实并不一定能使对方信服。为此，当谈判中一方坚持固有意见时，要使说服有效，除了使用无可辩驳的证据和严密的推理外，还必须使对方的需要得到一定的满足。所以，要站在对方的立场上讲清道理，使对方确实感到他原来所坚持的意见必须改变才行，以打破谈判僵局。

2. 归纳概括

这是指，在谈判过程中，一方要将对方的各种反对意见进行归纳整理、集中概括，然后有针对性地加以解释和说明，从而收到削弱对方观点与意见的效果。例如，需方代表对供方提供的商品提出很多意见：商品的外观不新颖、包装有问题、质量与价格不相称，顾客不欢迎等。需方提出这一连串的反对意见，无非是在为讨价还价做准备。若逐一回答，不但啰唆，而且需方也未必听得进去。对此，供方代表可以将对方的这一连串反对意见进行归纳整理，集中概括为商品的质量问题，进而抓住质量问题去进行解释和说服对方。

3. 反问劝导

谈判中常常会出现莫名其妙的压抑气氛，这就是谈判陷入僵局的苗头。出现这种情况的原因极为复杂：有的是谈判人员个人心理变化所致；有的是一方虽有反对意见但尚未表露所致；等等。这时谈判人员若适当运用反问法，以对方的意见来反问对方，可以防止谈判陷入僵局，而且能够有效地劝说对方。例如，需方说："您提供的商品，无论是质量还是价格都可以，只是目前我们不打算进货！"供方摸不清需方的真实意图，可以巧妙地说："向您提供的这些商品，正像您所说的那样，一切都不错。看来，您很识货！目前这种商品的销路看好，进些货是举手之劳，何乐而不为呢?"待需方进一步解释或回答时，供方便可知道需方的真实意图了，然后便可以有针对性地进行劝导，从而避免谈判陷入僵局。

4. 运用幽默

在谈判中将幽默运用得好，可以起到意想不到的效果。当谈判出现沉闷的气氛时，谈判人员可以说几句诙谐的话，使剑拔弩张的紧张气氛顿时化为乌有。这是因为谈判人员在紧张中忘情的一笑，可使心理压力得到缓解、精神为之一振，可使错综复杂的谈判活动在轻松愉快的气氛中进行。

5. 适当馈赠

谈判人员在相互交往的过程中，可以适当地互赠些礼品作为联络感情的方式，西方学者幽默地称之为"润滑策略"。这是防止谈判出现僵局的行之有效的途径，这就等于直接明确地向对方表示"友情第一"。所谓适当馈赠，就是说馈赠要讲究艺术：一是要尊重对方的习俗；二是要避开"贿赂"之嫌，做到"礼轻情义重"。

6. 场外沟通

场外沟通，亦称场外交易、会下交易等。它是一种非正式谈判，双方可以无拘无束地交换意见，加强沟通，消除障碍，避免出现僵局。对于正式谈判出现的僵局，同样可以利用场外沟通的途径直接进行解释，消除隔阂。

场外沟通，亦应提高警惕，不要做单方面的表白，以免泄露己方的机密，也不要在轻松的气氛中轻信对方提供的信息。

(三) 妥善处理谈判僵局的最佳时机

在谈判实践中，选择最佳时机处理僵局，往往会取得意想不到的效果。谈判活动的发展变化在不同的时间各不相同，因此在不同的时间采取相应的措施处理僵局，效果就大不一样。这方面的技巧和方法主要有以下几种：

1. 及时答复对方的反对意见

谈判中双方都希望自己的意见得到对方的尊重和重视，若对方不能给予明确的答复，往往会造成心理障碍，形成谈判中的潜在僵局。为此，只要对方提出明确的反对意见，就应及时给予答复，若一时无法答复，也应主动解释清楚，使对方感受到你的诚意，这样有利于打破僵局。

2. 适当拖延时间再做答复

在谈判中会碰到很多棘手的问题，谈判人员不能即刻答复。在这种情况下，可以适当拖延时间再做答复，以取得更好的效果。但拖延时间不宜过长，而且应当向对方说清楚。若出现下列情况，则可以适当拖延时间再做答复：

(1) 对方提出的反对意见，使你感到不能做出满意的答复时；

(2) 反驳对方意见缺乏足够的证据时；

(3) 即刻回答会使己方陷入被动时；

(4) 确实有把握控制谈判局势，使对方的反对意见随着谈判的深入逐渐削弱时；

(5) 对方的反对意见明显偏离议题时；

(6) 对方由于心理原因而提出发泄性的反对意见时。

出现以上情况时，都可做适当的拖延，以便留出时间应对。

3. 争取主动，先发制人

当谈判人员事先发现对方会提出某种反对意见时，可争取主动，先发制人，抢在对方之前把问题提出来，作为自己的论点，劝导对方重新认识问题，这样做可以有效地避免和打破僵局。采用这种做法时应善于察言观色，随时注意对方的态度，掌握好时间，从而避免争论和僵局。值得注意的是，“先发制人”绝不是“强加于人”。

(四) 打破谈判僵局的做法

如果在一次谈判中僵局已不可避免，双方又争执不下，致使谈判毫无进展，那么如何妥善处理这种明显的谈判僵局，是直接关系到谈判效果的大问题。妥善处理已经形成的僵局，关键是设法缓和对立情绪，弥合分歧，使谈判出现转机，推动谈判进行下去。具体的做法主要有以下几种：

1. 采取横向谈判

采取这种做法时，应先把谈判的面铺开，先撇开争执的问题，不要只盯住一个问题不放，不谈妥誓不罢休。例如，若在价格问题上双方互不相让，可以先暂时搁置一旁，改谈交货期、付款方式等其他问题。如果在这些议题上对方感到满意了，再重新回过头来谈价格问题，这样阻力会小一些，商量的余地也大一些，谈判有可能出现新的转机。

2. 改期再谈

谈判往往会陷入僵局，无法继续下去。这时候可以共同商定休会，并商定再次谈判的时间、地点。但在休会之前，务必向对方重申己方的意见，以引起对方的注意，使对方有充裕的时间考虑。

3. 改变谈判环境与气氛

谈判气氛紧张易使谈判人员产生压抑、沉闷甚至烦躁不安的情绪。这时，东道主可以组织谈判双方参加一些放松的活动，例如游览观光、文娱活动等，使紧张的神经得到缓解。这当中，谈判双方可以不拘形式地就某些僵持问题继续交换意见，在融洽、轻松的气氛中消除障碍，使谈判出现新的转机。

4. 叙旧情，强调双方的共同点

这种做法是通过回顾双方以往的合作历史，强调、突出共同点和以往的合作成果，来削弱彼此的对立情绪，达到打破僵局的目的。

5. 更换谈判人员或者由领导出面调解

当谈判陷入僵局，经多方努力仍无效果时，可以在征得对方同意后，及时更换谈判人员。这是一种迫不得已的、被动的做法，必须慎重使用。必要时，可请企业的领导出面调解，因势利导，以表明对谈判局势的关注，从而打破僵局。

（五）谈判中严重僵局的处理办法

在谈判过程中，尽管双方几经努力，但僵局仍未出现缓解之势，双方都已被“套牢”时，僵局就已经相当严重了。特别是在履行协议的过程中，双方对于争议、纠纷之类问题的谈判，涉及双方的权利与义务，致使谈判双方对立情绪十分明显，气氛异常紧张。这类谈判难度大、政策性和专业技术性强。妥善的办法是本着己方利益不受损失，同时顾全对方自尊与利益的原则，在灵活运用各种策略与技巧的同时，采取适当让步和调解与仲裁等做法。

1. 适当让步

对于谈判的任何一方而言，坐到谈判桌前的目的都主要是成功达成协议。因此，当谈判陷入僵局时，我们应当清醒地认识到，如果促使合作成功所带来的利益要大于坚守原有立场而让谈判破裂所带来的好处，那么有效的退让也是我们应该采取的策略。

让步的基本原则是以小换大。这就要求谈判人员既要经过缜密思考，步子稳妥，又要恰到好处，使对方的利益得到一定的满足，从而促成协议。这方面的具体做法如下：

(1) 不要做无谓的让步。每次让步都要换取对方相应的让步，都要争取己方的利益，也就是说，让步要让在“加”上，让得恰到好处，使己方较小的让步换取对方较大的让步。

(2) 不要轻易表态接受对方最初的让步，即使对方最初让步的效益高于己方的期望值，也不要轻易表态。因为对方的最初让步通常是有余地的，而且己方推迟表态还可以引出对方的意图。

（3）在己方认为重要的问题上要力求使对方先做出让步；而在较次要的问题上，己方可根据实际需要，适时、适度地做出让步。

（4）虽然已经做出了让步，但如果考虑到这种让步对己方不利，可以提出修正，不要因为难为情而迟迟不敢提出要求。

（5）商务谈判中的让步并不是对等让步，所以每次让步的幅度不宜过大，让步的次数不宜过多，而且要设法让对方感到己方做出的每一次让步都是重大的让步，以争取达成协议。

在对严重僵局的处理过程中运用让步策略，必须通盘谋划，明确用什么方式、在什么时候、在哪些方面做出让步以及让步到什么程度等一系列问题，决不可盲目做出让步，万一出现失误，将得不偿失。

2. 调解与仲裁

当谈判僵局继续发展到严重对峙，双方均无有效方法解决时，可以采取调解与仲裁的办法来处理。

（1）调解。调解是通过第三方来解决僵局的一种做法。调解对谈判双方来说并不是强制性的，仅是中间人对双方进行调解和劝说。

（2）仲裁。仲裁是指通过专门的仲裁机构，按照仲裁规则解决纠纷的一种办法。仲裁必须是双方自愿的，其结果具有强制执行力，对双方都有约束作用。

通过调解与仲裁处理谈判僵局固然有效，但是，当发现调解与仲裁人员不公正时，谈判人员应及时明确提出，必要时也可以通过诉诸法院的形式对不公正行为提起诉讼，以保护自己的合法权益。

五、处理谈判僵局应注意的几个问题

在商业谈判过程中出现僵局，不仅违背了企业和谈判人员的初衷，而且给谈判人员带来了很大的心理压力和负担。所以，有经验的谈判人员认为，商品买卖活动中的谈判，除非特殊情况，一般都要千方百计地避免出现僵局。陷入僵局时要灵活应对，及时调整谈判方式，防止越陷越深，通过巧妙的妥协与让步来换取目标利益，尽力结交合作伙伴。为此，谈判人员在面临僵局和处理僵局时，要注意以下几个问题：

（一）及时、灵活地调整和变换谈判方式

谈判方式取决于谈判人员的指导思想、运用谈判策略的出发点和目的以及形式。有人把商业谈判分为立场式谈判、原则式谈判与合作式谈判三种类型。

1. 立场式谈判

立场式谈判，是指谈判人员竭力谋求己方的最大利益，坚持对抗中的强硬立场，以迫使对方做出较大让步为直接目标的谈判方式。

这种谈判方式的基本特征是：谈判一开局就以强硬的姿态出现，迫使对方降低目标，并把对方的让步视为己方的胜利；一般情况下很少做出让步，即使做出让步也是出于无奈，在无退路时，常通过激愤之态甚至中途退场来向对方施加压力，而且置谈判时间期

限于不顾，颇有耐心。

立场式谈判把谈判看作意志力的较量与竞争，认为谈判中立场越是强硬，最终获取的利益也就越多。因此，运用谈判策略的宗旨是：一正，二拖，三得利。

立场式谈判存在很多问题，即使达成协议也只能是双方都不甚满意的协议，充其量是双方最后分歧点的折中而已，并不是真正的能够满足双方合法利益的合作协议。显然，立场式谈判企图借助顽强的意志和足够的耐心迫使对方改变立场来获得利益。这种谈判方式耗时、成本大，而且极易导致谈判破裂，其可取之处在于顽强的意志、足够的耐心和强硬的态度，所以它又被称为硬式谈判。

2. 原则式谈判

原则式谈判，是一种软硬结合的谈判方式，主张对事实强硬，对人软；既不用计谋，也不做任何姿态，根据事实来达成协议，以保持公正、客观的谈判态度，坚持谈判目标在于利益而绝不是立场，探讨对双方均有利的各种方案并选择性使用，始终视谈判对手为解决问题者，将人与问题分开，以客观标准达成协议。

这种谈判方式的目的是要取得符合客观标准的协议，其指导思想是开诚布公地讲道理，认为对人信任与否和谈判无关，坚持将人与议题内容分开，以对事为主。但其薄弱之处在于对人际关系方面的工作似乎重视得不够，且截然将人与事分开难度较大。

3. 合作式谈判

采取合作式谈判的人信奉“化干戈为玉帛”，坚持平等互利，求同存异，变消极为积极，互谅互让，相互尊重，力求谈判氛围能够融洽、友好，富于创造性。

合作式谈判的目标以能够达成协议为准，不但对人对事都较温和，而且相信对方总是为了增进相互关系而做出让步。正因为这种谈判方式是为了避免相互争论，强调友善，故又被称为温和式谈判。很明显，这种谈判方式易受到对方的攻击，也易遭受损失。

以上三种谈判方式各有所长，也各有所短。成功的谈判人员应扬长避短，将其优点融入自身的谈判实践。例如，碰到那种阴谋型、缺乏合作意识的谈判对手，就可以运用立场式谈判方式。处理谈判僵局，是一门科学，更是一种将科学与艺术统一起来的技能，要求谈判人员创造性地运用各种谈判方式。

（二）回绝对方的不合理要求，降低对方的目标

谈判中往往会碰到对方提出不合理或过高的要求，危及己方的基本利益的情况。此时，谈判人员应采取适宜的策略予以回绝，或是设法降低对方的目标要求，进而取得圆满的谈判结果。在商业谈判中，对方有时会索取涉及己方商业秘密的一些数据，如买方向卖方索取价格和成本分析表之类的资料，此时卖方应婉言回绝，或适当应对，例如，可以提供无关紧要的资料，也可以托词拖延，但最好的办法还是向对方解释清楚，说明无法提供的缘由。很多成功的谈判经验告诉我们：在谈判桌上，对于对方提出的一些条件，若不能及时、清楚地予以答复，单纯顾及情面，吞吞吐吐，反而会引起对方的猜疑和戒备，讲清楚了，就可以避免很多无端的揣测。关键是要掌握好“讲清楚”的技巧，决不能采取简单、直接、生硬的方式，既要把观点讲明白，又要注意讲的方式、方法，

力求“给人台阶下”，防止激化对立情绪和加深对峙程度。“台阶”要堂堂正正地摆出来，要使对方明白，己方已经为打破僵局做出了努力。所以在谈判中，对于对方提出的一些不合理要求，把话摆到台面上来确实是有必要的。俗话说：“油灯不拨不亮，理不辩不明”，“话说清，理摆明，事好办”。这样做不但能够防止和回避僵局，即使碰到僵局也有助于打破它。

如何有效地弥合双方的分歧，消除对峙呢？一是屈从对方的压力，己方做出让步；二是对方做出让步。若己方的让步已到临界点，那么只有靠对方降低目标要求。实践中，谈判中的任何一方都不情愿做出让步，往往会出现这样的情况：一方出于善意，主动做出让步了，但对方非但不领“情”，反而得寸进尺，提出更高、更多的要求，大有强人所难之势。所以，要打破僵局，一方面己方让步要适度，另一方面要降低对方过高的目标要求。为此，应考虑以下几点：首先，必须牢牢把握住己方的利益目标，把己方的利益目标确定在对方能够接受的较高限上，不轻易做出让步，并设法让对方了解己方的目标。其次，要凭借充分的事实根据和理由强调：己方提出的交易方案、交易条件是公道的，能够给对方带来利益，也完全是从双方利益角度考虑的。最后，在磋商交易条件的初始阶段就要设法达到这种谈判格局，因为进入后期，改变对方的观点、降低对方目标要求的难度较大，而且极易导致双方的观点对峙，导致谈判陷入僵局。

若对方仍坚持过高的利益目标，没有任何松动的可能，明显的僵局已经形成，己方则可以在适当的话题下，提出一种与对方所提方案相对应的新方案，使对方接受的难度增大，进而以迂回的方式迫使对方降低原有的过高目标要求。

(三) 防止让步失误，掌握好妥协的艺术

让步是谈判中常用的一种策略，更是在回避和摆脱谈判僵局中能够直接起效的“法宝”，因为只有让步、妥协才能使双方利益差异相对弥合。

谈判中的让步是一门艺术，并非所有让步都能有所收获。所以，防止谈判中的让步失误、提高妥协的艺术是回避和摆脱僵局时要解决的重要问题。

让步失误，是指谈判中每次让步都未能取得让步的预期效果，未能有所收获。成功的经验告诉我们：不管是面临僵局还是已经陷入僵局，让步都是必要的，关键是要善于控制让步的程度，不断地改变让步的形式，掌握得好就能达到让步的目的。反之，对各种让步缺乏全面考量，不善于甚至没有办法控制让步的程度是谈判中让步失误的根本原因。让步失误一般出现在以下情况中：在谈判初始阶段态度强硬，丝毫不肯让步或是只做出微小的让步。而随着对方压力的不断增加，便无可奈何地退让，做出一连串大幅度的让步。

通过让步来打破僵局，首要的是防止让步失误，为此应注意以下几个主要问题：

1. 切不可过分自信，自以为已经掌握了对方的意图

当谈判陷入僵局时，一般相互间已经有了初步的了解，若过分自信，自以为了解了对方的意图，难免会出现严重问题。很多成功的谈判人员都认为，当双方争执不下时，如果根据未经证实的估计去判断和推论对方的真实意图，十有八九会吃亏上当。

所以，在僵局的压力下应保持高度冷静和警惕，在争论中要仔细分析对方的真实意

图，耐心地试探，谨慎地表态。

2. 不可轻易接受超出己方期望水准的最初报价

有的谈判人员一看到对方第一次报价就超出己方的期望，便按捺不住激动之情，欣然接受。这正是谈判中忌讳的事。因为常识告诉我们，谈判中的第一次报价绝对是水分很大的。正因为如此，有人总结出这样一句话："永远不要相信第一次报价!"这句话似乎不近情理、太绝对了，但其中的道理却足以引为处理僵局之戒，因为对方很可能和你有完全不同的价值标准，也完全有可能再做些让步。更重要的是，若己方立刻接受对方的初次报价，对方往往会有吃亏的感觉，以为自己报价过低了，自然会在其他方面提出苛刻的要求，从而增大了摆脱僵局的难度。

3. 不要轻易做出让步，在重要问题上不先做出让步

陷入谈判僵局对谈判人员来说确实是一种煎熬，有的谈判人员往往在心理上和身体上支撑不住，巴不得能够尽快有个结果，故常常是"差不多就行了"，这正是商业谈判之大忌。为此，要明确这样一个基本原则：在没有确切弄清对方的所有要求之前，决不能做出任何让步。这是妥协的真谛。因为己方稍有松动，对方必然得寸进尺，步步紧逼，结果反而加剧了僵局。

不能搞交换式让步。有的谈判人员认为，既然陷入僵局是因为利益之争，那么己方在某个问题上做出让步后，可即刻要求对方在另一个问题上做出让步，误以为这样做对方就没有理由拒绝了。殊不知，谈判对手并不是如你所想象的那样会"领情"，反而可能会进一步向你提出新的、更高的要求，甚至在别的问题上依旧要求你做出让步。还有些谈判人员认为，已经向对方阐明己方在若干个问题上做出让步了，并强调了承诺的态度，对方总得多少做出一些让步吧！这种观点看似理直气壮，但是却忽略了自己所付出的昂贵代价。所以，让步绝不能"算单项账"，而要从总体利益目标的角度"算大账"。

在谈判僵局的重压之下，在关系到己方根本利益的重大问题上的让步必须慎重，在一般情况下，最好不先做出让步，只有在对方确有诚意、明确其交换条件的情况下，方可考虑做适度稳妥的让步，同时也要求对方做出让步。

专栏阅读 5-9

我国某机械进出口公司与外国某公司洽谈购买一批数控机床，就价格问题进行了以下五个回合的谈判才达成协议。

第一个回合，己方出价 11 万元，对方报价 23 万元。几经磋商，互不相让，明显陷入僵局。

第二个回合，对方明确表示，只要己方能适当考虑他们的报价，也可提供其他相关配件。己方看对方确有诚意，也表示可以酌情变动。这样，己方既不表示急于成交，也不冷落对方。对方报价 19.8 万元，已有让步之举；己方也适当让步回报之，出价 12.5 万元。

第三个回合，对方报价 18.6 万元，己方出价 13.5 万元。

第四个回合，对方报价 17.5 万元，己方出价 14 万元。

第五个回合，对方报价15.8万元，己方出价14.5万元。

这样，经过五个回合的讨价还价，双方最后以14.8万元的价格达成协议。己方让步采取的是积极而又稳妥的方式，既不过分拘谨，也不轻易加大让步幅度。由此可见，摆脱僵局的让步，特别是在重要问题上的让步，不仅要谨慎，而且要先掌握对方的真实意图。

4. 善于运用让步策略组合，在交叉式让步中找出路

处理僵局中的让步的形式和内容多种多样。让步所要解决的问题，绝不仅仅局限于双方所争执的某一具体问题，而是可以从多个角度和不同的侧面，不断地变换让步形式来妥善处理。

商业谈判中的僵局虽然本质上是买卖双方利益矛盾所导致的对峙，但是完全可以从削弱对方的抵触情绪、减轻对方的心理压力入手，并辅之以相关的非实质性让步策略组合措施来缓解和摆脱僵局，达到妥善处理僵局的目的。

谈判专家认为，妥协、让步同谈判策略一样，犹如一个万花筒，转来转去可以变换出形形色色的花样和图案来，关键是要有的放矢，针对僵局中的具体情况选择合适的策略组合。

处理僵局时的让步大都是在非根本利益方面的让步。要将一些非根本利益方面的让步分别抽取出来，再有机地搭配、结合起来，以换取对方的同等让步。非根本利益方面的让步也称为“虚让步”“虚妥协”。

例如，在谈判中专注地倾听对方的意见，认真地回答和解释对方提出的问题，适当地增加在小事上的让步次数，给予对方较高规格的接待，对于对方所提出的意见和方案予以必要的肯定和赞赏等，都属于非根本利益方面的让步。

又如，陷入僵局后，对方会反复强调其观点和方案的正确性，陈述中自然带有种种对己方的反驳之意，心理压力较大，难免有很多过激言辞，甚至片面的“一家之理”。若己方的领导出面，全神贯注地倾听，态度谦和有礼，并适当地加以解释，使对方不但有充分“发泄”的机会，而且受到较高规格的接待，会使对方的心理压力得以减弱，对立情绪得以缓和。同时，对方也会感觉到己方的诚恳，产生信任与安全感。反之，不注意倾听，以冷漠态度视之，或是急于反驳、抢话，会引起对方更大的对立情绪，加剧对立，非但不能缓解僵局，反而有可能使谈判破裂。这个例证说明：把“倾听”“高规格接待”“建立缓冲区”等策略有机结合起来做出非根本利益方面的让步，能有效地摆脱僵局。

交易价格之争往往会造成僵局。这时可以采取“堤内损失堤外补”的策略，也就是说，可以采用交叉式让步，以免在同一问题、同一具体利益上争执不下。

所谓**交叉式让步**，是指促使双方总体利益弥合的一种做法，要求一方在这一问题上做出让步，另一方在其他问题上做出让步；一方在这一问题上做出让步的损失，可以从另一方在其他问题上的让步中得到弥补。即使是根本利益方面的让步，也完全可以采取这种方式来进行。

值得强调的是，摆脱僵局的让步，固然是必不可少的，但是应提倡积极的让步方式，即采取上述合作式谈判中的让步方式为好。

案例专栏阅读

敬业集团正式收购英国钢铁

英国当地时间3月9日15时，敬业集团收购英国钢铁公司（以下简称“英钢”）交割仪式在英国斯肯索普英钢会议中心举行，这是敬业集团国际化的重要里程碑。参加本次交割仪式的有英国商务大臣阿洛克·夏尔玛（Alok Sharma）先生、中国驻英国大使刘晓明先生、敬业集团董事长李赶坡先生（视频）、英国钢铁破产管理人、工会、本地政府代表、英钢全体高管及员工代表、敬业集团英钢收购团队。

这也是自河北省最大钢企河钢收购塞尔维亚钢铁厂后，中国向西方收购的第二家钢铁厂。

这桩收购始于2019年7月，敬业集团彼时提出全面要约收购英钢，但一度搁浅。政府接管方在当年8月与土耳其军方养老基金的投资部门Ataer进行了独家谈判，但最终未能达成收购协议。在此之前，英钢已陷入数月的不确定性。2019年5月，这家在英国排名第二的钢铁公司在向英国政府申请3 000万英镑的救助金被拒后，宣布破产。该决定直接影响到5 000名钢铁工人，以及供应链中至少20 000名工人的就业。

2019年10月26日，敬业集团高层开始进驻英钢，仅用两个星期的时间完成了正常情况下需要半年才能完成的尽调工作，于北京时间2019年11月11日0时签订了收购框架协议。随后经过3个月时间，完成交割。

值得一提的是，鉴于英国钢铁工业的日益衰退，这笔交易将使敬业集团取得英国钢铁行业1/3的控制权。

另外，双方在去年11月签订收购框架协议时，李赶坡曾表示，未来10年还将投资12亿英镑升级工厂和机器：“改善公司的环保表现……提高能源效率，使业务更具竞争力和可持续性。”敬业集团称将向尽可能多的企业员工提供工作机会。

此次交割资产包括斯肯索普钢铁厂、提赛德钢梁轧机厂和斯金宁格罗夫钢铁厂，以及英国钢铁旗下的FN钢铁厂和TSP工程公司。敬业集团表示将全力以赴重振英钢，履行12亿英镑的投资承诺。

李赶坡表示，从此刻开始，敬业集团与英钢结为命运共同体。英国钢铁CEO罗恩·迪伦（Ron Deelen）则表示：“今天对英钢来说是历史性的一刻，我们会抓住敬业集团给我们带来的巨大机遇，延续英钢150年的传统，进一步提升英钢作为世界级钢铁企业的地位。”

资料来源：敬业集团正式收购英国钢铁．澎湃新闻，2020-03-10.

问题：

结合以上案例分析：敬业集团正式收购英钢的过程中运用了哪些谈判策略？

本章小结

知己知彼，方能百战不殆。谈判如同一场战役，如果不能深入分析一场战役在不同阶段的特点，不能熟悉敌我双方的力量对比和各自要实现的目标，这场战役的结果就会有悖于己方的初衷。因此，熟悉谈判的不同阶段，相应地制定不同的战略，从而取得谈判的主动权并实现己方的目标，是一个成功的谈判人员必备的基本素质，也是学习本章的最终目标。

本章关键词

开局阶段	报价	最低可接受水平	报盘
递盘	实盘	磋商阶段	实质性分歧
假性分歧	成交阶段	谈判僵局	互惠式谈判
交叉式让步			

讨论与思考

1. 简述制定商务谈判策略的一般步骤。

2. 开局在整个谈判过程中具有怎样的作用？确定恰当的开局策略需要考虑哪些因素？

3. 在国际商务谈判中，有哪两种典型的报价战术？试述二者的区别。

4. 在谈判过程中，进行报价解释时必须遵循什么原则？

5. 简述常用的几种让步策略的内容及其适用性。

6. 在谈判的成交阶段可以采取哪些谈判策略？

7. 在谈判过程中导致僵局出现的因素有哪些？要尽力防止僵局的出现，需要遵循什么原则？

延伸阅读

GSK 全球总部将“搬家”？拆分后新 GSK 如何 10 年增长 100 亿英镑营收？并购、重组、换 logo…跨国药企都如何调整战略？

近日，GSK 又披露了分拆信息。随着消费保健业务分拆的进行，GSK 将告别其已经驻守多年的英国总部（GSK House)。该公司将在 2022 年年中提供关于新总部的进一步信息，但计划使用现有总部到至少 2023 年年底。拆分后的消费者保健公司将于 2024 年底开设新总部。

拆分、并购重组已经成为转型期药企的常态化操作。譬如艾伯维百亿美元并购艾尔建，默沙东拆分欧加隆，辉瑞剥离普强后更换 logo……而对于 GSK 而言，拆分一举则成为其需要快速执行且见效的行动。

仅仅从数据来看，GSK 业绩数据已经让投资者忧虑重重。今年的半年报显示，GSK 业绩并未有较大的改观。2021 年半年报显示，GSK 的营业收入为 155.10 亿英镑，同比下跌 7.2%，并退出全球药企 TOP10 榜单。

在新产品的研发上，GSK 也是接连受挫。而在新冠肺炎疫苗方面，GSK 又缺了辉瑞的一些“好运气”和魄力。2019 年 GSK 疫苗业务实现收入约 91.61 亿美元，在四大疫苗巨头中居首位。尽管有如此好的功底，但是在新冠肺炎全球大流行的当下，GSK 在 COVID-19 疫苗早期研发中，却充当了配角，仅提供佐剂以提高其他公司候选疫苗的效力，而不是开发自己的疫苗。GSK 不仅错失了这一机遇，而且已上市的疫苗产品也受新冠肺炎疫情冲击销量下降，让其业绩雪上加霜。而辉瑞则紧紧抓住了机遇，一洗变革以来的颓势，重回全球 TOP1 的宝座。

基于对 GSK 的种种不满，其投资者甚至多次提出更换首席执行官。

事实上，跨国药企的变革调整近年来一直在持续发生，以应对正在变化的全球市场。

例如，艾伯维通过大额并购艾尔建，不仅迅速实现了产品多样化，还一举跻身全球药企 TOP5 之列，为药王修美乐继任者的培养争取了时间和机会。武田制药与罕见病巨头夏尔制药达成巨额收购协议，收购后的武田制药主要聚焦消化、罕见病、血液制品、肿瘤、神经科学领域。而辉瑞、默沙东这些巨头则通过剥离非核心业务，让自己更聚焦。辉瑞越来越聚焦于创新疗法的发现和开发，不仅分拆消费者医疗保健业务部门，与 GSK 的同类部门合并成为新公司，还拆分辉瑞普强，并与迈兰公司合并成为一家新的全球性医药公司晖致。此外，值得一提的是，辉瑞为了展示其新形象，还将其自 1948 年以来使用的“蓝色小药丸”logo，变成了蓝色双螺旋形状。欧加隆已经正式从默沙东拆分出来，致力于在妇女健康、生物类似药等领域发掘潜力。而默沙东则继续专注于已有的增长支柱产品领域，包括肿瘤、疫苗等。

资料来源：GSK 全球总部将“搬家”? 拆分后新 GSK 如何 10 年增长 100 亿英镑营收? 并购、重组、换 logo…跨国药企都如何调整战略?. 雪球网，2021 - 10 - 12.

深度阅读推荐

[1] 戴维·A. 拉克斯，詹姆斯·K. 西本斯. 谈判. 北京：机械工业出版社，2004.

[2] 盖文·肯尼迪. 谈判人. 北京：外文出版社；上海：上海远东出版社，1997.

[3] 拉塞尔·科罗布金. 谈判的理论与策略. 北京：中信出版社，2003.

第六章 国际商务谈判中的技巧

学习目标

学习完本章，你应掌握：

- 国际商务谈判中“听”的技巧；
- 国际商务谈判中“问”的技巧；
- 国际商务谈判中“答”的技巧；
- 国际商务谈判中“叙”的技巧；
- 国际商务谈判中“看”的技巧；
- 国际商务谈判中“辩”的技巧；
- 国际商务谈判中“说服”的技巧。

新闻导读

蚂蚁金服收购全球支付巨头 WorldFirst，加快支付宝全球化

WorldFirst 现在已经正式成为蚂蚁金服的子公司，不过它表示，自己的业务面向全球用户，而且产品和服务都会保持不变。作为英国第三大外币兑换公司，WorldFirst 为全球 60 多个平台提供服务，也是亚马逊的重要战略合作伙伴之一。

目前 WorldFirst 的活跃客户超过 8 万，年交易量超过 100 亿英镑，在跨境支付上的优势巨大。World First 在七八年前就已经进入中国的国际电商平台，为电商的买家和卖家提供结汇服务，并且支持使用美元、欧元、英镑等。

支付宝收购 WorldFirst 之后，将融合 WorldFirst 的优势，在跨境支付上拓展服务空间，更好地服务小微企业，在全球推进金融服务。对于支付宝来说，国内的金融业务已经趋于稳定，但是距离全球化还有一段距离。虽然支付宝在国内的呼声很高，也在不断地发展跨境电商服务，但是电商和金融毕竟不一样，要想真正融入一个区域，还得从内部入手，这也是支付宝收购 WorldFirst 的原因之一。

现在支付宝的跨境支付服务已经涵盖 200 多个国家和地区，和印度尼西亚、马来西亚、新加坡等都达成了合作。此外，支付宝还进行了软件的本土化，打造了符合当地用户需求的软件，如 Paytm、Easypaisa、GCash 等，并为用户提供国际支付服务。WorldFirst 的国际汇款业务正是支付宝现在所需要的，它能够支持多种支付方式，大大提升国际化的支付宝用户的体验，解决不支持支付的尴尬，也能为跨境电商带来更多的消费者流量。

对于支付宝来说，现在最需要解决的就是跨境支付问题，而 WorldFirst 刚好能满足蚂蚁金服的需求。融合 WorldFirst 在跨境支付方面的优势之后，蚂蚁金服将提升在全球金融领域的影响力，推动支付宝的全球化和本土化。

全资收购 WorldFirst 有助于蚂蚁金服向全球推广，并将业务范围扩张到支付宝之外，升级跨境金融服务。阿里巴巴的八纵格局中的优势就是金融电商，当然要把自己的主要服务从国内市场推出去，面向全球用户，以扩张自己的金融业务。

资料来源：蚂蚁金服收购全球支付巨头 WorldFirst，加快支付宝全球化．搜狐网，2019－09－20.

谈判是借助谈判双方的信息交流来完成的，而谈判中的信息交流，包括信息传递与接收则需要通过谈判人员之间的听、问、答、叙、看、辩及说服等来完成。一位谈判行家曾经指出：谈判人员必须十分注意捕捉对方思维过程中的蛛丝马迹，以便及时了解对方需求和动机；必须仔细倾听对方的发言，注意观察对方的每一个细微动作，因为对方的仪态举止、神情姿势、重复语句以及说话语气等都是反映其思想、愿望和隐藏需求的线索。

这里引用美国谈判大师杰勒德·尼尔伦伯格的一席话来说明谈判人员掌握正确的谈判方法、熟悉的谈判技巧并善于结合谈判实践灵活运用的重要性。他这样来描述成功的谈判人员：“成功的谈判人员必须把剑术大师的机警、速度和艺术大师的敏感、能力融为一体。他必须像剑术大师一样，以锐利的目光机警地注视谈判桌另一边的对手，随时准备抓住对方防线中每一个微小的进攻机会。同时，他又必须是一个细腻敏感的艺术大师，善于体会和辨察对方情绪或动机上最细微的变化。他必须抓紧灵感产生的那一刹那，从色彩缤纷的调色板上选出最适合的颜色，画出构图与色彩完美的和谐的佳作。谈判场上的成功不仅得自充分的训练，而且更关键的是得自敏感和机智。”

第一节　国际商务谈判中的技巧概述

一、对事不对人

在国际商务谈判中，人们往往过于关注己方的利益或立场，而忽视了谈判的另一方是和自己一样活生生的人，尽管他们可能拥有一些耀眼的光环和显赫的头衔。谈判是通过人与人之间的交流来达成的，因此在谈判的过程中与另一方建立良好的人际关系以及相互信任的合作关系是十分重要的。特别是在谈判陷入僵局的时候，这种良好的关系将会有力地促进问题的解决。谈判人员在谈判的过程中本身就十分紧张，因为他们代表了一个组织的直接利益，这种紧张的情绪十分容易影响另一方，越紧张越容易引发对另一方的不满，进而导致谈判僵持不下或者不欢而散，特别是在谈判出现极端对立的争执时。人们一旦把谈判问题和另一方的谈判人员混淆在一起，就极容易把自己的感觉和现实混淆，甚至猜测和误解另一方。如果在谈判的过程中，谈判双方能彼此理解和信任，建立良好的人际关系，就可以避免这样的结局。因此，我们在谈判过程中要把问题和谈判人员分开，做到对事不对人。

要做到对事不对人，我们应遵循以下几条原则：

(一) 在保证己方利益的同时处理好和对方的人际关系

谈判双方都有自己的利益，这是不言而喻的。谈判就是要通过交流来实现各自的利益，但追求这种利益并不是要对另一方步步紧逼，丝毫不给对方回旋的余地。要想长久地维持好组织的商业利益，保持好和谈判的另一方的关系也许比某次谈判所获得的利益要重要得多，因为寻找另一个生意伙伴的成本要远远高于与现有伙伴维持关系的成本。再者，如果有良好的关系和信任作为基础，在己方面临危机时，对方也很可能会伸出援助之手，这样的例子有很多。这也是即使在谈判对己方完全有利的条件下也要给对方留有一定余地的原因。这与把问题和谈判人员分开是不矛盾的，因为良好的人际关系是谈判顺利进行的基础，维持好关系并不是要把关系和利益混淆起来，更不是拿利益来换关系。

(二) 理解谈判的另一方

理解是谈判的基础，然而要做到理解谈判的另一方并不是那么容易。由于每个人的背景、资历和价值观并不完全相同，在交流的过程中难免会有磕磕碰碰的地方。即使是在一起生活了几十年的夫妻有时也难免会彼此误解，更不要说交流并不算多的谈判双方了。尽管谈判双方是围绕一个相同的主题展开谈判，但各自的利益大相径庭，因此在谈判过程中应当彼此理解。

(1) 不要胡乱猜疑对方，对于不清楚的地方，可及时问询。

(2) 不要因为自己的问题指责对方。

(3) 让对方积极参与到谈判进程中来，并且开诚布公地讨论自己对问题的理解。

(4) 措辞要得当，给对方以回旋的余地。

(三) 控制好自己的情绪

在谈判过程中，争执是在所难免的。关键是双方要控制好自己的情绪，对问题不要太情绪化，更不要把问题归咎到谈判人员身上。这就要求我们首先要了解自己，清楚自己在谈判过程中的情绪，同时理解对方的情绪，在适当的时候要开诚布公地向对方表明己方此时的心情，在对方发泄情绪时保持耐心，等他们发泄完之后，问题也许更容易解决。

二、注重利益而非立场

在以往许多僵持很久的谈判中，谈判双方往往过于重视立场或原则，将某项立场或原则视为谈判过程中必须坚持的重要条件。然而，许多人并不一定了解，在谈判双方对立的立场背后，既可能存在冲突的利益，又可能存在共同的或可以彼此兼容的利益。

例如，在机械设备的出口中，双方坚持各自的价格立场并不能帮助双方达成明智的交易。价格立场背后还存在许多利益，而在这些利益方面双方并不一定就是冲突的。例如：双方采用什么贸易术语；交货时间的安排对谁更重要；价格中是否包括人员培训的费用；运输的责任是否必须由买方来承担；保险由谁办理更合适；对于卖方，信用证付款条件是不是必需的；买卖双方是想签订长期出口合同还是一笔交易的合同；有关设备的易损件是否包括在此合同的报价中；等等。

由此可以看出，一项合同谈判的立场背后还会有许多利益。商务谈判人员必须全面分析交易双方的利益所在，认清哪些利益对于己方是非常重要的，是决不能让步的；哪些利益是可以让步的，是可以用来交换对方的条件的。在分不清利益轻重的情况下，盲目坚持立场和原则，往往会使谈判陷入僵局，或者使谈判彻底失败。

让步的谈判并不等于失败的谈判。在谈判中最忌讳的是随意做出不当的让步。有经验的谈判人员会用对自己不重要的条件去交换对对方无所谓但自己却很在意的一些条件。这样的谈判才能成为一场双赢的谈判。在上述例子中，办理运输对于买方可能没有任何优势，那么卖方就可以签订 CIF 合同。但是，如果买方觉得办理保险非常重要，那么买方也可以在争取到尽快交货的前提下，与对方签订 CFR 合同。

在谈判中，利益的交换是非常重要的。双方谈判能否达到双赢，主要取决于双方让步的策略，即能否准确识别各项利益对于己方和对方的重要性。

识别各项利益往往依赖于双方之间的沟通。例如，在谈判中，不妨向对方多问几个为什么，如“您为什么特别注重……”和“您为什么不接受……”等问题，以此来探求对方的真实利益所在。在商务谈判中，对于利益问题，应注意以下几点：

（1）向对方积极陈述你的利益所在，以引起对方的注意并使对方满足你的利益。

（2）承认对方的利益所在，考虑对方的合理利益，甚至在保证己方利益的前提下，努力帮助对方解决利益冲突问题。

（3）在谈判中既要坚持原则（如具体的利益），又要有一定的灵活性。

（4）在谈判中对利益做硬式处理，而对人做软式处理。在谈判中要强调你为满足对方利益所做出的努力，有时也要对对方的努力表示钦佩和赞赏。

三、创造双赢的解决方案

在许多谈判中，谈判的结局并不理想。谈判人员更多地注重追求单方面的利益，固守自己的立场，而从来不考虑对方的实际情况。为什么谈判人员没有创造性地寻找**双赢**

的解决方案，没有实现谈判双方利益的最大化？有经验的谈判专家认为，导致谈判人员陷入上述谈判误区的原因主要有以下四个：

一是过早地对谈判下结论。谈判人员看到对方坚持其立场，也盲目地不愿意放弃己方既有的立场，甚至担心寻求更多的解决方案会泄露自己的信息，从而减弱讨价还价的力量。

二是只追求单一的结果。谈判人员往往错误地认为，创造并不是谈判的一部分，谈判只是在双方的立场之间找到一个双方都能接受的点。

三是误认为一方的所得即另一方的所失。许多谈判人员错误地认为，谈判具有零和效应，对对方所做出的让步就是己方的损失，所以没有必要再去寻求更多的解决方案。

四是误认为谈判对手的问题始终该由他们自己解决。许多谈判人员认为，谈判就是要满足己方的利益需要，替对方设想解决方案似乎是违反常规的。

实践表明，成功的谈判应该使得双方都有赢的感觉。只有双方都是赢家，都能在合作中取得自己的利益，合作才能持续下去。因此，如何创造性地寻求双方都能接受的解决方案乃谈判的关键所在，特别是在双方谈判陷入僵局的时候更是如此。

为了走出误区，谈判人员必须遵循以下谈判思路和方法：

(一) 将方案的创造与对方案的判断分开

谈判人员应该先设计方案，然后再做决策，不过早地对解决方案下结论。比较有效的方法是采用所谓的“头脑风暴”式的小组讨论，即谈判小组成员彼此之间激发思想，创造出各种想法和主意，而不考虑这些主意是好还是坏，是否能够实现。然后再逐步对创造性的想法和主意进行评估，最终决定具体谈判的方案。在谈判双方是长期合作伙伴的情况下，双方也可以共同进行这种小组讨论。

(二) 充分发挥想象力，以扩大方案的选择范围

在小组讨论中，参加者最容易犯的毛病就是觉得大家都在寻找最佳方案。而实际上，在激发想象力阶段并不是寻找最佳方案的时候，我们要做的就是尽量扩大谈判的选择余地。在此阶段，谈判人员应从不同的角度分析同一个问题，甚至可以就某些问题和合同条款达成具有不同约束程度的协议：如果不能达成永久协议，可以达成临时协议；如果不能达成无条件的协议，可以达成有条件的协议；等等。

(三) 找出双赢的解决方案

双赢的解决方案在绝大多数谈判中都有可能存在，它可以满足双方利益的需要。要找出双赢的解决方案，谈判双方就必须能够识别共同利益所在。每个谈判人员都应该牢记：每次谈判都有潜在的共同利益，共同利益就意味着商业机会，强调共同利益可以使谈判更顺利地进行。另外，谈判人员还应注意谈判双方利益的兼容，即不同的利益并存，而不发生矛盾或冲突。

(四) 替对方着想，并让对方容易做出决策

让对方容易做出决策的方法是：让对方觉得解决方案既合法又正当；让对方觉得解

决方案对双方都公平。另外，列举对方的先例，也有利于促使对方做出决策。

四、使用客观标准，破解利益冲突

在谈判过程中，尽管充分理解对方的利益所在，并绞尽脑汁寻求各种互利的解决方案，同时也非常重视与对方的关系，但还是可能会遇到非常棘手的利益冲突问题。若双方就某一个利益问题争执不下，互不让步，那么即使强调“双赢”也无济于事，例如房东与承租人之间的房租问题、国际贸易中的交货期长短问题、最终的价格条款的谈判问题等。

在上述情况下，谈判人员一般会采取立场式的谈判方法。这时，一方如果极力坚持自己的立场，则另一方就不得不做出一定的让步，以达成协议。为什么会出现这种情况呢？这是因为，在这种谈判中，双方的假设前提是：

（1）我所失即你所得；

（2）谈判协议的达成取决于达成协议的意愿；

（3）不考虑其他因素，而只考虑单一的价格因素。

这样，谈判就势必演变成一场意志的较量，看谁最坚定或谁最容易动摇。谈判的结果就取决于谁更加愿意达成协议。在许多情况下，谈判有可能会陷入持久的僵局，从而不利于双方以后的进一步合作。

在不能采取其他方式协调上述利益冲突时，在商务谈判中使用客观标准就能起到非常重要的作用。

专栏阅读 6-1

这里举一个出口机械设备合同谈判的例子。在谈判中，双方就出口商向银行开具的保函应该如何规定进口商提取设备质量保证款的问题争执不下。进口商担心在出口商交付货物后出现机械设备不合格的情况，因此要求出口商向其银行申请开立以进口商为受益人的银行保证书，金额大约占到全部货款的5%。一旦进口商履行合同时发现存在质量问题，就可以向银行提出付款的申请。但出口商并不同意这样的做法，出口商担心如果在银行保证书中不对进口商取得该担保款项加以限制，万一进口商信誉不好，那么它随时都有可能提取该款项，这对于出口商来说风险很大。经过反复磋商，最后双方决定遵循一些客观的标准来解决这一双方都担心的问题，即如果出现质量问题，由第三方公证鉴定机构出具品质鉴定书，并以此作为进口商向银行索取违约款项的唯一依据。由此可见，使用客观标准乃谈判的出路所在。

如果这个例子有一定的代表性，则任何谈判，包括商业谈判，是否也要运用客观标准呢？例如在价格问题上，谈判能否基于一些客观标准，如市场价值、替代成本、折旧的账面价值等？实践证明，这种方式的谈判将会非常有效，可以不伤和气地迅速取得谈判成果。但是，在谈判中，谈判人员还必须把握遵循客观标准的基本原则，即公平有效的原则、科学性原则和先例原则。

谈判人员在谈判中运用客观标准时，应注意以下几个问题：

（一）建立公平的标准

通常，在商务谈判中，一般应遵循的客观标准有市场价值、科学的计算、行业标准、成本、有效性、对等原则、互利原则等。客观标准的选取要独立于双方的意愿，要公平和合法，并且在理论和实践中均是可行的。

（二）建立公平的分割利益的步骤

例如，以下都是通过建立公平的步骤来分割利益的例子：在两个小孩分橘子的经典例子中，“一个切，一个选”；在大宗商品贸易中，通过期货市场定价进行基差交易；在两位股东持股相同的投资企业中，采用任期轮换法委派总经理；等等。

（三）将谈判利益的分割问题局限于寻找客观依据

在谈判中，要多问对方：“您提出这个方案的理论依据是什么？为什么是这个价格？您是如何提出这个价格的？”

（四）善于阐述自己的理由并接受对方提出的合理的客观依据

一定要用严密的逻辑推理来说服对方。对方认为公平的标准必须对己方也公平。运用己方所同意的对方标准来限制对方漫天要价，甚至可以谋求两个不同的标准的折中。

（五）不屈从于对方的压力

来自谈判对手的压力可以是多方面的，如贿赂、最后通牒、以信任为借口让你屈从、抛出不可让步的固定价格等。但是无论哪种情况，都要让对方陈述理由，讲明所遵从的客观标准。

五、交锋中的技巧

（一）多听少说

缺乏经验的谈判人员的最大弱点是不能耐心地倾听对方的发言，而成功的谈判人员在谈判时把50%以上的时间用来倾听。他们边听、边想、边分析，并不断向对方提出问题，以确保自己完全正确地理解了对方。他们仔细倾听对方说的每一句话，而不仅是他们认为重要的或想听的话，因而能获得大量宝贵信息，增加谈判的筹码。“谈”是任务，而“听”则是一种能力，甚至可以说是一种天分。“会听”是任何一个成功的谈判人员都必须具备的条件。在谈判中，我们要尽量鼓励对方多说，我们要向对方说“Yes”和“Please go on”，并提出问题请对方回答，使对方多谈他们的情况，以达到尽量了解对方的目的。

（二）巧提问题

谈判的第二个重要技巧是巧提问题。通过提问我们不仅能获得平时无法得到的信息，而且能证实我们以往的判断。出口商应用开放式的问题（即回答不是“是”或“不是”，而需要特别解释的问题）来了解进口商的需求，因为这类问题可以使进口商自由畅谈它们的需求。例如，“Can you tell me more about your company”和“What do you think of our proposal”等。对外商的回答，我们要把重点和关键问题记下来以备后用。

发盘后，进口商常常会问：“Can't you do better than that?”对此发问，我们不要让步，而应反问：“What do you mean by better?”或者说：“Better than what?”这些问题可使进口商说明它们究竟在哪些方面不满意。例如，进口商会说：“Your competitor is offering better terms.”这时，我们可继续发问，直到完全了解竞争对手的发盘。然后，我们可以向对方说明我们的发盘实际上要比竞争对手的更好。如果对方对我们的要求给予一个模糊的回答，如“No problem”，我们不要接受，而应请他做具体回答。此外，在提问前，尤其在谈判初期，我们应征求对方同意。这样做有两个好处：第一，若对方同意己方提问，就会在回答问题时更加合作；第二，若对方的回答是“Yes”，这个肯定的答复会给谈判营造积极的气氛并建立一个良好的开端。

（三）使用条件问句

当双方对对方有了初步的了解后，谈判将进入发盘和还盘阶段。在这个阶段，我们要用更具试探性的条件问句进一步了解对方的具体情况，以修改我们的发盘。

条件问句（conditional question）由一个条件状语从句和一个问句共同构成，这个问句既可以是特殊问句，也可以是普通问句。典型的条件问句有“What … if”和“If … then”这两个句型。例如，“What would you do if we agree to a two-year contract?”“If we modify our specifications, would you consider a larger order?”在国际商务谈判中，条件问句有许多特殊优点：

（1）互做让步。用条件问句构成的发盘和提案是以对方接受己方条件为前提的，换句话说，只有当对方接受己方的条件时，己方的发盘才成立，因此己方不会单方面受发盘的约束，也不会使任何一方做单方面的让步，只有各让一步，交易才能达成。

（2）获取信息。如果对方对己方用条件问句构成的发盘进行还盘，对方就会间接地、具体地、及时地向己方提供宝贵的信息。例如，己方提议：“What if we agree to a two-year contract? Would you give us exclusive distribution right in our territory?”对方回答：“We would be ready to give you exclusive rights provided you agree to a three-year contract.”从回答中，我们可以判断出对方关心的是长期合作。新获得的信息对以后的谈判会很有帮助。

（3）寻求共同点。如果对方拒绝己方的条件，己方可以另换其他条件构成新的条件问句，向对方做出新一轮的发盘。对方也可用条件问句向己方还盘。双方继续磋商，互做让步，直至找到重要的共同点。

（4）代替“No”。在谈判中，如果直接向对方说“No”，对方会感到没面子，双方都会感到尴尬，谈判甚至会因此陷入僵局。如果己方用条件问句代替“No”，上述情况就不会发生。例如，当对方提出己方不能同意的额外要求时，己方可用条件问句问对方：“Would you be willing to cover the extra cost if we agree to meet your additional requirements?”如果对方不愿支付额外费用，也就意味着己方拒绝了该额外要求，己方也不会因此而失去与对方的合作。

(四) 避免跨文化交流产生的歧义

国际商务谈判大多使用英语，而谈判双方的母语往往又不都是英语，这就增加了**跨文化交流**的难度。在这种情况下，我们要尽量用简单、清楚、明确的英语，不要用易引起误会的多义词、双关语、俚语、成语，也不要用易引起对方反感的语句，如“To tell you the truth”“I’ll be honest with you”“I will do my best”“It’s none of my business but…”。这些语句带有不信任色彩，会增加对方的担心，从而不愿积极与己方合作。跨文化交流的一个严重通病是“以己度人”，即主观地认为对方一定会按照己方的意愿和习惯去理解己方的发言，或从对方的发言中己方所理解的意思正是对方想表达的意思。最典型的例子就是“Yes”和“No”的使用和理解。曾经有一家美国公司和一家日本公司进行商务谈判。在谈判中，美国人很高兴地发现，每当他们提出一条意见时，对方就点头说“Yes”，他们以为这次谈判特别顺利。直到他们要求签合同时才震惊地发现日本人说的“Yes”是表示礼貌的“I’m listening”的意思，而不是“I agree with you”的意思。实际上，“Yes”这个词的意思非常丰富，除了以上两种意思以外，还有“I understand the question”和“I’ll consider it”的意思。“No”的表达方式也很复杂。有些文化的价值观反对正面冲突，因此人们一般不直接说“No”，而用一些模糊的语句表示拒绝。例如，巴西人用“It’s somewhat difficult”代替“It’s impossible”，没有经验的谈判人员若按字面意思去理解，就容易引起误会，延缓谈判进程。因此，我们必须尽量了解对方的文化、对方的价值观和风俗习惯，只有这样才能正确无误地传递和接收信息。

为了避免误会，我们可用释义法确保沟通顺利进行。释义法就是用自己的话把对方的话解释一遍，并询问对方己方的理解是否正确。例如，对方说：“We would accept your price if you modify your specifications.”我们可以说：“If I’m right in understanding you, what you are really saying is that you agree to accept our price if we improve our products as you request.”这样做的另一个好处是可以加深对方对这个问题的印象。

最后，确保沟通顺利进行的另一个方法是在谈判结束前做一个小结，把到目前为止达成的协议重述一遍并要求对方予以认可。小结一定要实事求是，措辞一定要得当，否则对方会起疑心，对小结不予认可，致使已谈好的问题又得重谈一遍。

第二节 国际商务谈判中“听”的技巧

在谈判中，我们了解和把握对方观点与立场的主要手段和途径就是“听”。实践证明，只有在清楚地了解对方观点和立场的真实含义之后，我们才能准确地提出己方的方针和政策。从心理学和日常的生活经验来看，当我们专注地倾听别人讲话时，就表示我们对讲话者的观点很感兴趣或很重视，从而能给对方一种满足感，这样就在双方之间产生了一定的信赖感。正如美国早期的一位科学家富兰克林曾经说过的那样：“与人交谈取得成功的重要秘诀，就是多听，永远不要不懂装懂。”因此，作为商务谈判人员，一定要学会“倾听”，在认真、专注地倾听的同时，积极地对讲话者的话做出反应，以便获得较好的倾听效果。

一、倾听的障碍

拉夫·尼可拉斯是专门研究如何“倾听”的大学问家。经过多年的研究，他发现，即使是积极地听对方讲话，倾听者也仅仅能记住不到 50% 的讲话内容，而且其中只有 1/3 的讲话内容被按原意听取了，1/3 被曲解了，另外 1/3 则丝毫没有被听进去。而且不同的人对于自己听取的那部分内容的理解也不同。一系列试验表明，“倾听”存在听力障碍，当你无法接受一个人的观点时，你心中自然地就会筑起一道封闭的墙，使你无法听进对方的话，从心理上反对对方讲话的内容，并主观地认为对方的话不对，这成为你倾听的障碍。在商务谈判中，谈判人员彼此频繁地进行着微妙、复杂的信息交流，如果谈判人员一时疏忽，将会失去不可再得的信息。为了能够听得完全、清晰，就必须了解倾听的障碍。在人们相互交谈的过程中，主要有以下几种倾听的障碍：

（一）判断性障碍

心理学家通过多年的研究得出了以下结论：人们都喜欢对别人的话进行判断、评价，然后决定赞成或不赞成，这是造成不能有效倾听的重要原因之一。人们喜欢判断耳闻目睹的一切，并且总是从自己的立场出发来判断别人的话，但根据个人的信念做出的反应往往是有效倾听的严重障碍。一般来说，你的反应会干扰对方说话，打乱对方的思维过程，反而迫使对方改变思维过程，这样就会不可避免地导致对方采取防御手段，结果使对方很难坚持自己的观点，力争隐藏自己的思想和感情。即使是赞美对方的话，也会造成倾听的障碍，因为赞美往往使对方陶醉于其中，从而不能保持原来的思维过程。

（二）由精力分散、思路较对方慢及观点不一致造成的少听或漏听

商务谈判是一项十分耗费精力的活动。如果谈判日程安排过于紧张，谈判人员得不到充分休息，特别是在谈判的中后期，如果连日征战，消耗更大，此时即使是精力十分旺盛的人，也会出现因精力不集中而出现少听或漏听的现象。一般来说，谈判人员的精力和注意力变化是有一定规律的：在开始时精力比较充沛，但持续的时间较短，占整个谈判时间的 8.3%～13.3%。如果是一场 1 个小时的谈判，精力旺盛的阶段只有最初的 5～8 分钟；如果是一场超过 6 天的谈判，只有前 3 天为精力旺盛期。在谈判过程中，精力趋于下降的时间较长，约占整个时间的 83%。谈判要达成协议时，又出现精力充沛期，因为当人们意识到双方达成协议的时刻就要到来时，精力会突然复苏、高涨，但持续时间也很短，占整个谈判时间的 3.3%～8.7%。此后，任何拖延都会使精力处于零度水平。

另外，由于人与人之间客观上存在思维方式的不同，如果一方的思维属于收敛型，而另一方的思维属于发散型，那么由于收敛型的人思维速度较慢，发散型的人思维速度

较快，双方就很难做到“听”与“说”的一致。比如，收敛型思维的人“听”思维速度较快的发散型思维的人的发言时，就会因思路跟不上对方或因双方思路不同而少听或漏听。

（三）带有偏见的听

在谈判中，以下几种常见的偏见也会造成倾听的障碍：

（1）自己先把别人要说的话定个标准或做价值上的估计，再去听别人的话。当对方正在讲话的时候，有这种偏见的倾听者往往会在心里判断：对方接下来要说的是不重要的、没有吸引力的、太复杂的、老生常谈的内容。于是他便一边听一边希望对方赶紧把话题转入重点或者结束讲话。有偏见的倾听者常常会按自己的好恶对所听的话进行曲解，他们常常根据自己过去的经验把别人的话限制在自己所设的某种条件中，也就是说，常常自以为是地把某些话附加上自己的意义，这样就不能真正理解对方的话。

（2）因为讨厌对方的外表而拒绝听对方讲话的内容。即使对方的话很重要或者有许多值得注意的地方，有些倾听者也会因为讨厌其外表而不想听其讲话的内容，故不能从中获得确实有用的信息。

（3）有些谈判人员尽管心里在想别的事情，但为了使讲话者高兴而假装自己很注意倾听。伪装实际上也是一种偏见，伪装的倾听者有一个较为一般的特征，就是眼睛直愣愣地盯着讲话者，做出一副洗耳恭听的样子，因为他们把注意力都集中在伪装的姿态上了，所以根本没有余力去专心倾听。还有一种伪装的倾听者喜欢试着去记住别人的每一句话，却忽视了话题的主要意义。这种伪装的倾听者常使讲话者以为他们的确是在专心倾听，因此很容易使对方产生误会，影响沟通。

（四）收听者受文化知识、语言水平特别是专业知识与外语水平的限制而听不懂对方的讲话内容

商务谈判总会涉及专业知识，因此，如果谈判人员掌握的专业知识有限，那么一旦谈判中涉及这方面的知识，就会造成由于知识水平的限制而形成的倾听障碍。特别是在国际商务谈判中，语言上的差别也会造成倾听障碍。一词多义现象在英语中十分常见，语言本身的细微差别对未受过专门语言训练的人来说难以体察到。例如，英语中常用的词语大约有 500 个，但有些词可能有二十几种不同的解释。换言之，只要有两个人，便可以对 500 个常用的词做出多种不同的解释，这会给翻译人员带来困惑，形成倾听的障碍。

（五）环境的干扰形成的倾听障碍

这一点是显而易见的。在倾听时，如果把注意力放在分析、研究对方讲话的内容以及根据内容思考自己的对策上，就不能听全对方的讲话，在碰到对方的讲话中有出乎意料之事或有隐含意义而一下子难以理解时更是如此。

二、如何做到有效地倾听

（一）倾听的原则

1. 要了解自己的倾听习惯

首先要了解你在听人讲话方面有哪些不好的习惯，你是否对别人的话匆忙做出判断，是否经常打断别人的话，是否经常制造交往的障碍。了解自己的倾听习惯是正确运用倾听的技巧的前提。

2. 要全身心投入

要面向讲话者，同他保持目光接触，要用姿势和手势证明你在倾听。无论你是站着还是坐着，都要与对方保持最适宜的距离。讲话者都愿与认真倾听的人交往。

3. 要把注意力集中在对方所说的话上

听人讲话时，不仅要努力理解对方言语的含义，而且要努力理解对方的感情。

4. 要努力理解对方的意思

在与对方交谈时，要通过有反馈地倾听，努力弄明白对方真正想表达的意思。如果你能全神贯注地听对方讲话，不仅表明你对他持称赞态度，使他认为你理解他的情感，而且有助于你更准确地理解对方的意思。

5. 要倾听自己的讲话

倾听自己的讲话对培养倾听他人讲话的能力是特别重要的。倾听自己讲话可以帮助你了解自己。一个不了解自己的人，是很难真正了解别人的。倾听自己对别人讲些什么是了解自己、改变或改善自己的倾听习惯与态度的手段。如果你不倾听自己是如何对别人讲话的，你就不会知道别人如何对你讲话，当然也无法改变或改善自己的倾听习惯和态度。

（二）倾听的技巧

可以将倾听的技巧归纳为“五要”和“五不要”。

1.“五要”

（1）要专心致志、集中精力地倾听。专心致志地倾听，要求谈判人员在倾听对方发言时聚精会神，同时，还要以积极的态度去倾听。为了专心致志，就要避免出现心不在焉、“开小差”的现象。即使是自己已经熟知的话题，也不可充耳不闻，万万不可将注意力分散到研究对策问题上去，因为万一讲话的内容含有隐含意义，而我们没有领会到或理解错误，就会造成事倍功半的后果。集中精力地倾听，是倾听的艺术中最基本、最重要的方面。心理学研究表明，一般人说话的速度为每分钟 120～200 字，而听话及思维的速度大约要比说话的速度快 4 倍。因此，往往是讲话者话还没有说完，倾听者就大部分都能够理解了。这样一来，倾听者常常由于精力的富余而“开小差”。也许恰在这时，对方讲话的内容与我们理解的内容有偏差，或是传递了一个重要信息，而我们没有理解或理解错误，因此，我们必须时刻注意集中精力，用积极的态度去倾听对方的讲话，而不是消极地或是精神不集中地去倾听。集中精力地倾听，成功的可能性就比较大。在倾听时要注视讲话者，主动与讲话者进行目光对视，并配合相应的表情以鼓励讲话者。如可扬一下眉毛，或是微微一笑，或是赞同地点点头，或是否定地摇摇头，也可不解地皱皱眉头等，这些动作的配合，可帮助我们集中精力并取得良好的倾听效果。

需要特别注意的是，作为一名商务谈判人员，应该养成耐心倾听对方讲话的习惯，这也是一个谈判人员个人修养良好的标志。在商务谈判过程中，当我们不太理解对方的发言甚至难以接受时，千万不可塞住自己的耳朵，表示出拒听的态度，因为这样做对谈判非常不利。

(2) 要通过记笔记来集中精力。通常，人们当场记忆全部内容的能力是有限的，为了弥补这一不足，应该在“听”时记笔记。记笔记的好处在于：一方面，笔记可以帮助自己回忆和记忆，而且有助于在对方发言完毕之后，就某些问题向对方提出质询，同时，还可以帮助自己进行分析，理解对方讲话的确切含义与精神实质；另一方面，通过记笔记，可以给讲话者留下重视其讲话的印象，同时会对讲话者产生一种鼓励作用。对于商务谈判这种信息量较大且较为重要的活动来说，一定要记笔记，过于相信自己的记忆力而很少动笔记笔记，对谈判来说是不利的。因为在谈判过程中，人的思维在高速运转，大脑接收和处理大量信息，加上谈判现场的气氛很紧张，对每个议题都必须认真对待，所以只靠记忆是办不到的。实践证明：记忆力再好也只能记住大概内容，有的内容会忘得干干净净。因此，记笔记是必不可少的，也是比较容易做到的消除倾听障碍的好方法。

(3) 要有鉴别地倾听对方的发言。在专心倾听的基础上，为了达到良好的倾听效果，可以有鉴别地倾听对方的发言。在通常情况下，人们说话时总是边说边想，来不及整理，有时表达一个意思要绕着弯子讲许多内容，从表面上听，根本听不出什么是重点，因此，倾听者就需要在用心倾听的基础上，鉴别传递过来的信息的真伪，去粗取精、去伪存真，这样才能抓住重点，收到良好的倾听效果。

(4) 要克服先入为主地倾听的做法。先入为主地倾听，往往会扭曲讲话者的本意，忽视或拒绝与自己心愿不符的意见，这种做法实为不利。因为这种倾听者不是从讲话者的立场出发来分析对方的讲话，而是按照自己的主观框框来听取对方的讲话。其结果往往是使听到的信息扭曲地反映到自己的头脑中，导致自己接收的信息不准确、判断失误，从而造成行为选择上的失误，所以必须克服先入为主地倾听的做法，将讲话者的意思听全、听透。

(5) 要创造良好的谈判环境，使谈判双方能够愉快地交流。人们都有这样一种心理：在自己熟悉的环境中交谈，无须分心来熟悉环境或适应环境；而在自己不熟悉的环境中交谈，则往往容易变得无所适从，导致正常情况下不该发生的错误。可见，有利于己方的谈判环境，能够增强己方的谈判地位和谈判实力。事实上，美国心理学家泰勒尔和他的助手兰尼做过一次有趣的试验，证明了许多人在自己的客厅里谈话，比在他人的客厅里谈话更能说服对方这一观点。因此，对于一些关系重大的商务谈判工作，如果能够进行主场谈判，则是最为理想的，因为这种环境会有利于己方谈判人员发挥出较高的谈判水平。如果不能争取到主场谈判，至少也应选择一个双方都不十分熟悉的第三方场所，这样可避免场地优势给对方带来便利，给己方带来不便。

2. “五不要”

(1) 不要因轻视对方而抢话、因急于反驳而弃听。人们在轻视他人时，常常会不自觉地表现在行为上。例如，对对方的存在不屑一顾，或对对方的谈话充耳不闻。在谈判中，这种轻视的做法有百害而无一利。因为这不仅表现了己方的狭隘，更重要的是难以从对方的谈话中得到己方所需要的信息。同时，轻视对方还会招致对方的敌意，甚至导致谈判关系破裂。

在谈判中，抢话的现象也是经常发生的，抢话不仅会打乱别人的思路，也会影响自己倾听对方的全部讲话内容。因为在抢话的同时，大脑的思维已经转移到如何抢话上去了。抢话不同于问话，问话是由于某个信息或意思未能记住或理解而要求对方给予解释或重复，因此问话是必要的。抢话则是急于纠正别人说话的错误，或用自己的观点来取代别人的观点，这是一种不尊重他人的行为。因此，抢话往往会阻塞双方的思想和感情交流的渠道，对营造良好的谈判气氛非常不利，对良好的倾听更是不利。

另外，谈判人员有时也会在没有听完对方讲话的时候就急于反驳对方的某些观点，这样也会影响倾听效果。事实上，如果我们把对方的讲话听得越详尽和全面，反驳时就越准确和有力；相反，如果在尚未全面了解对方谈话的全部内容和动机时就急于反驳，则不仅显得自己浅薄，而且常常会使己方在谈判中陷入被动，对己方十分不利。

(2) 不要使自己陷入争论。当你内心不同意讲话者的观点时，不能对他的话充耳不闻，只等着自己发言。一旦发生争吵，也不能一心只为自己的观点找根据而把对方的话当成耳旁风。如果你不同意对方的观点，也应等对方说完以后再阐述自己的观点。

(3) 不要为了急于判断问题而耽误倾听。在听了对方讲述的有关内容后，不要急于判断其正误，因为这样做会分散自己的精力而耽误倾听。虽然人的思维速度快于说话速度，但是如果在对方还没有讲完的时候就去判断其正误，无疑会削弱自己倾听的能力，从而影响倾听效果。因此，切记不可为了急于判断问题而耽误倾听。

(4) 不要回避难以应付的话题。在商务谈判中，往往会涉及一些诸如政治、经济、技术以及人际关系等方面的问题，谈判人员可能会一时回答不上来。这时，切记不可持充耳不闻的态度。因为这样回避对方，恰恰暴露了己方的弱点。在遇到这种情况时，自己要有信心、有勇气去面对对方提出的每一个问题。只有用心去领会对方提出的每一个问题的真实用意，才能找到摆脱难题的答案。另外，为了培养自己急中生智、举一反三的能力，应多加训练、多加思考，以便自己在遇到问题时能够做到不慌不忙。

(5) 不要逃避交往的责任。交往的双方缺一不可：既要有讲话者，又要有倾听者。而且每个人都应轮流扮演倾听者的角色。作为一个倾听者，不管在什么情况下，如果你不明白对方说的话是什么意思，就应该用各种方法使对方知道这一点，比如，你可以向对方提出问题加以核实，或者积极地表达出你听到了什么，或者利用一些方式让对方纠正你听错之处。

如果能从以上几个方面进行努力，就可以缓解或消除谈判过程中倾听的障碍，从而减少因听不见、听不清、没听懂而导致双方相互猜忌、争执不下的现象。当然，策略上的需要不在此列。

第三节　国际商务谈判中“问”的技巧

国际商务谈判中常用“问”作为摸清对方需要、掌握对方心理、表达己方感情的手段。如何“问”是很有讲究的，重视和灵活运用发问的技巧，不仅可以引起双方的讨论，获取信息，而且可以控制谈判的走向。到底哪些问题可以问，哪些问题不可以问？为了达到某一个目的应该怎样问？如何选择问的时机、场合、环境？诸如此类的问题都要求谈判人员了解和掌握许多基本常识和技巧。

“问”一般包含三个因素：问什么问题，何时发问，怎样发问。

一、商务谈判中发问的类型

（一）封闭式发问

封闭式发问是指在特定的领域中能引出特定的答复（如“是”或“否”）的问句。例如：“您是否认为售后服务没有改进的可能？”“您第一次发现商品有瑕疵是在什么时候？”封闭式问句可使发问者获得特定的资料，而答复这种问句的人并不需要太多的思考即能给出答复。但是，这种发问有时会带有相当程度的威胁性。

（二）澄清式发问

澄清式发问是针对对方的答复重新提出问题，以使对方进一步澄清或补充其原先答复的一种问句。例如，“您刚才说对目前进行的这宗买卖可以取舍，这是不是说您拥有全权同我们进行谈判？”澄清式发问的作用就在于：它可以确保谈判各方在叙述“同一语言”的基础上进行沟通，而且是针对对方的话语进行信息反馈的有效方法，是双方密切配合的理想方式。

（三）强调式发问

强调式发问旨在强调己方的观点和立场。例如：“这个协议不是要经过公证之后才生效吗？”“怎么能够忘记我们上次合作得十分愉快呢？”“按照贵方的要求，我们的观点不是已经阐述清楚了吗？”

（四）探索式发问

探索式发问是针对对方的答复引申或举例说明，以便探讨新问题、找出新方法的一种发问方式。例如：“这样行得通吗？”“您说可以如期履约，有什么事实可以说明吗？”“假如我们采用这种方案会怎样”？探索式发问不但可以进一步发掘较为充分的信息，而且可以表达出发问者对对方答复的重视。

（五）借助式发问

借助式发问是一种借助第三方的意见来影响或改变对方意见的发问方式。例如：“某某先生对你方能否如期履约关注吗？”“某某先生是怎么认为的呢？”在采取这种提问方式时，应当注意提出意见的第三方必须是对方所熟悉而且十分尊重的人，这种问句会对对方产生很大的影响力。否则，将一个对方不了解且谈不上尊重的人作为第三方加以引用，则很可能会引起对方的反感。因此，这种提问方式应当慎重使用。

（六）强迫选择式发问

强迫选择式发问旨在将己方的意见抛给对方，让对方在一个规定的范围内进行选择式回答。例如，“付佣金是符合国际贸易惯例的，我们从法国供应商那里一般可以得到3%～5%的佣金。请问贵方意下如何？”按理说，在提出这一问题之前，发问者至少应先取得对方将付佣金的承诺。但是，这种提问却把这一前提去掉，直接强迫对手在给出的狭小范围内进行选择，可谓咄咄逼人。运用这种提问方式要特别慎重，一般应在己方掌握充分主动权的情况下使用，否则很容易使谈判陷入僵局，甚至破裂。需要注意的是，在使用强迫选择式发问时，要尽量做到语调柔和、措辞达意得体，以免给对方留下专横跋扈、强加于人的不良印象。

（七）证明式发问

证明式发问旨在通过己方的提问，使对方对问题做出证明或理解。例如，“为什么要更改原已定好的计划？请说明理由好吗？”

（八）多层次式发问

多层次式发问是含有多种主题的问句，即一个问句中包含多种内容。例如：“贵国当地的水质、电力资源、运输状况以及自然资源情况怎样？”“您是否能就该协议产生的背景、履约情况、违约责任以及双方的看法和态度谈一谈？”

这类问句因包含过多的主题而使对方难以周全把握。许多心理学家认为，一个问题最好只包括一个主题，最多不能超过三个主题。当然，在一定情况下也可以灵活掌握。

（九）诱导式发问

诱导式发问旨在开渠引水，对对方的答案给予强烈的暗示，使对方的回答符合己方预期的目的。例如：“贵方如果违约是应该承担责任的，对不对？”“谈到现在，我看给己方的折扣可以定为4%，你方一定会同意的，是吗？”这类提问几乎使对方毫无选择余地，而只能按发问者设计好的答案回答。

（十）协商式发问

协商式发问是指为使对方同意己方的观点，采用商量的口吻向对方发问。例如，“你看给己方的折扣定为3%是否妥当？”这种提问语气平和，对方容易接受。而且，即使对方没有接受你的条件，谈判的气氛也仍能保持融洽，双方仍有继续合作的可能。

二、提问的时机

(一) 在对方发言完毕之后提问

在对方发言的时候，一般不要急于提问，因为打断别人的发言是不礼貌的，容易引起对方的反感。当对方发言时，你要认真倾听，即使你发现了对方的问题，很想立即提问，也不要打断对方，可先把发现的和想到的问题记下来，待对方发言完毕再提问。这样不仅体现了自己的修养，而且能全面、完整地了解对方的观点和意图，避免操之过急，曲解或误解了对方的意图。

(二) 在对方发言停顿和间歇时提问

如果谈判中因对方发言冗长、不得要领、纠缠细节或离题太远而影响谈判进程，那么你可以在对方发言停顿、间歇时提问，这是掌握谈判进程、争取主动的必然要求。例如，当对方停顿时，你可以借机提问："您刚才说的意思是?"或者也可以这样提问："细节问题我们以后再谈，请谈谈您的主要观点好吗?"

(三) 在议程规定的辩论时间提问

大型外贸谈判一般要事先商定谈判议程，设定辩论时间。在双方各自介绍情况和阐述的时间里一般不进行辩论，也不向对方提问。只有在辩论时间里，双方才可自由提问，进行辩论。在这种情况下，要事先做好准备，可以设想对方的几个方案，针对这些方案考虑己方的对策，然后再提问。在辩论前的几轮谈判中，要做好记录，归纳出谈判桌上的分歧后再进行提问。

(四) 在己方发言前后提问

在谈判中，当轮到己方发言时，可以在阐述己方的观点之前对对方的发言进行提问，不必要求对方回答，而是自问自答。这样可以争取主动，防止对方接过话茬，影响己方的发言。例如，"您刚才的发言要说明什么问题呢？我的理解是……对这个问题，我谈几点看法。"

在充分表达了己方的观点之后，为了使谈判沿着己方的思路发展，牵着对方的鼻子走，通常要进一步提出要求，让对方回答。例如，"我们的基本立场和观点就是这些，您对此有何看法?"

三、提问的要诀

为了获得良好的提问效果，需要掌握一些提问的要诀。

(一) 要预先准备好问题

最好是提出一些对方不能迅速想出适当答案的问题，以期收到意想不到的效果。己方的一些有经验的谈判人员往往会提出一些看上去很一般并且比较容易回答的问题，而这些问题恰恰是随后所要提出的比较重要的问题的前奏。这时，如果对方思想比较松懈，那么面对突然提出的较为重要的问题时往往会措手不及，而己方则会收到出其不意的效果。

（二）要避免提出那些可能会阻碍对方做出让步的问题

事实上，这类问题往往会影响谈判的结局。因此，提问时，不仅要考虑自己的退路，同时也要考虑对方的退路，要把握好时机和火候。

（三）不强行追问

如果对方的答案不够完整，甚至避而不答，这时不要强行追问，而是要有耐心和毅力等时机到来时再继续追问，这样做可以表示出对对方的尊重。

此外，在适当的时候，可以将一个已经发生并且己方知道答案的问题提出来，验证一下对方的诚实程度，以及对方处理问题的态度。同时，这样做也可给对方一个暗示，即己方对整个交易的行情是了解的，有关对方的信息己方也是充分掌握的。

（四）既不要以法官的态度来询问对方，也不要接连不断地提问题

像法官一样询问谈判对手，会造成对方的敌对与防范心理和情绪。因为谈判绝不等同于法庭上的审问，需要双方心平气和地提出和回答问题。另外，重复、连续地发问，往往会导致对方厌倦、乏味而不愿回答，有时即使回答也是马马虎虎，甚至会出现答非所问的情况。

（五）提出问题后应闭口不言，专心致志地等待对方做出回答

通常的做法是：当提出问题后应闭口不言，如果这时对方也沉默不语，则无形中给对方施加了一种压力。这时，己方应保持沉默。由于问题是由己方提出的，因此对方就必须以回答问题的方式来打破沉默，或者说打破沉默的责任将由对方来承担。

（六）要以诚恳的态度来提问

当直接提出某一问题，对方或是不感兴趣，或是态度谨慎而不愿展开回答时，己方可以转换一个角度，并且用十分诚恳的态度来问对方，以此来激发对方回答问题的兴趣。实践证明，这样做会使对方乐于回答，也有利于谈判人员之间的情感沟通，从而可以促进谈判的顺利进行。

（七）提出问题的句子应尽量简短

在商务谈判过程中，提出问题的句子越简短越好，而由问句引出的回答则越长越好。因此，应尽量用简短的句子向对方提问。当提问比对方的回答还长时，提问者将处于被动的地位，这种提问显然是失败的。

四、提问的其他注意事项

(一) 在谈判中一般不宜提出的问题

1. 不应提出带有敌意的问题

不应抱着敌对心理进行谈判，应尽量避免那些可能会刺激对方产生敌意的问题。因为一旦问题含有敌意，就会损害双方的关系，最终会影响交易的成功。

2. 不应提出有关对方个人生活和工作方面的问题

对于大多数国家和地区的人来说，回避询问个人生活和工作方面的问题已经成为一种习惯。例如，对方的收入及家庭情况、女士或太太的年龄等问题都是不应涉及的。另外，也不要涉及对方国家或地区的政党、宗教等方面的问题。

3. 不要提旨在直接指责对方在品质和信誉方面有问题的问题

忌讳直接指责对方在某个问题上不够诚实，这样做不仅会使对方感到不快，而且会影响彼此之间的真诚合作。有时，这样做非但无法使对方变得更诚实，反而会引起对方的不满甚至怨恨。事实上，商务谈判双方的真真假假、虚虚实实是很难用是否诚实这一标准来判断的。

4. 不要为了表现自己而故意提问

为了表现自己而故意提问会引起对方的反感，特别是不应提出与谈判内容无关的问题以显示自己的“好问”。要知道，故意卖弄的结果往往是弄巧成拙，被人蔑视。

(二) 注意提问的速度

若提问时说话速度太快，容易使对方认为你不耐烦，甚至有时会认为你是在用审问的口气对待他，容易引起对方的反感；反之，如果说话速度太慢，容易使对方感到沉闷、不耐烦，从而降低你提问的分量。因此，提问的速度应该快慢适中，既使对方听懂你的问题，又不使对方感到拖沓和沉闷。

(三) 注意对方的心境

谈判人员受情绪的影响在所难免。在谈判中，要随时留心对方的心境，在你认为适当的时候提出相应的问题。例如，在对方心境好时，常常会轻易地满足你所提出的要求，而且会变得粗心大意，透露一些相关的信息。此时，抓住机会，提出问题，通常会有所收获。

第四节 国际商务谈判中“答”的技巧

有问必有答，人们的语言交流就是这样进行的。问有艺术，答也有技巧。问得不当，不利于谈判；答得不好，同样也会使己方陷入被动。谈判人员对其所讲的每一句话都负有责任，都会被对方认作一种承诺，这将给回答问题的人带来一定的精神负担和压力。因此，一个谈判人员水平的高低，在很大程度上取决于其答复问题的水平。

谈判中的回答，是一个证明、解释、反驳或推出己方观点的过程。为了能够有效地回答好每个问题，在谈判前，我们可以先假设一些难题，然后对这些难题进行思考，思考得越充分，所得到的答案越好。许多有谈判经验的国家对比较重要的谈判往往事先都要进行模拟谈判，组织人员扮演谈判对手，尽情地发挥，借以发现在一般情况下难以发现的问题。

通常，在谈判中应当针对对方提出的问题，实事求是地予以回答。但是，由于商务谈判中的提问往往千奇百怪、五花八门，多是对方处心积虑、精心设计之后才提出的，可能含有谋略、圈套、难测之心，如果对所有问题都正面做出回答，并不一定是最好的做法，所以“答”也必须运用一定的技巧。

一、回答问题之前，要给自己留有思考的时间

在谈判过程中，绝不是回答问题的速度越快越好，因为谈判与竞赛抢答是性质截然不同的两回事。

有些人在对方提问的声音刚落时就急着回答问题。这些人通常有这样一种心理，那就是：如果对方问话与己方回答之间所空的时间很长，就会让对方感觉己方对此问题缺少准备，或以为己方几乎被问住了；如果回答得很迅速，则既显示出己方已有充分的准备，也显示了己方的实力。其实不然。谈判经验告诉我们，在对方提出问题之后，你可通过点烟、喝水、调整一下自己的坐姿和椅子、整理一下桌上的资料、翻一翻笔记本等动作来延缓时间，考虑一下对方的问题。这样做既显得自然、得体，又可以让对方看见，从而减轻或消除对方对己方的错误感觉。

二、针对提问者的真实心理做出回答

谈判人员在谈判桌上提出问题的目的往往是多样的，动机也往往是复杂的。如果在深思熟虑、弄清对方的动机之前就按照常规来做出回答，效果往往不佳。如果经过周密思考，准确判断对方的用意，便可做出一个高水准的回答。人们常用这样一个实例来说明，建立在准确把握对方提问动机和目的的基础上的回答是精彩绝妙的：艾伦·金斯伯格是美国著名的诗人，在一次宴会上，他向中国作家提出了一个怪谜，并请中国作家回答。谜面是：“把一只 2.5 千克重的鸡装进一个只能装 0.5 千克水的瓶子里后，用什么办法能把它拿出来?”中国作家回答道：“您怎么放进去的，我就会怎么拿出来。您凭嘴一说就把鸡装进了瓶子，那么我就用语言这个工具再把鸡拿出来。”这可谓是绝妙回答的典范。

三、不要彻底地回答问题，因为有些问题不必回答

商务谈判中并非任何问题都要回答，有些问题并不值得回答。在商务谈判中，对方提出问题要么是想了解己方的观点、立场和态度，要么是想确认某些事情。对此，我们应视情况而定，对于应该让对方了解或者需要表明己方态度的问题要认真回答；而对于

那些可能会有损己方形象、泄密或无聊的问题，不予理睬就是最好的回答，但要注意礼貌。当然，用外交活动中的“无可奉告”一词来拒绝回答，也是回答这类问题的好办法。总之，回答问题时可以将提问者的问话范围缩小，或者不做正面回答，而是对回答的前提加以修饰和说明以缩小回答范围。例如，对方询问己方产品质量如何，己方不必详细介绍产品所有的质量指标，只需回答其中某几个主要的指标，从而形成质量很好的印象。又如，对方对某种产品的价格表示出关心，直接询问该产品的价格。如果彻底回答对方，把价格如实相告，那么在进一步的谈判过程中，己方可能会陷入被动，所以，应该首先避开对方的注意力，做这样的答复：“我相信产品的价格会令你们满意，请允许我先把这种产品的几种性能介绍一下。我相信你们会对这种产品感兴趣的。”

四、逃避问题的方法是避正答偏，顾左右而言他

有时，对方提出的某个问题己方可能很难直接从正面做出回答，但又不能拒绝回答，逃避问题。这时，谈判高手往往用避正答偏的办法，即在回答这类问题时，故意避开问题的实质，而将话题引向歧路，借以破解对方的进攻。例如，可跟对方讲一些与此问题既有关系又无关系的问题，东拉西扯，不着边际，说了一大堆话，看上去回答了问题，其实并没有回答，因为其中没有几句话是有用的。经验丰富的谈判人员往往会在谈判中运用这一方法。

五、对于不知道的问题不要回答

参与谈判的所有人都非全能全知。谈判准备得再充分，也经常会遇到难解的问题，这时，谈判人员切不可为了维护自己的面子而强做回答，因为这样做有可能损害己方的利益。例如，我国某公司与外商谈判合资建厂事宜时，外商提出有关减免税收的请求。中方代表恰好对此不是很了解，可为了能够谈成生意，就盲目地回答了，结果使己方陷入十分被动的局面。经验和教训一再告诫我们：谈判人员对不懂的问题，应坦率地告诉对方自己不懂，或暂不回答，以避免付出不必要的代价。

六、对于有些问题可以答非所问

答非所问在知识考试或学术研究中是一大忌，然而从谈判技巧的角度来研究，却是对不能答的问题的一种行之有效的回答方法。有些问题可以通过答非所问来给自己解围。例如，古代有一个较为精明的骗子，他从别人那里借来一匹马，然后牵着这匹马去与一个财主进行交换。财主问：“你的马是从哪里来的？”他回答道：“我想卖马的念头有两年了。”财主又问：“我为什么要换马？”他回答道：“这匹马比你的马跑得快。”这两句话的回答是答非所问，换马的骗子就是用方式回避了一个事实，即马是他人的，换马是想要骗走财主的马，于是此人的计谋得逞了。在谈判中我们并不主张像这个骗子一样在谈判双方之间行骗，因为谈判必须建立在相互信赖的基础上，但是在双方利益发生冲突时，如何巧妙地回答对方提出的有关利益分割方面的问题，倒是可以从这个例子中得到借鉴。

七、以问代答

以问代答是用来应付谈判中那些一时难以回答或不想回答的问题的方式。此法如同把对方踢过来的球又踢了回去，请对方在自己的领域内反思后寻找答案。例如，在商务谈判进展不是很顺利的情况下，其中一方问另一方："你对合作的前景怎么看?"这个问题在此时可谓很难回答，善于处理这类问题的谈判人员可以采取以问代答的方式："那么，你对双方合作的前景又是怎么看的呢?"这时双方自然会在各自的脑海中加以思考，对于打破窘境起到了良好的作用。在商务谈判中，这种以问代答的方法对于应付一些不便回答的问题是非常有效的。

八、有时可以采取推卸责任的方法

谈判人员面对毫无准备的问题时往往不知所措，或者尽管能够回答，但鉴于某种原因而不愿意回答。对这类问题通常可以这样回答："对这个问题，我虽没有调查过，但曾经听说过。"或者说："贵方某某先生的问题提得很好，我曾经在某份资料上看过有关这一问题的记载，就记忆所及，大概是……"

九、重申和打岔有时也很有效

在商务谈判中，要求对方再次阐明其所问的问题，实际上是为自己争取思考时间的好办法。在对方再次阐述其问题时，我们可以根本不去听，而只是考虑如何做出回答。当然，这种心理不应让对方有所察觉，以防其加大进攻的力度。有人打岔是件好事，因为这可为我们赢得更多的思考时间。一些富有谈判经验的谈判人员估计谈判中会碰到某些自己一时难以回答而又必须回答的、出乎意料的棘手问题，于是，为了赢得更多的思考时间，就事先在本组内部安排好某个人，专门在关键时刻打岔。打岔的方式多种多样，比如借口外面有某某先生的电话、有紧急的文件需要某某先生出来签字等。有时，回答问题的人自己可以借口去洗手间或去打个电话等来拖延时间。

总之，在实际谈判中，回答问题的要诀在于知道该说什么和不该说什么，而不必考虑回答是否切题。谈判桌上的双方在各方的实力基础上斗智斗勇。对于回答问题时的艺术性和技巧，谈判人员必须熟练地加以掌握和运用。

第五节　国际商务谈判中"叙"的技巧

在商务谈判中"叙"与"答"既有相通之处，又存在很大的差别。"答"是基于对方提出的问题，经过思考后所做的有针对性的、被动性的阐述；而"叙"则是基于己方的立场、观点、方案等，通过陈述来表达对各种问题的具体看法，或是对客观事物进行具体阐述，以便让对方有所了解。

在商务谈判中，"叙"是一种不受对方所提问题的方向及范围制约的、带有主动性的阐述，是传递信息、沟通情感的方法之一。因此，谈判人员能否正确、有效地运用“叙”的功能，把握“叙”的要领，会直接影响谈判的效果。

谈判过程中的“叙”大体包括入题和阐述两个部分。按照常理，谈判人员在叙述问题、表达观点和意见时，应当态度诚恳，观点明朗，语言生动、流畅，层次清楚、紧凑。但这只是针对一般情况而言的。具体来讲，谈判中的“叙”应把握以下技巧。

一、入题的技巧

谈判双方在刚进入谈判场所时，难免会感到拘谨，尤其是谈判新手，在重要谈判中，往往会产生忐忑不安的心理。采用适当的入题方法，将有助于消除这种尴尬心理，轻松地开始谈判。

(一) 迂回入题

为避免谈判时单刀直入，过于直白，影响谈判的融洽气氛，谈判时可以采用**迂回入题**的方法，如先从题外话入题，从自谦入题，从介绍己方谈判人员入题，从介绍己方的生产、经营、财务状况等入题。

1. 从题外话入题

通常可将季节或天气、目前流行的事物以及社会新闻、旅行、艺术、社会名人等作为话题。通过上述题外话入题，要做到新颖、巧妙，不落俗套。

2. 从自谦入题

如果对方是在己方所在地谈判，可谦虚地用以下语句入题，如“各方面照顾不周，请多包涵”“自己才疏学浅，缺乏经验”“希望您多多关照”。当然，自谦要适度，不要给对方以虚伪或缺乏诚意的感觉。

3. 从介绍己方谈判人员入题

通常可简略介绍己方人员的职务、学历、经历等，这样既打开了话题，消除了对方的不安心理，又显示了己方的强大阵容，使对方不敢小视或轻举妄动。

4. 从介绍己方的生产、经营、财务状况等入题

这样做可先声夺人，给对方提供一些必要的资料，充分显示己方雄厚的财力、良好的信誉和质优价廉的产品等基本情况，也给对方以充分的讨论空间。

(二) 先谈一般原则，再谈细节问题

在一些大型的对外商务谈判中，由于需要洽谈的问题千头万绪，双方的高级人员不应该也不可能介入全部谈判，往往要分成若干等级进行多次谈判，这就需要采取先谈一般原则，再谈细节问题的方法。就一般原则达成一致后，洽谈细节问题也就有了依据。

(三) 从具体议题入手

一般而言，大型的对外商务谈判总是由一次次具体的谈判组成，在每次具体的谈判

中，双方可以首先确定本次谈判的议题，然后从这一具体的议题入手进行洽谈。这样做可以避免谈判时无从下手，从而提高效率。

二、阐述的技巧

谈判入题后，接下来便由双方阐述各自的观点，这也是谈判的一个重要环节。

（一）开场阐述

己方开场阐述要做到以下几点：

（1）开宗明义，明确本次谈判所要解决的主题，以集中双方的注意力，统一双方的认识。

（2）表明己方通过谈判应当得到的利益，尤其是对己方至关重要的利益。

（3）表明己方的基本立场，既可以回顾双方以前合作的成果，说明己方所享有的信誉，也可以展望或预测今后双方合作中可能出现的机遇或障碍，还可以表明己方可采取何种方式以便为双方共同获利做出贡献等。

（4）开场阐述应是原则性的，而不是具体的，应尽可能简明扼要。

（5）开场阐述的目的是让对方明白己方的意图，以营造和谐的谈判气氛，因此，阐述应以诚挚和轻松的方式来进行。

在对方阐述时，应主要注意以下几点：

（1）认真耐心地倾听对方的开场阐述，归纳并弄懂对方开场阐述的内容，思考和理解对方阐述的关键问题，以免产生误会。

（2）如果对方开场阐述的内容与己方的意见差距较大，切记不要打断对方的阐述，更不要立即与对方争执，而应当先让对方说完，认同对方之后再巧妙地转开话题，从侧面进行反驳。

（二）让对方先谈

在商务谈判中，当己方对市场态势和产品定价的情况不是很了解，或者尚未确定购买何种产品，或者无权直接决定购买与否时，一定要坚持让对方首先说明可提供何种产品、产品的性能如何、产品的价格如何等，然后再审慎地表达意见。有时，即使己方对市场和产品定价比较了解，心中有较为明确的购买意图，而且能够直接决定购买与否，也不妨先让对方阐述要求、报价并介绍产品，然后在此基础上提出自己的要求。这种方式常能收到奇效。

（三）注意正确使用语言

1. 语言表达要准确易懂

在谈判过程中，所使用的语言要力求规范、通俗，使对方很容易听明白。有时如确需使用某些专业术语，则应尽量使用简明易懂的用语加以解释。一切语言均要以达到双方的沟通目的、保证谈判顺利进行为前提。叙述的目的在于让对方相信己方所说的内容均为事实，并使其接受己方的观点。为了达到这一目的，叙述时万万不可炫耀自己的学问或卖弄自己的学识，这样做不但达不到目的，反而会令对方生厌。

2. 语言表达要简明扼要，有条理

由于人们有意识的记忆能力有限，在短时间内只能记住有限的、具有特色的内容，所以在谈判中一定要用简明扼要而又有条理的语言来阐述自己的观点，这样才能在洽谈中收到事半功倍的效果；反之，如果信口开河，不分主次，不仅不能使对方及时把握要领，而且会使对方厌烦，这是应当避免的。

3. 叙述要真实，第一次就要说准

在商务谈判中叙述基本事实时，应本着客观真实的原则，对事实真相既不夸大，也不缩小，力求使对方相信并信任己方。万一己方对事实真相加以修饰的行为被对方发现，哪怕是一点点破绽，也会大大降低己方的信誉，从而使己方的谈判实力大打折扣。在谈判过程中，当对方要求己方提供资料或信息时，要表达准确，不要模棱两可，含混不清。如果己方对对方要求提供的资料和信息不甚了解，应延迟答复，切忌脱口而出。要尽量避免使用含上下限的数值，以防止波动。

4. 语言要富有弹性

谈判过程中所使用的语言要丰富、灵活，富有弹性。对于不同的谈判对手，应使用不同的语言。如果对方谈吐优雅，很有修养，己方也应相对讲究，做到出语不凡；如果对方语言朴实无华，那么己方语言也不必过多修饰；如果对方语言爽快、直露，那么己方语言也不要迂回曲折、晦涩难懂。总之，要根据对方的学识、气质、性格、修养和语言特点及时调整己方的语言。这是迅速缩短谈判双方距离、实现平等交流的有效方法。

5. 发言要紧扣主题

任何商务谈判的双方都是抱着一定的目的、肩负着一定的使命来到谈判桌前的。这便决定了每次谈判必有一个主题。由于时间有限，在谈判中双方都应紧紧围绕主题进行阐述，不发表与谈判主题无关的意见，以免对方产生反感和延误时间。同时，在谈判中也不要拐弯抹角，以免给谈判带来障碍。

6. 措辞要得体，不走极端

有时在谈判过程中难免会发生尖锐、激烈的争论。在这种情况下要尽量以和缓的语言表达自己的意见，不仅语调要柔和，而且措辞要得体，适合场面需要。有些过于极端的语言易伤害对方的自尊心，引起对方反感，使场面陷入尴尬，影响谈判进展。有些语言可能会使对方对己方的谈判诚意产生怀疑，致使谈判走上歧途或者中断。

7. 要注意语调表达的含义

不同的语调可赋予同一句话不同的含义，也可以体现讲话者不同的思想感情。例如，“这个价格不错”，若以平常的语调讲，则是一个肯定的评价，表达了讲话者对这一价格的同意或赞赏；但若以高调带拖腔的方式讲出，则表达了讲话者对这一价格的不满。谈判人员应通过语调的变化显示自己的信心、决心、不满、疑虑和遗憾等思想感情。同时，也应善于通过对方不同的语调来洞察对方肯定、赞赏、否定、不满等感情变化。谈判人员说话的目的是让对方听懂并记住，说得太快不仅达不到讲话者预期的目的，还可能使对方既听不清也记不住，在有翻译的情况下更应注意，说得太快会使对方产生未受到尊重的感觉。因此，如果想让对方注意你的谈话，就要把语速放平稳，缓慢地、流畅地阐述。当然，说话也不要太慢，更不要长时间地吐单词。

谈判人员声音的高低强弱，也是影响谈判效果的重要因素之一。声音过高过响，震耳欲聋，不会使人感到亲切；声音过低过弱，不会使人感到振奋。因此，应当合理使用声音的强弱，最好有高有低，抑扬顿挫，犹如一幕戏，有高潮，有低潮，还有结尾，要让对方感到自然舒适。在谈判中，滔滔不绝地阐述观点、发表意见时，如果突然停顿或者有意识地重复某几句话，能起到意想不到的效果，例如，可以引导倾听者对停顿前后的内容和重复的内容进行回顾和思考，加深双方的理解和沟通，还可给对方机会抒发己见，打破沉默，活跃谈判桌上的气氛。

8. 要学会运用折中迂回技巧

折中迂回是指在谈判中转换话题，放弃对某些问题的讨论或绕弯子说服对方。学会运用该技巧是掌握谈判主动权的必然要求。

折中迂回技巧一般适用于下列场合：想避开对己方不利的话题；想回避某些问题；不同意某些观点，但又不便于直接否定对方；想拖延就某些问题做出决定的时间；想把问题引向对己方有利的方面；想转移角度阐述问题以说服对方；等等。

折中迂回的技巧主要表现在：当面临对己方不利的问题时，主动避开对方的话锋，将谈话重点转回到对己方有利的问题上来，答非所问或不直接回答对方的问题；绕弯子解释或提出新问题；谈一些题外话，冲淡一下主题，或有意识地讲些意思不清的话，激励己方人员做不相关的交谈；改变原定程序和计划，忽然建议一个令对方不能马上接受的方案；提议某些问题要调查后再讨论；否认某些问题的存在；等等。

使用折中迂回技巧应当慎重，要区分轻重缓急。例如，在谈判比较正常地进行时，可经常使用“可是……”“但是……”等词语，使问题向有利于己方的方向转化。在遇到对方无理纠缠，同时己方又不希望谈判破裂时，可适当采用上述折中迂回的技巧。

9. 使用解困用语

当谈判面临困难、无法达成协议时，为了突破困境、给自己解围并使谈判继续进行，可使用下列解困用语。

“真遗憾，只差一步就成功了！”

“就快要达到目标了，真可惜！”

“这样做，肯定对双方都不利！”

“再这样拖延下去，只怕最后结果不妙。”

“事已至此，懊恼也没有用，还是让我们再做一次努力吧！”

“我相信，无论如何，双方都不希望前功尽弃！”

使用这种解困用语，有时确实能产生较好的效果。只要双方都有谈判诚意，对方就很有可能会欣然接受你的意见，从而促使谈判成功。

10. 不以否定性的语言结束谈判

根据人的听觉习惯，在某一场合，人所听到的第一句话和最后一句话常常能给他留下很深的印象。所以，在谈判中要注意，不能以否定性的语言来结束谈判。假如你忽视了这一点，就会给对方造成一种不愉快的感受，并且印象深刻，从而对下一轮谈判产生不利影响，甚至危及前一轮谈判中谈妥的问题或达成的协议。所以，在谈判终了时，最好能给谈判对手以正面评价，并稳健、中肯地把谈过的议题予以归纳。例如：

"您在这次谈判中表现很出色，给我留下了深刻的印象。"

"您处理问题大刀阔斧，钦佩！"

"今天的会谈在某些问题上达成了一致，但在某些方面还要再谈。"

"对贵方的某些要求，己方将予以研究，待下次会议再谈。"

不论谈判结果如何，对参与谈判的人员来说，每一次谈判都是谈判双方的一次合作过程。因此，在一般情况下，在谈判结束时要对对方的合作表示感谢，对对方的出色表现给予肯定，或者简要概括一下谈判的效果。这是谈判人员应有的礼节，对今后的谈判也是有益的。

（四）阐述时发现错误要及时纠正

谈判人员在商务谈判中，常常会由于种种原因而出现阐述上的错误，谈判人员发现后应及时纠正，以防造成不必要的损失。有些谈判人员在阐述中出现错误时，碍于面子，往往采取顺水推舟、将错就错的做法，这是要坚决反对的，因为这样做往往会使对方产生误解，从而影响谈判的顺利进行。还有些谈判人员发现自己在阐述中的错误时，往往采取事后自圆其说、文过饰非的做法，结果不但没能"饰非"，反而越描越黑，对自己的信誉和形象造成损害，更严重的是可能会失去合作机会，后果不堪设想。

第六节　国际商务谈判中"看"的技巧

谈判不仅是语言的交流，而且是行为的交流。在谈判中，我们不仅要听其言，而且要观其行。广东有一句谚语："当一个人笑的时候腹部不动就要提防他了。"伯明翰大学的艾文·格兰特博士说过："要留心椭圆形的笑容"，因为这种笑不是发自内心的，即皮笑肉不笑。因此，在谈判中，我们可以通过仔细观察对方的言谈举止，捕捉有关其内心活动的蛛丝马迹；也可以揣摩对方的姿态神情，探讨引发这类行为的心理因素。运用这种技巧，不仅可以判断对方的思想变化，决定己方的对策，同时可以有意识地运用行为语言传达信息，促使谈判朝着有利于己方的方向发展。

姿态和动作等无声的语言所传递的信息是真实可信的。古诗云："此时无声胜有声。"人们通过姿势、动作等无声的语言传递的信息，有时可以代替甚至超过有声的语言所起的作用。

人的举止包括身体动作、手势、面部表情等。这里仅就谈判人员的面部表情、上下肢和腹部的主要动作，以及它们所传递出来的信息或所代表的意义做简单介绍。

一、面部表情

（一）眼睛所传达的信息

“人的眼睛和嘴巴所说的话一样多。人们不需要词典就能够让人从眼睛的语言中了解整个世界，这是它的好处。”这是爱默生关于眼睛的一段精辟论述。眼睛具有反映人们深层心理活动的功能，其动作、神情、状态是最明确的情感表现，因此，眼睛被人们称为“心灵的窗户”。

眼睛的动作及其所传达的信息主要有以下几种：

1. 根据目光凝视讲话者的时间长短来判断倾听者的心理感受

通常与人交谈时，视线接触对方脸部的时间在正常情况下应占全部谈话时间的30%～60%。超过这一平均范围者，可认为对谈话者本人比对谈话内容更感兴趣；低于这个平均范围者，则表示对谈话者和谈话内容都不感兴趣。

2. 眨眼频率有不同的含义

在正常情况下，一般人每分钟眨眼5～8次，每次眨眼时长一般不超过1秒钟。如果每分钟眨眼次数超过5～8次这个频率，那么可能表示神情活跃，对某事物感兴趣；也可能表示个性怯懦或羞涩，不敢直视对方，因而做出不停眨眼的动作。在谈判中，通常是前者。从眨眼时长来看，如果超过1秒钟，那么可能表示厌烦，不感兴趣；也可能表示自已比对方优越，因而对对方不屑一顾。

3. 倾听对方谈话时，几乎不看对方是试图掩饰的表现

据一位有经验的海关检查人员介绍，他在检查过关人员已填好的报关表时，还要再问一句：“还有什么东西要申报吗?”这时，他的眼睛不是看着报关表，而是看着过关人员的眼睛，如果过关人员不敢正视他的眼睛，那么就表明此人在某些方面可能有试图掩饰的情况。

4. 眼睛瞳孔所传达的信息

眼睛瞳孔放大，炯炯有神而生辉，表示此人处于欢喜与兴奋状态；瞳孔缩小，神情呆滞，目光无神，愁眉苦脸，则表示此人处于消极、戒备或愤怒的状态。实验证明，瞳孔所传达的信息是无法用人的意志来控制的。现代企业家、政治家或专业赌徒为了防止对方察觉到自己瞳孔的变化，往往喜欢佩戴有色眼镜。如果谈判桌上有人戴着有色眼镜，就应加以提防，因为他可能很有经验。

5. 眼神闪烁不定所传达的信息

眼神闪烁不定是一种反常的举动，常被认为是一种掩饰的手段或人格上不诚实的表现。一个做事虚伪或者当场撒谎的人，其眼神常常闪烁不定，以此来掩饰内心的秘密。

6. 瞪大眼睛看着对方是对其有很大兴趣的表示

眼神传递的信息远不止这些。人类眼睛所表达的思想，有些确实是只能意会而难以言传的，这就要求谈判人员在实践中要用心加以观察和思考，不断积累经验，争取把握眼睛的动作所传达的种种信息。

（二）眉毛所传达的信息

眉毛和眼睛的配合是密不可分的，二者的动作往往共同表达一个含义，但单凭眉毛也能反映出人的许多情绪变化。例如，当人们处于惊喜或惊恐状态时，眉毛上耸，即所谓喜上眉梢；当人们处于愤怒或气恼状态时，眉角下拉或倒竖，即人们常说的“剑眉倒竖”形容的就是这种发怒的状态；眉毛迅速地上下运动，表示亲切、同意或愉快；紧皱眉头，表示人们处于困窘、不愉快、不赞同的状态；眉毛向上挑起，表示询问或疑问。

上述有关眉毛传达的动作语言是不容忽视的。人们常常认为没有眉毛的脸十分可怕，因为这给人一种毫无表情的感觉。

（三）嘴的动作所传达的信息

人的嘴巴除了说话、吃喝和呼吸以外，还可以有许多动作，这些动作都能反映人的心理状态。例如，紧紧地抿住嘴往往是意志坚决的表现；撅起嘴是不满意和准备攻击对方的表现；在遭受失败时，人们往往咬嘴唇，这是一种自我惩罚的动作，有时也可解释为内疚的心情；嘴角稍稍向后拉或向上拉，表示倾听者比较注意倾听；嘴角向下拉，是不满和固执的表现。

与嘴的动作紧密联系的是吸烟的姿势。吸烟能够表现一个人的心理和情绪变化。在谈判过程中，吸烟的姿势具有较强的表现力，而且是评判一个人的态度的重要依据。吸烟所传达的信息可概括如下：

(1) 吸一口烟后，将烟向上吐，往往表示积极、自信，因为此时伴随吸烟动作的身体上部是向上昂起的；而将烟朝下吐则表示情绪消极、意志消沉、有疑虑，因为此时身体上部是向下的，即所谓的“垂头丧气”。

(2) 烟从嘴角缓缓吐出，给人一种消极而诡秘的感觉，一般反映出吸烟者此时的心境与思维曲折回荡，力求从纷乱的思绪中找出一条令人意想不到的途径来。

(3) 吸烟时不停地磕烟灰，表明内心有冲突或不安。这时吸烟已不是一种生理需要，完全成了吸烟者减缓和消除内心的冲突与不安的一种道具。因为内心的冲突和不安往往使人手足无措，通过不停地磕烟灰这个动作，可以使人的手有事可做，从而转移了冲突与不安。

(4) 烟烧了很长一截，却很少拿起来抽，表明吸烟者在紧张思考或等待紧张情绪的平息。之所以很少抽，是因为大脑专注于某个问题的思考，而暂时忘记了吸烟一事。

(5) 没抽几口就把烟掐掉，表明吸烟者想尽快结束谈话或已下决心要做一件事。掐掉烟是为了不让吸烟分散其注意力，干扰其刚刚决定的事情。其实，吸烟本身可能不会给他带来什么干扰，但这样做暴露了其内心的活动。

(6) 斜仰着头，烟从鼻孔吐出，表现出一种自信和优越感，以及一种悠然自得的心情。吸烟者通过斜仰着头这一动作，主动地拉开了与谈话对象及与其进行目光交流的距离，从而体现出吸烟者内心的那种自信、优越和悠然自得的心态。

二、上肢的动作语言

手和臂膀是人体比较灵活的部位，也是使用最多的部位。借助手势或与对方手的接触，可以帮助我们判断对方的心理活动或心理状态。同时，也可帮助我们将某种信息传递给对方。

（1）拳头紧握。该动作表示向对方挑战或自我紧张的情绪。握拳的同时如伴有手指关节的响声，或用拳击掌，则表示向对方进行无言的威吓或发出攻击的信号。握拳使人肌肉紧张，能量比较集中。一般只有在遇到外部的威胁或挑战时，人们才会紧握拳头，准备进行抗击。

（2）用手指或手中的笔敲打桌面，或在纸上乱涂乱画。该动作往往表示对对方的话题不感兴趣、不同意或不耐烦的意思。这样做一方面可以打发和消磨时间，另一方面也可以起到暗示或提醒对方注意的作用。

（3）两手手指并拢并搁置于上胸的前上方呈尖塔状。该动作表示充满信心。这种动作在西方常见，特别是在主持会议、领导者讲话、教师授课等情况下常见。它通常可表现出讲话者高傲与独断的心理状态，起到一种震慑听讲者的作用。

（4）手与手连接放在胸腹部的位置。该动作表示谦逊、矜持或心情略带不安。在给获奖运动员颁奖之前，主持人宣读比赛成绩时，运动员常常有这种动作。

（5）两臂交叉于胸前。该动作表示保守或防卫；两臂交叉于胸前并握紧，往往是怀有敌意的标志。

（6）吸手指或指甲。成年人做出这样的动作是不成熟的表现，即所谓“乳臭未干”。

（7）握手。握手的动作源自原始时代的生活。原始人在狩猎或战争时，手中常持有石块和棍棒等武器。如果是没有任何恶意的两个陌生人相遇，常常会放下手中的所有东西，并伸开手掌，让对方摸一摸自己的掌心，以此来表示手中未持武器。久而久之，这种习惯逐渐演变成今天的“握手”动作。

原始意义的握手不仅表示问候，而且表示一种信赖、契约和保证之意。标准的握手姿势应该是：用手指稍稍用力握住对方的手掌，对方也用同样的姿势用手指稍稍用力回握，用力握手的时间以1～3秒钟为宜。如果双方握手与标准姿势不符，便有除了问候、礼貌以外的附加意义。主要包括以下几种情况：

（1）感觉对方手掌出汗。这表明对方处于兴奋、紧张或情绪不稳定的心理状态。

（2）感觉对方用力握手。这表明此人具有好动、热情的性格，这类人做事往往喜欢主动。美国人大都喜欢采用这种握手方式，这主要与他们好动的性格分不开。如果感觉对方握手不用力，可能表明该人个性懦弱，缺乏气魄，也可能表明对方傲慢矜持，爱摆架子。

（3）握手前先注视对方片刻，再伸手相握。在某种程度上，这表明此人想在心理上先战胜对方，将对方置于心理上的劣势地位。先注视对方片刻，意味着审视对方，观察对方是否值得自己去同其握手。

（4）掌心向上伸出与对方握手。这往往表明其性格软弱，处于被动、劣势或受人支配的状态。在某种程度上，掌心向上伸出与人握手，有一种向对方投靠的意思。如果是掌心向下伸出与对方握手，则表示想取得主动、优势或支配地位。另外，掌心向下也有居高临下的意思。

(5) 用双手紧握对方一只手，并上下摆动。这往往表示热烈欢迎对方的到来，也表示真诚感谢、有求于人或肯定契约关系等含义。在荧屏上或是生活中，我们常常可以看到，人们为了表示感谢对方、欢迎对方或恳求对方等，往往会用双手用力去握住对方的一只手。

三、下肢的动作语言

腿和足部往往是最先表露潜意识情感的部位，主要的动作及其所传达的信息如下：

(1) 摇动足部，用足尖拍打地板，抖动腿部。这些都表明此人焦躁不安、无可奈何、不耐烦或欲摆脱某种紧张情绪。通常，在候车室等车的旅客常常伴有此动作，在谈判桌前这种动作也很常见。

(2) 双足交叉而坐。对男性来讲这往往表明此人在心理上压制自己的情绪，如对某人或某事持保留态度，抱有警惕、防范心理，尽量压制自己的紧张或恐惧。对女性来讲，如果再将两个膝盖并拢，则表示拒绝对方或一种防御的心理状态。这往往是比较含蓄而委婉的举动。

(3) 分腿而坐。这表明此人很自信，并愿意接受对方的挑战。如果一条腿架到另一条腿上就座，一般表明此人在无意识地拒绝对方并保护自己的势力范围，使之不受他人侵犯。如果频繁变换架腿姿势，则表明此人情绪不稳定、焦躁不安或不耐烦。

四、腹部的动作语言

腹部位于人体的中央部位，它的动作具有极丰富的含义。

(1) 凸出腹部。这一动作表现出此人的心理优越感、自信与满足感。也反映了扩大势力范围的意图，是威慑对方、使自己处于优势或支配地位的表现。腹部可谓是意志和胆量的象征。

(2) 解开上衣纽扣露出腹部。这一动作表示开放自己的势力范围，对对方无戒备之心。

(3) 抱腹蜷缩。这一动作表示不安、消沉、沮丧等情绪支配下的防卫心理，病人、乞丐常常这样做。

(4) 腹部起伏不停。这一动作表示兴奋或愤怒。极度起伏，意味着即将爆发的兴奋与激动状态。

(5) 轻拍自己的腹部。这一动作表示自己的风度、雅量，同时也包含着经过一番较量之后的得意心情。

以上是谈判及交往中常见的肢体语言及其所传达的信息。当然，这些肢体语言仅仅是就一般情况而言的，民族、地区不同，文化层次及个人修养不同，人的动作、姿态及所传达的信息都是不同的，应在具体环境下区别对待。另外，我们在观察对方的动作和姿态时，不能只从某一个孤立的、静止的动作或姿态去判断，而应分析和观察其连续的、一系列的动作，特别是应结合对方讲话时的语气、语调等进行综合分析，这样才能得出比较真实、全面、可信的结论。

需要指出的是，在商务谈判过程中，对方完全可能会利用某些动作、姿态来迷惑己方，这就需要己方观察对方连贯的动作，或者结合对方前后的动作以及当时讲话的内容、语音、语气和语调等，从中寻找出破绽，识别其真伪，然后采取必要的措施。

第七节　国际商务谈判中“辩”的技巧

“辩”最能体现谈判的特征，谈判中的讨价还价就集中体现在“辩”上。谈判中的“辩”与“听”“问”“答”“叙”“看”不同，它具有谈判双方相互依赖、相互对抗的二重性，是人类语言艺术和思维艺术的综合运用，具有较强的技巧性。

作为一名谈判人员，要想训练自己的雄辩能力，在商务谈判中获得良好的辩论效果，应注意以下几个有关“辩”的技巧。

一、观点明确，立场坚定

在商务谈判中，“辩”的目的就是论证己方的观点，反驳对方的观点。辩论的过程就是通过摆事实、讲道理，说明己方的观点和立场。为了能更清晰地论证己方的观点和立场的正确性及公正性，在辩论时要运用客观材料以及所有能够支持己方论点的证据，增强己方的辩论效果，反驳对方的观点。

二、辩路敏捷、严密，逻辑性强

商务谈判中的辩论往往是双方在进行磋商的过程中遇到难解的问题时才发生的。一个优秀的辩手应该头脑冷静、思维敏捷、论辩严密且富有逻辑性，只有具有这种素质的人才能克服各种各样的困难，摆脱困境。任何成功的辩论都具有辩路敏捷、逻辑性强的特点。为此，商务谈判人员应加强这方面的基本功训练，培养自己的逻辑思维能力，以便在谈判中以不变应万变。特别是在谈判条件旗鼓相当的情况下，谈判人员只有在相互辩驳的过程中辩路敏捷、严密，逻辑性强，才能在谈判中立于不败之地。

三、掌握大的原则，不纠缠于细枝末节

在辩论过程中，要有战略眼光，掌握大的方向、前提及原则。在辩论过程中不要在枝节问题上与对方纠缠不休，但在主要问题上一定要集中精力，把握主动。在反驳对方的错误观点时，要切中要害，做到有的放矢。

四、辩论时应掌握好进攻的尺度

辩论的目的是证明己方的立场、观点的正确性，反驳对方的立场、观点的不足，以

便争取有利于己方的谈判结果。切不可认为辩论是一场对抗赛，必须置对方于死地。因此，辩论时应掌握好进攻的尺度，一旦已经达到目的，就应适可而止，切不可穷追不舍，得理不饶人。在谈判中，如果对方被己方逼得走投无路，陷于绝境，则往往会产生更强的敌对心理，甚至更强烈的反击念头，这样即使对方可能暂时认可某些事情，事后也不会善罢甘休，最终会对双方的合作不利。

五、态度客观公正，措辞准确严密

文明的谈判准则要求：不论辩论双方如何针锋相对，争论多么激烈，谈判双方都必须持客观公正的态度，措辞准确严密，切忌用侮辱诽谤、尖酸刻薄的语言进行人身攻击。如果某一方违背了这一准则，其结果只能是损害自己的形象，降低其谈判质量和谈判实力，这不仅不会给谈判带来丝毫帮助，反而可能置谈判于破裂的边缘。

六、善于处理辩论中的优势与劣势

在商务谈判的辩论中，双方可能在某一阶段你占优势、我居劣势，可过一阶段又出现你居劣势、我占优势的局面。当我们处于两种不同状态时，必须处理好辩论中的优势与劣势。

当己方处于优势时，谈判人员要注意利用优势，并注意借助语调和手势的配合，渲染己方的观点，以维护己方的立场，切忌当己方处于优势时，表现出轻狂、放纵和得意忘形的姿态。要时刻牢记谈判中的优势与劣势是相对而言的，而且是可以转化的；相反，当己方处于劣势时，要记住这是暂时的，应沉着冷静，从容不迫，既不可怄气，又不可沮丧。当己方处于劣势时，只有沉着冷静，思考对策，保持己方阵脚不乱，才会对对方的优势构成潜在的威胁，从而使对方不敢贸然进犯。

七、注意辩论中个人的举止与气度

在辩论中，一定要注意个人的举止与气度。有些行为，如语调高亢、指手画脚等，都是没有素质的表现，更无气度可言。辩论中良好的举止与气度，不仅会在谈判桌上给人留下良好印象，而且在一定程度上可以左右谈判中辩论的顺利进行。

第八节　国际商务谈判中“说服”的技巧

在商务谈判中，很重要的工作就是说服，它常常贯穿于谈判的始终。因此，谈判人员在谈判中能否说服对方接受自己的观点，以及应当怎样说服对方，从而促成谈判和局，就成了谈判能否成功的一个关键。

在日常生活中，人们常常有这样的感觉，即同一件事，由不同的人去做，其效果截然不同。有时明明自己的观点是正确的，却不能说服对方，有时甚至反过来被对方“驳”得哑口无言。其实，要想说服他人，不仅要掌握正确的观点，而且要掌握微妙的交往技巧。在此，我们从谈判人员的行为和心理角度，结合商务谈判实践，总结了以下有关说服的技巧。

一、说服他人的基本要诀

(一) 应用说服技巧的环节

1. 建立良好的人际关系，取得他人的信任

在一般情况下，当一个人考虑是否接受他人意见时，总是先衡量一下他与说服者之间的熟悉程度和友好程度。如果相互熟悉、相互信任，他就会正确地、友好地理解说服者的观点和理由。社会心理学家认为，信任是人际沟通的“过滤器”。只有对方信任你，才会理解你的友好动机，否则，即使你说服他的动机是友好的，也会经过“不信任”的“过滤”作用而变成其他东西。因此，说服他人时，取得他人的信任是非常重要的。

2. 分析你的意见可能导致的影响

首先，应向对方诚恳地说明要他接受你的意见的充分理由，以及对方一旦被你说服将有什么利弊得失；其次，要坦率地承认如果对方接受你的意见，你也将获得一定的利益。这样一来，对方就会觉得你诚实可信。反之，如果你不承认你能从谈判中获得一定的利益，对方必定认为你话中有诈，缺乏诚意，从而将你拒之门外。

3. 简化对方接受说服的程序

当对方初步接受你的意见时，为避免其中途变卦，要设法简化确认这一结果的程序。例如，在需要书面协议的场合，可提前准备一份原则性的协议书草案，告诉对方：“您只需在这份原则性的协议书草案上签字即可，至于正式的协议书，我们会在一周内准备妥当，到时再送到贵公司请您斟酌。”这样往往可当场取得被说服者的承诺，并避免了在细节问题上做过多的纠缠。

4. 争取另一方的认同

在商务谈判中要想说服对方，除了要赢得对方的信任、消除对方的对抗情绪外，还要以双方共同感兴趣的问题作为跳板，因势利导地解开对方思想的结，说服才能奏效。事实证明：“认同”是双方相互理解的有效方法，也是说服他人的一种有效方法。

所谓认同，就是人们把自己的说服对象看成与自己相同的人，寻找双方的共同点，这是人与人之间心灵沟通的桥梁，也是说服对方的基础。在人与人的交往中，首先应求同，随着谈话的深入，即使是陌生人，也会发现越来越多的共同点。商务谈判更是如此。双方本着合作的态度走到一起，共同的东西本来就很多，随着谈判的深入，双方越来越熟悉，在某种程度上会感到比较亲近。这时，某些心理上的疑虑和戒备便会减轻，也就便于说服对方了，对方也容易相信和接受己方的看法和意见。

寻找共同点可以从以下几个方面入手：

(1) 寻找双方工作上的共同点，例如共同的职业、共同的追求、共同的目标等。

(2) 寻找双方在生活方面的共同点，例如共同的国籍、共同的生活经历、共同的信仰等。

（3）寻找双方兴趣、爱好上的共同点，例如共同喜欢的电视剧、体育比赛、国内外大事等。

（4）寻找双方共同熟悉的第三方，作为认同的媒介。例如，在同陌生人交往时，要想说服他，可以寻找双方共同熟悉的某个人，通过各自与这个人的友好关系，相互之间也就有了一定的认同，从而也就便于说服对方了。

（二）说服技巧的要点

1. 站在他人的角度设身处地地谈问题，不要只说自己的理由

要说服对方，就要考虑到对方的观点或行为存在的客观理由，即要设身处地地为对方想一想，从而使对方对你产生一种"自己人"的感觉。这样，对方就会信任你，感到你是在为他着想，从而明显提高说服的效果。

2. 消除对方的戒心，营造良好的氛围

从谈话一开始，就要营造一个说"是"的氛围，不要形成一个说"否"的氛围。不要把对方的态度预设成不同意、不愿做的，然后批驳他、劝说他。例如："我知道你会反对，可是事情已经到了这一步，还能怎么样呢?"对于这样的说服，对方仍然会难以接受。在说服他人时，要认为对方是能够做或同意做的。例如："我知道你能够把这件事情做得很好，只是不愿意去做而已。""你一定会对这个问题感兴趣的。"商务谈判实践表明，积极、主动地去启发对方、鼓励对方，就会帮助对方提高自信心并接受己方的意见。

美国著名学者霍华曾经提出让别人说"是"的30条原则，现摘录一部分，供谈判人员参考：

（1）尽量以简单明了的方式说明你的要求。

（2）要照顾对方的情绪。

（3）要以充满信心的态度去说服对方。

（4）要找出引起对方兴趣的话题，并使他继续感兴趣。

（5）要让对方感觉到，你非常感激他的协助。如果对方遇到困难，你应该努力帮助他解决。

（6）直率地说出自己的希望。

（7）向对方反复说明他的协助对你的重要性。

（8）切忌以高压的手段强迫对方。

（9）要表现出亲切的态度。

（10）要激励对方的好奇心。

（11）要让对方了解你并非在"取"，而是在"予"。

（12）要让对方自由发表意见。

（13）要让对方证明为什么赞成你是最好的决定。

（14）要让对方知道，你只要在他身边便觉得很快乐。

3. 说服用语要经过推敲

在商务谈判中，欲说服对方，用语一定要经过推敲。事实上，在说服他人时，用语的感情色彩不一样，说服的效果就会截然不同。在通常情况下，在说服他人时要避免用“愤怒”“怨恨”“生气”“恼怒”这类字眼。即使在表述自己的情绪，如担心、失意、害怕、忧虑等时，在用词上也要注意推敲，这样才会收到良好的效果。另外，忌用胁迫或欺诈的手法进行说服。

二、说服顽固者的技巧

在商务往来中，我们相信多数对手是通情达理的，但也会遇到固执己见、难以说服的对手。对于后一种对手，人们常常感到难以对付、难以理解、左右为难。其实，这种人之所以这样做，在很大程度上是性格所致，并非他们不懂道理。事实上，只要抓住他们的性格特点，掌握他们的心理活动规律，采取适宜的说服方法，晓之以理，动之以情，是完全可以说服他们的。

有些人比较固执己见，但心肠很软，只是表面上不轻易“投降”，甚至会态度十分生硬，有时还会大发雷霆。其实有时他们自己也往往搞不清谁对谁错，但还是坚持自己的观点。有时他们尽管明知自己错了，但由于自尊心太强，也不会轻易承认自己的错误，除非你给他一个台阶下。因此，在说服这类顽固者时，通常可采取以下几种方法：

（一）下台阶法

当对方自尊心很强、不愿承认自己的错误时，你不妨采取**下台阶法**，先给对方一个台阶下，说一说他正确的地方，或者说一说他错误的“客观根据”，给对方提供一些自我安慰的条件和机会。这样，对方就不会感到丢面子，因而容易接受你善意的说服。

（二）等待法

当对方一时难以被说服时，不妨采取**等待法**，等待一段时间。对方虽没有当面表示改变看法，但对你的态度和你所讲的话，事后会加以回忆和思考。必须指出，等待不等于放弃。任何事情都要给他人留有一定的思考和选择的时间。同样，在说服他人时，也不可急于求成，等待时机成熟时再和他交谈，效果往往会更好。

（三）迂回法

当对方很难听进正面道理时，不要强迫他进行辩论，而应采取**迂回法**。就像作战一样，对方已经防备森严，从正面很难突破，解决办法最好是迂回前进，设法找到对方的弱点，一举击破对方。说服他人也是如此。当用正面道理很难说服对方时，就要暂时避开主题，谈论一些对方的看法，让他感到你的话对他来说是有用的，你是可信任的。这时你再逐渐把谈话转入正题，晓之以利害，他就会更加冷静地考虑你的意见，并容易被你说服。

（四）沉默法

当对方提出反驳意见或有意刁难时，有时是可以做些解释的，但是对于那些不值得反驳的抗议，你要讲究一点艺术手法，不要做出强烈的反应，相反，可以采用**沉默法**。对于一些纠缠不清的问题，或者遇上不讲道理的人，则不予理睬，对方可能会就此觉得自己所提出的问题没有什么道理，人家根本就没在意，于是自己也就感到没趣，从而不再坚持自己的意见了，这就达到了说服对方的目的。

案例专栏阅读

闻泰集团268亿元收购荷兰安世半导体

2019年6月，中国闻泰集团斥资268亿元收购荷兰安世半导体（Nexperia）的交易获得证监会批准，中国史上最大规模的半导体收购正式达成。日前，安世半导体董事会完成了改选及相应的变更，闻泰科技董事长张学政正式就任安世半导体董事长。

收购完成之后，闻泰科技已完全从北京建广资产管理有限公司（JAC Capital）那里获得安世半导体的控股权，中方这次也拿到了安世半导体的董事长一职，不过安世半导体的CEO及管理团队不变。

安世半导体前身为恩智浦的标准产品事业部，拥有60多年的半导体行业专业经验，于2017年初开始独立运营。

安世半导体作为一家整合器件制造（Integrated Device Manufacture，IDM）企业，拥有自己的设计、制造及封装工厂，2018年全年生产总量超过1 000亿颗，稳居全球第一，在模拟半导体领域实力强大，旗下产品涉及极具发展潜力的5G移动通信、智能汽车、物联网等热门领域。

2019年，安世半导体还在全球率先开始批量交付氮化镓（GaN）的功率半导体产品GaN FET，成为行业内唯一量产交付客户的化合物功率半导体公司。

收购方中国闻泰集团是全球最大的手机ODM公司，华为、小米、魅族等公司的部分中低端手机都是由它设计、生产的。据悉三星退出中国制造之后也会把6 000多万部中低端手机的订单分给中国闻泰集团等ODM公司。

中国闻泰集团不惜斥巨资268亿元拿下这样一家半导体公司，主要还是为了日后的转型。中国闻泰集团虽然是全球最大的手机ODM公司，但是盈利能力并不强，今年第一季度收入48.9亿元，但净利润只有8 892.5万元。

获得安世半导体这样的优质资产后，中国闻泰集团不仅可以在多种半导体芯片零件上实现自主，同时还可以进军5G、汽车电子、物联网等市场，发展前景远比单一的手机ODM制造要好。

资料来源：闻泰集团268亿元收购荷兰安世半导体．快科技网，2019-12-25.

问题：

中国闻泰集团收购荷兰安世半导体对于日后转型有什么重要的现实意义？

本章小结

成功的谈判人员必须把剑术大师的机警、速度和艺术大师的敏感、能力融为一体。

他必须像剑术大师一样，以锐利的目光，机警地注视谈判桌另一边的对手，随时准备抓住对方防线中每一个微小的进攻机会。同时，他又必须是一个细腻敏感的艺术大师，善于体会和辨察对方情绪或动机上最细微的变化。他必须抓紧灵感产生的那一刹那，从色彩缤纷的调色板上选出最适合的颜色，画出构图与色彩完美的和谐的佳作。谈判场上的成功不仅得自充分的训练，而且更关键的是得自敏感和机智。

本章关键词

双赢的解决方案	跨文化交流	倾听的障碍	倾听的规则
封闭式发问	澄清式发问	强调式发问	探索式发问
借助式发问	强迫选择式发问	证明式发问	多层次式发问
诱导式发问	协商式发问	提问的要诀	入题的技巧
迂回入题	下台阶法	等待法	迂回法
沉默法			

讨论与思考

1. 在谈判过程中如何处理好与谈判另一方的关系并同时保证己方的谈判利益？
2. 怎样通过观察对方的眼神来推测对方的谈判心态？
3. 怎样有效地说服谈判对手？遇到顽固型对手又该怎么做？

延伸阅读

以300亿美元收购塞纳，甲骨文为何这么迫切？

据智通财经App报道，甲骨文正在磋商收购医疗信息公司塞纳（Cerner），交易价值或达300亿美元。一旦收购“靴子”落地，这将是甲骨文有史以来规模最大的一笔收购交易。

受收购消息影响，甲骨文周四美股盘后下跌3.12%，塞纳盘后则上涨22.66%。从资本市场情绪来看，外界对两家公司的态度表现不一。

甲骨文为何会斥巨资收购塞纳？

据《华尔街日报》消息，这笔交易很快就会达成，这将是甲骨文有史以来最大的一笔交易。塞纳的市值约为230亿美元，如果获得典型的并购溢价，则可能价值300亿美元。

据报道，塞纳创立于1979年，总部位于密苏里州，是美国医疗保健行业信息系统的领先供应商，提供健康信息技术服务、设备和硬件。塞纳设计、安装和支持围绕单一架构开发的应用程序健康网络架构，允许诊所、医院、医生和综合健康组织（IHO）等跨多个学科和设施共享临床及管理数据。

1986年，塞纳在纳斯达克上市。20世纪80年代后期，塞纳的客户群稳步增长，并在1990年达到250个。截至2018年2月，其产品已在全球27 000多项设施中使用。该公司在全球拥有超过 29 000 名员工。

发展至现在，塞纳已经成为美国医疗信息化行业的巨头之一，截至 2019 年，塞纳以 20%多的市场份额位列第一，超过 Epic、Meditech 等公司。

作为电子健康档案（EHR）领域的佼佼者，塞纳不仅构建了一个综合性的健康网络，同时也提供了针对自费雇主的解决方案。除此之外，塞纳更突出的地方在于通过医疗数据为风险定价、健康管理等细分环节带来的价值，而这也体现在目前医疗信息化公司和保险融合的大趋势中。

不论是从行业地位的角度还是从公司发展的角度，都能够看到塞纳在医疗信息领域的发展优势。对于甲骨文来说，收购塞纳的最大动机估计也是看中了这家公司与不少大公司都有合作。

收购之外，甲骨文加速布局数据中心

自从转型之后，外界对老牌巨头甲骨文财报的关注重点依旧是云计算业务。

前几天，甲骨文公布了截至 2021 年 11 月 30 日的 2022 财年第二财季财报。财报显示，第二财季，该公司的总营业收入为 104 亿美元，同比增长 6%。

由于新冠肺炎疫情促使更多公司转向混合工作模式，在云技术方面的支出增加，这使得甲骨文、Salesforce、亚马逊和微软等其他公司受益。

随着甲骨文致力于拓展其云计算业务，该公司将亚马逊云服务（AWS）视为它在数据库市场的主要竞争对手。

为了巩固在云计算领域的地位，甲骨文一直在加大投资，建立更多数据中心，方便客户扩大业务并将业务转移到云计算。

据智通财经 App 报道，甲骨文 12 月 15 日表示，由于疫情增加了私营和公共部门组织对云计算工具的需求，该公司已在北欧斯德哥尔摩和意大利米兰各开设了一个云区域(cloud regions)。

据悉，云计算公司如甲骨文、微软、亚马逊和谷歌一直在欧洲各地建立新的数据中心，以满足客户从内部数字存储和计算转向租用云服务器的需求。

甲骨文已经在欧洲的德国、荷兰、法国、英国和瑞士拥有云区域，未来还将在全球多个地区拥有云区域。

研究公司 IDC 的高级项目主管卡拉·阿伦德（Carla Arend）说："欧洲的机构希望尽可能将数据存储在欧洲或当地国家。"

不过，彭博情报分析师阿努拉格·拉纳（Anurag Rana）在财报发布前的一份报告中说，一些客户仍在推迟将关键的甲骨文数据库转移到云计算上的时间，当他们真的这样做时，也可能会选择市场领头羊亚马逊或微软。

美国投行韦德布什证券（Wedbush Securities）分析师丹·艾夫斯（Dan Ives）表示："在这场云计算军备竞赛中，甲骨文与微软和亚马逊的竞争仍将是一场艰难的战斗。"

一直以来，甲骨文以其数据库软件闻名，尽管在垄断云计算市场的竞争中落后于更大的竞争对手亚马逊、微软、谷歌、阿里等，但加大力度布局云计算业务也让它的股价有明显上涨。

在美股研究社看来，部分投资者看好甲骨文云计算的未来，最重要的原因是，一个优秀的云服务商需要在组织流程、系统性、IT管理等方面具备综合能力，让用户只需要集中精力使用这些服务即可完成自己的业务，换句话说，这是To B的基因才能完成的事，而这恰好是甲骨文的强项。

收购塞纳对于甲骨文来说是不是一桩划算的买卖，现在无法下定论，但可以肯定的是，在云计算上的更多动作还是会为甲骨文增加一些筹码。至于效果如何，关注甲骨文后续的财报或许能够得到答案。

资料来源：美股研究社．以300亿美元收购塞纳，甲骨文为何这么迫切?，2021-12-17.

深度阅读推荐

[1] 陈莞．实用谈判技巧．北京：经济管理出版社，2003.

[2] 史蒂文·J．布拉姆斯，艾伦·D．泰勒．双赢之道．北京：中国人民大学出版社，2002.

[3] 张柱，张炜．知己知彼的谈判技巧．广州：广东经济出版社，2004.

第七章 国际商务谈判礼仪

学习目标

学习完本章，你应掌握：

- 国际商务谈判礼仪惯例；
- 日常交往礼仪。

新闻导读

如愿以偿，北汽 192 亿元入股戴姆勒

在风起云涌的汽车产业，并购股份已经成为常态。未来车企之间的关系更多的是强强联合，单打独斗的时代已经结束。

2019 年 7 月 23 日，北京汽车集团有限公司（以下简称北汽）宣布，为加强双方长期战略合作，投资戴姆勒股份公司（以下简称戴姆勒），目前持有戴姆勒 5%股份。本次交易包含 2.48%的直接持股以及获得额外等同于 2.52%股份投票权的权利。据了解，此次股权交易，北汽得到了北京市政府的支持，并付出了 25 亿欧元（约合 192 亿元），成为戴姆勒第三大股东。

愿望达成，北汽终入戴姆勒董事会

北汽与戴姆勒渊源已久。自 2003 年以来，戴姆勒和北汽之间就建立了长期的战略合作伙伴关系。此后，双方于 2005 年成立合资企业北京奔驰汽车有限公司（以下简称北京奔驰）。双方通过北京梅赛德斯-奔驰销售服务有限公司联合销售汽车。2012 年，北汽控股的北汽福田汽车股份有限公司与戴姆勒成立合资企业，生产中重型卡车。

双方早在2013年就提出了交叉持股的方案，也正是这项被称为“北戴合”的合作为这一次持股建立了良好的基础。2015年，北汽董事长徐和谊就曾公开表示正在与戴姆勒商议股权收购事宜，但最终未能成行。2018年，宝马成为中国首家将其在合资公司的股比从50%提高到75%的公司之后，又传出了戴姆勒希望增持北京奔驰股比至65%的消息，不过上述一切都没有真正落实。

现如今，北汽终于如愿入股，也算是对双方前些年间提出的交叉持股方案有了最终回应。但北汽入股戴姆勒并不是结束，而是下一步的开始。要知道，当前的汽车市场已处于水深火热之中，不管是戴姆勒还是北汽，牺牲一部分控制权，给对方都留下一些喘息空间，都是合情合理的决定，可以起到退一步海阔天空的效果。

中国式的三角关系

作为汽车创造者奔驰的母公司、全球最大的商用车制造商、全球第一大豪华车生产商，戴姆勒背后站着三位“中国人”：一个是认识时间最长、曾经患难与共的北汽；一个是曾对腾势寄予厚望、结果不甚理想的比亚迪；另一个则是自己最大的单一股东吉利。显然，如何处理与三者的关系，成了戴姆勒面临的首要问题。

目前来看，三者分工各有不同：吉利经营出行业务和小众化的电动Smart，北汽手握奔驰品牌，比亚迪则继续经营着想走高端电动车路线但是没成功的腾势。

值得思考的是：吉利目前是国内自主品牌乘用车的销量冠军，北汽亦是行业佼佼者，比亚迪则是新能源领域的领头人，它们为何竞相入股戴姆勒？

首先，合资品牌似乎更受欢迎，在当前的经济形势下，居民对高端消费品的需求有所增长，对低端消费品的需求却在收缩，人们似乎更青睐于合资品牌。

其次，基于戴姆勒的高端技术储备以及奔驰品牌的影响力，与之合作将带来极大的利好：第一，可以享有奔驰高速发展的收益；第二，可以紧跟汽车发展的最新动向；第三，有可能获得一些技术。

综合来看，车企之间的相互合作是为了携手推进各自业务更上一层楼。

中国是未来发展的关键

戴姆勒在努力从排放丑闻的影响中恢复，但是公司在最近短短的12个月时间里已经连发了4次盈利警告。

在2018年全球汽车市场整体不景气的大环境下，奔驰品牌在亚太地区表现优异，以94.3万辆的销量一举超过了此前市场排名第一的欧洲地区。而亚太地区表现最亮眼的自然是中国，它以65.3万辆的销量成为奔驰最重要的市场。并且随着消费升级，中国市场对豪华品牌的需求进一步增加，因此，中国市场对奔驰而言无疑是极为重要的。

近几年来，车企之间的相互合作愈发频繁，并且伴随着国家开放股比政策，另一巨头车企——宝马——不断施压，戴姆勒也急在心头。

自股比政策开放后，宝马乘势而上，与华晨重新签订了协议：以36亿欧元的价格收购华晨宝马25%的股份，打破了原本各占50%的局面，也就是说宝马集团的股权扩大到了75%，而华晨缩小到了25%。

谁的股权比重大，谁就掌握更多的话语权。眼看着宝马这头成功扩大股权了，戴姆勒按捺不住，不断施压于北汽，想要收回更多的股份，但这次北汽先下手为强了，戴姆勒5%的股权虽然看似不多，但对于奔驰这种股权分散的公司来说，还是有着一定权重的。

但此次收购对戴姆勒来说并不一定是件坏事。从双方现有的合作关系来看，北汽集团的优势在于对中国市场有足够的控制力，而戴姆勒则拥有先进的造车技术与优秀企业管理经验，北汽入股戴姆勒实际上可以让两大汽车集团实现优势互补。

从美国《财富》杂志刚刚公布的2019年世界500强排行榜来看，一众上榜车企的排名相比去年都有所下滑，其中戴姆勒从去年的16名下滑至18名，北汽则由去年的124名降至129名，在这样的大环境下，抱团取暖无疑是更合理的选择。

当下的汽车产业正在发生巨变，对于老牌车企来说，与合作伙伴联手才是降低风险的最好策略，北汽入股戴姆勒可以说是车企强强联合的最佳案例。

资料来源：如愿以偿，北汽192亿元入股戴姆勒．搜狐网，2019-07-28.

礼仪和礼节是人们自尊和尊重他人的生活规范，是对他人表示尊重的方式。同时，作为一种道德规范，礼仪和礼节也是人们文明程度的重要表现方式，它在一定程度上反映了一个国家、民族和个人的文明程度与道德水准。在国际商务谈判中，谈判双方都渴望获得对方的尊重与理解。懂得并掌握必要的礼仪与礼节，是国际商务谈判专业工作者的基本素养。

第一节　国际商务谈判礼仪惯例

在当今国际竞争日益激烈、国际商务活动日益频繁的背景下，一家公司交易的成败往往不仅取决于其产品和服务的质量与价格水平，而且取决于其对客户的态度，以及其对有关**国际商务礼仪**的知识掌握得如何。如果你懂得国际商务礼仪惯例，了解对方的文化风俗，就能够赢得客户的尊重和欣赏，从而达成交易。

在国际商务交往中，必须遵守有关惯例。这些交往惯例即涉外礼仪，是指涉外交往中必须遵守的国际惯例。

（1）内外有别，指的是在运用国际商务礼仪时，对待自己人与对待外国客商是有所不同的。

（2）中外有别，具体指在涉外交往中，必须意识到中国人的思维意识、文化背景和风俗习惯与外国客商是有区别的。

（3）外外有别，是指不同的国家有不同的文化和风俗习惯，因而会有不同的做法，不能一概而论。

一、服饰礼仪

服饰是指人在服装上的装饰。穿着打扮既是人类生存的基本要素，也是人类外在形象的重要组成部分。服饰是谈判人员树立良好的个人形象的必备要素。

服饰的功能包括自然功能和社会功能。自然功能是指服饰的自然属性，即人类出于保护自身的需要，要求服装能遮阳防雨、抵御寒冷等。社会功能是指在自然功能的基础上所产生的社会效益。由于民族、性别、习惯、年龄不同，人们在服饰上也有很大区别。

在国际商务谈判中，服饰的颜色、样式及搭配合适与否，对谈判人员的精神面貌、留给对方的第一印象和感觉都将产生一定的影响。

（一）服饰要庄重、大方、优雅、得体

谈判人员应根据自身的气质、体形特点选择适宜的着装，而凡是适合自身特点的服饰，一定是美丽、优雅的。从服饰的样式来看，尽管世界各民族的服饰各有千秋、式样繁多，但男士西装和女士西式套装已成为谈判桌上普遍认可的着装。

在国际商务谈判场合，谈判人员应选择黑色、深蓝色、灰色和深褐色的单色服装，这些颜色会给谈判对手稳重、成熟、严谨、可信任的感觉，不遵守这一礼仪就会给自己带来麻烦。1983 年 6 月，美国前总统里根出访欧洲四国，曾因其穿了一套格子西装而引起一场轩然大波，因为按照惯例，在比较重要的正式场合应着黑色礼服，以示庄重。

男士西装分为简易西装和精制西装两类，前者穿着比较随意，而后者穿着却有一定的讲究。精制西装在穿着时应符合规定的制式：上衣、西装背心和长裤必须用同一种面料裁制，穿着时不可内套毛衣和外现其他内衣，不可卷袖和翻袖，应佩戴领带或领结，同时应搭配颜色及款式协调的皮鞋，不可穿旅游鞋和运动鞋。

（二）服饰要符合身份、个性、体形

国际商务谈判人员的穿衣打扮应具有一定的个性，要针对自己在谈判桌前的身份和自身的特点，包括性别、年龄、性格、职务等，确定服装的式样和色彩的搭配。

人的身材有高矮之分，体形有胖瘦之别，肤色有深浅之差。人的穿着应因人而异，扬长避短，藏拙显慧。换言之，体胖或身形高大者应选择冷色调，体瘦或矮小者宜选择暖色调；脖子短者应选择低领装，瘦削者不宜选择过于宽大的服装。

（三）服饰颜色的选择

服饰的颜色不宜过于单调，而应在某一色调的基础上有所变化。配色不要太杂，一般不能超过三种颜色。

黑色象征庄重，黑色的西装配上白色的衬衫会给人潇洒大方的感觉。

白色象征纯洁、素雅和洁净，给人以端庄的感觉。

灰色象征文静、朴素、含蓄，给人以谦虚、平和的感觉。

咖啡色象征浑厚、高贵，给人以力量、尊严的感觉。

蓝色象征安静、理智，给人以愉悦、智慧的感觉。

（四）仪容要求

谈判人员的发型要经过修整，发式要大方得体，不可追求过分时尚华丽；发丝要保持清洁无头屑，不粘连；眼镜的尺寸要不夸张，镜框要清洁，不可佩戴有镜链的眼镜；

口腔要卫生，忌吃洋葱和大蒜；指甲要保持清洁；男士的胡须应经常修整；在公众场合不可嚼口香糖。

（五）女性服饰

在国际商务谈判中，女性人员的表现往往会对谈判结果起到意想不到的作用。因此，女性在谈判中应注意保持得体、优雅的形象。

1. 着装

着装是女性在国际商务谈判中要注意的首要问题。在冬、春、秋季进行谈判时，女性以着西装，特别是西装套裙为佳，但在一般性的会谈中，女性可穿着毛衣套装，外配风衣或大衣。在夏季，女性着装也应以西装套裙为主，但也可着连衣裙或长、短袖衬衫配西裙或西裤。

女性着装应注意不可以暴露，不可以透明，不可以超短，也不宜过长。内衣更不可以外现，吊带装不能出现在谈判桌前。穿裙装时吊袜带、袜口不能暴露在外，一定要穿长筒丝袜。袜子的色彩和纹路不可鲜艳夺目，不可穿网眼款式，一般以黑色、肉色、浅灰和无色为主，袜子不可抽丝脱线或残破。

在进行正式的国际商务谈判时，女士穿鞋戴帽需注意颜色及款式的协调，最好不穿凉鞋，特别是无后带凉鞋。

2. 首饰

首饰的佩戴是女性在国际商务谈判活动中要注意的另一个重要问题。得体的首饰、妆容可以给人以优雅端庄的感觉，会赢得对方的尊重和赞赏。首饰的选择应注意以下几点：

（1）应尽量避免佩戴制作粗糙的首饰。

（2）首饰的款式不应夸张，以少为佳，仅起画龙点睛的作用。

（3）首饰的色泽应与服饰协调，质地匹配，色彩一致。

（4）合乎惯例，即戒指佩戴在左手，且一般只佩戴一枚；手链可同时佩戴，但戴在右手说明主人未婚，戴在左手则说明名花有主。

（5）不可佩戴有特殊忌讳的首饰，特别是不能佩戴侵犯谈判对手民俗禁忌的首饰。

3. 妆容

合适的妆容是尊重对方的表现，但在国际商务活动中，妆不宜过浓，粉底不宜过厚，口红不宜过艳，眼影不宜过深，尤其不可使用浓香型化妆品。

香水一般在四个部位使用：两手腕内侧脉搏的跳动处；下巴以下；耳根以后；裙装之内。在国际商务谈判中，女性切忌在众人面前照镜子和补妆，这是不尊重他人的表现。

二、双方馈赠礼品的礼仪

谈判人员在相互交往中馈赠礼品，除表示友好、增进友谊和今后不断联络感情的愿望外，更主要的是表示对合作成功的祝贺和对再次合作的促进。因此，为表达心意针对不同对象选择礼品，就成为一门敏感性和寓意性都很强的艺术。

选择礼品的主要依据是对方的习俗和文化素养。谈判人员的文化背景不同，偏好和要求就会有所差异。比如，美国、英国、加拿大、澳大利亚等西方国家的谈判人员通常不在商务活动中赠送礼品，但是在日本，赠送礼品则是建立和保持业务关系的重要途径之一。馈赠礼品时必须注意以下问题：

（一）礼物的价值不宜过高

礼物的价值不宜过高，但一定要特色鲜明。比如在美国，一般的商务性礼物的价值在 25 美元左右，而亚洲、非洲、拉丁美洲和中东国家的客商则往往比较看重礼物的货币价值。

（二）要注重对方的习俗和文化背景

由于谈判人员所属国家、地区有较大差异，文化背景有所不同，所以他们的爱好与要求必然存在差异。

在阿拉伯国家，伊斯兰教禁酒，不能以酒作为馈赠礼品；禁止偶像崇拜，最好不要赠送带有人像和动物画片的图书或年历。

在英国，人们普遍讨厌带有送礼人单位或公司标志的礼品；白色的百合花象征死亡，菊花只用于葬礼，其他花可送人。

在意大利，赠送礼物的同时也在赠送快乐和愉悦，如塞满巧克力的糖桶和装潢精美的古典名著等，都是很好的选择。

在法国，康乃馨被认为是不祥的象征，只有在出席葬礼时才使用。

在日本，菊花是皇室专用花，所以普通人不得乱用；荷花被认为是不祥之物，只有在祭奠时才会用到。

在俄罗斯，送给女主人的花要是单数。

此外，我国一向以偶数表示吉祥，而日本人却以奇数表示吉祥；西方人忌讳 13 这个数字，日本和韩国忌讳 4 这个数字。因此，无论是赠送鲜花还是水果，都应注意选择合适的数量。

（三）要选择合适的礼物

在选择礼物时，既要尊重对方的风俗习惯和偏好，又要突出中国的民族特色，并有一定的纪念意义，比如传统工艺品或奥运吉祥物等。有时，过于贵重的礼物反而会给对方造成有求于对方或产品本身可能存在缺陷的误解，结果会适得其反。

根据调查，外国客商大多喜欢我国以下几种礼品：

（1）景泰蓝礼品。景泰蓝是我国传统工艺的杰出代表，用它制作的纪念品种类繁多，受到外国朋友的普遍欢迎。其中，男士大多喜欢用景泰蓝工艺制成的打火机、笔，而女士则喜欢饰物、镜子等。

（2）玉佩。玉本身充满了神秘的东方色彩，我国的吉祥如意护身符更是如此。外国友人对玉的偏好以色泽温润、质地通透为佳，带有太极、八卦、汉字等图案的玉制品深受外国友人的喜爱。

(3) 具有我国传统风格或印有汉字的服饰。这类礼品最受外国朋友，特别是年轻朋友的偏爱。

(4) 绣品。在我国各种刺绣中，苏绣、湘绣作为礼品受到普遍欢迎。

(5) 水墨字画、竹制工艺品。

(四) 礼物的包装

在选择好上述礼品后，要打好包装。在包装前，必须取下价格牌，否则是失礼的表现，这与有些人在日常生活中的习惯完全不同。这是因为，若礼物价值过高，往往会产生贿赂的嫌疑，引起对方不必要的疑虑，从而对谈判结果产生负面影响。

(五) 收受礼物的礼仪

除了要向对方赠送礼物表示友好之外，商务谈判人员还经常遇到对方向己方赠送礼物的问题。对于是否能够接受赠送的礼品，要做到心中有数，因为如果你接受了一件礼物，就容易失去对某些事物或进程的控制。在国际商务谈判中，接受礼物必须符合国家和企业的有关规定和纪律。

国际商务谈判人员必须牢记自己是企业、国家的代表，而不只是个人。当不能接受对方所送礼物时，应说明情况并致谢。在收受礼物时，对欧美客商一定要当面亲自拆开礼物包装，并表示欣赏、喜爱和感激。收礼后的还礼可以是实物，一般为对方礼物价值的 1/2；也可以在适当时候提及，表示“未忘”并再次感谢对方。

三、迎送礼仪

迎来送往是常见的社交活动。在谈判中，对前来参加谈判的人员，要视其身份和地位以及谈判的性质和双方的关系等，综合考虑迎送礼仪。对方应邀谈判人员抵达和离开时，要安排相应身份的人员前往迎送。迎送礼仪方面要注意以下几点：

1. 确定迎送规格

迎送规格一般依据前来谈判的人员的身份和目的确定，要适当考虑双方的关系，同时应注意惯例。主要迎送人的身份和地位通常要与对方人员相称，以对口、对等为宜。当事人因故不能出面时，可灵活变通，由职位相当的人士或副职代替，但应向对方做出解释。通常迎送人员不宜过多。有时，从发展双方关系或其他需要出发，破格接待也是可以的，但除非有特殊需要，否则一般都按常规办理。

2. 掌握抵达和离开的时间

必须准确掌握对方谈判人员乘坐的交通工具抵达和离开的时间，尽早通知有关单位和全体迎送人员。如有变化，要及时告知。要做到既顺利接送来客，又不过多耽误迎送人员的时间。迎接时，应在来客抵达之前等候；送行时，应在客人登机（车、船）前到达。

3. 介绍

通常先将前来欢迎的人员介绍给来客，可由工作人员或欢迎人员中身份较高者介绍。由于客人初到，常会比较拘谨，所以主人宜主动与客人寒暄。

4. 陪车

应请客人坐在主人的右侧。如有翻译，请其坐在司机旁边。上车时，最好请客人从右侧车门上车；主人从左侧车门上车，避免从客人膝前穿过。如果客人先上车坐到了主人的位置上，切忌不要让客人再移位。

5. 其他

（1）迎送身份高的客人，应事先在迎送地安排贵宾休息室，准备饮料。

（2）应指派专人协助办理出入境手续及票务、行李托运等手续，及时把客人的行李送往住地，以便其更衣。

（3）客人抵达住地后，一般不要马上安排活动，应让其稍做休息，起码给对方留下沐浴和更衣时间；只谈翌日计划，以后的日程安排择时再谈。

（4）多头接待时，要做好协调工作，规格要相差不大，活动不能重复，更不能脱节。

四、签字礼仪

签字仪式虽然往往一般耗时不长，也不像举办宴会那样涉及许多方面的工作，但由于它涉及各方关系，同时又是谈判成功的标志，有时甚至具有历史转折的意义，因此一定要认真筹办，一丝不苟。

（一）人员确定

应视文件的性质由缔约各方确定签字人，双方签字人的身份应大体相当。

出席签字仪式的人员应基本上是参加谈判的全体人员。如果因某种需要一方要求某些未参加谈判的人员出席，应征得另一方同意。双方出席人数应大体相等。

（二）必要的准备工作

首先是签字文本的准备，有关单位应及早做好文本的定稿、翻译、校对、印刷、装订、盖火漆印等工作，同时准备好签字使用的文具、国旗等物品。

（三）签字厅的布置

签字的种类不同，各国的风俗习惯不同，签字仪式的安排和签字厅的布置也各不相同。

在我国，一般在签字厅内设置一张长方桌作为签字桌，桌面覆盖深绿色台呢，桌后放置两把椅子，作为双方签字人的座位，面对正门主左客右。座前摆放各自的文本，文本上端分别放置签字的工具。签字桌中央要摆放一个悬挂双方各自国家国旗的旗架。

（四）签字仪式的程序

双方参加签字仪式的人员进入签字厅后，签字人入座，其他人员分主方和客方按身份顺序排列于各方的签字人座位之后。双方的助签人员分别站立在各自签字人的外侧，协助翻揭文本及指明签字处。在签完本国本企业保存的文本后，由助签人员互相传递文本，再在对方保存的文本上签字，然后由双方签字人交换文本，相互握手。有时签字后，备有香槟酒，供双方共同举杯庆贺。

第二节　日常交往礼仪

在国际商务谈判中，除了发扬我国优良的文化传统外，还应该在日常交往中注意尊重各国的风俗习惯，了解它们的不同做法。

一、风俗习惯

（一）守时守约

1. 先期约定

（1）掌握约定的时间。预约的前提是要尊重对方的选择，在此前提下，再商定到访的具体时间。作为客人，对主人提出的具体时间，应予以优先考虑；客人在提出方案时，最好多提供几种方案供主人选择。

（2）了解约定人数。预约时，宾主双方应事先通报各自到场的具体人数及其身份，竭力避免自己一方中出现令对方反感的人员。双方人员一旦确定，就不能随意变动。尤其是客人一方，一定不能随意增加拜访人数，否则会令主人应接不暇，打乱主人的安排和计划。

2. 依约而行

对已有约定，一定要认真遵守。在国际商务交往中，如果和交往对象已有约定，就一定要依约而行，如约而至，信守承诺。既不要早到，让对方措手不及，也不要迟到，让对方等待。如有特殊原因需要变更约定，要尽早通知对方，并向对方致歉。

（二）热情有度

所谓热情有度，是指既要对别人热情，又要遵守一个界限，这个界限就是不能妨碍别人、影响别人，甚至给别人带来麻烦。

1. 关心有度

关心他人比关心自己为重是中华民族的传统美德，但是绝不能关心不该自己关心的事，要尊重他人的隐私。

2. 谦虚有度

在国际交往中，适度的谦虚是必要的，也是令人尊敬的。但是在那些推崇个性、强调自我表现的民族和国家面前，一定要意识到过分的谦虚会被对方误会，这就是要把握好谦虚的度的含义。在许多外国客商看来，过分的谦虚往往是不必要的，是没有实力或虚伪做作的表现。

3. 距离有度

所谓距离有度，是指与交往对象之间要保持适当的空间距离。这些空间距离在国际商务谈判活动中表现为私人距离、常规距离、礼仪距离和公共距离。

（1）私人距离。私人距离是指小于半米的距离，以及身体之间无穷接近的距离。显而易见，私人距离的适用对象是亲朋好友、家人、夫妻和恋人，以及需要扶老携幼之人。私人距离又称亲密距离，在涉外交往中私人距离一般是不容跨越的。

（2）常规距离。常规距离是指 0.5～1 米的距离。这种距离是人际交往中或站或行时所允许保持的最为普遍的距离，所以常规距离也称交际距离。

（3）礼仪距离。礼仪距离又称尊重的距离，是指 1～1.2 米的距离。保持这样的距离时，自己的动作不会触碰到别人，自己的飞沫不会喷溅到别人的脸上，可以充分尊重他人的私人活动空间。但必须注意的是，不同国家、民族的人对礼仪距离的理解是有差别的。比如，中东国家的客商表示信任或友好时，他们的礼仪距离要比其他国家商人的礼仪距离小得多。

（4）公共距离。公共距离是指在大庭广众之下与外人相处时的距离。如果是谈判对手之间，通常较为自由，为 1～1.5 米；如果是公共场所，陌生人相处的距离一般为 1.5 米以上。

（三）女士优先

在国际社会，女士优先是一种交际惯例。所谓女士优先，是指在社交场合，一个有教养的成年男士应该通过自己的言行举止尊重、照顾、保护、关心、体谅女性，这是一个男士最基本的教养。具体要求包括：

（1）进门、出门时，男士要为女士开门。

（2）在女士面前，有教养的男士不应吸烟。

（3）当女士落座或起立时，男士要为女士拉起凳子，或者拉近椅子。

（4）当女士在衣帽间更换外衣外套时，在场男士应予以配合。

（5）当女士在室外行走时，如果手提笨重物品，男士要上前主动提供帮助。

（6）当女士遭遇尴尬和难堪时，男士应主动上前为其排忧解难。

二、见面礼仪

（一）介绍

介绍时要礼貌地以手示意，而不要用手指点人。要清楚地介绍姓名、身份、己方国家和企业的名称。在国际商务谈判中，一般由双方主谈人或主要负责人相互介绍各自的组成人员。

安排介绍的顺序时应注意遵循以下原则：

(1) 先把年轻的介绍给年长的。

(2) 先把职位和身份较低的介绍给职位和身份较高的。

(3) 先把男性介绍给女性，即使女性非常年轻或刚参加工作也是如此（这项规则与我国文化中的传统习惯有明显差异）。

(4) 先把客人引荐给主人。要注意，在人数较多的场合，主人应一一认识所有客人，在谈判中这一点非常重要。另外，对于远道而来又是初次见面的客人，介绍者应准确无误地把客人介绍给主人。如果作为客人又未被介绍人发现，最好能礼貌而又巧妙地找他人来向主人引荐，必要时毛遂自荐也不失礼。

(5) 先把个人介绍给团体，然后介绍团体的成员。介绍时，除女士和年长者外，一般都应起立，但在宴席和会谈桌上不必起立。被介绍人要微笑点头表示礼貌。

(二) 握手

握手的时间长短要适宜，一般为 3 秒钟左右。

握手的力量要适度，男性与女性握手时，往往只握其手指即可。

握手时，应面带笑容注视对方，切忌左顾右盼。

女性与他人握手时应先脱下手套（如果戴了手套的话），但地位及身份较高者例外；男性则应脱下手套才能与他人握手。

握手要注意先后顺序。在上下级之间，上级伸手后，下级才能伸手相握；在男女之间，女士伸手后，男士才能伸手相握；在主人与客人之间，主人伸手后，客人再伸手相握；许多人握手时，注意不能交叉，要待别人握手完毕后再伸手；在与某人握手时，不要看着第三者，因为这是很不礼貌的表现。

要注意的是，握手并非全球通用的礼节。例如，在东南亚一些佛教国家是双手合十致敬；在日本、韩国是鞠躬行礼；在美国只有在被第三者介绍时才行握手礼；东欧一些国家的见面礼是相互拥抱。

(三) 致意

如果谈判双方或多方之间相距较远，一般可举右手打招呼并点头致意；与相识者侧身而过时，应说声“你好”；与相识者在同一场合多次会面时，只点头致意即可；与仅一面之交或不大相识的人在谈判场合会面时，均可点头或微笑致意；如果遇到身份高的熟人，一般不要径直去问候，而应在对方的应酬活动告一段落后，再前去问候致意。

三、交谈礼仪

(一) 称呼

在正式介绍时，应使用对方的尊称和对方的姓，同时要注意姓名的构成。一般来说，西欧和美国是名在前，姓在后；拉美国家一般是母亲的名字在前，父亲的名字在后；而在讲西班牙语的国家，则是父亲的名字在前，母亲的名字在后；韩国和中国一样，姓在前，名在后；美国和比利时的已婚职业妇女，仍使用她们婚前的姓；在德国，“先生”或“女士”用在职称前，两者并用；在日本，姓名后加“san”表示尊敬，意思接近于“先生”或“女士”，但这是一个敬语，切忌在自己姓名后加“san”。

在称呼对方姓名时，应注意自己的发音。如不知对方姓名如何发音，可直接向对方请教，否则，每次都把对方姓名读错，是非常不礼貌的。

（二）名片交换

在不同国家，名片交换的重要程度不同。在国际商务谈判中，应根据有关国家的礼仪来决定名片如何交换。当然，无论采用何种方法，名片的交换都有助于加深双方的了解。

在设计和交换名片时，应注意以下几点：

1. 设计有两种语言的名片

设计一面是中文、另一面是英文或东道主国家语言的名片。在名片上，应标有职务和头衔，这在许多国家是非常重要的，有助于对方给你以恰当的礼遇。

2. 把名片放在自己口袋里或公文包内，以便随时取用

名片应保持完整无损，并放在一个精致的名片盒或袋内。同时，要带足够的名片，因为有时可能见面人数较多，交换名片时必须保证每人一张，少了是比较尴尬和失礼的。

3. 了解递交名片的场所与时机

在美国和澳大利亚，交换名片比较随意，有时甚至不需要交换。但在有些国家，交换名片则显得比较正式、隆重。

在日本，交换名片是在鞠躬和自我介绍后进行，客人先递交名片。如果你是被介绍者，则递交名片必须在被介绍之后进行。

在阿拉伯国家，一般在会面后交换名片，但有时也在握手时交换名片。

在葡萄牙，交换名片是在见面后立即进行。

在丹麦，交换名片是在见面开始时进行。

在荷兰和意大利，通常是在第一次见面时递交名片。

在社交活动场合，不宜递交名片或要求赠送名片。

4. 熟悉递交名片的方式

在递交名片时，应把印有英文或东道主国家文字的那一面朝上，把印有中文的那一面朝下。

在中东、东南亚和非洲国家，应用右手递交名片，因为印度、印度尼西亚、马里等一些国家的人用手抓饭，认为右手是干净的，而左手则是不干净的。

在日本和新加坡，应用双手递交名片。

5. 懂得如何接受名片

当接到名片时，应说一声“谢谢”或点头微笑，同时对名片加以研究，切记不能玩弄名片。在认真阅读后，应郑重地将名片放入自己的名片盒内或夹到文件上，不要在接到名片后一字未看就随便放入口袋中，这是十分失礼的。

如参加会谈时接到的名片较多，可将名片在桌上摊开，并将名片与人对号，会谈结束后再将名片收好。

(三) 谈话与举止

1. 表情自然

不要离对方太近或太远，不要拉拉扯扯、拍拍打打，表情要自然。

2. 手势适当

手势要文明，幅度要合适，不要动作过大。不要用手指指人或拿着笔、尺子等物指人。

3. 参加别人的谈话时要先打招呼

别人与他人谈话时，不要凑近旁听。若有事需要与某人交谈，要等别人谈完。有人主动和自己交谈时应乐于交谈，第三者参与交谈时，应以点头或微笑表示欢迎。谈话过程中遇到急事需处理或需离开时，应向对方表示歉意。

4. 人多时与所有人交谈

当交谈现场超过 3 人时，应不时地与在场所有人交谈几句，不要只和一两个人说话，而不理会其他人；当所谈问题不宜让别人知道时，应另选场合。

(四) 自己讲话时要给别人说话的机会

自己讲话时要给别人发表意见的机会；别人讲话时也应寻找机会适时地发表自己的看法；要善于聆听别人的讲话，不要轻易地打断对方的发言；一般不谈与话题无关的内容，如对方谈到一些不便谈论的问题，不要轻易地表态，可转移话题；对方发言时，不应左顾右盼、心不在焉、注视别处或显出不耐烦的样子；不要做看手表、伸懒腰、玩东西等漫不经心的动作。

(五) 谈话内容

谈话内容不要涉及疾病、死亡等不愉快的事情；不要谈论荒诞离奇、耸人听闻、黄色淫秽的事情。

(六) 不询问

不询问女士的年龄、婚姻状况；不询问对方履历、工资、财产、衣饰价格等；不对别人评头论足，不讽刺别人，也不随便谈论宗教问题。

(七) 男士一般不参加女士之间的讨论

男士一般不参加女士之间的讨论，也不要与女士无休止地交谈而引人反感；与女士交谈时要谦让、谨慎；不随便开玩笑；争论问题要有节制。

（八）交谈时的距离

交谈时的距离以既尊重他人，又能听清话语为合适。一般来说，美国人、亚洲人与人交谈时的距离稍远，阿拉伯人与人交谈时的距离较近，甚至仅有 3 英寸，欧洲人与人交谈时的距离居中。

四、宴请和赴宴礼仪

（一）宴请礼仪

各个国家和民族都有自己的特点和习俗，采用何种宴请方式，通常根据活动目的、邀请对象及经费开支等因素决定。

1. 确定宴请方式

可以依据时间、费用、交易重要程度等因素选择正式宴会、便宴、家宴和工作餐等形式。

2. 确定邀请对象和名义

确定邀请对象的主要依据是主、客双方的身份，主、客身份应对等。身份低的人邀请对方高级人士是不礼貌的；身份高的人邀请身份低的人也是没有必要的，属于规格过高。日常交往中的小型宴请，可根据具体情况，以个人名义或夫妇名义出面邀请。

3. 确定邀请范围

在确定邀请的人员、级别、人数和主人一方由何人作陪时要多方面考虑，比如宴请的性质、主宾的身份、国际惯例、对方招待己方的做法或政治背景等。

4. 宴请的时间和地点的选择

宴请的时间应对主客双方都合适。注意不要选择对方的重大假日、有重大活动或有禁忌的日期和时间。小型宴请应首先征询主宾的意见，最好相机口头询问，也可用电话联系。主宾同意后，时间即被认为已最后确定，可按此邀请其他来宾。注意不要在客人住的宾馆招待设宴。

各种宴请活动一般均要发请柬，工作餐可不发。选菜不是依据主人的爱好，而是主要考虑主宾的喜好与禁忌。比如，伊斯兰教徒用清真席，不用酒和大肉，甚至不用含酒精的任何饮料；印度教徒不能用牛肉；佛教和一些宗教人士吃素；也有因身体原因不能吃特定食品的，应事先询问并注意。不要以为价格越高，菜就越好。例如，海参价格很高，但很多外国客商却不喜欢吃。事实上，用特色食品招待更受客人欢迎。但是，无论哪一种宴请，最好都事先开列菜单，征求主宾的同意。宴请不求豪华，以温暖、愉快、民族特色鲜明为上。

宴请要排好桌次和座次。国际上的习惯是：以离主桌位置远近决定桌次高低；在同一桌上，以离主人的座位远近决定座位高低，右高左低。

(二) 赴宴礼仪

1. 应邀

接到邀请后，能否出席要尽早答复，以便对方妥善安排。接受邀请后，不要随意改动，万一非改不可，尤其是主宾，应尽早向主人解释、道歉。

2. 出席时间

迟到、早退、逗留时间过短都是失礼行为。主宾、身份高的客人可略晚一些到达，一般以迟到 5 分钟左右为宜。一般客人应略早到达，提前两三分钟。主宾退席后，其他客人再陆续告辞。

3. 入座

要清楚自己的桌次和座位，不可随意乱坐。

4. 进餐

入座后，主人招呼，即可开始进餐。用餐时，身体与餐桌之间要保持适当的距离，以方便取食物和不影响邻座；进餐时，应尽量避免打喷嚏、长咳、打哈欠等，实在无法抑制时，应用餐巾纸掩住口鼻。

5. 交谈

无论是作为主人、陪客还是宾客，都应注意与同桌的人交谈，特别是左右邻座，应相互介绍认识并做简略交谈，不要冷落其中的任何人。

6. 饮酒

在主人向主宾敬酒、致辞时，应暂停进餐，停止交谈，注意倾听，并向主人或主宾行注目礼。参加宴请时，可适当饮酒，饮酒量要控制在自己酒量的 1/3 以内，饮酒过量或勉强他人饮酒都是失礼的行为，一定要避免。

7. 喝茶、咖啡

喝茶或咖啡时，要用左手端起茶碟或咖啡碟，右手端杯，不要用搅拌用的茶匙来把茶或咖啡放入口中。

8. 吃水果

水果一般会去皮切块，要用叉子或牙签取食。

案例专栏阅读

蓝帆医疗以近 60 亿元并购柏盛国际

历时 609 天，于 2018 年 10 月 10 日画下完美句号的“A 股史上最大医疗器械跨国并购案”——蓝帆医疗耗资近 60 亿元收购新加坡柏盛国际 93.37% 的股份，在为资本市场留下一个教科书式的经典案例的同时，也为蓝帆医疗突破事业天花板提供了历史性的契机。

“收购柏盛国际最重大的战略意义是帮助蓝帆医疗突破了事业的隐形‘天花板’，为公司全面进军医疗器械领域的蓝海打开了大门。我们借助这个交易带来的顶级团队和国际化平台，去布局任何新科室的器械产品线，将不会再有人质疑我们是否有能力驾驭。”亲历并主持完成了这场交易后，公司董事、副总裁、首席资本官兼董秘钟舒乔日前接受《证券日报》独家专访，深入介绍了收购完成后近三个月来公司的各种变化。

破局事业“天花板”

蓝帆医疗是一家以中低值耗材业务享誉业内的细分领域龙头企业，其主要产品PVC医用手套和健康防护手套占全球市场份额的22%，位居全球第一。而自2013年登顶PVC手套全球龙头企业以来，一直有意挑战更高事业边界的蓝帆医疗，正式开启了向医疗器械全领域进军的战略。

“从中低值耗材往高值耗材走的路不容易，我们也积累了很多经验和教训，并在挫折中不断调整自己的方向和战略。”日前，钟舒乔向《证券日报》记者直言，此次完成对柏盛国际的并购对蓝帆医疗来说最大的战略意义就是，借助外力为蓝帆嫁接了一流的平台和团队，向上打开了无限的发展空间。

“我们的团队大多具备在全球顶级的医疗器械公司经营管理多个事业部和产品单元的经验，所以未来当我们再向外科、骨科、糖尿病、疼痛管理、康复等领域进军时，大家千万不要感到惊讶。”钟舒乔说，“这就是公司董事长刘文静经常讲的‘一生二、二生三、三生万物’的内涵。”

因为完成对柏盛国际的收购而开启了“中低值耗材＋高值耗材”发展模式的蓝帆医疗，在其随即发布的三季度财报中向投资者交出了一份可喜的成绩单。

财报显示，2018年前三季度蓝帆医疗实现营业收入17.9亿元，同比增长55%；归母净利润2.6亿元，同比增长64%。2018年第三季度单季实现收入8.3亿元，同比增长119%；归母净利润1.1亿元，同比增长102%。

可谈起这些财务数据，钟舒乔直言，柏盛国际良好的盈利能力固然很重要，但其“心内科全球化平台”的行业地位其实更加关键，这也是蓝帆医疗决定出手收购的最核心考量。

“卖方中信产业基金之所以会在那么多竞标买家中，做出抉择将柏盛国际卖给蓝帆医疗，非常关键的一点就是：蓝帆医疗对柏盛国际的平台型公司和全球化公司的价值认知是最深刻的。”钟舒乔谈到，与许多潜在买家只对柏盛国际的中国区业务感兴趣，希望卖方将柏盛国际予以分拆出售不同，蓝帆鲜明地主张，柏盛国际只有保持全球化的运营架构才具备平台型公司无限的价值，分拆是自断其臂。这种认知与卖方不谋而合，因此很快便达成交易共识。

对于柏盛国际的价值内涵，钟舒乔进一步解释道，蓝帆医疗不算医疗器械行业的先行者，但后发制人、起点极高，最核心的就在于拥有了柏盛国际这家全球化的平台型公司。

首先，在持续的产品竞争中，研发和临床的国际标准给公司带来了领先优势；其次，未来进军其他科室后，有了柏盛国际这家跨国公司作为桥头堡，公司的任何一条产品线的天花板将有机会上移至全球市场。同时，因为全球不同区域的流行病学差异和医学发展阶段不同，公司可以针对特定产品线灵活选择不同区域市场的注册和进入策略。

最关键的是，国际化的平台型公司能够给世界各国的精英们提供众多的选择和可能。“吸引人才的关键绝不仅仅是薪酬，从我们的经历来看，有时候人家到你这家企业来的决定性因素可能是你这家企业正好在美国有个研发中心，或者他想回东南亚老家工作，又或者是他想利用自己在日本多年的行业经验帮助公司在日本开拓更大的市场。这就是国际化的平台型公司对人才的吸引力。”钟舒乔举例说。

资料来源：蓝帆医疗以近60亿元并购柏盛国际．证券日报，2019-01-03.

问题：

结合以上案例分析：此次并购将会如何助力蓝帆医疗破局事业“天花板”？

本章小结

礼仪和礼节是人们自尊和尊重他人的生活规范，是对他人表示尊重的方式。同时，作为一种道德规范，礼仪和礼节也是人们文明程度的重要表现方式，它在一定程度上反映了一个国家、民族和个人的文明程度和道德水准。本章主要介绍了在国际商务谈判中谈判人员应熟悉的礼仪和礼节，这是国际商务谈判工作者必备的基本素养。国际商务谈判中的礼仪包括服饰礼仪、双方馈赠礼品的礼仪、迎送礼仪、签字礼仪等。在国际商务谈判中，也应该注意各国商人交往中的日常礼仪，包括风俗习惯、见面礼仪、交谈礼仪、宴请和赴宴礼仪等。

本章关键词

国际商务礼仪	服饰礼仪	双方馈赠礼品的礼仪	迎送礼仪
签字礼仪	日常交往礼仪	见面礼仪	交谈礼仪
宴请礼仪	赴宴礼仪		

讨论与思考

1. 国际商务礼仪包括的主要内容有哪些？
2. 在不同的国家，人与人之间的交谈距离有哪些特点？
3. 男士穿精制西装时应注意哪些细节？
4. 女士出席商务谈判时，在化妆方面应注意哪些问题？
5. 握手顺序有哪些忌讳？

延伸阅读

筹划一年后合并变合作 吉利汽车与沃尔沃汽车合并阻力在哪？

经过一年时间的酝酿，吉利汽车（HK.00175）与沃尔沃汽车的合并重组方案最终敲定。2月24日，吉利汽车与沃尔沃汽车在联合线上发布会上宣布：在保持各自独立公司架构的同时，双方将围绕汽车新四化前瞻技术，在动力总成、三电技术、高度自动驾驶等业务领域进行合并及协作。其中，动力总成业务合作是重点所在，双方以股权合并形式将动力总成业务合并，成立新公司，重点开发新一代双电机混合动力系统和高效内燃发动机。

据了解，吉利汽车与沃尔沃汽车的合并重组工作开始于2020年2月。根据当时发布的公告，吉利汽车与沃尔沃汽车双方正筹划进行重组，重组后的资产将纳入吉利汽车香港上市公司，并将考虑未来在瑞典斯德哥尔摩上市，整合后的新集团将保持沃尔沃、吉利、领克和极星等品牌的独立。对比之下，此次的最终合并方案较此前的方案已经大为“缩水”——不仅明确了两家公司各自保持独立的公司架构，合作范畴也仅限于具体的业务领域，双方将不再谋求合并为同一家集团公司。

“吉沃合”反而更像是“吉沃分”。实际上，吉利控股早在2010年就已经全资收购了沃尔沃汽车，吉利汽车与沃尔沃汽车都是吉利控股的子公司，因而双方之间的合作在过去从未停止过。此次成立动力总成合资公司，也早在2019年10月双方就公布过相关信息。因此此次合并更像是对以往双方合作的一次延续。

这引发了不少人的疑问：吉利汽车与沃尔沃汽车的合并是否已经终止了？在去年吉利汽车与沃尔沃汽车合并重组计划抛出时，业界曾普遍认为两家公司将从此真正走到一起，形成一个总销量超过200万辆的规模巨大的汽车集团。但目前看来，吉利汽车还是吉利汽车，沃尔沃汽车还是沃尔沃汽车，而合并后公司在瑞典资本市场上市的计划也不再被提及。

但吉利汽车和沃尔沃汽车均认为，这已经是一个最佳的合并方案，既能最大限度地达成协同效应，又避免了因公司股权合并可能带来的资本市场上的额外负担。“今天公布的方案，是吉利控股、吉利汽车与沃尔沃汽车共同反复思考，并充分征求了各方面意见后确定的。”吉利控股行政总裁桂生悦对此解释称。

“缩水版”方案

吉利汽车与沃尔沃汽车的此次合并方案仅仅限于动力总成业务、智能电动汽车、自动驾驶、销售渠道和服务等具体业务层面。关于动力总成业务的合并，吉利汽车CEO、总裁安聪慧表示，沃尔沃汽车和吉利汽车的动力总成业务将以合资合作的方式进行，目前双方已经组建了合并团队，新公司在今年年底前将投入运营。“这家公司除了为吉利控股旗下品牌提供动力总成支持外，不排除为吉利控股之外的其他品牌提供支持。”安聪慧说。

据记者了解，沃尔沃汽车与吉利汽车在技术层面的合作早有渊源。从2013年起，吉利汽车与沃尔沃汽车就共同成立了中欧汽车技术研发中心，开发CMA模块化架构。目前，吉利控股旗下的星越、星瑞等新车型都采用了沃尔沃2.0TDrive-E发动机，其中更为明显的是领克品牌。作为吉利汽车和沃尔沃汽车合资运营的中高端品牌，领克从一开始就以“沃尔沃技术”的标签作为其主要差异化竞争手段。

除了动力总成业务外，吉利汽车与沃尔沃汽车合作的另一大重点在于智能电动汽车领域。根据业务合并规划，双方在目前共享SEA浩瀚、SPA2电动车架构的基础上，已经启动下一代纯电专属模块化架构的联合开发，沃尔沃、吉利及领克、极星品牌都将共享该架构。双方还将在三电和智能网联方面实现技术共享，共用电池包和电驱系统，并通过联合采购降低成本。

在安聪慧看来，吉利汽车和沃尔沃汽车共同开发下一代纯电专属架构，是为了应对目前电动汽车发展的全新形势。他说："我们双方的合作要考虑未来智能电动的发展，未来5年之后甚至10年之后一个更有竞争力的产品的规划和实施。我想未来双方开发的下一代纯电专属模块化架构，是建立在现有基础之上，并能够更进一步引领行业。"

当前的电动汽车行业较之前几年已经有了全新的格局，以特斯拉、蔚来、小鹏、理想等为代表的新造车企业表现突出，它们不仅创造了很好的销量，而且在资本市场上市值大增。而传统车企阵营中也有比亚迪、上汽通用五菱等表现不错的企业。相较之下，吉利汽车在新能源领域表现不佳。数据显示，2020年吉利汽车销量为132.02万辆，同比下降近3%，虽然仍蝉联自主品牌乘用车销量冠军，但其新能源相关车型销量仅为6.81万辆，占总销量的比重仅约5.2%，这还是包括吉利、领克、几何三个品牌在内的成绩。

因此，吉利汽车亟须加快其在电动车领域的追赶速度。据了解，吉利汽车正在规划设立一家全新的电动汽车公司实体，探讨在新形势下的生产制造、营销运营新模式。就此，安聪慧告诉记者："这个项目我们正在积极推进之中，我们将会在合适的时机对外公布进展。"

自动驾驶也将是吉利汽车和沃尔沃汽车合作的方向之一，双方将基于各自已有的经验，由沃尔沃汽车旗下自动驾驶软件技术开发公司Zenseact牵头，共同开发全球领先的高度自动驾驶解决方案。此外，双方还将持续深化在销售渠道和售后服务领域的协同，以实现资源互补。据了解，双方合资打造的领克汽车已于去年底正式宣布进入欧洲，领克将充分利用沃尔沃汽车的海外渠道资源，逐步服务全球用户。

合并阻力在哪

按照桂生悦的解释，吉利汽车与沃尔沃汽车的股权合并，在吉利汽车股东层面面临一系列不容易解决的问题，例如沃尔沃汽车如何估值、现有股东的股份会被稀释的问题等，这些都构成阻碍两者走向合并的重要因素。"上市公司股东普遍希望吉利汽车和沃尔沃汽车通过业务合作提升协同效应，这一点通过这次合并有了相应的方案。但是股东同时担忧，两家公司合并到上市公司来，沃尔沃汽车如何估值、上市公司对此要付出何种代价，以及现有股东股份是不是会被稀释等问题，这些在此次合并方案中也得到了解决。"桂生悦说。

实际上，早在去年7月份就有消息称，吉利汽车与沃尔沃汽车的合并已经"暂停"。当时的行业分析认为，吉利汽车遇到了科创板上市和吉利汽车与沃尔沃汽车合并这两个事项之间的优先级选择问题。就在去年6月份，吉利汽车公布了一项更大的计划，即计划从港股回归科创板A股，计划募资200亿元。而后在2020年9月，吉利汽车科创板上市通过证监会审批。

从更长的时间线来看，吉利汽车考虑将沃尔沃汽车资产纳入吉利汽车港股上市公司已经持续了十年之久，但多次反复后都没有实质性推进。早在2010年3月，吉利控股收购沃尔沃汽车后，就做出过一项不可撤销承诺，考虑将沃尔沃汽车资产纳入吉利汽车港股上市公司，因为自吉利控股收购沃尔沃汽车的那一天起，吉利汽车与沃尔沃汽车之间的同业竞争就成为一个问题。

《经济观察报》记者发现，在吉利汽车2010—2013年的年报中，其都在“竞争业务”一栏中重申2010年做出的将沃尔沃汽车纳入上市公司的不可撤销承诺。直到2014年年报中，吉利汽车突然加上了一句“沃尔沃汽车与吉利汽车不存在同业竞争的可能”。值得一提的是，在吉利汽车发布的A股上市招股说明书中，其同样解释了吉利汽车与沃尔沃汽车之间不存在同业竞争的情形。

但从双方最新的合并方案来看，吉利控股将沃尔沃汽车资产纳入吉利汽车港股上市公司的计划再度被终止。这背后究竟是什么原因？是否与其在A股上市有某种关联？桂生悦解释称：“从各个层面消除不确定因素是非常重要的，这次公布的方案恰恰把许多不确定因素消除了。事实上，我们就回归A股上市的设想，向有关方面进行汇报的时候，也汇报过我们去年所公布的吉利汽车与沃尔沃汽车的合并方案，而今天等于说我们公布最终整合方案，对于我们当初汇报的设想，有了一个具体的安排，所以我相信不会对A股上市有实质的影响。”

另外，从2010年开始就不断有沃尔沃汽车独立海外上市的传闻。从吉利汽车的角度来看，究竟是将沃尔沃汽车纳入上市公司，还是让沃尔沃汽车寻求独立上市，一直都是一个艰难的选择题。而在双方放弃全面合并后，沃尔沃汽车是否将重启独立上市的计划？对此，沃尔沃汽车集团CEO、总裁汉肯·塞缪尔森说：“作为一家独立公司，我们现在正在推进广泛的变革，我们未来可能有机会去接触资本市场，但是现在还没有对此做出决定。”

通过与吉利汽车的合作，沃尔沃汽车在过去十年进展神速。数据显示，2020年沃尔沃汽车在华销量为16.63万辆，同比增长7.6%，这是有史以来在全球单一市场的最高销量。这意味着，与十年前相比，今天的沃尔沃汽车拥有了更大的价值，但是如何在资本市场将其收益最大化，吉利汽车还没有最终方案。

但仍可以确定的是，吉利汽车与沃尔沃汽车并没有完全放弃在资本层面的合作探讨。吉利控股CEO李东辉称：“未来不论是吉利汽车还是沃尔沃汽车，在探索资本市场运作的可能方案的时候，双方各自的董事会以及股东们依旧可以基于双方公司未来的发展以及资本市场的情况给出相应的建议和意见，吉利控股会尊重各自董事会和股东提出的建议、决策。”

资料来源：筹划一年后合并变合作 吉利汽车与沃尔沃汽车合并阻力在哪?. 经济观察报，2021-02-26.

深度阅读推荐

[1] Gavin Kennedy. *Perfect Negotiation*. London: Random House Business Books, 2003.

[2] 埃米尼亚·伊瓦拉. 谈判. 北京：中国人民大学出版社，2003.

[3] 罗杰·费舍尔. 谈判的心理策略. 重庆：重庆出版社，1998.

第八章
谈判风格

学习目标

学习完本章，你应掌握：

- 个人谈判风格；
- 团队谈判风格。

新闻导读

墨西哥当局批准CP和KCS的合并

加拿大太平洋铁路有限公司（CP）和堪萨斯城南方铁路公司（KCS）已获得墨西哥联邦经济竞争委员会和墨西哥联邦电信协会对其拟议合并所需的监管交易前控制批准。

CP总裁兼首席执行官基思·克里尔（Keith Creel）表示："这一重要里程碑标志着我们在建立第一条连接美国、墨西哥和加拿大的单线铁路网络的道路上迈出了下一步。这一单线铁路网络将增加美国铁路网络的运力，创造新的有竞争力的货运选择，支持北美经济增长，并为客户、员工和环境带来重要利益。"

KCS总裁兼首席执行官司帕特里克·J. 奥腾斯迈耶（Patrick J. Ottensmeyer）评论道："我们非常高兴能够与CP合作，将这种端到端组合的优势付诸实践。我们将共同发挥运输网络的全部潜力，提供新的单线服务和行业最佳服务，这将在北美范围内大幅扩展具有竞争力的运输选择。"

该交易于9月15日达成，当时CP宣布以价值310亿美元的股票和现金交易收购KCS。

另外，该交易仍需满足惯例成交条件，即得到两家公司股东的批准。CP 和 KCS 的股东计划分别于 2021 年 12 月 8 日和 10 日对拟议交易进行表决。如果获得两家公司股东的批准，预计将在两个工作日后（12 月 14 日）完成交易。

据了解，CP 与 KCS 计划建立的第一条连接美国、墨西哥和加拿大的单线铁路网络，除了提高运输竞争力和支持整个北美洲的经济增长外，还将产生许多其他公共利益，包括：

● 未来三年对新基础设施的资本投资超过 2.75 亿美元，以提升路易斯安那州和中西部北部之间的南北 CPKC 核心干线的铁路安全和运力，而由于运行效率提高，在五年内将减少 150 多万吨温室气体排放。

● 未来三年内，合并网络中铁路业务扩大，整个系统范围内将创造 1 000 多个新工作岗位，其中约 760 个在美国。

● 通过新的 CPKC 多式联运服务，每年将 64 000 辆长途卡车的货运量转向铁路，在未来 20 年内将再减少 130 万吨温室气体排放，节省 7.5 亿美元的高速公路维护成本。

关于 CP:

加拿大太平洋铁路是加拿大和美国的一条横贯大陆的铁路，与西海岸和东海岸的主要港口直接相连。CP 为北美客户提供具有竞争力的铁路服务，可帮助它们进入全球各个主要市场。

关于 KCS:

KCS 总部位于密苏里州堪萨斯城，是一家运输控股公司，在美国、墨西哥和巴拿马拥有铁路投资，服务于美国中部和中南部。KCS 的北美铁路控股公司及其与其他北美铁路合作伙伴的战略联盟，是连接美国、墨西哥和加拿大商业和工业中心的独特铁路系统的主要组成部分。

资料来源：墨西哥当局批准 CP 和 KCS 的合并. 搜狐网，2021 - 12 - 03.

第一节　个人谈判风格

每个谈判人员都有自己的谈判风格。这取决于其文化背景或职业责任，或者由讨论的背景决定，或者由谈判人员对一次性合作或长期的多次可重复性合作的偏好决定。本节将介绍不同的个人谈判风格及其应用。需要注意的一点是，在谈判中不会有人只采用其中的一种风格，谈判人员往往将根据具体情况把各种风格结合起来。当然，很少有人会选择与他们个性相对立的风格。

本节旨在使谈判人员能够通过对不同风格的了解来选择最适合他们性格的一种谈判风格或能够使他们的谈判有效进行的风格组合。

一、常见的谈判风格类型

应该承认，很难将谈判场上谈判人员的风格一一廓清。但对国际商务谈判实务中典型的、最常见的谈判风格却不难有个明晰的了解。综观中外有关谈判研究的书籍或文章，专家们谈得较多的谈判风格有以下六种。

1. 领导型谈判风格

领导型谈判风格的谈判人员在谈判中习惯处于主动操纵谈判的位置。这种风格也叫主宰型或权力型谈判风格。

在表现出来的态度上，这类谈判人员一般自负自信，自以为是，有的还趾高气扬，甚至仗势欺人。

持这种谈判风格的谈判人员比较注重外表的修饰，以显示身价和地位并营造一种领导的风度，其表现不分场合，不论为主还是为客，也不论谈判处于顺境还是逆境，均以主自居。

2. 跟随型谈判风格

跟随型谈判风格的谈判人员在谈判中习惯处于跟随的谈判位置。这种风格也叫被动型谈判风格。

在表现出来的态度上，这类谈判人员一般显得谦虚、圆滑，不会自以为是，更不会趾高气扬；喜欢调动对方的积极性，自己择优而同。这种谈判人员注重自己外表的稳重，不论为主还是为客，也不论谈判处于顺境还是逆境，均会以随和的态度处之。

3. 进攻型谈判风格

进攻型谈判风格的谈判人员在谈判中习惯主动向对方发起攻击，以求取得谈判成果，或者说，习惯处于主动向对方发起攻击的位置。这种风格也叫挑剔型谈判风格，这是由于谈判中的进攻就是挑出对方的毛病。

在表现出来的态度上，这类谈判人员一般显得坚决、急切、毫不留情且永不满足，大有“顺之者昌，逆之者亡”之势。这类谈判人员不会过于注重外表的修饰，而是注重实力与实利。不论为主还是为客，也不论谈判处于顺境还是逆境，谈判人员主要考虑的都是对对方的挑剔，而对己方的反省仅发生在对方让利之后。

4. 防守型谈判风格

防守型谈判风格的谈判人员在谈判中习惯处于以守为攻的位置。因为防守的成功需要顽强的意志，故这种风格亦称为顽强型谈判风格。这种风格的谈判人员在谈判时往往谨慎、坚决、善于诡辩。设防需缜密，否则就会“溃堤”；防守则需坚决、有耐性。

这类谈判人员不太注重外表的修饰，对己方的弱点或对方的理由较为关注。

5. 闪电型谈判风格

闪电型谈判风格的谈判人员在谈判中习惯采用快速进攻或结束谈判的做法，故亦称快速型谈判风格。这类谈判人员在谈判中多采取简捷、开门见山的态度，出手果断。

这类谈判人员不会过于考虑外在的繁文缛节，而是把注意力全然放在对方与己方最终的交易条件上，不论为主还是为客，也不论谈判处于顺境还是逆境，始终把谈判目标放在第一位。

6. 太极型谈判风格

太极型谈判风格的谈判人员在谈判中惯于软硬兼施、刚柔结合。由于阳刚与阴柔兼蓄，如太极之合，故这种风格亦称刚柔并济型谈判风格。这类风格的谈判人员在谈判中能进能退，不急不躁，动则坚决，静则温和，实话实说，好则说好，坏则说坏，取平和之心，创亲和之势，克对手愠怒于初，促对手逐利向前。

一般来说，太极型谈判人员为主时，多后发制人，以礼在先，渐入实质；为客时，善于随机应变，顺势进退；谈判顺利时，会刚多于柔；谈判艰巨时，则柔多于刚。

二、各种谈判风格的利弊

从上述分析中我们不难看到各种典型风格的特征以及这些特征对谈判的影响。由于谈判风格既是谈判人员的组织手法，又是谈判人员个性的标记，因此它具有两面性：积极性与消极性。只有正确将这种两面性分析透，才能有效运用不同的谈判风格。

1. 领导型谈判风格

其利在于：在谈判中处于支配地位，同时会制造一种心理压力，使对方无形中自觉“为臣”，削弱对方的谈判斗志。此外，还可以使谈判以己方为中心，且更有效，费用更低。

其弊在于：必须真正拥有物质上的实力——谈判条件变化余量大，主谈人组织能力强。此外，处于支配地位时，还应把握好“度”——不伤害对方的自尊，从而避免可能激起的对抗。

2. 跟随型谈判风格

其利在于：易于侦察对方的情况，给自己留有较大的谈判余地。在跟随的过程中也便于给自己储备谈判的能量——进攻的理由和退让的时间。

其弊在于：跟随过程中容易丢失一方尊严——谈判的威力、讲话的效力。此外，在跟随对方的谈判中，需要找准己方的出手机会，因为对方的出手机会不等于己方的出手机会。

3. 进攻型谈判风格

其利在于：可以营造一种气势——无畏的谈判气势，对于怕事的对手或拘谨的对手，这种大胆的谈判作风着实有震慑作用。此外，对推动谈判有积极作用，因为暴露问题就是解决问题的前奏。

其弊在于：易于暴露自己的弱点，因为进攻中的“炮弹”——理由和条件——无不反映了进攻者的想法、追求和内部秘密，其中不利于己方的信息，就有可能暴露。此外，也有可能遭到对方的顽强抵抗，以至于挫败进攻锐气。这又需要谈判人员有良好的心理素质，敢于迎接对方的挑战。

4. 防守型谈判风格

其利在于：不易丢失利益。由于明确要守利，自然放利之时一定为收利之时，故不会丢利——吃亏。此外，可以给对方制造精神创伤，因为顽强防守，对于骄躁脆弱的谈判人员可能会起到精神挫伤的作用，使其失去耐心和斗志。

其弊在于：容易陷入僵局。处处防守，处处僵。有时会出现该僵的局面僵，不该僵的局面也僵的情况。此外，谈判代价较大。由于谈判僵局多，达成协议所需的时间往往较长，因而增加了谈判成本，同时也增加了谈判破裂的风险。

5. 闪电型谈判风格

其利在于：谈判明快、简捷。同时，这种简捷的作风能促使双方尽快触及本质，从而提高谈判效率，降低谈判成本。

其弊在于：谈判人员在条件上与时间上可供调度、回旋的余地较小，因为快速，条件的分割层次有限，可供使用的时间也有限。此外，容易造成“摊牌”的僵局，使本可以再商量或需要再创造条件的交易失去机会。

6. 太极型谈判风格

其利在于：谈判攻防灵活，既不过分压制对手，又可自由躲闪对手的攻击。此外，还可以有效解决谈判难题，在宽松的环境中寻求解决途径。同时，由于所有条件均可在一种交换状态下进行，所以谈判更稳健。

其弊在于：这种风格需要充足的时间做保证。太极的游刃有余需要时间与空间，当无时空条件时，这种风格便难以为继。此外，这种风格会给谈判人员罩上误会的外衣——过于油滑而显得不实。太极有虚，从虚中求实。当对方或旁人仅关注虚的一面时，即会产生误会。

三、谈判风格的应对

对于各种谈判风格，要善于运用其利来帮助谈判人员实现谈判目标；要妥善处理其弊，使之不会造成负面影响，进而阻碍谈判目标的实现。因此，在面对具有不同谈判风格的对手时，就需有应对之策。

(一) 借用优势推动谈判

1. 领导型谈判风格

这种风格可以借用的优势有：

(1) 控制能力和组织能力。可使谈判更有效地进行，加速双方信息的交流。

(2) 实力。使谈判的灵活性较大，讨价还价有余地，易于向谈判目标靠拢。

2. 跟随型谈判风格

这种风格可以借用的优势有：

(1) 一定的自由度。跟随可减少谈判中无谓的抗争，易于创造良好的谈判气氛。

(2) 后手。应该讲，谈判中的后手也是手（出招的行为），可以先手逼后手，手手相应，这样双方易于向目标靠拢，谈判进程亦会加快。

3. 进攻型谈判风格

这种风格可以借用的优势有：

(1) 无畏的态度。可以使谈判更直接，信息更丰富，使谈判议题的真面貌能较早显现在谈判桌上，便于谈判双方寻求解决的方案。

（2）紧张的气氛。可以丰富谈判的手段，让谈判的过程波澜起伏，在这个过程中使谈判双方均有忧患意识，促使双方寻找“安全的陆地”，调整谈判的态度。

4. 防守型谈判风格

这种风格较为保守、消极，但也有可借用的优势：使谈判战场开阔，攻击点灵活。具体来说就是在谈判的组织上可以有较大余地来选择谈判议题，安排谈判的程序和方式。组织上的运动战是双方在这种风格下最易实施的谈判方案。

5. 闪电型谈判风格

这种风格可以借用的优势有：

（1）速度。可以加快谈判进程，缩短谈判时间，降低谈判成本，对双方均有利。

（2）不留余地。因其不留太多的余地或其表现出来的是不留余地的态度，可迫使双方及早进入决战。

6. 太极型谈判风格

这种风格可以借用的优势有：

（1）灵活。可在谈判桌上留下最大的回旋余地，使谈判人员易于从困境中寻找出路，保证谈判顺畅地进行，从而增强谈判人员的信心，促使交易成功。

（2）从容。可使谈判双方均有时间去考虑双方的问题，从而减少谈判压力，丰富谈判人员可采用的手段，使谈判氛围更轻松。

（二）利用弱点获取利益

1. 领导型谈判风格

这种风格最大的弱点是“自大、自尊”。对此可以做的文章有：

（1）攻其“自大”。要其出手放利，否则就“不听从指挥”。

例如，在许多谈判中，这种风格的谈判人员常被“将军”：“贵公司有实力，请在××方面予以关照。”“既然贵方有言在先，那么己方需要看贵方的具体表现。”“您是地位高的谈判代表，不能言而无信。请就××问题拿出既能体现贵方诚意也能维护您的身份的方案。”

（2）攻其“自尊”。对其虚荣心，可以“滥戴高帽子”，让其忘乎所以。

例如：“贵方对生意一向注重大局，不计较小利，这种态度让己方佩服。”“您的大手笔、大气魄将会推动我们双方的合作。”“您具有大将风范。”“在我见到的为数众多的谈判人员中，您是最杰出的一位。”“您对全局的观察全面、敏锐。”“您的反应不愧为优秀的谈判人员、主持人。”如此等等。

（3）运用“激将法”，让其深感自己的做法与企业的地位和本人的身份不符。

常见的说法有：“既然贵公司财大、气也粗，我们自然要看贵公司做榜样，尽力配合。”“您的谈判气度可比之君子，希望您的出手亦像君子。”“您现在的行为是否会让人觉得言行不一呢？”“这个条件在贵方的能力范围之内，这个理由贵方不难理解。倘若因此而使双方陷于困境，贵方将做何解释？”如此等等。

（4）“故意冒犯”，挫伤对方的自尊，或使其愤怒、激动，或使其情绪沮丧、动摇信心。

常见的说法有："贵公司表面看起来很强，但未必处处强。""贵公司规模是不小，可贵公司的谈判气量却不大。""您的做法不像大公司的代表，比我或别的小公司代表还有不及之处。""在谈判桌上，没有企业大小之分，谈判地位是平等的。您这么失礼，不会得到积极的结果，只有我们对您的失望和遗憾。""这是个普遍的问题，是个常识性的问题。您犯这种低级错误，令人惊讶。""您的表现与贵公司在国际交易中的地位不相称。"如此等等。

2. 跟随型谈判风格

这种风格最大的弱点是被动，可针对此大做文章。

(1) 攻其"跟随"的形式，在组织形式、谈判议题、谈判态度上通过多变的手法使其被迫跟着走，把对谈判的控制权掌握在手中。

(2) 在实质性的交易条件上，必须要求其跟上，不使谈判陷入主动者吃亏、被动者占便宜的局面。这样就利用其弱点取得了主动权，不至于吃亏。

常见的说法有："既然贵方谦让，那么己方先提建议。""贵方口头说愿意尊重己方意见，那么，既然己方已先做出了榜样，贵方就不应食言，请做出相应的行动。""贵方跟己方谈判，但请别误会成看己方谈判，仅靠己方的努力是达不成协议的。""己方不要口头上的谦让，也不喜好虚荣。希望贵方拿出谈判诚意以及真正实在的条件来，否则，己方会认为贵方在耍己方。""己方可以主动做出努力，但请贵方别把对手当傻瓜，请拿出相应的态度与行动来。""您当跟班，我很乐意，但请别空着手。"

3. 进攻型谈判风格

这种风格的弱点在于容易暴露自身。可以针对该弱点获取对方的情报，并可组织有效的防守和反击，以争取利益。

(1) 在获取情报时，常有如下说法：

"贵方别过分挑剔，请讲明白原因。""没有理由的批评，己方是不会接受的。""贵方的信息来源可靠吗？说给我听听，否则己方不信，也不会采纳。""请别见怪，我不怕别人的气势，就怕别人有理。倘若您想让我听取您的意见，请您平心静气地说明道理。"如此等等。

(2) 在防守和反击时，常有如下说法：

"如果事实真如贵方所说的那样，那么交易条件应为X，但事实却证明不是贵方所说的那样。因此，交易条件X不能成立。""按照贵方的思维方式，己方认为贵方的Y条件应予以修改。""您能肯定您的说法吗？若肯定，那么我可以告诉贵方，这是错的。因为根据××资料，贵方的说法有误。请贵方收回要求，并接受己方的条件。""贵方的道理讲得很好，正好说出了己方的想法，只不过贵方用正确的推理导出了错误的结论。己方认为，按贵方的推理，其结果只能是A条件，而非贵方要求的B条件。""既然贵方已看到了事实因素，那么请贵方也勇敢公正地正视客观结果吧！"如此等等。

4. 防守型谈判风格

这种风格的弱点在于僵硬，对此可做的文章有：

（1）攻其弱点以追求谈判气氛中的利。即以确凿有利的理由挑起争论，制造僵局，让谈判桌上所有的人员均可看到防守者“不讲理”，应对僵局承担责任，使谈判气氛、人心对主动者有利。

（2）坚持“得理不饶人”。让防守者必须拿出态度来，否则就让谈判陷入僵局。这样做的关键在于组织合理、服人的进攻，从而先得到防守者的条件，还可视其条件再出手。

常见的说法有：“贵方认为，己方的要求合理还是无理？若合理，贵方应该放弃顽固立场；若无理，请贵方讲出理在哪里？”“贵方是否诚心想谈？若不想谈，我们可以终止谈判，但造成谈判破裂的责任在贵方。”“不管贵方态度如何，今天若不回答己方的意见，己方不会往下谈。”“己方坦诚地向贵方陈述了己方对该问题的看法，若贵方仍躲躲闪闪，不置可否，那么己方会认为，这是对己方的不敬，是一种毫无谈判诚意的表现。贵方应对此可能产生的后果负责。”如此等等。

5. 闪电型谈判风格

这种风格的弱点在于回旋余地小，可在对方快速推进谈判时最先摸到对方交易的底线，使其付出代价。换句话说，这种风格是以速度换利益。对方要快可以，但要先留下“买路钱”，否则“欲速则不达”。

常见的说法有：“对于贵方的爽快，我表示钦佩。但贵方的条件如何，我尚未听明白。”“既然贵方直率，我也开门见山。贵方的条件似乎出乎己方的意料，看来贵我双方还需耐心交流一下相互的看法，才能最终解决问题。”“贵方的条件反映了贵方的态度，但己方需要研究贵方条件后方可表态。”“贵方的条件是什么性质，最终价还是可谈判价，这是贵方的事。对于己方来讲，符合要求的条件己方可接受；否则，己方将拒绝。”“贵方不愿意就贵方提出的条件进行谈判，是贵方的权利，但贵方无权将自己的条件强加给己方。”“己方也赞同谈判要快，但快不等于不谈清楚交易条件。”如此等等。

6. 太极型谈判风格

这种风格的弱点在于时空的保证，要想求利就需打乱对方的部署，压缩时空，减少其施展功力的可能性，使谈判于己有利。

常见的说法有：“己方可用于谈判的时间有限，请贵方尽早对××问题做好准备。”“请贵方别绕圈子，直接回答己方的问题。”“贵方说的理由很客观、全面，那么，具体建议是什么？请直截了当地说出来。”“请贵方明天务必对己方的要求做出答复，否则无法继续谈判。”“己方后天将有别的业务要谈，贵我双方的谈判将中断一段时间。若贵方想与己方就正在谈的交易达成协议，己方建议尽量利用这有限的时间。”“贵方能否简单点？请直接讲，贵方要求己方怎么做？”如此等等。

四、谈判风格的定位

大多数人会根据他们所处的情境采用一种或几种风格，尽管他们很可能比较偏好某种具体的谈判风格。当谈判人员和对方谈判时，通常会根据对方的行为不断地调整谈判风格。为了准确定位谈判风格，谈判人员应在基本定位和定位的调整两个层面上进行思考。

(一) 基本定位

一个谈判人员的风格定位，不是指按其个性去选择相应的谈判风格，而是在比较各种谈判风格的利弊之后择优而从。

1. 择优而从

在上述六种典型的谈判风格中，只有太极型谈判风格最主动、最优越。它集中体现了谈判中所需要的灵活性、主动性。这些特性对营造谈判气氛、实施防守和进攻、挽救谈判危机、塑造谈判人员形象均有一定的积极意义。这些建设性的谈判优点均强于其他类型的谈判风格。

2. 选择中的学习

按个性选择谈判风格系自然选择，属低级选择范畴，不用太多的学习即可掌握（尽管仍要学习克服其弊端）。而择优的选择属理性的选择，系高级的选择，因为对某些谈判人员来讲，是反性格的选择，所以需要通过学习方可掌握，而且通过这个过程，谈判人员的谈判能力又得到了一次升华。

(二) 定位的调整

由于各种谈判风格自身存在的缺陷，谈判人员在择优之后，还要对其进行完善。这一对谈判风格的完善过程也叫谈判风格定位的调整。调整手法有两种：内涵式调整与外延式调整。

1. 内涵式调整

内涵式调整，系指对选择的谈判风格按其谈判表现的实质（本质）予以标记，使外在的风格产生更大的魅力——说服对方的魅力。那么这个标记是什么呢？它就是“唯理是谈”。

“唯理是谈”的意思是：无论以什么形式表达谈判立场，均应有相应的理由予以支持。简单地说就是：有立场，即有理；无理，则无要求。该标记无疑会使谈判风格更加鲜明。有人说：“讲理之人有无理时，不讲理之人无时没有理。”意思就是说，真讲理的人会承认有些事没有理，只有不讲理的人才会永远找理说。

对此，作为谈判风格内涵的调整因素，“唯理是谈”重在强调谈判风格中理的存在，不强调其理的性质——理的全面性或片面性、本质性或表面性。

2. 外延式调整

外延式调整，系指从外部对选择的谈判风格予以组合，以加强其谈判威力。该组合的意思是：在熟谙各种谈判风格的利弊的基础上，针对谈判的实际情况，将一种或数种谈判风格组合进来，以弥补基本谈判风格在特定谈判中的不足或加强其效果。例如：在某种情况下需要领导型风格或进攻型风格，那么就要在太极型风格的基础上，适时加入领导型或进攻型风格。

外延式调整不仅要求灵活运用各种谈判风格的优点，还要求适时回到自己的基本风格上来。这是基于两点。其一，外延式调整的组合手段系战术需要，不能因此而破坏整体需要。其二，该组合不能冲淡乃至改变谈判人员的基本风格，否则效果未必会好。其原因有两点：一是谈判人员的外在形象会因为谈判风格前后反差太大而受损；二是对方的心理会因为己方谈判人员风格突变而受到强烈挫伤。

第二节　团队谈判风格

在大多数情况下，谈判双方总是以团队的形式出现。因此，采用合适的团队谈判风格是谈判成功的关键。而团队谈判风格的选择又与个人谈判风格的选择有差异，具体表现为：团队能否自始至终保持统一性是团队谈判成败的关键。

谈判团队是由不同的谈判个人构成的，团队中各成员都具有独特的思维方式、文化背景及性格类型。因此，在确定团队所采用的谈判风格时，应首先确定谈判人员，让他们来决定团队最终的谈判风格。

一、意见一致型

所谓意见一致型谈判风格，指的就是只有在团队各成员意见基本一致以后才能最后做出决定的谈判风格。

1. 特点

（1）该团队的每个成员都既享有权利又承担责任。

（2）任何决定无论大小都由团队做出。

（3）发言人并不是唯一的，可以根据不同的讨论事项随时更换。

（4）首席谈判代表只是扮演协调员的角色，而且不暴露身份。

2. 优点

（1）由于团队成员都有参与权和发言权，因此能够调动每个成员的积极性。

（2）对于那些并不是非常成熟的谈判成员，可以给他们提供足够的锻炼机会。

（3）由于每个团队成员都参与，能够拾遗补阙、集思广益，从而多方面、多角度地考虑问题。

（4）由于每个决定都必须由全部团队成员讨论决定，因此对方不容易找到突破口，有无机可乘的感觉。

3. 缺点

（1）由于每个决定无论大小都要由全体成员讨论做出，因此进程缓慢，容易让对方感到不耐烦甚至终止谈判。

（2）在谈判过程中，可能会有许多意料之外的问题出现，需要讨论。这也就意味着该团队有可能无法在预定的期限内结束谈判。若快到事先约定的期限了还有很多问题没有解决，导致手忙脚乱，反而会造成不必要的损失。

4. 需要注意的问题

（1）在确定团队成员时，应挑选那些具备就事论事态度的人，切不可挑选那些容易情绪化的人。因为一旦内部产生分歧，这些成员就有可能分不清重点，使得团队内的讨论无法继续下去。

(2) 团队成员都应该具备良好的沟通能力，并愿意做出合理的让步。

(3) 团队成员应该来自同一种文化，并愿意接受团队的领导。

(4) 团队成员除了应具备必要的专业知识外，还应该对公司的大局有所了解。

(5) 事先要做好充分的准备，确定团队讨论和做决定的方式以及基本的时间限定，不能让讨论漫无目的地一直继续下去。另外，要做好应对突发情况的预案。

(6) 团队成员在谈判过程中只需要认真倾听对方阐述的观点并将其搞清楚，没有必要发表意见。

二、平行组型

与意见一致型相似，该种风格的谈判团队也对权利和责任进行分配。不同之处在于，首席谈判代表会将整个团队分成若干相对独立的平行团队，由每个团队分别就合同的一项或几项进行谈判。

1. 特点

(1) 每个团队相对独立平行，而且有权单独做决定，并对做出的决定负责。

(2) 首席谈判代表从宏观上协调各个团队的作业和进程。

2. 优点

(1) 每个团队都能够根据自身的目的做成交易，而无须过多考虑公司其他部门的谈判结果。

(2) 这种谈判风格容易给对方造成压力，本来只需要对付一家公司，可现在却相当于是在与几家独立的公司谈判。

3. 缺点

若内部相互间出现任何问题或总部产生分歧，则会对谈判全局产生不良影响。

4. 需要注意的问题

(1) 各谈判人员必须充分理解团队立场并灵活运用。在做决定时，应考虑整个团队的立场。

(2) 事先必须精心地组织和安排。在这种谈判过程中往往会发生谈判职责划分不当的问题，因此必须有充分的准备。

(3) 要配置得力的领导。对谈判配置能够对各个团队的相互关系进行统筹管理的领导是采用该谈判风格时取得成功的关键。

(4) 要让对手感觉到与各个独立的团队谈判是关键，而事实上各个团队的谈判却是一个统一的整体。

三、牛仔型

所谓牛仔型团队谈判风格指的是该团队的成员在必要的情况下可以单独出马与对方

谈判。我们平常所谓的“牛仔”就是指那些既能够独立行事，又在为集体的目标努力的人。

1. 特点

（1）这种风格往往在涉及大量投资的谈判中采用。这种谈判不能仅通过一次由双方全体成员参加的大型谈判解决，往往需要安排一些专门的会议，如工程、营销、技术等方面的会议。而在这种情况下，就需要团队的个别成员或部分成员参加。

（2）牛仔型团队成员不仅要是行业专家，还应精通综合管理，并且了解整个团队要达到的一致目标。

2. 优点

团队成员可以分散作业，从而充分发挥各自的技能；相当灵活，适应性强（但对人员的要求也很高）。

3. 缺点

由于经常是一个人或者小部分人单独行动，因此容易受到对方的离间计侵蚀。

4. 需要注意的问题

（1）团队成员必须有足够的进取心和独立做决策的能力。对于前面讲到的意见一致型成员，可能会不太适应这种风格。记住，在正式谈判之外的谈判场合做出的决定往往会影响到整个谈判的成败。

（2）团队成员之间必须经常联系，保持信息的畅通，以确保实现团队的计划目标，并及时传达最新消息。虽然每个成员负责一部分工作，但团队的整体工作是一盘棋。

（3）必须保证团队成员的忠诚，团队成员要认识到自身利益与独立行事的区别。

（4）需要有强有力的领导。首席谈判代表不仅要能够制定出明确的团队目标，还必须具有激发成员并有效控制局势的能力。通信联络必须畅通无阻，以充分发挥调兵遣将的能力。

四、团队型

团队型团队谈判风格与牛仔型团队谈判风格基本上是一样的，只是由一个人变成了一个团队。其特点是：

一个团队有一个团队负责人，团队负责人必须具有“牛仔”的特质，同时能够领导一个团队的工作。

如果在谈判中涉及大量的技术，则这种风格就非常有效。团队负责人负责领导专家并控制谈判的进程。

五、等级型

所谓等级型团队谈判风格指的是大部分决定无论大小都是由首席谈判代表做出的一种谈判风格。

1. 特点

（1）基本上所有权利都由首席谈判代表行使。谈判团队内的成员没有权利做任何决定。这与意见一致型谈判风格不同。在意见一致型团队中，每个团队成员的意见或多或少都会影响到整个团队的决定。而在采取等级型谈判风格的团队中，团队成员的意见只能对首席谈判代表的观点或想法产生影响，最后做决定的还是首席谈判代表。他可以采纳团队成员的意见（以表明其民主性），也可以完全不听取团队成员的意见而一意孤行。

（2）团队成员的构成在一定程度上体现了其在公司中的等级。

2. 优点

（1）如果首席谈判代表比较强势的话，这种方式能够避免无法统一过多意见而造成的时间上的延误问题，谈判效率相对较高。

（2）团队能够保持和谐、统一。

3. 缺点

（1）由于首席谈判代表处于谈判的主导地位，因此团队的其他成员可能得不到太多的锻炼机会。

（2）观察敏锐的对手一旦察觉到团队的决策权集中于首席谈判代表，就可以将大部分精力用于对付首席谈判代表一人。因为他们知道，团队的其他成员对决策的影响力是微乎其微的。因此，首席谈判代表可能面临要对付对方整个团队的局面。

六、部门型

这种部门型是等级型团队谈判风格的翻版，但其中又产生了平行组型团队谈判风格的职责分配效应。

不论是来访者还是东道主都面对着这样一个对手：这个对手按照等级制来组织。然而，每天的谈判不是整个团体到场，而只是与议程所列的谈判项目直接相关的人员到场。这些按专业划分的部门只能就自身有限的领域进行谈判，但要诱使对方把观点和盘托出，以供其他部门日后分析、判断。团队领导（或成员和部门）每天更替，首席谈判代表可以对谈判进行远程指导。对方必须与同一个公司的各个部门周旋，但无法与真正的决策者交手。此外，对方被迫不断适应新人，这样有碍于他们对己方战略的全面把握。这样，对方不仅会在谈判中被拖得筋疲力尽，还可能会不断迷失方向。

采用部门型团队谈判风格时要求严格控制谈判议程中的各项条款，保持各部门之间、部门与首席谈判代表之间的通信联络畅通无阻。一些采用部门型团队谈判风格的团队通常是来访的经销商，它们往往会让成员向对方进行个别的、直言不讳的陈述，认为“事实胜于雄辩”。这种向对方“摊牌”的方式对于尽早对关键事宜做决定是非常有效的。这种团队的大多数成员都应持有实用主义原则。

以上介绍了团队谈判中比较常用的谈判风格，但需要牢记的是，对手的类型总是不一样的。

事实上，即使在同一个国家，谈判情形也瞬息万变，对手类型也千差万别。如果想在日趋扩大的国际市场上立于不败之地，每一个团队以及团队的每一个谈判人员都必须掌握尽可能多的谈判风格。只善于使用一种风格会在很大程度上限制团队和个人的活动范围。如果在各种条件下都使用同一种风格，那么成功的希望就很渺茫。

另外，只有熟练掌握更多的谈判风格或谈判风格的组合，才能让谈判人员认清对方的更细微特征。对于一种风格的熟练掌握只有通过不断反复使用或细心观察才能获得。出于道德的原因，谈判人员或团队可能会反对采用某种风格。尽管如此，但他们仍必须熟悉这种风格的具体细节。只有洞悉风格的谈判方式，并明确对方谈判人员的意图，才可能做好前期准备工作，并且在谈判开始之后进行有效的调整，从而运筹帷幄。

案例专栏阅读 8-1

法国 LVMH 收购美国蒂芙尼

11 月 25 日，据彭博社报道，LVMH 已与蒂芙尼（Tiffany）达成协议，前者将以每股 135 美元现金（总计 162 亿美元，不含 3.5 亿美元净债务）的报价收购后者。这次全现金收购预计将在 2020 年中期完成。

这一报价远高于 2017 年收购 Dior（迪奥）时装业务的 65 亿欧元，若此次交易成功，则将是 LVMH 历史上最大一笔收购，同时也是奢侈品行业最大规模的收购。

受此消息影响，蒂芙尼 25 日股价盘前大涨 5.65%。LVMH 盘前大涨 2.16%，报每股 404.40 欧元。

根据福布斯 Real-Time Billionaires，LVMH 董事长兼首席执行官伯纳德·阿诺特（Bernard Arnault）的资产净值增至 1 068 亿美元，排名全球第四。此前他一度超过比尔·盖茨成为全球第二富豪。

老牌珠宝巨头近年式微

作为老牌珠宝奢侈品巨头，蒂芙尼在 1961 年就已名声大噪，当时奥黛丽·赫本主演的电影《蒂芙尼的早餐》极大地提升了该品牌在全球的影响力。而后，蒂芙尼与卡地亚、宝诗龙（Boucheron）、海瑞温斯顿（Harry Winston）等知名品牌成为珠宝奢侈品行业的龙头企业。目前，公司主营产品包括珠宝、钟表、家居和配饰以及香水，在全球经营着 300 多家零售店。公司员工多达 1.4 万名，其中包括 5 000 多名熟练工匠。

但近年来，蒂芙尼的业绩并不让人满意。由于被消费者认为过于传统和乏味，与年轻人显得格格不入，这家创立于 1837 年的珠宝公司曾被人称为“旧世界的奢侈品”。从 2015 年初开始，连续 7 个季度销量同比增速为负的惨淡业绩，迫使这家昔日珠宝零售巨头进行了管理层换血、产品品类扩充、营销手段年轻化等一系列变革。

近来蒂芙尼加大广告力度，发布新产品，并公布了翻新纽约旗舰店的大胆计划，还在最新系列中推出了吊坠和耳环这些价格更实惠的产品以满足年轻的千禧一代的需求。

除此之外，蒂芙尼也开起了网红咖啡馆，试图借此拉近与年轻顾客的心理距离，也让《蒂芙尼的早餐》这部电影的影迷们多了一个“朝圣”的去处。

2017 年 12 月，蓝盒子咖啡馆（Blue Box Café）在蒂芙尼位于纽约市第五大道和第 57 街的旗舰店开业。时隔 56 年，“蒂芙尼的早餐”终于不再只是荧幕中的画面。

这一系列举动让蒂芙尼的业绩在2017年后逐渐回升，但好景不长，2019年，蒂芙尼的业绩再度下滑。

蒂芙尼2019年半年报显示，今年上半年，公司全球净销售额下降3%至21亿美元，可比销售额下降4%；在固定汇率的基础上，销售额同比下降1%，可比销售额下降2%；同时公司净利润为2.61亿美元，较上年的2.87亿美元下降了9%。

财报数据显示，2019年上半年，蒂芙尼在全球一共拥有322家门店。美洲地区门店数最多，达124家，今年上半年的销售额占比为42%；亚太地区（不含日本）门店数排名第二，共90家，上半年的销售额占比为30%；日本和欧洲地区的门店数分别排名第三和第四，分别为56家和47家。

2019年上半年，蒂芙尼几大市场的销售额均出现下滑。例如，在最大的美洲市场，蒂芙尼的销售额同比下降了4%，同店销售额同比下降了5%。

相比之下，亚太地区的表现最好。以不变汇率计算，亚太地区今年上半年的销售额增长了3%，同店销售额同比上升了1%。占比约60%的中国市场成为亚太地区销售额增长的发动机，今年上半年的增幅达两位数。

蒂芙尼也越来越重视中国市场。其首席执行官亚历山德罗·博格里奥罗（Alessandro Bogliolo）在上半年的财报电话会议里称："我们会继续加大对中国市场的投资力度，进一步渗透中国消费者所在的市场。"

LVMH风头正盛

蒂芙尼上半年显现的业绩疲态，在LVMH看来或许正是出手的良机。

公开资料显示，总部位于巴黎的LVMH作为世界三大顶级奢侈品集团之一，目前市值超过了2 000亿美元，而随着股价一路走高，欧洲首富、LVMH老板阿诺特也成为全球仅有的4位身价超过千亿美元的富豪之一，身价仅次于贝佐斯、比尔·盖茨和"股神"巴菲特。

LVMH旗下坐拥包括路易威登（LouisVuitton）在内的40余个高端品牌，业务主要涉及以下五个领域：葡萄酒及烈酒、时装与皮具、香水和化妆品、腕表及珠宝、精品零售。

2018财年，LVMH收入468.26亿欧元，其中腕表及珠宝业务的收入仅占9%，占比最低，时装与皮具部门占比高达39%。

2019年半年报显示，LVMH实现营业收入250.82亿欧元（约合276.50亿美元，1 945.89亿元），同比增长15%；净利润32.68亿欧元，同比增长9%。从营业收入结构来看，时装与皮具仍是主要贡献者，今年上半年实现营业收入104.25亿欧元，占比约为41.56%，而腕表及珠宝同期却仅实现了2.135亿欧元的营业收入，占比仅为8.51%。

有分析师认为，收购蒂芙尼将帮助LVMH在业务方面进一步多元化，并在增长迅速的珠宝市场上与历峰集团（Richemont）展开竞争。

历峰集团拥有卡地亚（Cartier）、梵克雅宝（Van Cleef Arpels）、伯爵（Piaget）、积家（Jaeger-LeCoultre）等10多个奢华的钟表与珠宝品牌。相较之下，LVMH在品牌数量上略有不及，仅有Bulgari、Chaumet和Fred等6个品牌。

根据彭博资讯的数据，自2016年初以来，LVMH在19笔收购交易中花费了超过

120亿美元（约合843亿元）。而在过去8年中，LVMH的股价翻了两番。

此次收购将使LVMH的珠宝业务规模增加一倍以上，并将其市场份额提高到18%以上，彭博资讯分析师Deborah Aitken在最近的一份报告中写道："它将成为奢侈品珠宝全球市场的领导者。"

收购珠宝行业巨头蒂芙尼，或将明显提振LVMH在珠宝领域的影响力。而蒂芙尼也有望借LVMH的力量拯救不断滑坡的业绩。

资料来源：法国LVMH收购美国蒂芙尼. 新浪财经，2019-11-25.

思考：

1. 结合以上案例分析：法国LVMH收购美国蒂芙尼的原因有哪些？
2. 本次收购对于双方未来发展各有什么促进作用？

案例专栏阅读8-2

中美谈判受挫始末和中方四大坚定立场

2019年6月2日上午，国务院新闻办公室发表《关于中美经贸磋商的中方立场》白皮书，并于当日上午10时在国务院新闻办公室新闻发布厅举行新闻发布会，请商务部副部长兼国际贸易谈判副代表王受文和国务院新闻办公室副主任郭卫民出席，介绍和解读白皮书有关情况，并答记者问。

白皮书阐述了对中美经贸磋商的四大立场：一是磋商要相互尊重、平等互利；二是磋商要相向而行、诚信为本；三是中国在原则问题上决不让步；四是任何挑战都挡不住中国前进的步伐。

王受文介绍了白皮书发表的背景。他说，中美经贸磋商受到国际社会的高度关注，其中也有一些传言和猜测。为了澄清事实，表明中方在这一问题上的立场，中国政府编写了《关于中美经贸磋商的中方立场》白皮书。白皮书从中美经贸摩擦的影响、美方在磋商过程中几次出尔反尔、中方对待磋商的原则和立场等角度，回顾了中美经贸磋商的基本情况，阐明了中方对于中美经贸磋商的立场。

国务院新闻办公室副主任郭卫民就白皮书的主要内容做了简要介绍。白皮书指出，中美经贸关系是两国关系的"压舱石"和"推进器"，事关两国人民根本利益，事关世界繁荣和稳定。2018年3月以来，针对美国政府单方面发起的中美经贸摩擦，中国不得不采取有力的应对措施，坚决捍卫国家和人民利益。同时，中国始终坚持通过对话协商解决问题的基本立场，与美国开展多轮经贸磋商，努力稳定双边经贸关系。对于贸易战，中国不愿打，不怕打，必要时不得不打，这个态度一直没变。

白皮书指出，美国挑起对华经贸摩擦损害两国和全球利益。美国加征关税措施损人不利己，阻碍双边贸易与投资合作，影响两国乃至全球市场信心和经济平稳运行。贸易战没有给美国带来所谓的"再次伟大"，反而提高了美国企业的生产成本，抬升了美国国内物价，影响了美国经济增长和民生，阻碍了美对华出口。美国的贸易霸凌行径殃及全球，损害了多边贸易体制，严重干扰了全球产业链和供应链，挫伤了市场信心，给全球经济复苏带来了严峻挑战，给经济全球化趋势造成了重大威胁。

白皮书指出，美国在中美经贸磋商中出尔反尔、不讲诚信。美国挑起经贸摩擦后，两国贸易、投资关系受到影响，双方都认为有必要坐下来进行谈判，通过磋商解决问题。自2018年2月经贸磋商启动以来，谈判取得了很大进展，两国就大部分内容达成了共识，但也经历了多次波折，每次波折都源于美国政府违背共识、出尔反尔、不讲诚信。中美经贸磋商之所以严重受挫，责任完全在美国政府。

白皮书指出，中国始终坚持平等、互利、诚信的磋商立场。中国政府始终认为，以贸易战相威胁，不断加征关税的做法无益于经贸问题的解决。中美应秉持相互尊重、平等互利的精神，本着善意和诚信，通过磋商解决问题。

白皮书强调，中美经贸磋商中，一国的主权和尊严必须得到尊重，双方达成的协议应是平等互利的。对于重大原则问题，中国决不退让。

中方在磋商中“立场倒退”?

王受文：不负责任，这是“泼脏水”

对于记者提出的美高级官员指责中方在磋商中“立场倒退”，王受文解释，中方对中美经贸磋商始终抱着最大的诚意，美方指责中方在谈判中立场倒退，这是不负责任的，是“泼脏水”。在磋商谈判中，就所有问题达成协议之前，谈判桌上的一切都只是讨论，不存在协议，也就不存在所谓的“立场倒退”。谈判里面，大家经常说，“Nothing is agreed until everything is agreed”。2018年12月，中美两国元首在阿根廷达成一项重要共识，即同意通过磋商来解决经贸分歧，最终方向就是取消双方加征的所有关税。中方高度重视中美元首达成的共识，从维护两国经贸关系的角度出发，我们始终保持理性和克制的态度，以最大的诚意和善意回应美方的关切。

在磋商中，对于美方提出的很多问题，中方都克服困难，提出了务实的解决办法。但是，美方出尔反尔，得寸进尺，坚持不合理的高要价，坚持在协议中写入涉及中国主权事务的一些要求，而且坚持不取消经贸摩擦开始以来加征的全部关税，并且以提高关税税率来施压，致使双边经贸摩擦升级，谈判严重受挫。大家从这些事实中可以看出，孰是孰非，不证自明。

如果一方不尊重另一方的主权和核心利益，想通过施压迫使对方做出让步，以取得只对一方有利的结果，那么这种谈判是不可能成功的。如果美方想通过极限施压、升级贸易摩擦的方式逼迫中方屈服并做出让步，那是绝不可能的。

中美经贸摩擦给美国造成的损失不大?

王受文：给每个美国家庭带来831美元的额外支出

王受文介绍，贸易战没有赢家。贸易限制措施对美方有多大影响，美国的研究最有说服力。比如说，美方声称：“美国对中国有巨大的贸易逆差，通过贸易战可以减少美方的贸易逆差。”实际上，据2018年美国自己的统计，美国货物贸易逆差增长了10.4%，美国对中国大豆出口下降了50%，美国对中国的汽车出口也下降了20%以上。可以看出，贸易限制措施损害了美国工人和农民的利益。加征关税也损害了美国消费者的利益。

国际货币基金组织的研究表明，美国对中国进口产品加征的关税基本上都是由美国消费者承担。纽约联邦储备银行所做的研究表明，贸易摩擦给每个美国家庭带来了831美元的额外支出。贸易摩擦还将给美国的就业带来压力。美国智库“贸易伙伴”所做的一项研究表明，如果美国对来自中国的进口产品加征关税，将使美国失去223万个就业机会。贸易限制措施会对美国造成损失，而且会对世界经济产生影响。贸易摩擦扰乱了全球价值链，导致了世界贸易秩序的紊乱，损害了全球投资者的信心。联合国贸易和发展会议的报告表明，2017年、2018年全球跨境投资都是下降的，而且是以两位数的幅度下降。

回应美国对中国贸易逆差

王受文：美方逆差只有1 500亿美元，也不能简单说谁吃亏谁占便宜

王受文认为，贸易顺差还是逆差，和吃亏、占便宜没有关系。比如说，美国对澳大利亚有贸易顺差，澳大利亚对中国有贸易顺差，中国对美国有贸易顺差。可以看出，这个循环里有贸易顺差，也有贸易逆差。所以，不能简单地说贸易顺差、逆差和吃亏、占便宜有关系。

有人说美国对中国的贸易有巨额的逆差，实际情况是美国的数字有严重的高估成分，比如“去年美国对华货物贸易逆差达到4 192亿美元”。中美两国商务部之间建立了统计合作小组，研究发现美方的贸易逆差数字通常被高估了20%。还要考虑到，在中美贸易当中，有很多是加工贸易。在加工贸易里面，中国进口其他国家或者经济体的零部件，在中国组装，之后再出口到美国，这个顺差也不应该算到中国头上。

还要考虑到在服务贸易上美国对中国有巨大的顺差。中美货物贸易、服务贸易最终加在一起，美方的逆差只有1 500多亿美元。而且，在中国对美贸易顺差中，有54%是外资企业，有53%是加工贸易。在加工贸易中，美方从中得到了巨大的利益。当中国产品出口到美国的时候，由于价格有优势，不仅降低了美国消费者的购买成本，而且带动了美国在批发、零售、物流等行业的大量就业。

从中国进口让美国损失制造业岗位?

王受文：中国入世之前已发生

就中国进口导致美国制造业就业岗位丧失这个问题，王受文回应，实际上美国自己的研究机构表明，美国制造业就业机会的减少，在中国加入世界贸易组织之前就已经发生了，主要是因为科技进步、劳动生产率提高。实际上，美国自己的经济结构发生了变化，制造业就业机会减少，但服务业就业在增长，这使得今天美国的失业率达到了几十年来最低。

回应知识产权保护和收购美国企业问题

王受文：2018年向美支付86.4亿元知识产权使用费

王受文介绍，中国在知识产权保护方面做了大量工作，已成为越来越重要的知识产权大国。比如2018年，中国提出的发明专利申请超过150万件，已经连续8年名列世界第一。当然，中国在自己发明创造的同时，也和其他国家开展了知识产权贸易，我们从其他国家购买知识产权，也向其他国家出口知识产权。就购买来说，中国在2001年支付的知识产权使用费只有19亿美元，2018年支付的知识产权使用费已达到356亿美元，增长了将近18倍。其中，向美国支付的知识产权使用费达到86.4亿美元，占我国购买知识产权总额的将近1/4。

有人说“中国政府指使中国企业去美国购买企业，以获得先进技术”，这不是事实。中国企业到国外投资，投资什么项目，购买什么，或者不购买什么，完全是企业自己的决定，中国政府不参与企业的具体商业行为。

回应 FedEx 事件

王受文：违反中国法律就要按照中国法律进行调查

王受文说，比如说 FedEx 事件，中方欢迎外资企业在中国进行合法经营，但是如果违反中国的法律，就需要按照中国的法律进行调查，这是无可厚非的。中国前不久出台了《中华人民共和国外商投资法》，强调要一律平等、一视同仁地对待中国投资者和外国投资者，外国投资者的合法利益都会得到保护，所以在这方面，大家不用担心。

回应不可靠实体清单

王受文：有关措施近期公布

王受文表示，一些企业违背市场原则、违背契约精神，出于非商业目的对中国企业进行断供或者封锁，损害中国企业的合法权利，可能还会危及中国国家安全和社会公共利益。对这样一些实体，我们将其列入不可靠实体清单，这也是为了保护企业之间稳定、公平、可持续的贸易秩序。

对于不可靠实体清单制度的进展情况，王受文说，有关措施会在近期公布。

资料来源：李师胜．中美经贸磋商白皮书发布！一文读懂中美谈判受挫始末和中方四大坚定立场．证券时报网，2019-06-02.

本章小结

在国际商务谈判中，由于谈判的场合、地点以及人员的不同，每个谈判人员和每个谈判团队都应该选择一种不同的谈判风格，以促进谈判目标的达成。同一种风格不一定在每种场合都有效，也不是每种场合都适合各种不同的风格。谈判人员和谈判团队应该根据谈判场合及对方实力的不同而灵活地改变自己的谈判风格。

本章关键词

个人谈判风格　　　　团队谈判风格

讨论与思考

1. 决定谈判风格定位的主要因素有哪些？
2. 等级型谈判有哪些主要特点？

延伸阅读

WTO 电子商务谈判与数字贸易规则博弈

随着数字经济的发展和全球化的扩张，以信息通信技术和网络为基础的数字贸易蓬勃兴起，给现有国际贸易规则体系带来了巨大挑战。WTO是负责制订和维护国际贸易规则的最主要国际组织，在数字贸易国际规则制订中扮演了重要角色。WTO对数字贸易规则的讨论通常在电子商务框架下进行，并未严格区分“电子商务”和“数字贸易”的概念。2017年，在WTO部长级会议上，43个成员发表了第一份《电子商务联合声明》，重申电子商务在包容性贸易和发展中的重要性，将推动WTO就贸易相关电子商务议题进行谈判。2019年，在瑞士达沃斯举行的电子商务非正式部长级会议上，包括中国在内的76个WTO成员发表了第二份《电子商务联合声明》，确认启动与贸易有关的电子商务谈判，寻求尽可能多的成员参与以及在现有WTO协定和框架基础上建立高标准的电子商务国际规则。

截至2020年7月，新增7个参与谈判成员，共83个WTO成员（含欧盟28国）加入电子商务谈判。参与谈判的成员的经贸体量足以主导国际经济秩序，合计GDP在世界总量中的占比为90.1%，货物出口和进口占比分别为90.9%和89.5%，服务出口和进口占比分别为90.5%和88.9%。从结构上看，参与谈判的发达经济体和非发达经济体数量大体相当，分别为38个和45个。进一步分析两类经济体参与率可以发现，发达经济体参与率远高于发展中经济体和转型经济体，发达经济体中仅百慕大群岛、安道尔、格陵兰岛、圣马力诺等极少数经济体没有参加，非发达经济体则大部分没有参加，甚至包括印度、沙特阿拉伯、南非、巴基斯坦、孟加拉国、越南等国际影响力较大的发展中经济体。

截至2020年7月，WTO已收到27个成员的59份提案，其中公开提案43份，非公开提案16份，涉及规则提案52份，礼节性来文7份。从提案来源看，发达经济体提交提案的比率更高，非发达经济体提交的数量更多，33个发达经济体提交了22份涉及具体规则的提案，21个非发达经济体提交了34份涉及具体规则的提案。需要强调的是，提交提案的非发达经济体大部分属于高收入经济体，中低收入的发展中经济体即便参与谈判也很少提交提案。从提案内容看，发达经济体提交的提案内容更具体和丰富，非发达经济体提交的提案较为简单，甚至仅表达了参与谈判的意愿。

各国在跨境数据流动、市场开放、知识产权保护等方面的分歧较大，在完善贸易相关制度安排和弥合数字鸿沟等方面分歧较小。谈判的博弈焦点直接或间接地指向数据要素、市场空间、监管治理、技术发展和收益分配五个方面。从美国和欧盟的历史经验来看，拥有高水平的国内治理是引领国际规则制定的前提。因此，要应对WTO电子商务谈判，中国不仅需要深度参与国际规则谈判，而且需要建立完善的国内发展政策体系和监管治理体系。

伴随着数字经济的蓬勃发展，中国数字经济监管治理取得了长足的进展。然而，已有的监管政策大多针对封闭环境设计，一旦扩大数字贸易开放，监管的成本、收益、风险将发生巨大变化，可能导致一些监管问题被进一步放大，如个人隐私保护、平台责任、数字服务税、各类型垄断等。需要加快构建符合开放环境需求的数字经济监管治理体系：一是深入研究开放环境下原有数字经济监管治理逻辑或原则的适用性，看其是否损害中国消费者、企业或政府的利益，以及是否有重大风险隐患；二是探索构建对境外数字服务提供商的监管体系，确保相关法律法规能对境外企业形成切实约束；三是探索构建对境外输入数字产品和服务的监管体系，通过信息通信技术提升监管治理效率，确保输入数字产品和服务符合中国法律法规。

发达国家是数字贸易主要参与者与规则推动者，在数字贸易领域有重大利益。鉴于当前日益复杂的国际经济形势，中国需要妥善处理与美国、欧盟等发达经济体的经贸关系，有关数字贸易规则的讨论在所难免。中国在与发达国家开展数字贸易规则谈判时：一是要积极寻找中国与发达国家在数字贸易领域的共赢合作模式，不断扩大相关领域开放程度，降低制度性成本，为更高水平、更深层次的分工和合作创造条件；二是要区分规则议题中的经济问题和政治问题，可以优先突破矛盾较为缓和的经济层面议题，后续再处理冲突较为激烈的国际政治和治理问题；三是要树立底线思维，正视各项规则议题背后的矛盾与问题，对可能损害中国核心利益、造成颠覆性错误的问题坚守底线。

资料来源：岳云嵩，霍鹏．WTO 电子商务谈判与数字贸易规则博弈．国际商务研究，2021，42(1)：73－85.

第九章 国际商务谈判风险管理

学习目标

学习完本章，你应掌握：

- 国际商务活动的风险分析；
- 国际商务风险的预见与控制；
- 规避风险的手段。

新闻导读

环球晶圆收购 Siltronic AG 冲刺 全球半导体市场格局面临变动

在全球芯片供应 2022 年继续趋于紧张的共识形成之际，在芯片产业链上，资本和巨头公司主导的并购正在如火如荼地进行。在这个“产能高于一切”的年代里，大型厂商之间的并购将对市场产能分布格局产生重要的影响。

最新的进展来自中国台湾地区。《中国经营报》记者获悉，总部设在中国台湾地区的“晶圆大厂”环球晶圆与德国重要晶圆厂商 Siltronic AG 的并购案，正在进入最后的冲刺阶段。一旦全部获得主要国家和地区反垄断监管部门的放行或附条件通过，这宗交易就会进入正式交割阶段。

重要并购

晶圆是指制作硅半导体电路所用的硅晶片，其原始材料是硅，是芯片产业链上最为关键的环节之一。环球晶圆是全球范围内的“晶圆大厂”，其对 Siltronic AG 的并购最早可以追溯到 2020 年 11 月，其时，双方展开实质性协商，并于当年 12 月 10 日正式签订并购协议，根据协议，环球晶圆最终最高可以获得 Siltronic AG 70.27%的股权，最低也可以获得 50%的股权。

相关法定文件显示，这笔交易最初的价格约为 37.5 亿欧元，折合约 45 亿美元，最初双方协商的每股购买价格为现金 125 欧元。但此后，每股收购单价经过两次调整，于 2021 年 1 月 21 日上涨至 140 欧元，仅仅在一天之后又上调至 145 欧元。

Siltronic AG 是德国一家晶圆厂商，总部设在慕尼黑，是世界主要晶圆厂商之一。如果这宗并购交易最终实现，环球晶圆在并购后将享有 26.7%的市场份额，这将超过在 2020 年年底排名第二的 SUMCO 公司，拿到全球排名第二的市场份额。

从环球晶圆官方获取的信息显示，环球晶圆计划在 2021 年年底完成这笔并购交易，而现在这笔交易正处于最后的冲刺阶段。

反垄断审查

在磋商并确定了交易方式、交易价格等重要条件之后，环球晶圆并购 Siltronic AG 的主要工作就是向各个国家和地区报审，并与各主要国家和地区反垄断监管部门沟通，逐一获得放行。“毕竟现在芯片短缺已经成为产业链安全层面的问题，所以主要国家和地区的反垄断监管部门都很关注。”

这笔交易最先通过了美国外国投资委员会（CFIUS）的审查程序，2021 年 3 月 8 日，获得了奥地利反垄断机构的核准，同年 4 月 20 日，获得了韩国有关监管部门的核准，此后，这笔交易又陆续获得了新加坡、美国、日本等主要国家和地区的反垄断监管部门的核准。

“这些都是全球芯片产业链上有重要地位的国家和地区，韩国、日本以及我国台湾地区都是，这起并购会对产业链格局产生重要影响，因此，只有得到主要国家和地区的放行，交易才能顺利完成，这其中，只要有一个国家和地区不能核准通过反垄断相关审查，交易就有可能无法完成，因为日后的经营无法绕开这些国家和地区的市场。”前述了解情况的人士解释：“通过也有两种，可以是通过，也可以是附条件通过。”

在芯片领域，曾有跨国并购因未能通过相关国家的有关审查而最终作罢。2021 年 12 月 13 日，智路资本放弃收购芯片厂商美格纳，并向美格纳方面支付了 7 200 万美元的赔偿金，其原因就是未能通过美国外国投资委员会的审查程序。

美格纳的主业是生产 OLED 显示驱动芯片，主要是 40nm 和 28nm 的产线在生产，这是目前比较热门的芯片需求领域之一。在全球细分领域的市场排名中，美格纳排名第二，排名第一的是韩国三星公司。

近年来，随着中国经济体量的逐渐增大，重要国际并购向中国反垄断监管部门报审已经成为一种惯例。2021 年 12 月 22 日，中国国家市场监督管理总局采用附条件通过的方式，放行了 SK 海力士并购英特尔部分存储业务的交易，根据市场监督管理总局做出的经营者集中审查结论，SK 海力士及其完成并购之后的市场主体，将履行包括“帮助第三方竞争者进入市场”在内的一系列承诺，以确保并购之后市场竞争环境的公平。

资料来源：环球晶圆收购 Siltronic AG 冲刺 全球半导体市场格局面临变动．搜狐网，2022-01-22.

国际商务谈判中需要研究的风险既包括商务活动进行过程中存在的风险，也包括由谈判活动所带来的风险。谈判人员必须清楚在国际商务谈判中可能造成直接和间接经济损失的原因与程度，以及在谈判中可以采取怎样的对策来避免和减少这种损失。

商务活动中的风险对于谈判双方来讲都是同样存在的，只是有些风险需要双方共同承担，有些则可能在双方之间相互转换，而有些仅是一方所独有的。国际商务活动中谈判双方所存在的共同利益是合作的基础，但在某些方面双方又存在利益冲突，这是无须回避的事实。因此，我们要在这种既有一致性又有矛盾性的利益关系中努力寻求增加双方共同收益、减少双方共同风险的途径。

第一节　国际商务活动的风险分析

在国际商务谈判中，某些风险是谈判人员无法控制的，既难以预测，又难以防范，谈判人员往往只能做出被动的反应，这类风险被称为谈判中的非人员风险，如政治风险、市场风险、合同风险、自然灾害风险等；而人员风险主要包括技术风险、素质风险和沟通风险等。下面我们仅就其中几种风险进行讨论。

一、政治风险

经济作为社会生活的基础决定着政局，而政局又反过来推动或抑制经济的发展。自古以来，两者之间的这种辩证关系不断反映在国际政治、经济生活中。17 世纪下半叶，著名的三次英荷战争的目的是争夺殖民地市场和国际贸易中的优势。18 世纪 70 年代，英国加强了对北美经济的掠夺，最终导致了持续 7 年的美国独立战争。20 世纪以来，经济利益冲突引发的地区战争此起彼伏，海湾战争就是较近的例证。此外，出于政治上的原因而对友方给予经济援助或与其缔结经济同盟，对敌方实行经济封锁、终止贸易往来等做法更是屡见不鲜。以下这些都是政治与经济密不可分的典型例子：20 世纪 50 年代西方国家对中国的经济封锁；第二次世界大战后，美、英、法等国对战败国日、德的“输血”；近年来欧盟的不断扩大；北美自由贸易区的建立；西方国家对某些国家实行的贸易禁运。

首先，在国际商务谈判中，政治风险是指由于政治局势的变化或国际冲突而给有关商务活动的参与者带来的危害和损失。如第二次世界大战后一些发展中国家先后实行国有化政策，一夜之间外来资本被剥夺，这一做法至今仍使不少发达国家在考虑向发展中国家进行投资时顾虑重重。又如，伊朗和伊拉克之间的战争使许多国家蒙受了巨大损失，中国在伊朗和伊拉克承包的工程项目被迫停止，与两国的货物贸易合同不能履行，遭受了巨大损失。其次，政治风险也包括由于商务合作中的不当或者误会而给国家间的政治关系蒙上的阴影。

由此可见，政治因素确实与商务活动有着千丝万缕的联系，而且这种联系决定了政治风险的客观存在，一旦造成不良后果，往往就难以避免消极影响，也难以弥补损失。

由此可见，提前预见和防范政治风险的能力是开展国际商务合作的客观要求。

二、市场风险

国际商务合作只有以国际市场为背景而不是仅以某一国家国内市场为依据，才能保证其公平性和合理性。然而，国际市场上的各种因素变化多端，这就不可避免地给市场参与者带来了各种风险，主要有汇率风险、利率风险和价格风险。

(一) 汇率风险

汇率风险是指在较长的付款期内，由汇率变动造成结汇损失的风险；或指一个组织、经济实体或个人的以外币计价的资产与负债，因汇率变化而引起的价值上涨或下降的可能。在国际货币市场上，各种货币之间相对汇率的涨跌天天都在发生。当这种涨跌在一段时间内十分明显而又涉及巨额货币交易量时，其结果往往会让一方得到巨额的利益，而使另一方蒙受巨大的损失。

国际商务活动中的汇率风险主要有以下三种类型：

1. 交易结算风险

在进出口贸易中常常存在以外币计价结算的问题，如果国际商务合同签订时的汇率与实际交易结算时的汇率不一致，就有可能产生**交易结算风险**。这是国际企业面临的最主要的汇率风险。对出口商来说，如果在签订合同时以特定的本币兑外币的汇率为前提估计销售利润，而在结算时实际的本币兑外币的汇率比特定的汇率高，出口商就不能得到预期的利润，有时还会蒙受损失。对进口商来说，情况则恰好相反。

专栏阅读 9-1

上海某电器公司从美国进口了一套价值 150 万美元的设备（以美元计价），合同签订时的汇率是 1 美元兑换 5.28 元人民币，这套设备按人民币计价为 792 万元。但在 6 个月后，中方支付货款时汇率已上升为 1：5.84，此时该电器公司进口这套设备按人民币计价为 876 万元，比签订合同时多付了 84 万元人民币。这种交易结算风险从订立商务合同、确定外币计价的交易金额时就已产生，一直要到结算时才会消除。

2. 外汇买卖风险

银行在买卖外汇时面临着由本国货币与外币的兑换而产生的汇率风险。银行与企业在以外币借款和贷款，以及伴随外币借款、贷款而进行外汇交易时，也会面临同样的风险。这是由于银行或企业在买进或卖出外汇以后，到期还要进行相反的交易。假设 A 公司向银行借入 200 万美元，借款期限为两年。借款时美元与人民币的汇率为 1：5.28，A 公司等于借入了 1 056 万元人民币。再假设两年以后美元与人民币的汇率调整到 1：6.34，此时以人民币表示的 A 公司欠银行的债务本金为 1 268 万元，如果不计利息，A 公司偿还本金 200 万美元所需的人民币比当初要多 212 万元，这就是由汇率变动所引起的外汇买卖风险。

3. 会计风险

当企业对拥有的外币债权和债务必须进行会计处理时，由于企业一般是用本币对企业的经济活动进行核算的，因此就必须用本币来对外币债权和债务进行评价和折算，这就出现了折算的汇率问题。

如果外币债权和债务入账时的汇率与最终结算时的汇率不同，就会产生账面上的损益。这种损益不是进行交割时的实际损益，而是会计财务评价上的损益，它会影响到向股东和社会公开的经营业绩。与这种损益有关的风险就称为**会计风险**。

(二) 利率风险

利率是资金的价格，它的变动制约着资金的供给与需求的方向和数量。由于国际货币基金组织、世界银行及各国政府提供的贷款一般具有还款期较长、利率固定的特点，因此，这种含有捐助性质的贷款一般不存在利率风险。**利率风险**主要是指国际金融市场上由于各种商业贷款利率的变动而可能给当事人带来损失的风险。

若贷款以固定利率计息，则同种贷款利率升高或降低就会使贷款人受损或获益、借款人获益或受损。这种利率风险对于借贷双方是同时存在并反向作用的。自 20 世纪 70 年代以来，受日趋严重的通货膨胀的影响，国际金融市场上利率波动的幅度较大，金融机构很少发放利率固定的长期贷款，因为发放长期贷款需要有相应的资金来源支持，而资金来源主要是短期贷款，因此短期贷款利率决定了市场利率。在通货膨胀情况下，短期利率会不断攀升，借入短期贷款而发放长期贷款的机构自然要遭受损失。为了避免这种损失，在国际信贷业务中逐渐形成了长期贷款按不同利率计息的惯例，主要有浮动利率与期货利率，这些利率都有按金融市场行情变化而变化的特点。

对于因开展国际商务活动而需筹措资金的参与者而言，如果筹资时市场利率估计已达顶峰，有回跌趋势，则以先借短期贷款或以浮动利率借入长期贷款为宜，这样在利率回跌时就可再更新短期贷款；如果筹资时市场利率较低，并有回升趋势，则应争取设法借入固定利率的长期贷款。由于对国际金融市场行情的观察角度不一，认识深度各异，对行情趋势的分析就会不同。因此，在利用国际商业贷款从事商务活动时不可避免地要承担利率风险。

(三) 价格风险

从狭义上来理解，**价格风险**是对于筹资规模较大、延续时间较长的项目而言的，是指除汇率风险和利率风险以外的风险。例如，大型工程所需的某些设备往往要在项目建设后期提供，因此，在项目建设初期，甚至在合同谈判阶段就把这些设备的价格确定下来并予以固定是有风险的。

影响工程设备远期价格的主要因素包括：

(1) 原材料价格。一般而言，钢材、有色金属、木材等的价格随时间的推移总是上升的。

(2) 工资也是一项不断增长的费用，因为工资有价格刚性，易升不易降。

(3) 汇率和利率方面的风险。

(4) 国内外其他政治、经济情况的变动，如地区冲突、石油禁运等。

因此，在合同标的金额较大、建设周期较长的情况下，若要求外商以固定价格形式报价，就会使外商片面夸大那些不确定因素并把它们全部转移到固定价格中，使固定价格最终偏高，构成一种风险。

一般而言，价格形式除了固定价格以外，还有浮动价格和期货价格。期货价格既有避险的动因，也有投机的动因。然而，无论是何种动因，都表明了其隐含的风险。如果对国际期货市场缺乏经验，则采用浮动价格形式不失为一种积极、稳妥的方法。采用浮动价格形式虽然不能同时避免价格风险和利率风险，但至少可以在决定原材料价格、工资等时更有客观性、公平性与合理性。因此，在一些大型涉外合作项目中，对那些在项目建设开始后 5～7 年才需要向外商提供的有关设备，就可采取浮动价格形式。这样就可以避免因重大原材料价格、工资等上涨而可能遭遇的风险，相对节省了项目投资。国际商务往来中的价格风险不仅存在于硬件价格中，也存在于软件价格中。一定的软件投资对于发展中国家来说不仅重要，而且必要。然而，计算合理的软件价格是一件十分困难的事。虽然在理论上可将对机会成本、市场占有率等因素的分析作为计算依据，但是受市场供求关系的影响，确定软件价格的弹性很大。因此，可以充分利用国外著名的管理咨询公司、专利事务所、律师事务所、会计师事务所的帮助来确定软件价格。

综上所述，市场供求的波动决定了国际市场中外汇、资金、生产资料和劳务的价格变动，其中风险时时、处处存在。值得注意的是，汇率、利率、价格的变动往往不是单一的，它们既可能受某种共同因素的影响，又可能彼此之间互为因果。所以，汇率风险、利率风险、价格风险常常是交织在一起共同产生作用的。

三、合同风险

在国际商务活动中，在磋商及签订有关合同时，各种不确定因素和信息的缺乏会导致合同条款的不完善，从而给合同的执行带来一定的风险。常见的**合同风险**主要包括质量数量风险、交货风险、支付风险等。下面我们主要讨论前两种合同风险。

(一) 质量数量风险

在国际商务活动中，由于从签订合同到实际交付货物往往间隔一段较长的时间，而且在签订合同时，一般只凭借对拟买卖的商品做必要的描述而确定合同标的，因此在规定品质和服务条款时，就必须明确、具体，采用合适的描述方法，合理地规定影响品质的各项指标，以避免在交付时出现争议。

在规定商品数量时，也必须明确、具体。各国衡量单位等的不一致，都可能成为日后引发争议的原因。另外，在粮食、矿砂、化肥、食糖等大宗商品的交易中，还应该规定数量机动幅度，以免产生异议和争端。

(二) 交货风险

所谓交货风险，是指安全发货和收货所面临的风险，主要包括国际货物运输和保险两个方面。国际货物运输是国际贸易中不可或缺的一个环节。国际货物运输具有路线广、环节多、时效性强、情况复杂、风险大等特点。为了按时、按质、按量完成国际货物的运输任务，在磋商有关条款时，需要选定合理的运输方式、订立好各项运输条款，并运用好有关运输单据。

国际货物一般都需要通过长途运输，货物在整个运输过程中可能会遇到各种自然灾害或意外事故而遭受损失。为了转嫁在运输途中的损失，需要办理货物运输保险。在磋商交易条件时，也必须明确双方的保险责任，选择合适的投保条件，将可能的损失变成固定的费用。

四、技术风险

谈判中所要考虑的各类技术问题十分广泛，不仅包括项目本身的技术工艺要求，还包括项目管理的技术问题。因此，从广义上来理解，谈判中的**技术风险**所反映的内容很多，包括技术上过分苛求引起的风险、合作伙伴选择不当引起的风险和强迫性要求引起的风险等。

（一）技术上过分苛求引起的风险

在涉及引进技术、设备等项目的谈判中，引进方在进行项目的技术谈判时，常有不适当地提出过高技术指标的情况。这种情况对于发展中国家来讲比较普遍，特别是那些参与谈判的工程技术人员，总是希望对方提供的技术越先进、越完善、功能越全越好，这样做实际上也给项目成本的大幅上升埋下了种子。

在项目合作中向对方提出任何技术要求时，都要有承受相应费用的心理准备，而且需要清楚的是，有时费用的上升幅度会大大超过产品功能、精度提高的幅度。事实上，有相当部分的要求在实际运用中是不必要的。

专栏阅读 9-2

在一场涉及对远距离控制系统设备的引进及项目管理的谈判中，A方技术人员向B方提出了过多的要求，这使A方商务人员在合同价格谈判时面临很大的困难。需要指出的是，在项目管理中，A方要求B方承担部分责任，而这部分责任涉及A方负责的项目，B方认为要承担这种责任存在过多的不确定因素，这些因素对B方来讲都是未知的。因此，B方认为做这些事情风险很大，依据“收益越大，风险越大”的准则，他们提出了较高的报价。他们企图在最大的风险条件下依旧能获得稳定的收益，通过抬高合同价格的途径把风险重新转移给A方。

由此可见，技术上过分苛求也会引发风险，所以工程技术人员、谈判人员在提出有关要求时，应尽量使这些要求既符合己方的需要，又符合对方的技术规范。这样不仅在技术上可行，在经济上也可以达到合理的目标，并且有助于商务谈判的顺利开展。

(二) 合作伙伴选择不当引起的风险

发展中国家在开展国际经济合作的过程中，常常以引进资金、技术、设备及管理为主要内容，但能否如愿以偿地从发达国家的合作伙伴那里得到这些东西，却不十分确定。因此，不能仅仅因为对方是发达国家的企业，拥有先进技术，就认为合作一定能够成功。

专栏阅读 9-3

一手“断送”在中国市场业务，全面撤离已有4年，乐天现状如何?

曾几何时，中国市场在不少外资企业眼中可是“香饽饽”般的存在，毕竟国内人口众多，消费水平是毋庸置疑的。正因为如此，20世纪八九十年代，市场涌入了大量外资企业，这些外资企业发展至今大多已经在中国市场占据了一席之地。

当然，有外资企业发展出色，自然就有外资企业“败走”市场，但是做到让国人反感的地步，韩国乐天可能是为数不多的企业之一。不可否认，在国内零售业处于初步发展阶段时，拿得出手的本土零售企业并不多。这也是乐天集团会“盯”上中国市场的原因，1994年进入中国市场后，乐天就迎来了飞速发展。

乐天先后在北京创办了8家门店，之后又收购了本土超市品牌，在国内零售业市场一路扩张。要知道乐天曾经也是世界500强企业，在零售模式包括服务上还是有可取之处的。那时候乐天不仅在中国市场大幅扩张，而且在全世界范围内都有业务。

然而2017年的时候，由于一个错误的决定，乐天直接“断送”了在中国市场的业务。辛辛苦苦在中国市场发展了这么久，却在不到一年的时间里就全面退出，全国各地的门店不是倒闭就是转让了。从2017年到2021年，算起来全面撤离中国市场已经4年之久了，乐天现在发展得如何呢?

令人意想不到的是，乐天退出国内市场后，在全球零售业市场中的份额也进一步萎缩。虽说乐天是韩国五大财团之一，但是一直以来国内市场给乐天带来的利润是不容小觑的。有数据显示，2016年乐天在华营收还曾达到3.2万亿韩元之高，折算成人民币为200亿元左右。

只不过在国内市场苦心经营了20多年，却瞬间毁于一旦。2017年第二季度，乐天在中国市场的营业收入骤降了9成，已经无法支撑租金和员工工资了。好不容易撑到2017年9月，由于整体业绩惨不忍睹，乐天决定转让中国市场所有超市业务。

选择撤离中国市场的乐天，却并未道歉，这一做法彻底引起了国人反感。就连在韩国免税店市场，国人也拒绝购物。而乐天本身就是以经营零售业务为主，多年依靠中国市场的红利赚得盆满钵满。

失去了最大市场后，乐天的处境也是可以想象的。早在2019年的时候乐天就出现大规模亏损了，2020年收入虽然没有受到太大影响，不过净利润仅2.8万亿韩元。这还不及以前中国市场贡献的营业收入，对于这样一个庞大的集团而言，这点利润自然是不值一提的。

2020年，公司在百货商店、大型超市等方面的业务都受到了影响。考虑到经营方面的压力，2021 年 2 月 28 日，乐天还撤出了仁川国际机场。可见撤离中国市场后，乐天的日子并没有想象中那么好过。不管出于什么原因，至少整体发展大不如前是可以肯定的，否则也不会连本土免税店都关闭了。

资料来源：徐新．一手“断送”在中国市场业务，全面撤离已有 4 年，乐天现状如何？聚富财经，2021-08-11.

显然，在国际商务合作项目的谈判中，除考虑合作伙伴的技术状况之外，还要考察其资信条件、管理经验等。只有选择了合适的伙伴，才有可能保证合作项目达到预定目的。对于那些重要的、敏感的工程，更要寻找信誉良好、有实力的合作伙伴，为此承担稍高的合同价格也是完全值得的。

合作伙伴选择不当，不但会使项目在合作进程中面临一些难以预料甚至难以逆转的困难，造成不可挽回的损失，而且在项目尚未确定之时，就有可能蒙受机会成本的损失。

专栏阅读 9-4

亚洲开发银行曾有个大型贷款项目进行国际招标，中国的一家公司联合 A 国一家公司、B 国一家公司、C 国一家公司参加了投标，然而，C 国公司在联合投标过程中采取了不太合作的态度，不仅对其将要承担的部分报价过高，而且对合作者提出了一些难以接受的要求，给以我国公司为牵头单位的联合投标报价造成了极大困难。最后，经反复权衡，我国公司与 A 国公司、B 国公司毅然决定放弃 C 国公司，由另一个较为合作的 E 国公司替代，最终使联合投标行动得以成功。如果我国公司不放弃那家 C 国公司，我们就会因伙伴不配合而丧失成功机会。

（三）强迫性要求引起的风险

在国际政治事务中，往往会有一些大国凭借自己的实力强迫弱小国家接受它们提出的方案，否则就以各种制裁相威胁。在这种形势下，事态的发展要么以弱小国家屈服妥协为结局，要么导致冲突加剧，甚至可能带来战争危险。

与此相类似，在国际商务活动中，一些发达国家的企业在与发展中国家企业的交往中，利用发展中国家的企业希望得到对方政府的贷款并转让某些技术的心理，在项目合作条件上对发展中国家提出苛刻要求的事也时有发生。于是，发展中国家的企业就面临着强迫性要求引起的风险：要么接受不公平的条件，承受利益分配上的不平等；要么拒绝无理要求，承受机会成本损失。对于发展中国家来讲，它们既要维系与发达国家企业的合作，又要维护自己的合理利益，这确实是一个两难的选择。

反过来，有些发展中国家的企业在开展国际商务合作时，作为业主以高高在上的“皇帝”自居，对国外客商的合作条件横加挑剔，强迫对方做一些他们根本做不到或做不好的事情，甚至以为这是理所当然的，唯有如此才能保证自己的利益不受侵害。殊不知，即使外商被迫做出让步，接受了这些企业的要求，商人“不做亏本买卖”的秉性也会导致他们在日后的合作中一定会伺机把他们失去的利益再偷偷地补回去。这种明亏暗补的做法最典型的莫过于偷工减料，最终结果必定是对整个项目造成危害。曾有一个重大工程项目由中方某公司与外方某公司联合承包，由中方公司提供部分技术和设备，但在合同谈判中，中方公司为降低自己的风险，坚持要求外方公司负责整个项目的管理工作。外方公司认为整个项目主要是由中方公司承担的，这部分项目管理工作不应由外方公司负责，外方公司不愿因此承担连带责任。由于外方公司曾在 10 多年前因连带责任陷入危机险些破产，至今心有余悸，因此谈判陷入僵局。后来，中方有关部门做出了适当让步，矛盾才得以解决。

事实上，发展中国家在国际商务谈判中采取“强迫”的做法是与“苛求”的思想一脉相承的。当苛求的愿望变得很强烈，并且自恃有利地位在态度上变得强硬时，“强迫”就发生了，但与此同时，风险也随之而来。

五、素质风险

在开展国际商务活动时，参与者的素质低下会给谈判造成不必要的损失。实际上，把商务谈判过程中可能出现的各种风险划分为非人员风险和人员风险，就是要指出前者主要是由环境因素决定，后者主要是受人员素质的影响。从根本上讲，各种状况的技术风险都是由人员素质欠佳造成的。这些现象反映了一些国际商务活动参与者以及谈判人员经验不足，管理水平、谈判水平亟待提高的事实。除此之外，项目实施与管理过程中表现出来的人员内在素质低下，在很多情况下也构成了对商务合作潜在利益的威胁。

有的谈判人员在谈判过程中表现出急躁情绪，如急于求成，好表现自己，或者拖泥带水，迟疑犹豫，怕承担责任，因此不能真正把握时机，争取最大利益。事实上，造成这种风险固然有谈判人员先天性格方面的原因，但更重要的往往是谈判态度方面的原因。

有些谈判人员不敢担负责任，一遇到来自对方的压力或来自己方上司的压力，就感到无所适从，不能自主，具体表现为：有时在未与对方充分交涉协商的情况下就匆忙做出承诺，使经过努力争取可以获取更大利益的机会白白丧失；有时则久拖不决，不从实际工作出发，而是沉湎于谈判结果对于个人得失的影响，不能争取更有吸引力的合作前景。

有的谈判人员刚愎自用，自我表现欲望太强，在谈判中坚持一切都要以他的建议为准，寸步不让，从而使有些合作伙伴不得不知难而退。其结果只会把客商吓跑，从而丧失合作机会。

在国际商务谈判中，如果谈判人员既缺乏必要的知识，又没有充分地调查研究以及虚心地向专家请教，也会带来隐患。其实，在国际商务合作中，对客观环境不够了解、对专业问题不够熟悉是很平常的事，关键是谈判人员要正视自己的这种不足。那些应该掌握的情况、可以预知的知识缺陷是能够通过一定途径和方式加以了解和弥补的。尽管有些情况反映出谈判人员在专业知识方面存在不足，但是，只要事先能充分地进行调查分析、认真地做好可行性研究，特别是聘请一些专家顾问，如工程技术人员、律师、会计师等参与可行性研究，那么就可能对这些客观因素的影响做出“预先”估计，并采取相应的措施加以解决。

第二节 国际商务风险的预测与控制

风险规避并不意味着完全消灭风险，而是规避风险可能造成的损失。即一要降低这种损失发生的概率，这主要是指采取事先控制措施；二要降低损失程度，这包括事先预防、事后补救两个方面。

风险不仅有只会造成损失而没有获利机会的纯风险，如在货物运输途中，货主要面临船沉货毁的风险，而且有既能带来获利机会又存在损失可能的投机风险，如出口某种产品，开拓海外市场，既有可能成功，也有可能失败等。

在通常情况下，纯风险和投机风险是同时存在的。例如，房产所有者同时面临诸如火灾之类的纯风险和诸如经济形势变化引起房产价格变化的投机风险。

在国际商务谈判中，善于区别这两种风险并采取不同的应对策略具有重要意义。预测风险的关键点集中在两个方面：一是对损失程度的预测；二是对事件发生概率的预测。如果未来损失程度对整个事件是无足轻重的，那么即使事件发生的概率很大，花费很大的精力和财力去应对它也不值得；相反，如果事件发生的概率较小，但是一旦发生就会导致惨重损失，那么就需要认真考虑对策，并不惜承担必要成本去应对它。有鉴于此，首先要对风险做出比较可靠的预测。

一、由人员因素引起的风险的预测与控制

一般来说，由人员因素引起的风险大多比较容易预测，如技术人员出于对技术完美性的追求，往往追求最完美的设计、最健全的功能、最高的质量、最好的材料等，而不顾制造成本的大小，反映在有关引进技术设备的商务谈判中，就会表现为一种技术上过分苛求引发的风险。事实上，每提高 1%的性能，价格上升幅度很可能就会超过 1%，并呈几何级数增长。对此可做出较为准确和具体的预测，并对不同情况下各种方案的优劣做出评价，确定经济上较合理、技术上又先进可行的对策。

对于其他由人员因素，诸如现场管理、人员素质等造成的风险，只要谈判人员以及其他参与人员规避风险的意识提高，这些风险就较容易预测，也就较容易控制。

二、由非人员因素引起的风险的预测与控制

预见和控制由非人员因素引起的风险的难度较大，如非人员风险中的政治风险、自然灾害风险往往是不可预测的，这种风险一旦发生，常常让人手足无措。因此，只有采取事后补救的办法，但实际损失的绝大部分将无可挽回。因苏伊士运河被切断、在拉丁美洲的外国私人企业被没收、海湾战争，以及突如其来的地震、台风、海啸、旱涝等自然灾害给商务活动造成损失的例子不胜枚举。由于这些风险事先难以预测，因而损失就无法避免。

三、规避风险的措施

要规避国际商务合作中可能出现的风险，通常可采取的措施有以下几种：

（一）完全回避风险

这是指通过放弃或拒绝合作、停止业务活动来回避风险源。虽然潜在的或不确定的损失能得以避免，但获利的机会也会因此而丧失。

（二）控制风险损失

这是指通过减少损失发生的机会，降低损失发生的严重程度来应对风险。

（三）转移风险

这是指将自身可能要承受的潜在损失以一定的方式转移给第三者，包括保险与非保险两种方式。在国际商务活动中，普遍采用的做法就是**转移风险**。例如，让合作方的担保人来承担有关责任风险就是一种非保险的风险转移方式。

（四）自留风险

自留风险既可以是被动的，也可以是主动的；既可以是无意识的，也可以是有意识的。当风险没有被预见，因而没有做好处理风险的准备时，自留风险就是被动的或者是无计划的。这种自留风险的方式是常见的，而且在一定程度上不可避免。所谓主动的或有计划的自留风险，通常是采取建立一笔专项基金的做法，以此来弥补可能遭遇的不测事件所带来的损失。在某些情况下，自留风险可能是唯一的对策，因为有时完全回避风险是不可能或明显不利的，这时采取有计划的自留风险不失为一种规避风险的方式。

由此可见，在国际商务活动中，源自政治、自然灾害的风险损失常常是被动的、无计划的自留风险的结果，因为这种风险是难以预测的，采取主动的、有计划的自留风险措施也往往只是杯水车薪之举。对于那些根据已经观察到的事实而判断出来的政治风险和自然灾害风险，采取完全回避风险的策略显然是较好的办法。如取消对可能发生战争或动乱的国家或地区的投资计划，停止在洪水经常泛滥的河谷地带建厂等，都可以称得上明智的选择。在国际保险业日益发达的今天，通过保险来转移自然风险所造成的损失已成为一种普遍的选择；同时，对政治风险的保险也已经成为一种现实，只是这种保险业务的内容尚被严格地限制在一定的范围之内。

风险越不容易被预测，就越难以得到控制；反之，风险一经被识别和衡量，相应的对策和措施就会较容易被找到。对于非人员风险中的市场风险，包括汇率风险、利率风险、价格风险，可以通过加强预防措施来达到减少风险的目的。例如，针对汇率风险隐含投机可能的特性，可以采用外汇期货交易或期权交易方式，因为它不仅是一个争取套期保值的过程，同时也是一个可能获利的过程，这或许是处理风险更为积极的做法。也就是说，从广义上来理解，风险规避不仅指消灭风险，而且指在减少未来可能的损失的同时，实现未来收益的增长。

第三节 规避风险的手段

在国际商务谈判中，针对各种风险，应对的具体策略主要有以下几种：

一、咨询专家

专家可以帮助谈判人员了解客观环境。例如，我国在菲律宾的一项承包工程中，因打桩造成噪声污染而被迫向附近的一家医院赔款。若在当时预先聘请一位当地律师，请他审查一下合同条款是否有疏漏，并请他来施工现场做一番考察，那么因噪声污染而影响医院安静一事就会被及时发现，通过采取必要的预控措施，就可避免向该医院赔款 60 万美元的事情发生。

在选择国外合作伙伴时，主动咨询专家的意见有助于我们避免因伙伴选择不当而造成的风险损失。这种专家渠道有很多，既可以是国内有关专业外贸公司、同行业企业，也可以是国外特别是项目所涉及的有关国家的政府部门、行业机构，甚至可以是国内外银行等金融机构、外国驻我国使领馆和我国驻外使领馆等。值得一提的是，以往我们不大重视从银行渠道获得开展国际商务活动所需要的信息，但实际上，金融机构之间频繁的业务往来使银行成为各种商务信息的天然集散地。例如，我国 L 市为大型项目提供有关技术设备的 M 公司，由于缺乏资金实力而被银行冻结了往来资金，结果严重影响了项目的合作进程。事实上，有一家外国银行曾在咨询报告中推荐另一家公司来代替 M 公司，可惜当时并未引起 L 市的重视，否则 L 市就不会陷入十分被动的尴尬境地了。

政治风险、自然灾害风险主要是纯风险，它们难以预测，一旦造成了危害，后果又会非常严重。因此，向有关方面的专家请教可能会得到有价值的信息。例如，到海外投资时，一定要请国际政治问题专家帮助考证当地政治环境是否稳定，与周边国家和地区的关系如何等；与国外大公司、金融财团合作时，一定要设法弄清楚它们与该国政府、议会之间的关系；为国外客商发射通信卫星时，一定要请气象专家精确推算计划发射时间内的气象变化趋势，并请他们参与发射方案的制订。专家虽然不能保证完全消除这些风险，但他们掌握的知识和信息更充分、更专业，而这正是商务谈判人员需要了解的。

二、利用保险市场与信贷担保工具

在国际商务活动中，向保险公司投保已成为一种相当普遍的转移风险的方式。与价格风险、汇率风险等投机风险不同，保险一般仅适用于纯风险。然而不管怎样，在面对是否就项目中存在的纯风险投保、向哪家保险公司投保、承保事项如何确定、选择什么档次的保险费率、如何与合作方分担保险费等问题时，谈判人员还应虚心听取保险专家的意见。

在国际商务活动中，信贷担保不仅是一种支付手段，而且在某种意义上也具有规避风险的作用。在大型工程项目中，业主为了预防承包商出现差错，延误工程进度，从而保护自己的利益，可以要求承包商或供应商在签订合同时答应提供银行担保。通常这类担保必须由银行做出，可分为三种：

(一) 投标保证书

为了阻止投标者在中标后不依照投标报价签订合同，可以要求投标者在投标的同时提供银行签发的**投标保证书**。开标后如投标者未中标，或在正式签订合同后，银行的担保责任即告解除。

(二) 履约保证书

为了防止供应商或承包商不履行合同，业主可以要求供应商提供银行签发的**履约保证书**，一旦发生不履约的情况，业主就可以从银行得到补偿。

(三) 预付款担保

在业主向供应商按合同规定支付预付款时，可向供应商等索取银行签发的**预付款担保**，以保证自身的利益。

三、利用各种技术手段

对于市场风险中所涉及的外汇风险、利率风险、价格风险，我们是可以通过一定的财务手段加以调节和转化的。作为商品交换的高级形式，期货和期权交易在这方面充当了主要角色。

受国际政治、经济等因素的影响，未来供求关系将不断变化，由此引起的价格波动对买卖双方均会产生不利影响。为减少这种风险，交易者可以通过在期货、期权市场公开竞争，以其认为最适当的价格随时转售或补进商品，与现货交易对冲，从而将价格波动的风险转移给第三者，达到保值的目的。与此同时，利用价格的时间差、地区差从事买空卖空、牟取利润的投机商也伴随着这样一种交易过程而产生。因此，期货交易价格反映了市场参与者对 3 个月、6 个月或 1 年乃至更长时间的供求关系、价格走势的综合判断。随着世界期货、期权交易的蓬勃发展，参与交易的商品也日趋多样化。目前已发展为四大类：一是商品期货交易，如谷物、棉花、橡胶以及金属等；二是黄金期货交易；三是金融工具期货交易，如债券、股票指数、利率等；四是外汇期货交易。

(一) 应对外汇风险的技术手段

为了防范外汇风险，通常采用一定的方法来消除或分散风险，甚至获取风险收益。下面介绍各种措施的实施背景和具体操作手段。

1. 消除外汇风险的对策

(1) 平衡法，包括：1) 单项平衡法。这是指某一项具体交易的货币平衡。如某公司准备引进一套设备，在向银行申请美元外汇贷款时，就应在设备交易谈判中力争用美元计价支付，这就不存在货币的兑换问题，因而在设备交易中就不会遭受外汇风险。但如果公司从银行获得的美元借款没有约定归还时的汇率，或归还时的汇率与贷款时的汇率不同，就会存在汇率风险。在合资企业中，当我们以美元计价引进设备时，也完全可以将生产出的产品以美元计价出口，收取美元，归还贷款，以消除贷款的汇率风险。可见，这是一种通过借用一致或借还一致的原则来选用货币，避免汇率风险的方法。2）综合平衡法。这是指公司的一系列交易或整个对外经济活动中的货币平衡，具体做法是将两笔或多笔对外交易业务联结在一起选择计价货币。例如，某公司有两笔出口业务，都在6个月以后收汇，为避免汇率风险，公司在谈判中就必须选择两种关系非常密切而币值的运动方向相反（即一种货币升值时，另一种货币就贬值）的货币，如两者变动的幅度相近则更好。这样在6个月以后收汇时，如果第一笔交易中计价货币的汇率下跌，给公司造成损失，则第二笔交易中计价货币汇率将上升，给公司带来收益，从而达到降低外汇风险的目的。又如在公司的两笔对外业务中正好有一笔是收入业务，一笔是支出业务，这样在对外商务谈判中就应选择以相同的货币作为计价货币，使两笔交易在汇率方面的损益相互抵销，从而降低或消除汇率风险。

综合平衡法只能部分消除或基本上消除汇率风险，这是由于交易收入及支出的时间、金额不可能完全一致，而在用不同货币作为平衡货币时还存在平衡货币之间变动幅度不一致的问题。同时，综合平衡法较为适合对外交易的地区范围广、业务多的大公司。公司可事先将不同币种、不同期限的远期外汇收付款进行汇总轧抵，然后根据轧抵的结果决定本笔交易及今后交易中选择何种货币来避开或减少汇率风险。

(2) 人民币计价法。汇率风险的产生是因为在以外币计价的情况下，签订交易合同时外币与本币（即人民币）的汇率和实际交割时外币与人民币的汇率不同，从而产生人民币收支上的损益。如果在国际商务活动的结算中能够争取到以人民币作为计价货币，己方直接收付的都是人民币，就不存在与外币的兑换折算问题，实际收付的人民币数额与交易合同中规定的人民币数额将完全相同。因此，不论国际汇率如何波动，都无任何风险。

(3) 易货贸易法。如果交易双方达成协议，在一定的时间内对等地从对方那里购买相同金额的货物或劳务，并用同一种货币进行清算，就可以完全消除汇率风险。这是由于双方都保持着进出口平衡，又都用同一种货币（如人民币或美元等）计价。对补偿贸易来说，如果在合同中既确定了设备及技术的价格，同时又确定了补偿产品的价格，并用同一货币进行计价，那么同样也可以完全消除汇率风险。

2. 分担汇率风险的措施

分担汇率风险的措施中，最常用的是签订货币保值条款，这一措施容易使谈判双方接受，因而在国际商务谈判中应用得较多。如果在国际商务谈判中，难以把握交易的计价货币的汇率变动趋势，或因种种因素限制必须接受可能于己不利的计价货币，可采用签订货币保值条款这一措施来避免或减少汇率风险。基本做法为：选择交易时的硬货币（一般为美元）作为保值货币，如果计价货币（中方为人民币）兑美元的汇率变动超过规定的某一幅度，就对其价格做相应的调整，由卖方或买方来支付差额或由双方按约定的比例分摊。例如，某公司向日本出口一批服装，合同金额为100万元人民币（以人民币计价）。为防范汇率风险，双方在合同中签订了货币保值条款。合同规定：如果人民币兑美元的汇率上下浮动达 2%，就按变化后的汇率结算；如果达不到上下浮动 2%，则价格不变。假设签订合同时的汇率为 1∶5，折合为 20 万美元。在日商实际结付时，汇率为 1∶6，此时已超过了下浮 2%的指标，故日商按结算时人民币兑美元的汇率计价，实际要支付 120 万元人民币；假如在日商结付时汇率为 1∶4，此时日商实际支付的货款为 80 万元人民币。

从美元的角度来看，买卖双方的实际收支额与当初签订合同时的金额是完全一致的，双方都没有承担汇率风险，但从人民币的结付来看，在人民币汇率下跌时，是由买方向卖方支付汇率差价，而在人民币汇率上涨时，是由卖方向买方支付汇率差价。假如双方在合同中约定，汇率变动的差价由双方分摊，则按约定的比例分摊。这是一种双向保值方法，对卖方和买方都保值，由买卖双方共同分担汇率风险。

3. 获取风险收益的方法

汇率的变动既可能给企业带来损失，也可能带来风险收益。只要采取的措施得当，就能减少损失，获得较大的风险收益。

(1) 正确利用结汇的时间差。当交易的一方判定汇率将发生某种变化时，可将结汇的日期提前或推迟，以避免汇率变动的风险，从而获取汇价收益。在进口的情况下，当预计计价外币兑人民币的汇率将下跌时，应尽量延长或推迟支付期，以多获取汇价收益；而当预计汇率将上升时，应提前或缩短支付期，以尽量避免或减少汇率风险导致的损失。在出口的情况下，当预计计价外币兑人民币的汇率将下跌时，应提前或缩短结汇期，以尽量避免或减少汇率风险导致的损失；而当预计计价外币兑人民币的汇率将上升时，则应推迟或延长结汇期，以尽可能多地获取汇价收益。

(2) 正确采用不同的计价货币。如果在谈判过程中能对各种货币的汇率走势做出正确的判断，那么对出口一方来说，应选择汇率趋于上升的硬货币计价；对进口的一方来说，则应选择汇率趋于下跌的软货币计价。对出口的一方来说，用硬货币计价意味着在实际收到买方支付的货币时，因汇率比订立合同时更高，可兑换到更多数量的本币或其他货币，从而获得风险收益；对进口的一方来说，用软货币计价意味着在实际支付卖方货币时，因汇率比订立合同时低，只用较少的本币或其他货币就可兑换到合同金额的计价货币，完成支付的义务和责任，从而也就获得了风险收益（减少支出）。

在国际商务谈判中，汇率风险处理的复杂性不是表现在某种方法的具体运用和操作上，而是表现在如何根据谈判中的具体条件，在众多防范汇率风险的方法中，选择较为适宜的方法。各种汇率风险防范方法的运用要受到一些必然因素的制约，更为重要的是，运用这些汇率风险防范措施的前提是在整个谈判过程中分析和考虑以下主要因素：

1) 汇率趋势。防范汇率风险的方法，特别是获取风险收益的方法的运用，直接依赖于对汇率走势的正确分析、判断和把握。在选择风险防范措施时，必须从自身对汇率走势的判断能力出发。如果对汇率走势的判断能力不强，或对本次交易所涉及的计价货币的汇率走势难以准确地分析和判断，那么最妥当的做法是争取用人民币计价和支付；或通过订立货币保值条款或汇率风险分摊条款，将以获取汇率风险收益为目标改为以减少汇率风险损失或完全避免汇率风险为目标。

2）谈判中的地位。汇率风险的防范措施都涉及或影响到谈判双方的利益。谁都想选择最有利于自己的措施，但是否能如愿，取决于自己在谈判中的地位。例如，在进出口贸易中，己方作为出口方，选择硬货币作为计价或支付货币对己方最为有利，但有可能损害进口方的利益。因此，在一般情况下进口方是不会接受的，除非己方在谈判中占有比较明显的优势地位或者绝对的优势地位。如果己方在谈判中实力较强，占有绝对优势或明显优势，可考虑争取在收入外币时（出口情形下）选用硬货币计价，而在支付外币时（进口情形下）选用软货币计价。如果己方在谈判中实力稍强于对方，谈判地位稍优于对方，则可争取提前或推迟收付，并要求以人民币计价。如果双方实力相等、地位相当，则可选择采用对等易货贸易法、平衡法。如果己方谈判实力较弱，对方在谈判地位上占优势，可选择约定货币保值条款或汇率风险分摊条款。

3）市场竞争状况。在防范汇率风险时，还要结合当时的市场形势、竞争状况综合考虑。如果市场竞争激烈，己方既想扩大或维持市场占有率，又不愿意通过减价销售的方法来实现，那么可在对汇率做认真的分析后，对可能产生的汇率风险不做处理，利用汇率变动对价格的影响来增强自己的价格竞争力。例如，我国上海某公司在香港与美国某公司销售同样的产品，索取相同的价格，并均以港元计价，因而是强劲的竞争对手。假如现在美元兑港元的汇率保持不变，而人民币兑港元的汇率下跌，那么上海某公司既可以通过降价来增强竞争力，也可以在不降价的情况下同样增强己方的竞争力，因为在汇率下跌的情况下，可用较少的港元换得较多的人民币用于购买中方的其他商品。

4. 防范汇率风险的成本

在选择防范外汇风险的措施时，还必须注意采用该种措施的成本。如果损失超过了采用该种措施所可能得到的利益，那么很显然这种措施是不可取的。防范汇率风险的成本受以下几个因素影响：

（1）利率。从汇率的角度看贷款，对借款人来说，借进软货币比较有利，但从成本的角度来看，软货币的贷款利率较高，而硬货币的贷款利率较低。因此，只有当汇率上的好处大于利率上的不利时，借入软货币才是真正有利的。

（2）提价幅度。在己方作为进口方坚持要以软货币计价支付或出口方坚持要以硬货币计价支付的情况下，对方为了避免汇率风险，往往会采取价格调整法，即在价格中增加或减少一部分金额用于防范汇率风险。如果汇率的实际变动所导致的价格变动小于对方增加或减少的部分，那么对方实际上将全部汇率风险转嫁给己方以后还有可能获得部分额外收益。即使汇率的实际变动所导致的价格变动大于对方增加或减少的部分，只要不超过一倍的限度，那么实际上汇率风险的大部分还是由己方承担了。在这种情况下，无论选择硬货币还是软货币计价都是利少弊多。

（3）其他因素。在己方坚持以某种货币为计价货币而对方难以直接反对时，对方除了在价格上做调整外，还可在结汇的时间、支付的方式等方面提出要求，进行变更。如果己方作为出口方坚持用美元计价，那么对方虽然由于某些原因难以反对，但对方可以提出将支付方式由原来的信用证方式改为托收承付方式，甚至要求延期付款。在这种情况下，虽然己方避免了汇率风险，但增加了货款收付的风险和成本。

因此，在国际商务谈判中，对于风险，必须做充分、认真的分析，综合考虑各种因素的影响，结合本公司的实际，权衡利弊以后再选择合适的措施进行防范和控制。

(二) 应对利率风险的技术手段

1. 利用利率期货市场

利率期货是指以债券类证券为标的的期货合约，它可以回避银行利率波动所引起的证券价格变动的风险。通常，按照合约标的的期限，利率期货可分为短期利率期货和长期利率期货两大类。短期利率期货是指期货合约标的的期限在一年以内的各种利率期货，即以货币市场的各类债务凭证为标的的利率期货均属短期利率期货，包括各种期限的商业票据期货、国库券期货及欧洲美元定期存款期货等；而长期利率期货则是指期货合约标的的期限在一年以上的各种利率期货，即以资本市场的各类债务凭证为标的的利率期货均属长期利率期货，包括各种期限的中长期国债期货和市政公债指数期货等。不同期限的利率期货为不同的国际商务合同提供了相应的避险工具。

但是，期货市场在为参与者提供风险对冲机制时，也会产生很大的风险。正如马丁·迈耶针对期货交易所说的："它既是能发挥巨大作用的杰克尔博士，又是能带来巨大风险的海地先生。"

2. 利用远期交易

远期交易是交易双方约定在未来某个时期按照预先签订的协议交易某一特定产品的合约，该合约规定了双方交易的资产、交易的日期、交易的价格等，其具体条款可由交易双方协商确定。在国际金融市场上，运用得最多的远期交易就是远期利率协议和远期外汇交易。远期交易机制是最早为规避风险而产生的一种交易机制。例如，在预计未来将获得一笔外汇时，可以预先将其在远期市场上卖出，从而锁定风险，在很大程度上消除不确定性。

3. 利用期权交易

期权是事先以较小的代价购买一种在未来规定的时间内以某一确定价格买入或卖出某种金融工具的权利。其中，购买这种权利所付出的代价就是期权费，而未来买入或卖出某种金融工具的价格就是执行价格。按照购买者的权利划分，期权分为两种，即买入期权和卖出期权。买入期权也称看涨期权，是指期权的购买者预期某种产品的价格会上涨时，以一定的期权费购买在未来约定的时期内以约定的价格购买该种产品的权利。卖出期权也称看跌期权，是指期权的购买者预期某种产品的价格会下跌时，以一定的期权费购买在未来约定的时期内以约定的价格卖出该种产品的权利。与远期交易类似，当国际商务活动中会获得或需要支付一定的外汇时，可以利用相应的**期权交易**进行套期保值。

(三) 应对价格风险的技术手段

在国际商务活动中，双方大多是在协商一致的基础上明确地规定具体的价格，即固定价格。但由于国际市场上行情往往受各种临时因素的影响，瞬息万变，固定价格会给买卖双方带来风险。在合同价格的规定方面，可以采取一些变通的方法，以避免价格波动带来的风险。

1. 非固定价格

非固定价格，即一般业务中所说的“活价”，可分为以下几种：

(1) 具体价格待定。可以在合同价格条款中明确规定定价时间和定价方法。例如，在装船月份前 45 天，参照当地及国际市场价格水平，协商议定正式价格；或按提单日期的国际市场价格计算。

(2) 暂定价格。在合同中先订立一个初步价格，作为开立信用证和初步付款的依据，待双方确定最后价格后再进行最后结算，多退少补。例如，单价暂定 CIF 伦敦，每公吨 1 000 英镑，作价方法是以某交易所 3 个月期货，按装船月份的月平均价格加 5 英镑计算，买方按本合同规定的暂定价格开立信用证。

(3) 部分固定价格，部分非固定价格。为了照顾双方利益，解决双方在采用固定价格或非固定价格方面的分歧，同时避免价格波动带来的风险，也可以采取部分固定价格、部分非固定价格的方法；或是采用分批作价的方法，交货期近的价格在订约时间固定下来，余者在交货前一定期限内作价。

非固定价格是一种变通做法，在行情变动剧烈或双方未能就价格取得一致意见时，采用这种价格有一定的好处，具体表现为：第一，有助于暂时解决双方在价格方面的分歧，先就其他条款达成协议，早日签约。第二，有助于消除客户对价格风险的顾虑，使之敢于签订交货期长的合同。数量、交货期的早日确定不但有利于巩固和扩大出口市场，也有利于生产、收购和出口计划的安排。第三，对进出口双方，虽不能完全排除价格风险，但对出口方来说，可以不失时机地做成生意；对进口方来说，可以保证一定的销售利润。

2. 价格调整条款

在国际货物买卖中，有的合同除规定具体价格外，还规定了各种不同的**价格调整条款**。例如，若买方对其他客户的成交价格高于或低于合同价格 5%，对本合同未执行的数量，双方协商调整价格。这种做法的目的是把价格变动的风险规定在一定范围之内，以增强客户经营的信心。

在国际商务活动中，对于加工周期较长的机械设备合同，都普遍采用所谓的“价格调整条款”，要求在订立合同时只规定初步价格，同时规定如果原料价格、工资发生变化，那么卖方保留调整价格的权利。

在价格调整条款中，通常采用以下公式来调整价格：

$$P = P_0(A + BM/M_0 + CW/W_0)$$

式中，P 代表商品交货时的最后价格；P_0 代表签订合同时约定的初步价格；A 代表经营管理费用和利润在价格中所占的比重；B 代表原料在价格中所占的比重；M 代表计算最后价格时引用的有关原料的平均价格或指数；M_0 代表签订合同时引用的有关原料的平均价格或指数；C 代表工资在价格中所占的比重；W 代表计算最后价格时引用的有关工资的平均数或指数；W_0 代表签订合同时引用的有关工资的平均数或指数。A、B、C 在合同签订时确定，以后固定不变。

如果买卖双方在合同中规定，按上式计算出来的最后价格与约定的初步价格相比，其差额不超过约定的范围，初步价格可不予调整，合同原定价格对双方当事人仍有约束力。

上述价格调整条款的基本内容是按原料价格和工资的变动来计算合同的最后价格。在通货膨胀条件下，它实际上是出口商转嫁国内通货膨胀、确保利润的一种方法。但是，值得注意的是，这种做法已经被联合国欧洲经济委员会纳入它所制定的标准合同中，其应用范围已从原来的机械设备交易扩展到一些初级产品交易中，因而具有一定的普遍性。

由于这类条款是以工资和原料价格变动作为调整价格的依据，因此，在使用这类条款时，必须注意工资指数和原料价格指数的选择，并在合同中予以明确。

3. 套期保值

套期保值是期货市场交易者将期货交易与现货交易结合起来进行的一种市场行为，其目的就是要通过期货交易转移现货交易中的价格风险，并获得这两种交易相配合的最大利润。套期保值之所以能起到转移现货价格风险的作用，是因为同一种商品的现货市场价格和期货市场价格的变化趋势基本上是一致的。因此，套期保值者经常在购入现货的同时在期货市场上出售期货，或在出售现货的同时买入期货。这样，由于在期货市场和现货市场上出现了相反的交易，所以通常会出现一盈一亏的情况。套期保值者就是希望以期货市场的盈利来弥补现货市场可能遭受的损失。

期货套期保值者在期货市场的做法有两种：卖期保值和买期保值。

（1）卖期保值。卖期保值是指套期保值者根据现货交易情况，先在期货市场上卖出期货合同（或称为建立空头交易头寸），然后再以多头进行平仓的做法。生产商在预售产品时，或加工商在采购原料时，经常采用这种方法，以转移风险，避免可能的损失。

（2）买期保值。与卖期保值相反，买期保值是指套期保值者根据现货交易情况，先在期货市场上买入期货合同（称为建立多头交易头寸），然后再通过卖出期货合同进行平仓的做法。中间商在采购货源时，为避免价格波动，固定价格成本，经常采用买期保值方法。

套期保值虽然可以转移现货价格发生不利变动的风险，但是也排除了交易者从现货价格的有利变化中获得额外利润的机会。由于期货合同都规定了固定的数量，所以每份合同代表一定数量的期货商品。但是，在实物交易中，商品的数量是根据双方的需要达成的，不可能与期货合同的要求完全一致。这就使得在套期保值时，实物交易数量与套期保值的数量不一致，从而影响套期保值的效果。

四、提高谈判人员的素质

在国际商务谈判过程中，风险可谓无处不在、无时不有。一旦谈判主题明确，谈判人员确定，风险就已形成。因此，谈判人员的挑选应当着重依照一定的素质要求从严掌握。虽然不可能等这些候选者完全符合理想标准以后才允许他们参加谈判（事实上，谈判人员的素质恰恰是在谈判实践中不断磨炼和提高的），但是由于国际商务谈判的责任重大，因此不得不对谈判人员，特别是首席谈判代表，提出严格的要求；最终被选定的谈判人员应该以事业为重，有较强的自我控制能力，不图虚荣，敢于负责。

谈判人员应该知识面广，谦虚好学，能虚心求教他人。我国某公司曾在泰国承包了一个工程项目，由于不了解施工时期是在泰国的雨季，己方运过去的轮胎式机械在泥泞的施工场地上根本无法使用，只得重新组织履带式机械，因此耽搁了采购、报关、运输时间，延误了工期，于是对方提出了索赔。如果当初己方能多了解一点世界地理知识，知道泰国的气候特点或主动向专家了解一下在泰国施工可能遇到的困难，那么这家公司就可以避免经济损失和信誉损失。

谈判人员应该工作深入细致，洞察力强，信息渠道多，善于营造竞争局面，多方择优，这样就可以避免或减少合作伙伴选择方面的风险。

谈判人员要懂得"一分钱一分货"的道理，既要坚持合理的要求，又不能提出过分的条件，这样所谓的苛求风险也就不复存在了。

谈判人员还应该对政治与经济的辩证关系有深刻而清醒的认识。从事国际商务谈判的人员应不断努力提高对国际政治形势的分析和预测能力，从而提高对政治风险的控制能力。

案例专栏阅读

美国今年最大并购：
芯片制造商 ADI 以约 210 亿美元收购竞争对手 Maxim

据路透社 14 日消息，半导体制造商 Analog Devices Inc.（ADI. O）周一表示，将以约 210 亿美元收购竞争对手 Maxim Integrated Products Inc.（MXIM. O），旨在提升其在汽车和 5G 芯片制造领域的市场份额。

这是 ADI 最大的一笔并购交易，也是美国今年最大的一笔并购交易。它将打造一支企业价值合计约 680 亿美元的芯片制造力量，与包括得州仪器（TXN. O）在内的大型竞争对手展开竞争。

ADI 首席执行官文森特·罗奇（Vincent Roche）在接受采访时表示，合并后的团队将帮助由此产生的公司为汽车制造商等客户设计更专业、利润率更高的芯片。据一位知情人士透露，ADI 在 4 月中旬与 Maxim 进行了接触，因为自新冠肺炎疫情袭击美国以来，两家公司的股票都从底部慢慢恢复。ADI 一度认为收购竞争对手的溢价过高。在过去的三个月里，这笔交易是通过虚拟会议谈判达成的。

两家公司表示，这笔交易将 Maxim 在汽车和数据中心市场的优势加入 ADI 广泛的工业、通信和数字医疗领域。

总部位于马萨诸塞州诺伍德市的 Analog Devices 公司为从交通和医疗保健到仪器仪表和便携式消费设备等一系列行业提供传感器、数据转换器、放大器和其他信号处理产品。总部位于加州圣何塞的 Maxim 设计和制造模拟芯片，这些芯片被应用于汽车、制造业、能源、通信、医疗保健和联网设备。

路透社周日晚间曾报道，ADI 正在就收购 Maxim 进行高级谈判。该报价对 Maxim 的估值为每股 78.43 美元，较上周五收盘价溢价约 22%，Maxim 收盘上涨 8.1%，报 69.29 美元/股；Analog 股价收盘下跌 5.8%，报 117.25 美元/股。

两家公司在一份声明中称，根据条款，Maxim 股东每持有一股 Analog 股票将获得 0.630 股并购后的股票，并指出：这笔交易预计将在结束后约 18 个月内增加合并后实体的调整后收益，到第二年年底将节省 2.75 亿美元的成本。据知情人士透露，虽然该交易需要美国、中国和欧洲监管机构的批准，但鉴于双方业务重叠有限，两家公司认为不需要很多资产剥离。包括首席执行官 Tunç Doluca 在内的两名 Maxim 董事将加入 ADI 的董事会。摩根士丹利担任 ADI 的财务顾问，同时也是博发证券的财务顾问；摩根大通担任 Maxim 的财务顾问。

资料来源：美国今年最大并购：芯片制造商 ADI 以约 210 亿美元收购竞争对手 Maxim. 新浪财经，2020-07-14.

本章小结

在国际商务谈判中，风险是难以完全避免的，高风险虽然意味着潜在威胁，但同时也意味着高收益，关键就在于对度的把握。本章首先分门别类对商务谈判中的风险进行了分析，然后阐述了风险的预测与控制，提出了规避风险的手段。国际商务谈判中的风险主要包括非人员风险和人员风险。非人员风险包括政治风险、市场风险、合同风险、自然灾害风险等；人员风险主要包括素质风险、技术风险、沟通风险等。规避风险的措施有完全回避风险、风险损失的控制、转移风险和自留风险。规避风险的手段主要包括咨询专家、利用保险市场与信贷担保工具、利用各种技术手段以及提高谈判人员的素质。

本章关键词

汇率风险	交易结算风险	会计风险	利率风险
价格风险	合同风险	技术风险	转移风险
自留风险	投标保证书	履约保证书	预付款担保
单项平衡法	综合平衡法	利率期货	远期交易
期权交易	价格调整条款	套期保值	

讨论与思考

1. 国际商务谈判中的风险主要有哪些?
2. 规避国际商务合作中风险的措施通常有哪些?
3. 规避国际商务谈判中的汇率风险可以采取哪些技术手段?
4. 规避国际商务谈判中的价格风险可以采取哪些技术手段?

延伸阅读

世贸组织裁决中方胜诉 每年可对美实施 6.45 亿美元贸易报复

2022 年 1 月 26 日，世贸组织仲裁庭发布中国诉美国反补贴措施世贸争端案裁决，认定由于美方没有履行世贸组织生效裁决，中方在货物贸易领域每年可以对美方实施 6.45 亿美元贸易报复。中国商务部 27 日表示，本案胜诉具有重要意义。

这场争端案始于 2012 年 5 月，中国向世贸组织起诉美国对中国油井管、铜版纸、钢制轮毂等产品实施反补贴措施（案件编号：DS437）。经专家组和上诉机构两审，2015 年 1 月 16 日，世贸组织争端解决机构会议裁定中国在公共机构、补贴专向性、补贴计算外部基准等核心问题上胜诉，美国对中国出口产品采取的反补贴措施违反世贸组织规则，要求美方纠正其违规措施。

“中国于2012年起诉，经过‘一审’（原审）、‘二审’（上诉）后，于2015年胜诉。但是胜诉后，还面临后续执行的问题。”亲历本案的中国律师李政浩说。经世贸组织仲裁员裁定，DS437案合理执行期为14个月零16天，到期日为2016年4月1日。然而美国商务部执行裁决的工作一直进展缓慢。鉴于美方没能在合理执行期内执行世贸组织裁决，中方于2019年10月17日向世贸组织提出贸易报复授权申请。北京大学法学院教授、WTO上诉机构前主席赵宏解释说，如果败诉方在合理期限内未执行WTO裁决，申诉方可以依据申诉方损失申请向败诉方执行贸易报复，通过仲裁确定贸易报复额。“如果败诉方没有完全履行争端裁决报告的话，申诉方可以要求进行中止减让裁决，也就是贸易报复水平的裁决。”

美方反对中方提出的报复水平，案件进入贸易报复水平仲裁。在仲裁过程中，美方试图将报复额压低到1亿美元，中方据理力争。2022年1月26日，世贸组织仲裁庭发布裁决，认定中方在货物贸易领域每年可对美方实施6.45亿美元贸易报复。“世贸组织仲裁庭驳回了美方提出的大部分抗辩和借口，最终裁决的报复水平接近中方提出的有理有据的报复水平，所以我们认为，这个结果对于中方来说是符合预期、比较理想的。”李政浩说。

赵宏告诉记者，中方可以通过合法的、有授权的对美产品加征关税，实施贸易报复，维护合法权益。不过在当前中美双边贸易关系下，是否实施、如何实施贸易报复，还需要考量。“这个裁决无论如何都是法律上的胜利。裁决结果本身表明，各方于25年前达成的乌拉圭回合协议基础上形成的两级审理的争端解决机制仍然在发挥作用，多数成员仍在按照规则办事。”

本案经过原审专家组审理、原审上诉、合理执行期仲裁、执行之诉专家组审理、执行之诉上诉、贸易报复水平仲裁等程序，历时近10年，是中国经历世贸争端解决程序最完整的一个案件。商务部新闻发言人高峰介绍，这是中方在世贸组织第2次获得对美贸易报复额。此前中方在诉美反倾销措施世贸争端案中获得对美35.79亿美元的年度贸易报复额。6.45亿美元的报复额，也是历史上第6大贸易报复额裁决。

近年来，美国和欧盟等多国滥用贸易救济措施，限制从中国进口产品。数据显示，2010—2020年，全球对中国发起759起反倾销调查、159起反补贴调查和202起保障措施调查。中国企业如何保护合法权益？赵宏建议企业重视运用国际贸易法律手段维护权益：“一是建立法律团队，加强产业间合作，化争端于未然；二是遇到国外贸易调查主动应诉；三是积极向主管部门反映问题，请求政府通过双边磋商或采取多边行动，维护企业权益。

资料来源：世贸组织裁决中方胜诉 每年可对美实施6.45亿美元贸易报复．央广网，2022-02-08.

深度阅读推荐

[1] 冯涓涓，孙秀兰．谈判与社会心理．北京：经济科学出版社，1999.

[2] 马克斯·H．巴泽尔曼，玛格丽特·A．尼尔．理性谈判．北京：机械工业出版社，2004.

[3] 宋贤卓．商务谈判．北京：科学出版社，2004.

参考文献

[1] Ronald M. Shapiro, Mark A. Jankowski and James Dale. *The Power of Nice: How to Negotiate So Everyone Wins—Especially You*! New York: John Wiley & Sons, 2001.

[2] Roy J. Lewicki, Bruce Barry and David M. Saunders. *International Business Negotiation*. New York: McGraw-Hill Education, 2020.

[3] 埃米尼亚·伊瓦拉，德博拉·M. 科尔布. 谈判. 北京：中国人民大学出版社，2003.

[4] 白远. 国际商务谈判：理论、案例分析与实践. 6 版. 北京：中国人民大学出版社，2022.

[5] 陈莞. 实用谈判技巧. 北京：经济管理出版社，2003.

[6] 戴维·A. 拉克斯，詹姆斯·K. 西本斯. 谈判. 北京：机械工业出版社，2004.

[7] 方其. 商务谈判：理论、技巧、案例. 北京：中国人民大学出版社，2004.

[8] 赫布·科恩. 谈判天下：如何通过谈判获得你想要的一切. 深圳：海天出版社，2006.

[9] 黄卫平，丁凯，宋洋. 国际商务谈判. 3 版. 北京：中国人民大学出版社，2020.

[10] 杰弗雷·埃德芒德·卡里. 国际商务谈判. 上海：上海外语教育出版社，2000.

[11] 拉塞尔·科罗布金. 谈判的理论与策略. 北京：中信出版社，2003.

[12] 李品媛. 现代商务谈判. 大连：东北财经大学出版社，2003.

[13] 理查德·吕克. 谈判. 北京：机械工业出版社，2005.

[14] 刘园. 国际商务谈判. 北京：中国人民大学出版社，2000.

[15] 刘园. 国际商务谈判. 4 版. 北京：首都经济贸易大学出版社，2014.

[16] 刘园，李魁，郑毅．国际商务谈判．北京：对外经济贸易大学出版社，2005.
[17] 刘园．谈判学概论．3 版．北京：首都经济贸易大学出版社，2018.
[18] 吕维霞，刘彦波．现代商务礼仪．北京：对外经济贸易大学出版社，2006.
[19] 马克斯·H. 巴泽尔曼，玛格丽特·A. 尼尔．理性谈判．北京：机械工业出版社，2004.
[20] 马克态．商务谈判：理论与实务．北京：中国国际广播出版社，2004.
[21] 史蒂文·J. 布拉姆斯，艾伦·D. 泰勒．双赢之道．北京：中国人民大学出版社，2003.
[22] 宋贤卓．商务谈判．北京：科学出版社，2004.
[23] 孙庆和，张福春．实用商务谈判大全．北京：企业管理出版社，2005.
[24] 王海云，隋宇童，许益峰．商务谈判．北京：北京航空航天大学出版社，2003.
[25] 张柱，张炜．知己知彼的谈判技巧．广州：广东经济出版社，2004.
[26] 周忠兴．商务谈判原理与技巧．南京：东南大学出版社，2003.

图书在版编目（CIP）数据

国际商务谈判/刘园主编；王佳奕奕副主编．—5版．—北京：中国人民大学出版社，2022.7
经济管理类课程教材．国际贸易系列
ISBN 978-7-300-30694-0

Ⅰ.①国… Ⅱ.①刘… ②王… Ⅲ.①国际商务-商务谈判-高等学校-教材 Ⅳ.①F740.41

中国版本图书馆 CIP 数据核字（2022）第 095880 号

对外经济贸易大学国际贸易教材编写组
经济管理类课程教材·国际贸易系列
国际商务谈判（第五版）
主　编　刘　园
副主编　王佳奕奕
Guoji Shangwu Tanpan

出版发行　中国人民大学出版社
社　　址　北京中关村大街 31 号　　**邮政编码**　100080
电　　话　010－62511242（总编室）　　010－62511770（质管部）
　　　　　　010－82501766（邮购部）　　010－62514148（门市部）
　　　　　　010－62515195（发行公司）　　010－62515275（盗版举报）
网　　址　http://www.crup.com.cn
经　　销　新华书店
印　　刷　天津鑫丰华印务有限公司
开　　本　787 mm×1092 mm　1/16
印　　张　17.25 插页 1
字　　数　388 000
版　　次　2007 年 5 月第 1 版
　　　　　　2022 年 7 月第 5 版
印　　次　2025 年 1 月第 5 次印刷
定　　价　45.00 元

教学支持说明

1. 教辅资源获取方式

为秉承中国人民大学出版社对教材类产品一贯的教学支持，我们将向采纳本书作为教材的教师免费提供丰富的教辅资源。您可直接到中国人民大学出版社官网的教师服务中心注册下载——http://www.crup.com.cn/Teacher。

如遇到注册、搜索等技术问题，可咨询网页右下角在线 QQ 客服，周一到周五工作时间有专人负责处理。

注册成为我社教师会员后，您可长期根据您所属的课程类别申请纸质样书、电子样书和教辅资源，自行完成免费下载。您也可登录我社官网的"教师服务中心"，我们经常举办赠送纸质样书、赠送电子样书、线上直播、资源下载、全国各专业培训及会议信息共享等网上教材进校园活动，期待您的积极参与！

2. 高校教师可加入下述学科教师 QQ 交流群，获取更多教学服务

经济类教师交流群：809471792

财政金融教师交流群：182073309

国际贸易教师交流群：162921240

税收教师交流群：119667851

3. 购书联系方式

网上书店咨询电话：010－82501766

邮购咨询电话：010－62515351

团购咨询电话：010－62513136

中国人民大学出版社经济分社

地址：北京市海淀区中关村大街甲 59 号文化大厦 1506 室　100872

电话：010－62513572　010－62515803

传真：010－62514775

E-mail：jjfs@crup.com.cn